中國古代史學叢書

三國志集解

[晉]陳壽 撰 [南朝宋]裴松之 注

盧弼 集解 錢劍夫 整理

伍

魏書二十四

韓崔高孫王傳第二十四

韓暨字公至，南陽堵陽人也。〔一〕

楚國先賢傳曰：暨，韓王信之後。祖術，河東太守；父純，南郡太守。

同縣豪右陳茂，譖暨父兄，幾至大辟。暨陽不以爲言，庸賃積資，陰結死士，遂追呼尋禽茂，以首祭父墓，由是顯名。舉孝廉，司空辟，皆不就。乃變名姓，隱居避亂魯陽山中。〔二〕山民合黨，欲行寇掠。暨散家財，以供牛酒，請其渠帥，爲陳安危。山民化之，終不爲害。避袁術命召，徙居山都之山。〔三〕荊州牧劉表禮辟，遂遯逃，南居孱陵界，〔四〕所在見敬愛。而表深恨之，暨懼，應命，除宜城長。〔五〕

〔一〕郡國志：「荊州南陽郡堵陽。」一統志：「堵陽故城，今河南南陽府裕州東六里。」謝鍾英曰：「在裕州西三十五里。」

〔二〕郡國志：「南陽郡魯陽，有魯山。」本志毛玠傳：「玠將避亂荊州，遂住魯陽。」惠棟曰：「有陽泉鄉。盛弘之云：其地重險，楚之北塞也。」一統志：「魯陽故城，今河南汝州魯山縣治。」方輿紀要卷五十一：「魯山在魯山縣東北十八里，山高聳，迥出羣山，爲一邑巨鎮，縣以此名。」互見劉表傳、毛玠傳。

〔三〕胡三省曰：「山都山在南陽郡山都縣。」方輿紀要卷七十九：「山都城在襄陽府西北八十里，秦置山都縣，漢屬南陽郡。韓暨避袁術之命，徙居山都山，蓋縣境之山也。」

〔四〕郡國志：「荆州武陵郡孱陵。」劉昭注引魏氏春秋曰：「劉備在荆州所都，改曰公安。」吴志呂蒙傳：「孫權以蒙爲南郡太守，封孱陵侯。」即此。一統志：「孱陵故城，今湖北荆州府公安縣南。」應劭曰：「孱，音踐。」

〔五〕宜城見杜襲傳。

太祖平荆州，辟爲丞相士曹屬，〔一〕後遷樂陵太守，〔二〕徙監冶謁者。〔三〕舊時冶作馬排，〔四〕每一孰石，〔五〕用馬百匹。更作人排，又費功力。暨乃因長流爲水排，計其利益，三倍於前。〔六〕在職七年，〔七〕器用充實。制書褒歎，就加司金都尉，〔八〕班亞九卿。文帝踐阼，封宜城亭侯。黄初七年，遷太常，〔九〕進封南鄉亭侯，邑二百户。〔一〇〕

〔一〕胡三省曰：「丞相府有户曹、賊曹、兵曹、鎧曹、士曹掾屬各一人。兵、鎧、士三曹蓋操所置。」趙一清曰：「士曹不見於續志，疑亦魏武所置。」

〔二〕洪亮吉曰：「樂陵國，魏武分平原置。晉地理志魏武置郡十二，其一樂陵。」謝鍾英曰：「陳矯、韓暨爲樂陵太守，並在建安中，是即魏武置郡之證。洪氏從元和志作國，非是。」

〔三〕衛覬傳：「以謁者僕射監鹽官。」此以謁者監冶，亦當時特設之官。

〔四〕原注：「蒲拜反，爲排以吹炭。」

〔五〕宋本「孰」作「熟」。

〔六〕范書杜詩傳：「詩遷南陽太守，造作水排，鑄爲農器，用力少見功多，百姓便之。」章懷注：「冶鑄者爲排以吹炭，今激水以鼓之也。排當作橐，古字通用。」錢大昭曰：「排古字，橐俗字。」梁章鉅曰：「排與鞴、橐、韛通，吹火革橐也。冶者爲排以吹炭，激水鼓之。」黄山曰：「水排，即今水碓。章懷以橐籥之吹炭爲言，蓋著排名所由起，而其法本自冶人發明。今用水激，則有異也。」趙一清曰：「水經穀水注：白超壘在缺門東一十五里，壘側舊有塢，故冶官所在。魏、晉之日，引穀水爲水冶，以經國用，遺迹尚有。蓋即所謂水排也。」

〔七〕御覽「七年」作「一年」。

〔八〕司金都尉，解見王修傳。洪飴孫曰：「司金都尉一人，比二千石。」楊晨曰：「曹真碑有司金丞。」

〔九〕通典八十一：「太和六年，明帝有外祖母之喪，太常韓暨奏：天子降周，爲外祖母無服。」

〔一〇〕陳景雲曰：「由亭侯進封南鄉侯，與滿寵、王淩同，亭字衍。」潘眉曰：「凡亭侯邑以百户起，如梁習封申門亭侯，杜畿封豐樂亭侯，邑皆百户。鄉侯以二百户起，如和洽封西陵鄉侯及暨封南鄉侯，邑皆二百户。又按：荀彧萬歲亭侯，邑二千户，王觀陽鄉侯，邑二千五百户，鄉亭之封，其廣如此。而邑侯有不及四分之一者，亦立制之未善也。」

時新都洛陽，制度未備，而宗廟主祏

祏音石。春秋傳曰：命我先人典司宗祏。注曰：「宗廟所以藏主石室者。」

皆在鄴都。暨奏請迎鄴四廟神主，建立洛陽廟，四時蒸嘗，親奉粢盛。崇明正禮，廢去淫祀，多所匡正。在官八年，以疾遜位。景初二年春，詔曰：「太中大夫韓暨，澡身浴德，志節高潔，年踰八十，守道彌固，可謂純篤，老而益劭者也。其以暨爲司徒。」〔一一〕夏四月，薨。遺令斂以時服，葬爲土藏，諡曰恭侯。

楚國先賢傳曰：暨臨終遺言曰：「夫俗奢者，示之以儉，儉則節之以禮。歷見前代，送終過制，失之甚矣！若爾曹敬聽吾言，斂以時服，葬以土藏，穿畢便葬，送以瓦器，慎勿有增益。」又上疏曰：「生有益於民，死猶不害於民。況臣備位台司，在職日淺，未能宣揚聖德，以廣益黎庶。寢疾彌留，奄即幽冥。方今百姓農務，不宜勞役，乞不令洛陽吏民供設喪具。懼國典有常，使臣私願不得展從，謹冒以聞，惟蒙哀許。」帝得表嗟歎，乃詔曰：「故司徒韓暨，積德履行，忠以立朝，至於黃髮，直亮不虧。既登三事，〔二〕望獲毗輔之助，如何奄忽，天命不永？曾參臨没，易簀以禮；〔三〕晏嬰尚儉，遣車降制。〔四〕今司徒知命，遺言卹民，必欲從約，可謂善始令終者也。其喪禮所設，皆如故事，勿有所闕。特賜温明祕器，〔五〕衣一稱，五時朝服，玉具劍佩。」〔六〕

子肇嗣。肇薨，子邦嗣。

楚國先賢傳曰：邦字長林，少有才學。晉武帝時爲野王令，有稱績。爲新城太守，坐舉野王故吏爲新城計吏，武帝大怒，遂殺邦。暨次子繇，高陽太守。繇子洪，侍御史。洪子壽，字德真。〔七〕晉諸公贊曰：自暨以下，世治素業。壽能敦尚家風，性尤忠厚。〔八〕早歷清職。惠帝踐阼，爲散騎常侍，遷守河南尹。病卒，〔九〕贈驃騎將軍。壽妻，賈充女。充無後，以壽子謐爲嗣。〔一〇〕弱冠爲祕書監侍中，性驕佚而才出衆。〔一一〕少子蔚，亦有器望，並爲趙王倫所誅，韓氏遂滅。〔一二〕

〔一〕暨爲司徒，盧毓所薦，見毓傳。趙一清曰：「前卷注引魏略韓宣傳稱暨爲大鴻臚，而本傳不見。」

〔二〕三事，三公也。

〔三〕事見禮記檀弓。

〔四〕事見説苑。禮記：「曾子曰：晏子可謂知禮也已，恭敬之有焉。有若曰：晏子一狐裘三十年，遣車一乘，及墓而反。

國君七个，遣車七乘；大夫五个，遣車五乘。晏子焉知禮。」遣，棄戰反。

〔五〕漢書霍光傳：「賜東園温明。」服虔曰：「東園處此器，形如方漆桶，開一面，漆畫之，以鏡置其中，以懸屍上，大斂並蓋之。」師古曰：「東園，署名也，屬少府。其署主作此器也。」

〔六〕趙一清曰：「晉書輿服志：魏祕書監秦静曰：漢氏承秦，改六冕之制，但玄冠絳衣而已。魏已來名爲五時朝服，又有四時朝服，又有朝服。自皇太子以下，隨官受給。百官雖服五時朝服，據令止給四時朝服，闕秋服，三年一易。」

〔七〕馮本「真」作「貞」，晉書賈充傳作「真」。

〔八〕越禮踰牆，忠厚何在？當時二十四友傅會，賈謐文章稱美，廉恥道喪，於斯爲極，吁，可慨也！

〔九〕丁紹基求是齋金石跋云：「故散騎常侍驃騎將軍南陽堵陽韓□□神道碑額，此碑爲韓壽神道碑額。據晉書賈后傳，韓壽伏誅。壽果誅死，誰爲立碑？今既有碑額，當以晉諸公贊病卒之説爲有據。」

〔一〇〕晉書賈充傳：「充子黎民死，遂無嗣，以外孫韓謐爲黎民子，奉充後。謐字長深，母賈午，充少女也。父壽，字德真，美姿貌，善容止。充辟爲司空掾。充每讌賓僚，其女輒於青鏁中窺之，見壽而悦焉。問左右識此人不？有一婢説壽姓氏，云是故主人。女大感想，發於寤寐。婢後往壽家，具説女意，并言其女光麗豔逸，端美絶倫。壽聞而心動，便令爲通殷勤。婢以白女，女遂潛修音好，厚相贈結，呼壽夕入。壽勁捷過人，踰垣而至，家中莫知，惟充覺其女悦暢異於常日。時西域有貢奇香，一著人則經月不歇。帝甚貴之，惟以賜充及大司馬陳騫。其女密盗以遺壽。充寮屬與壽燕處，聞其芬馥，稱之於充。自是充意知女與壽通，而其門閤嚴峻，不知所由得入。乃夜中陽驚，託言有盗，因使循牆，以觀其變。左右白曰：無餘異，惟東北角如狐狸行處。充乃攷問女之左右，具以狀對。充祕之，遂以女妻壽。」唐李義山詩：「賈氏窺簾韓掾少」，即指此。

〔一一〕馮本無「衆」字，誤。晉書賈充傳：「謐好學，有才思。既爲充嗣，繼佐命之後，又賈后專恣，謐權過人主，至乃璅繫黄門侍郎，其爲威福如此。負其驕寵，奢侈踰度，室宇崇僭，器服珍麗，歌僮舞女，選極一時。開閤延賓，海内輻湊。貴遊豪戚及浮競之徒，莫不盡禮事之。或著文章，稱美謐以方賈誼。渤海石崇、歐陽建，滎陽潘岳，吴國陸機、陸雲，蘭陵繆徵，京兆杜斌、摯虞，琅邪諸葛詮，弘農王粹，襄城杜育，南陽鄒捷，齊國左思，清河崔基，沛國劉瓌，汝南和郁、周恢，安平索秀，潁川陳眕，太原郭彰，高陽許猛，彭城劉訥，中山劉輿、劉琨皆傅會於謐，號曰二十四友，其餘不得預焉。歷位散騎常侍，後軍將軍。」

〔一二〕晉書宗室譙剛王遜傳附韓延之傳：「延之字顯宗，魏司徒暨之後。少以分義稱。安帝時爲建威將軍，荆州治中，轉平西府録事參軍。以劉裕父名翹，字顯宗，遂字顯宗，名兒爲翹，以示不臣劉氏。」

崔林字德儒，清河東武城人也。〔一〕少時晚成，〔二〕宗族莫知，惟從兄琰異之。〔三〕太祖定冀州，召除鄔長，〔四〕貧無車馬，單步之官。太祖征壺關，〔五〕問長吏德政最者，并州刺史張陟以林對，於是擢爲冀州主簿，徙署別駕、丞相掾屬。魏國既建，稍遷御史中丞。

〔一〕清河東武城見崔琰傳。

〔二〕康發祥曰：「四字幾不成文。少時下加無名望三字，則明白矣。」

〔三〕琰謂林大器晚成。

〔四〕郡國志：「并州太原郡鄔。」一統志：「鄔縣故城，今山西汾州府介休縣東北三十里鄔城店。」

〔五〕壺關見武紀建安十年。

文帝踐阼，拜尚書，出爲幽州刺史。北中郎將吴質統河北軍事，〔一〕涿郡太守王雄謂林別駕曰：「吴中郎將，上所親重，國之貴臣也。杖節統事，州郡莫不奉牋致敬，而崔使君初不與相聞。若以邊塞不修斬卿，使君寧能護卿邪？」別駕具以白林，林曰：「刺史視去此州如脱屣，寧當相累邪？此州與胡虜接，宜鎮之以静，擾之則動其逆心，特爲國家生北顧憂，以此爲寄。」在官一期，寇竊寢息。

按王氏譜：〔二〕雄字元伯，太保祥之宗也。

魏名臣奏載安定太守孟達薦雄曰：〔三〕「臣聞明君以求賢爲業，忠臣以進善爲效，故易稱拔茅連茹，〔四〕傳曰：舉爾所知。臣不自量，竊慕其義。臣昔以人乏，謬充備部職。時涿郡太守王雄爲西部從事，與臣同僚。雄天性良固，果而有謀；歷試三縣，政成人和。及在近職，奉宣威恩，懷柔有術，清慎持法。臣往年出使，經過雄郡，自説特受陛下拔擢之恩，常勵節精心，思投命爲效。言辭激揚，情趣款惻。臣雖愚闇，不識真僞，以謂雄才，兼資文武，忠烈之性，踰越倫輩。今涿郡領户三千，〔五〕孤寡之家，參居其半。北有守兵藩衛之固，誠不足舒雄智力，展其勤幹也。〔六〕臣受恩深厚，無以報國，不勝慺慺淺見之情，謹冒陳聞。」詔曰：「昔蕭何薦韓信，鄧禹進吴漢，惟賢知賢也。雄有膽智技能，文武之姿，吾宿知之。今使以參散騎之選，方使少在吾門下知指歸，便大用之矣。天下之士，欲使皆先歷散騎，然後出據州郡，是吾本意也。」〔七〕雄後爲幽州刺史。〔八〕子渾，涼州刺史。〔九〕次乂，平北將軍。司徒安豐侯戎，渾之子。〔一〇〕太尉武陵侯衍，荆州刺史澄，皆乂之子。〔一一〕

猶以不事上司，〔一二〕左遷河間太守，清論多爲林怨也。

魏名臣奏載侍中辛毗奏曰：「昔桓階爲尚書令，以崔林非尚書才，遷以爲河間太守。」與此傳不同。

〔一〕王粲傳注：「質統幽、并諸軍事，治信都。」

〔二〕沈家本曰：「文選王文憲集序注引王氏家譜。」

〔三〕陳浩曰：「此與蜀降人爲新城太守者同名姓。」趙一清曰：「此别一孟達。」

〔四〕易泰卦：「拔茅連茹，以其彙征，吉。」王弼注云：「茅之爲物，拔其根而相牽引者也。茹，相牽引之貌也。」正義曰：「以其彙者，以類相從也。」

〔五〕沈家本曰：「續漢志：涿郡十萬二千二百一十八。此永和五年户數，經亂之後，存者不及三十分之一。」

〔六〕監本「勤」作「勒」，誤。

〔七〕何焯曰：「不更州郡者，不可使處内；不歷近職者，不可使處外。此有深旨。」

〔八〕通鑑：「太和六年，帝使幽州刺史王雄自陸道討公孫淵。」又本志田豫傳：「幽州刺史王雄支黨欲令雄領烏丸校尉，毁豫亂邊，遂轉豫爲汝南太守。」鮮卑傳：「青龍三年，幽州刺史王雄遣勇士韓龍刺殺軻比能。」

〔九〕當時有兩王渾，一爲太原之王渾，即與王濬破吴爭功者也；一爲琅邪之王渾，即王雄之子。晉太保王祥、司徒王戎、太尉王衍、丞相王導，皆琅邪王氏也。

〔一〇〕晉書王戎傳：「父渾，涼州刺史，貞陵亭侯。阮籍與渾爲友，戎少籍二十歲，而籍與之交。謂渾曰：共卿言，不如共阿戎談。及渾卒於涼州，故吏賻贈數百萬，戎辭而不受，由是顯名。襲父爵，辟相國掾，歷吏部黄門郎、散騎常侍，河東太守，荆州刺史，遷豫州刺史。受詔伐吴，吴平，進封安豐縣侯，徵爲侍中，後遷光禄勳、尚書左僕射，尋轉司徒。以王政將圮，苟媚取容，屬愍懷太子之廢，竟無一言匡救。性好興利，廣收八方，園田水碓，周徧天下，積實聚錢，不知紀極，以此獲譏於世。永興二年薨，時謚曰元。」

〔一一〕晉書王衍傳：「衍字夷甫，嘗造山濤，濤目而送之曰：何物老嫗，生寧馨兒？然誤天下蒼生者，未必非此人也！父乂爲平北將軍。常有公事，使行人列上不時報。衍年十四，造僕射羊祜，辭甚清辯。祜名德貴重，而衍幼年，無屈下之色，衆咸異之。補元城令，終日清談，而縣務亦理。入爲中庶子、黄門侍郎。魏正始中，何晏、王弼等祖述老、莊立論，衍甚重之，妙善玄言，唯談老、莊爲事。累居顯職，後進之士，莫不景慕，放效遂成風俗焉。後歷北軍中候、中領軍、尚書令。女爲愍懷太子妃，太子爲賈后所誣，衍懼禍，自表離婚。賈后既廢，有司奏衍志在苟免，可禁錮終身，從之。後拜尚書令、司空、司徒。衍雖居宰輔之重，不以經國爲念，而思自全之計，以弟澄爲荆州，族弟敦爲青州，因謂澄、敦曰：荆州有江、漢之固，青州有負海之險。卿二人在外，而吾留此，足以爲三窟矣。識者鄙之。石勒、王彌寇京師，與衍語移日。衍自説少不豫事，因勸勒稱尊號。勒怒曰：君名蓋四海，身居重任，少壯登朝，至於白首，何得言不豫世事邪？破壞天下，正是君罪。使左右扶出，使人夜排牆填殺之。澄字平子，少歷顯位。屢遷成都王穎從事中郎。穎嬖豎孟玖譖殺陸機兄弟，天下切齒。澄發玖私姦，勸穎殺玖，穎乃誅之，士庶莫不稱善。以迎大駕勳，封南鄉侯，遷建威將軍、雍州刺史。惠帝末，以澄爲荆州刺史。會元帝徵澄爲軍諮祭酒，時王敦爲江州，鎮豫章。澄過詣敦，敦忌澄盛名出己右，令力士路戎搤殺之。」

〔一二〕李慈銘曰：「上司二字，始見於此。」

遷大鴻臚。〔一〕龜茲王遣侍子來朝，朝廷嘉其遠至，褒賞其王甚厚。餘國各遣子來朝，閒使連屬，林恐所遣或非真的，權取疏屬賈胡，因通使命，利得印綬，而道路護送，所損滋多。勞所養之民，資無益之事，爲夷狄所笑，此曩時之所患也。乃移書燉煌喻指，并録前世待遇諸國豐約故事，使有恒常。〔二〕明帝即位，賜爵關内侯，轉光禄勳、司隸校尉。〔三〕屬郡皆罷非法除過員吏。〔四〕林爲政推誠，簡存大體，是以去後每輒見思。

〔一〕續百官志：「大鴻臚卿一人，中二千石，掌諸侯及四方歸義蠻夷。」

〔二〕此明於典制懷柔之法。

〔三〕錢大昭曰：「明帝紀注引獻帝傳云：使持節行司空、大司農崔林監護喪事。」是青龍二年林爲大司農也。史不備書。

〔四〕潘眉曰：「屬七郡：三輔、三河、弘農。」弼按：此爲漢司隸所屬，魏時司隸所屬不如是。吴增僅云：「百官志五注引獻帝起居注：建安十八年三月，省司隸部，分屬豫、冀、雍三州。豫得河南郡，雍得京兆、扶風、馮翊、弘農四郡，冀得河東、河内二郡。其後三輔遂長隸雍州，而司隸何時復置，三河、弘農何時還屬，史無明文。晉志、魏受禪置司州。魏因漢舊，但有司隸校尉，無司州刺史。晉志又云：魏司隸所部，河南、河東、河内、弘農、平陽，合五部，置司州。」沈家本曰：「魏置司州，而不置刺史，仍以司隸校尉治之耳。潘氏以續漢志之三輔、三河、弘農七郡當之，非也。」

散騎常侍劉劭作考課論，〔一〕制下百僚。林議曰：「按周官考課，其文備矣。〔二〕自康王以下，遂以陵遲，〔三〕此即考課之法存乎其人也。及漢之季，其失豈在乎佐吏之職不密哉？方今軍旅，或猥或卒，〔四〕備之以科條，申之以内外，增減無常，固難一矣。且萬目不張舉其綱，〔五〕衆毛不整振其領。〔六〕皋陶仕虞，伊尹臣殷，不仁者遠。〔七〕五帝三王，未必如一，而各以治亂。易曰：易簡，而天下之理得矣。太祖隨宜設辟，以遺來今，不患不法古也。以爲今之制度，不爲疏闊，惟在守一勿失而(巳)〔已〕。若朝臣能任仲山甫之重，式是百辟，〔八〕則孰敢不肅？」

〔一〕劭作都官考課法七十二條。

〔二〕胡三省曰：「周冢宰總百官，歲終則令百官府各正其治，受其會，聽其政事，而詔王廢置。三歲則大計羣吏之治，而誅賞之。」

〔三〕通鑑「遲」作「夷」。

〔四〕胡三省曰：「猥，積也；卒，倉猝也。讀曰猝。」沈欽韓曰：「一切經音義、字林：猥，衆也。漢書溝洫志注：猥，多也。」楊文蓀曰：「廣雅釋言：猥，頓也。漢書注：猥，曲也。與此異義。」

〔五〕胡三省曰：「以網爲譬也。」

〔六〕胡三省曰：「以裘爲譬也。」

〔七〕胡三省曰：「用論語子夏答樊遲之言。陶，音遥。」

〔八〕詩烝民曰：「王命仲山甫，式是百辟。」注：「汝施行法度，於是百君。」

景初元年，司徒、司空並缺，〔一〕散騎侍郎孟康薦林曰：「夫宰相者，天下之所瞻效，誠宜得秉忠履正、本德杖義之士，足爲海内所師表者。竊見司隸校尉崔林，稟自然之正性，體高雅之弘量。論其所長，以比古人，忠直不回，則史魚之儔；〔二〕清儉守約，則季文之匹也。〔三〕牧守州郡，〔四〕所在而治；及爲外司，萬里肅齊。誠台輔之妙器，衮職之良才也。」後年，遂爲司空，封安陽亭侯，邑六百户。三公封列侯，自林始也。

臣松之以爲：漢封丞相邑，爲荀悦所譏。魏封三公，其失同也。

頃之，又進封安陽鄉侯。

〔一〕盧毓薦林，見毓傳。

〔二〕史鰌字魚，衛史也。孔子曰：「直哉史魚！邦有道如矢，邦無道如矢。」

〔三〕左傳：「君子是以知季文子之忠于公室也。相三君矣，而無私積，可不謂忠乎！」

〔四〕元本、監本「郡」作「部」，誤。

魯相上言：「漢舊立孔子廟，褒成侯歲時奉祠，辟雍行禮，必祭先師，王家出穀，春秋祭祀。〔一〕今宗聖侯奉嗣，未有命祭之禮，宜給牲牢，長吏奉祀，尊爲貴神。」制三府議，博士傅祗以「春秋傳言立在祀典，則孔子是也。宗聖適足繼絶世，章盛德耳。至於顯立言，崇明德，則宜如魯相所上」。林議以爲「宗聖侯亦以王命祀，不爲未有命也。〔二〕周武王封黄帝、堯、舜之後，及立三恪，禹、湯之世，不列于時，復特命他官祭也。〔三〕今周公〔巳〕〔已〕上，達於三皇，忽焉不祀，而其禮經亦存其言。今獨祀孔子者，以世近故也。以大夫之後，特受無疆之祀，禮過古帝，義踰湯、武，可謂崇明報德矣，無復重祀於非族也。」

臣松之以爲：孟軻稱宰我之辭曰：「以予觀夫子，賢於堯、舜遠矣。」又曰：〔四〕「生民以來，未有盛於孔子者也。」斯非通賢之格言，商較之定準乎！雖妙極則同，萬聖猶一，然淳薄異時，質文殊用；或當時則榮，没則已焉。是以遺風所被，實有深淺。若乃經緯天人，立言垂制，百王莫之能違，彝倫資之以立，誠一人而已耳。周監二代，斯文爲盛。然於六經之道，未能及其精致。加以聖賢不興，曠年五百，道化陵夷，憲章殆滅。若使時無孔門，則周典幾乎息矣。夫能光明先王之道，以成萬世之功，齊天地之無窮，等日月之久照，豈不有踰於羣聖哉！林曾無史遷洞想之誠，〔五〕梅真慷慨之志，〔六〕而守其蓬心，以塞明義，可謂多見其不知量也！

〔一〕文獻通考卷四十三引歐陽氏集古録漢魯相置孔子廟卒史碑云：「廟有禮器，請置百石卒史一人，典主守廟。故事，辟雍祠先聖，太宰、太祝各一人備爵，太常丞監祠，河南尹給牛、羊、豕，大司農給米。」

〔二〕文紀：「黄初二年，詔以議郎孔羡爲宗聖侯，邑百户，奉孔子祀。」

〔三〕或曰：「三王之後，見有杞、宋，何云禹、湯之後，不列於時？命官致祭，周無其典，蓋臆説也。」

〔四〕趙一清曰：「一本作又有若曰。」

〔五〕史記孔子世家：「太史公曰：余讀孔氏書，想見其爲人；適魯，觀仲尼廟堂，車服禮器，諸生以時習禮其家。余祗回久之，不能去云。」

〔六〕漢書梅福傳：「福字子真，上書請建三統，封孔子之祀，以爲殷後。」

明帝又分林邑，封一子列侯。正始五年，薨，謚曰孝侯。子述嗣。

晉諸公贊曰：述弟隨，晉尚書僕射。爲人亮濟。趙王倫簒位，隨與其事。〔一〕倫敗，隨亦廢錮而卒。林孫瑋，性率而踈，至太子右衛率也。〔二〕初，林識拔同郡王經於民伍之中，卒爲名士，世以此稱之。〔三〕

〔一〕監本「其」作「共」，誤。

〔二〕晉書盧諶傳：「崔悅字道儒，魏司空林曾孫，劉琨妻之姪也。與諶俱爲琨司空從事中郎。」

〔三〕王經事見夏侯玄傳，又見高貴鄉公紀甘露五年注。

高柔字文惠，陳留圉人也。〔一〕父靖，爲蜀郡都尉。〔二〕

陳留耆舊傳曰：〔三〕靖高祖父固，不仕王莽世，爲淮陽太守所害，以烈節垂名。固子慎，字孝甫。敦厚少華，有沈深之量。撫育孤兄子五人，恩義甚篤。琅邪相何英嘉其行履，以女妻焉。英即車騎將軍熙之父也。〔四〕慎歷二縣令、東萊太守。老病歸家，草屋蓬户，甕缶無儲。其妻謂之曰：「君累經宰守，積有年歲，何能不少爲儲畜，以遺子孫乎？」慎曰：「我以勤身清名爲之基，以二千石遺之，不亦可乎！」子式，至孝，常盡力供養。永初中，螟蝗爲害，〔五〕獨不食式麥，圉令周彊以表州郡。太守楊舜舉式孝子，讓不行。後以孝廉爲郎。次子昌，昌弟賜，並爲刺史、郡守。式子弘，孝廉，弘生靖。

柔留鄉里，〔六〕謂邑中曰：「今者，英雄並起，陳留四戰之地也。曹將軍雖據兗州，〔七〕本有四方之圖，未得安坐守也。而張府君先得志於陳留，〔八〕吾恐變乘閒作也，欲與諸君避之。」衆人皆以張邈與太祖善，〔九〕柔又年少，不然其言。〔一〇〕柔從兄幹，袁紹甥也，〔一一〕

謝承漢書曰：〔一二〕幹字元才，才志弘邈，文武秀出。父躬，蜀郡太守；祖賜，司隸校尉。

案陳留耆舊傳及謝承書，幹應爲柔從父，非從兄也，未知何者爲誤。〔一三〕

在河北呼柔，〔一四〕柔舉宗從之。會靖卒於西州，〔一五〕時道路艱澀，兵寇縱橫，而柔冒艱險，詣蜀迎喪，辛苦荼毒，無所不嘗，三年乃還。

〔一〕郡國志：「兗州陳留郡圉。」惠棟曰：「陳留風俗傳云：舊陳地，苦楚之難，修干戈於境，以虞其患，故曰圉。」一統志：「圉縣故城，今河南開封府杞縣南。」

〔二〕郡國志：「益州蜀郡。」續百官志：「邊郡往往置都尉，稍有分縣，治民比郡。」

〔三〕袁宏後漢紀：「桓帝永興元年，太尉袁湯致仕。湯初爲陳留太守，褒善敘舊，以勸風俗。嘗曰：不值仲尼，夷、齊西山餓夫，柳下東國黜臣。致聲名不泯者，篇籍使然也。乃使戶曹吏追録舊聞，以爲耆舊傳。」隋書經籍志雜傳類：「陳留耆舊傳二卷，漢議郎圈稱撰。又一卷，魏散騎侍郎蘇林撰。」又地理類：「陳留風俗傳三卷，圈稱撰。」舊唐志雜傳類：「陳留耆舊傳三卷，闕稱撰。（「闕」當爲「圈」之譌。）」新唐志雜傳記類：「圈稱陳留風俗傳三卷，蘇林陳留耆舊傳三卷。」地理類：「圈稱陳留風俗傳三卷。」應劭風俗通姓氏篇：「圈氏，楚鬻熊之後。」林寶元和姓纂：「後漢末有圈稱，字幼舉，（匡謬正俗作「字孟舉」。）撰陳留風俗傳。」史通雜述篇：「若圈稱陳留耆舊，周斐汝南先賢，陳壽益都耆舊，虞預會稽典録，此之謂郡書者也。」章宗源隋志考證云：「風俗宜入地理，唐志雜傳類係重出。隋志耆舊名疑有誤。史通四語配詞，則陳留風俗乃不與益都耆舊犯複。」又云：「魏志高柔傳注、後漢書吴祐傳注、初學記居處部並引陳留耆舊傳，不著蘇林名。惟御覽職官部稱蘇林廣舊傳，而不著陳留地名。」沈家本曰：「裴氏所引，不著撰人。柔傳所引爲柔父靖之事，乃敘事之體，非地理之書。靖卒于袁、曹爭戰之時，恐亦非圈稱所及，當爲蘇林書也。史通雜述篇分郡書、地理書爲二，風俗應入地理，即不當在郡書之中，章説恐未是。疑圈稱所撰，耆舊、風俗，各自爲書，故隋志分列二處。舊志雜傳不録，而新志二處皆稱風俗，與隋志異。曾樸後漢書藝文志攷云：「袁湯、蘇林俱有陳留耆舊傳，諸書所引，爲圈、爲袁、爲蘇，未能定之。惟類聚八十引劉昆爲江陵令，下詔問：反風滅火、虎北渡河，何以致此？昆曰：偶然。帝曰：此長者之言。又九十二引魏尚高帝時爲太史令，御覽二百三十引楊仁字文義，明帝引見，問當代政治之事，仁對，上大奇之，拜侍御史。此三條稱高帝、明帝，不加漢字，且稱明帝爲上，確係後漢人語，當是袁、圈書。」姚振宗曰：「隋志，圈稱書凡五卷，耆舊傳二、風俗傳三，分別著録於雜傳、地理兩類中。兩唐志但有風俗傳三卷，則此二卷，唐時已亡可知。章氏攷證，謂隋志耆舊名疑有誤，史通稱耆舊，亦當云風俗，是皆不然。」又曰：「圈稱陳留耆舊傳與袁湯陳留耆舊傳，時代甚相近，疑即湯使户曹吏所作者。圈稱或爲本郡户曹，後舉上計，留爲郎，轉爲議郎者歟？袁紀所言，似得之於本書序文。以重在袁湯，故未於户曹吏下著圈稱姓名，斯則未可知耳。」弼按：是書始於袁湯官陳留太守，書未及成而去。圈稱、蘇林，皆著籍陳留，繼續纂輯，各有成書，故隋志兩存其目。若遽斷爲袁、爲圈、爲蘇者，皆拘泥矣。

〔四〕熙字孟孫，陳郡陽夏人，何夔之曾祖，詳見何夔傳注。

〔五〕續五行志三：「安帝永初四年夏，蝗。」

〔六〕王修識高柔於弱冠，見王修傳。

〔七〕武紀：「初平元年，太祖行奮武將軍；三年，領兗州牧。」

〔八〕張邈爲陳留太守。

〔九〕張邈傳：「袁紹使太祖殺邈，太祖不聽，邈益德太祖。」

〔一〇〕興平元年，邈弟超與陳宮等説邈，共叛太祖，迎呂布爲兗州牧，果如柔言。

〔一一〕高幹事互見武紀建安十年及本志袁紹傳、劉劭傳仲長統注。

〔一二〕應作後漢書。

〔一三〕從兄誤。

〔一四〕胡三省曰：「高幹從袁紹在河北。」

〔一五〕益州在西。

太祖平袁氏，以柔爲管長。〔一〕縣中素聞其名，奸吏數人，皆自引去。柔教曰：「昔邴吉臨政，吏嘗有非，猶尚容之。〔二〕況此諸吏，於吾未有失乎？其召復之。」咸還，皆自勵，咸爲佳吏。〔三〕高幹既降，頃之，以并州叛。柔自歸太祖，太祖欲因事誅之，以爲刺奸令史。〔四〕處法允當，獄無留滯，辟爲丞相倉曹屬。〔五〕

魏氏春秋曰：柔既處法平允，又夙夜匪懈，至擁膝抱文書而寢。太祖嘗夜微出，觀察諸吏，見柔，哀之，徐解裘覆柔而去，自是辟焉。

太祖欲遣鍾繇等討張魯，柔諫，以爲：「今猥遣大兵，西有韓遂、馬超，謂爲己舉，將相扇動作逆。宜先招集三輔，三輔苟平，漢中可傳檄而定也。」繇入關，遂、超等果反。

〔一〕「管」字誤，見司馬芝傳。沈欽韓曰：「管當作菅，青州濟南屬縣也。此與司馬芝傳同誤。」趙一清曰：「漢書地理志：濟南郡菅。應劭曰：音姦。此管字誤。管城自隋開皇以前，未嘗置縣也。」

〔二〕漢書丙吉傳：「掾史有罪，藏不稱職，輒予長休告，終無所案驗。公府不案吏，自吉始。」

〔三〕御覽二百六十七「咸」作「成」。

〔四〕洪飴孫曰：「當時尚有右刺姦掾丁儀，延康以後，置否無考。」弼按：孫禮傳有刺奸主簿温恢。

〔五〕倉曹屬主倉穀事

魏國初建，爲尚書郎，轉拜丞相理曹掾。〔一〕令曰：「夫治定之化，以禮爲首；撥亂之政，以刑爲先。是以舜流四凶族，臯陶作士。漢祖除秦苛法，蕭何定律。掾清識平當，明于憲典，勉恤之哉！」鼓吹宋金等〔二〕在合肥亡逃。舊法，軍征士亡，考竟其妻子。〔三〕太祖患猶不息，更重其刑，金有母、妻及二弟皆給官，主者奏盡殺之。柔啓曰：「士卒亡軍，誠在可疾，〔四〕然竊聞其中時有悔者。愚謂乃宜貸其妻子，一可使賊中不信，二可使誘其還心。正如前科，固〔巳〕〔已〕絶其意望；而猥復重之，柔恐自今在軍之士，見一人亡逃，誅將及己，亦且相隨而走，不可復得殺也。此重刑非所以止亡，乃所以益走耳。」太祖曰：「善。」即止不殺金母、弟，蒙活者甚衆。〔五〕

〔一〕武紀：「建安十九年，選明達法理者，使持典刑，置理曹掾屬。」胡三省曰：「理曹，漢公府無之，蓋操所置也。」

〔二〕「鼓吹」見文紀黄初六年。

〔三〕胡三省曰：「考覈而窮竟之。」

〔四〕胡三省曰：「疾，惡也。書曰：爾毋念疾于頑。」

〔五〕趙一清曰：「金母、弟因此不殺，而其後遂寬逃亡之令，故云蒙活者甚衆。今云金母、弟蒙活者甚衆，於事不合。或金母、弟下有脱文。」弼按：即止不殺金母、弟爲句，蒙活者甚衆爲句，文義明顯，無俟注釋。陳仁錫刊本誤讀，趙沿其訛耳。

遷爲潁川太守，復還爲法曹掾。〔一〕時置校事盧洪、趙達等，〔二〕使察羣下。柔諫曰：「設官分職，各有所司。今置校事，既非居上信下之旨，又達等數以憎愛擅作威福，宜檢治之。」太祖曰：「卿知達等，恐不如吾也。要能刺舉而辨衆事，使賢人君子爲之，則不能也。昔叔孫通用羣盜，良有以也。」〔三〕達等後姦利發，太祖殺之，以謝於柔。

〔一〕續百官志：「法曹主郵驛科程事。」

〔二〕「校事」詳見程昱傳。

〔三〕史記叔孫通傳：「通之降漢，從儒生弟子百餘人。然通無所言進，專言諸故羣盜壯士進之。弟子皆竊罵曰：事先生數歲，幸得從降漢，今不能進臣等，專言大猾何也？通聞之，迺謂曰：漢王方蒙矢石爭天下，諸生寧能鬭乎？故先言斬將搴旗之士，諸生且待我，我不忘矣。」

文帝踐阼，以柔爲治書侍御史，〔一〕賜爵關内侯，轉加治書執法。〔二〕民間數有誹謗妖言，帝疾之，有妖言輒殺，而賞告者。柔上疏曰：「今妖言者必戮，告之者輒賞，既使過誤無反善之路，又將開凶狡之羣相誣罔之漸，誠非所以息姦省訟，緝熙治道也。昔周公作誥，稱殷之祖宗，咸不顧小人之怨。〔三〕在漢，太宗亦除妖言誹謗之令。臣愚以爲宜除妖謗賞告之法，以隆天父養物之仁。」帝不即從，而相誣告者滋甚。帝乃下詔：「敢以誹謗相告者，以所告者罪罪之。」於是遂絕。校事劉慈等，自黃初初數年之閒，舉吏民奸罪以萬數，〔四〕柔皆請懲虛實；〔五〕其餘小小挂法者，不過罰金。四年，遷爲廷尉。〔六〕

〔一〕治書侍御史見明紀卷首。

〔二〕晉書職官志云：「魏置治書執法，掌奏劾；治書侍御史，掌律令。二官俱置。及晉，唯置治書侍御史，員四人。」

〔三〕趙一清曰：「不顧，不與計較也。非不顧恤之謂。」

〔四〕宋本無「民」字。

〔五〕「懲」疑作「徵」。

〔六〕文紀：「黃初四年，以廷尉鍾繇爲太尉。」柔繼繇之後。侯康曰：「御覽七百六十三引廷尉決事曰：廷尉高文惠上民傅晦詣民籍牛場上盜黍，爲牛所覺，以斧擲，折晦腳，物故。依律，牛應棄市。監棗超議，晦既夜盜，牛本無殺意，宜減死一等。蓋正高柔爲廷尉時事也。」

魏初，三公無事，又希與朝政。柔上疏曰：「天地以四時成功，元首以輔弼興治。成湯仗阿衡之佐，文、武憑旦、望之力。逮至漢初，蕭、曹之儔，並以元勳，代作心膂。此皆明王聖主，任臣於上，賢相良輔，股肱於下也。今公輔之臣，皆國之棟梁，民所具瞻，〔一〕而置之三事，不使知政，〔二〕遂各偃息養高，〔三〕鮮有進納，誠非朝廷崇用大臣之義，大臣獻可替否之謂也。〔四〕古者刑政有疑，輒議於槐棘之下。〔五〕自今之後，朝有疑議，及刑獄大事，宜數以咨訪三公。三公朝朔望之日，又可特延入，講論得失，博盡事情，庶有裨起天聽，弘益大化。」帝嘉納焉。

〔一〕詩曰：「赫赫師尹，民具爾瞻。」

〔二〕胡三省曰：「古者，謂三公爲三事。詩曰：三事大夫，謂三公也。」

〔三〕胡三省曰：「偃息，言偃臥以自安也。」

〔四〕左傳：「齊晏子曰：君所謂可，而有否焉；臣獻其否，以成其可。君所謂否，而有可焉；臣獻其可，而去其否。」

〔五〕胡三省曰：「周禮：朝士掌外朝之法，面三槐，三公位焉；左九棘，孤卿大夫位焉。鄭注云：樹棘以爲位者，取其赤心而外刺，象以赤心三刺也。槐之言懷也，懷來人於此，欲與之謀。王制曰：成獄辭史以獄成告于正，正聽之；正以獄成告于大司寇，大司寇聽之于棘木之下；大司寇以獄之成告于王，王命三公參聽之。」

帝以宿嫌，欲枉法誅治書執法鮑勛，而柔固執不從詔命。帝怒甚，遂召柔詣臺，〔一〕遣使者承指至廷尉考竟勛，勛死，乃遣柔還寺。

〔一〕胡三省曰：「召詣尚書臺也。」

明帝即位，封柔延壽亭侯。時博士執經，柔上疏曰：「臣聞遵道重學，聖人洪訓；褒文崇儒，帝者明義。昔漢末陵遲，禮義崩壞，雄戰虎爭，以戰陣爲務，遂使儒林之羣，幽隱而不顯。太祖初興，愍其如此，在於撥亂之際，並使郡縣立教學之官。高祖即位，〔一〕遂闡其業，興復辟雍，州立課試。於是天下之士，復聞庠序之教，親俎豆之禮焉。陛下臨政，允迪叡哲，〔二〕敷弘大猷，光濟先軌，雖夏啓之承基，周成之繼業，誠無以加也。然今博士皆經明行修，一國清選，而使遷除限不過長，懼非所以崇顯儒術，帥勵怠惰也。孔子稱舉善而教，不能則勸。故楚禮申公，學士銳精；〔三〕漢隆卓茂，搢紳競慕。〔四〕臣以爲博士者，道之淵藪，六藝所宗，宜隨學行優劣，待以不次之位。敦崇道教，以勸學者，於化爲弘。」帝納之。

〔一〕高祖，文帝也。

〔二〕明帝名叡，柔疏何以不避？

〔三〕漢書楚元王傳：「元王至楚，以申公爲中大夫。元王好詩，諸子皆讀詩，申公始爲詩傳，號魯詩。」

〔四〕范書卓茂傳：「茂習詩、禮及歷算，究極師法，稱爲通儒。光武初即位，先訪求茂，以爲太傅，封褒德侯。」

後大興殿舍，百姓勞役；廣采衆女，充盈後宮。後宮皇子連夭，繼嗣未育。柔上疏曰：二虜狡猾，潛自講肄，謀動干戈，未圖束手。宜畜養將士，繕治甲兵，以逸待之。而頃興造殿舍，上下勞擾，若使吳、蜀知人虛實，通謀并埶，復俱送死，甚不易也。昔漢文惜十家之資，不營小臺之娛；〔一〕去病慮匈奴之害，不遑治第之事。況今所損者非惟百金之費，所憂者非徒北狄之患乎！可粗成見所營立，以充朝宴之儀。訖罷作者，〔二〕使得就農。二方平定，復可徐興。〔三〕昔軒轅以二十五子，傳祚彌遠；周室以姬國四十，歷年滋多。陛下聰達，窮理盡性，而頃皇子連多夭逝，熊羆之祥又未感應，羣下之心，莫不悒戚。周禮，天子后妃以下百二十人，〔四〕嬪嬙之儀，既以盛矣。竊聞後庭之數，或復過之，聖嗣不昌，殆能由此。〔五〕臣愚以爲可妙簡淑媛，〔六〕以備内官之數，其餘盡遣還家。且以育精養神，專靜爲寶。如此，則螽斯之徵，可庶而致矣。」〔七〕帝報曰：「知卿忠允，乃心王室，輒克昌言，〔八〕他復以聞。」

〔一〕漢書：「孝文嘗欲作露臺，召匠計之，直百金。上曰：百金，中人十家之產也。吾奉先帝宮室，嘗恐羞之，何以臺爲！」

〔二〕「訖」，官本作「乞」。

〔三〕通鑑「復」作「始」。

〔四〕胡三省曰：「王立后，三夫人，九嬪，二十七世婦，八十一御妻，是爲百二十人。」

〔五〕「能」疑作「將」，嚴衍通鑑補改「能」作「或」。

〔六〕胡三省曰：「淑，善也；媛，美女也。」

〔七〕詩螽斯，后妃子孫衆多也。

〔八〕胡三省曰：「輒以昌言自克也。楊子曰：勝己之私之謂克。」

時獵法甚峻，宜陽典農劉龜〔一〕竊於禁內射兎，其功曹張京詣校事言之。帝匿京名，收龜付獄。柔表請告者名，帝大怒，曰：「劉龜當死，乃敢獵吾禁地。送龜廷尉，廷尉便當考掠，何復請告者主名，吾豈妄收龜邪？」柔曰：「廷尉，天下之平也。〔二〕安得以至尊喜怒而毀法乎！」重復爲奏，辭指深切。帝意寤，乃下京名。即還訊，各當其罪。

〔一〕郡國志：「司隸弘農郡宜陽。」水經洛水注：「洛水又東，有昌澗水注之。水出西北宜陽山而東南流，逕宜陽故郡南舊陽市邑，故洛陽典農都尉治此，後改爲郡。」一統志：「宜陽故城，今河南河南府宜陽縣西。」

〔二〕此漢張釋之語。

時制，吏遭大喪者，百日後皆給役。有司徒吏解弘遭父喪，後有軍事，受敕當行，以疾病爲辭。詔怒曰：「汝非曾、閔，何言毁邪？」促收考竟。柔見弘信甚羸劣，奏陳其事，宜加寬貸。帝乃詔曰：「孝哉，弘也！其原之。」

初，公孫淵兄晃，爲叔父恭任内侍，先淵未反，數陳其變。及淵謀逆，帝不忍市斬，欲就獄殺之。〔一〕柔上疏曰：「書稱用罪伐厥死，用德彰厥善，此王制之明典也。晃及妻子，叛逆之類，誠應梟縣，勿使遺育。而臣竊聞晃先數自歸，陳淵禍萌，雖爲凶族，原心可恕。夫仲尼亮司馬牛之憂，〔二〕祁奚明叔向之過，〔三〕在昔之美義也。臣以爲晃信有言，宜貸其死；苟自無言，便當市斬。〔四〕今進不赦其命，退不彰其罪，閉著囹圄，使自引分，〔五〕四方觀國，或疑此舉也。」帝不聽，竟遣使齎金屑飲晃及其妻子，賜以棺衣，殯斂於宅。〔六〕

孫盛曰：聞五帝無誥誓之文，三王無盟祝之事。然則盟誓之文，始自三季；質任之作，起於周微。夫貞夫之一，則天地可動；機心内萌，則鷗鳥不下。況信不足焉而祈物之必附，猜生於我而望彼之必懷？何異挾冰求温，抱炭希涼者哉！且夫要功之倫，陵肆之類，莫不背情任計，昧利忘親。縱懷慈孝之愛，或慮傾身之禍。是以周、鄭交惡，〔七〕漢高請羹，〔八〕隗囂捐子，〔九〕馬超背父，〔一〇〕其爲酷忍如此之極也，安在其因質委誠，取任永固哉！世主若能遠覽先王閑邪之至道，近鑒狡肆徇利之凶心，勝之以解網之仁，致之以來蘇之惠，燿之以雷霆之威，潤之以時雨之施，則不恭可斂衽於一朝，炰哮可屈膝於象魏矣。何必拘厥親以來其情，逼所愛以制其命乎？苟不能然，而仗夫計術，〔一一〕籠之以權數，檢之以一切，雖覽一室而庶徵於四海，法生鄙局，冀或半之暫益。〔一二〕自不得不有不忍之刑，以遂孥戮之罰。亦猶瀆盟由乎一人，而云俾墜其師，無克遺育之言耳。豈得復引四罪不及之典，司馬牛獲宥之義乎？假令任者皆不保其父兄，輒有二三之言，曲哀其意而悉活之，則長人子危親自存之悖。子弟雖質，必無刑戮之憂；父兄雖逆，終無勦絶之慮。柔不究明此術非盛王之道，宜開張遠義，蠲此近制，而陳法内之刑，以申一人之命，可謂心存小善，非王者之體。古者殺人之中，又有仁焉；刑之於獄，未爲失也。

臣松之以爲：辨章事理，貴得當時之宜，無爲虚唱大言，而終歸無用。浮誕之論，不切於實，猶若畫魑魅之象，[一三]而躓於犬馬之形也。質任之興，非防近世，[一四]況三方鼎峙，遼東偏遠，羈其親屬，以防未然，不爲非矣。柔謂晃有先言之善，宜蒙原心之宥，而盛責柔不能開張遠理，蠲此近制，不達此言，竟爲何謂？若云猜防爲非，質任宜廢，是謂應大明先王之道，不預任者生死也。晃之爲任，歷年(巳)〔已〕久，豈得於殺活之際，方論至理之本？是何異叢棘既繁，事須剖決，空論刑措之美，無聞當不之實哉！[一五]其爲迂闊，亦(巳)〔已〕甚矣。漢高事窮理迫，權以濟親，而總之酷忍之科，既(巳)〔已〕大有所誣。且自古以來，未有子弟妄告父兄，以圖全身者，自存之悖，未之或聞。晃以兄告弟，而其事果驗。謂晃應殺，將以遏防。若言之亦死，不言亦死，豈不杜歸善之心，失正刑之中哉！趙括之母，以先請獲免；[一六]鍾會之兄，以密言全子。[一七]古今此比，蓋爲不少。晃之前言，事同斯例，而獨遇否閉，良可哀哉！[一八]

〔一〕胡三省曰：「晃數陳淵之必反，非同逆者也；帝欲殺之，以絶其類。刑之於市則無名，故欲就獄殺之。」

〔二〕胡三省曰：「司馬牛，宋司馬桓魋之弟也。魋凶惡，牛憂之，曰：人皆有兄弟，我獨亡。謂魋之積惡，將死，亡無日。」錢大昕曰：「亮即諒字。然論語司馬牛憂無兄弟，而子夏解之；此云仲尼，未審所出。」

〔三〕左傳：「晉人逐欒盈，殺羊舌虎，因虎兄叔向。祁奚見范宣子曰：管、蔡爲戮，周公右王，若之何以虎也棄社稷？宣子言諸公而免之。」

〔四〕周壽昌曰：「市斬，言斬於市也。禮，刑人於市；論語曰：肆諸市朝。」

〔五〕胡三省曰：「引分，即引決也。」

〔六〕胡三省曰：「宅，晃所居者。」

〔七〕左傳隱公三年：「王貳于虢，鄭伯怨王，王曰：無之。故周、鄭交質。王崩，周人將畀虢公政，周、鄭交惡。君子曰：信不由中，質無益也。」

〔八〕史記項羽本紀：「項王爲高俎置太公其上，告漢王曰：今不急下，吾烹太公。漢王曰：吾翁即若翁，必欲烹而翁，則幸分我一桮羹。」

〔九〕范書隗囂傳：「囂遣長子恂詣闕。囂雖遣子入質，猶負其險阸，欲專方面。後囂終不降，於是誅其子恂。」

〔一〇〕事見本志董卓傳。

〔一一〕馮本「仗」作「杖」。

〔一二〕「雖覽一室」以下四語，疑中有脱誤。

〔一三〕馮本「魑」作「螭」，誤。

〔一四〕「昉」，宋本作「防」，應作「仿」。

〔一五〕「聞」疑作「闕」。

〔一六〕史記趙奢傳：「趙王以趙括爲將，括母曰：王終遣之，即如有不稱，妾得無隨坐乎？王許諾。秦軍射殺趙括，括軍敗。趙王亦以括母先言，竟不誅也。」

〔一七〕事見鍾會傳。

〔一八〕或曰：「裴論至正，天下事所適宜，不貴執一。苟時所不急，妙言祇成鄙論。絶任子而尚德懷，可言之於平議政化之日，非當言於廷尉決獄之時也。置誅辟之可否，論政術之得失，不幾視疾病之阽危，不議蓼苓之投；而顧教以飲食起居之節，則爲出位曠官之甚矣，豈不惑哉！」

是時殺禁地鹿者身死，財産没官，有能覺告者，厚加賞賜。柔上疏曰：「聖王之御世，莫不以廣農爲務，儉用爲資。夫農廣則穀積，用儉則財畜，畜財積穀而有憂患之虞者，未之有也。古者一夫不耕，或爲之飢；一婦不織，或爲之寒。中間已來，百姓供給衆役，親田者既減，〔一〕加頃復有獵禁，羣鹿犯暴，殘食生苗，處處爲害，所傷不貲。〔二〕民雖障防，力不能禦。至如滎陽左右，周數百里，歲略不收，元元之命，實可矜傷。方今天下，生財者甚少，而麋鹿之損者甚多，卒有兵戎之役，〔三〕凶年之災，將無以待之。惟陛下覽先聖之所念，愍稼穡之艱難，寬放民間，使得捕鹿，遂除其禁。則衆庶永濟，莫不悦豫矣。」

魏名臣奏載柔上疏曰：「臣深思陛下所以不早取此鹿者，誠欲使極蕃息，然後大取，以爲軍國之用。然臣竊以爲今鹿但有日耗，終無從得多也。何以知之？今禁地廣輪且千餘里，臣下計無慮其中有虎大小六百頭，狼有五百頭，狐萬頭。使大虎一頭，三日食一鹿，一虎一歲百二十鹿；是爲六百頭虎一歲食七萬二千頭鹿也。使十狼日共食一鹿，是爲五百頭狼一歲共食萬八千頭鹿。鹿子始生，未能善走，使十狐一日共食一子，比至健走，一月之間，是爲萬狐一月共食鹿子三萬頭也。大凡一歲所食十二萬頭。〔四〕其鵰鶚所害，臣置不計。以此推之，終無從得多，不如早取之爲便也。」〔五〕

〔一〕胡三省曰：「親田，謂躬親田畝者。」

〔二〕胡三省曰：「不貲，言不可計量也。」

〔三〕卒，讀曰猝。

〔四〕潘眉曰：「虎食鹿七萬二千頭，狼食鹿萬八千頭，又狐食鹿子一月三萬頭，共計一歲食鹿十二萬頭也。狐不言一歲者，鹿子一月健走之後，狐所不能食，故但言一月所食。」

〔五〕嚴可均曰：「御覽九百六引魏名臣奏作郎中黃觀上疏，疑當時兩人連名。」

頃之，護軍營士竇禮，近出不還。營以爲亡，表言逐捕，没其妻盈及男女爲官奴婢。盈連至州府，稱冤自訟，莫有省者。乃辭詣廷尉。柔問曰：「汝何以知夫不亡？」盈垂泣對曰：「夫少單特，養一老嫗爲母，事甚恭謹，又哀兒女，撫視不離，非是輕狡不顧室家者也。」柔重問曰：「汝夫不與人有怨讎乎？」對曰：「夫良善，與人無讎。」又曰：「汝夫不與人交錢財乎？」對曰：「嘗出錢與同營士焦子文，求不得。」〔一〕時子文適坐小事繫獄，柔乃見子文，問所坐。言次，曰：〔二〕「汝頗曾舉人錢不？」子文曰：「自以單貧，初不敢舉人錢物也。」柔察子文色動，遂曰：「汝昔舉竇禮錢，何言不邪！」〔三〕子文怪知事露，應對不次。柔曰：「汝(已)〔已〕殺禮，便宜早服。」子文於是叩頭，具首殺禮本末，埋藏處所。柔便遣吏卒，承子文辭往掘禮，即得其屍。詔書復盈母子爲平民。班下天下，以禮爲戒。〔四〕

〔一〕御覽六百三十九作「久不得」。

〔二〕元本「坐」下多一「言」字。

〔三〕御覽作「何言不舉邪」。

〔四〕杭世駿曰：「以禮爲戒，通典作以爲體式。」

在官二十三年，轉爲太常，旬日遷司空，後徙司徒。〔一〕太傅司馬宣王奏免曹爽，皇太后詔召柔假節行大將軍事，據爽營。太傅謂柔曰：「君爲周勃矣。」爽誅，進封萬歲鄉侯。高貴鄉公即位，進封安國侯，轉爲太尉。〔二〕常道鄉公即位，增邑，并前四千，〔三〕前後封二子亭侯。景元四年，年九十，薨。謚曰元侯。〔四〕

〔一〕正始六年八月丁卯，以太常高柔爲司空；九年四月，徙司徒。

〔二〕嘉平六年九月，兼太尉。

〔三〕疑脱「户」字。

〔四〕王懋竑論蔣濟、高柔、孫禮、王觀事，見蔣濟傳。王氏又曰：「齊王之廢，柔以一元大武告廟；高貴鄉公之弑，柔與司馬昭、司馬孚連名具奏。而高貴鄉公之立，柔、觀皆進爵增封邑，非特無所與而已也。」又曰：「高柔以黄初四年爲廷尉，在位二十三年，轉太常，旬月遷司空，又徙司徒。考其時在正始六年後，正曹爽執政之日也。懿誅爽時，以柔行大將軍，據爽營，是與懿同謀者。自是遂爲司馬用矣。柔在文帝、明帝時，以直諫顯名。至曹爽執政，乃默無一語，而迄與懿同謀殺之，前後較若兩人。當懿誅爽時，柔已七十有六矣。（柔卒於景元四年，逆計之，正始九年，柔年七十六歲。）使年七十餘而死，不當爲魏之名臣邪？陳壽評其保官二十年，元老終位，蓋深譏之。人固有不幸而不死者，如高柔是也。王觀名位次於高柔，而終始於司馬略同。孫禮以亮直稱，而以爭界之事，爲爽所黜，遂爲懿畫誅爽之策。其後入爲司隸校尉，遷司空，封亭侯，凡歷二載，史不著其一語。盧毓亦有名稱，而與爽不協，以司隸校尉治晏等獄，蓋皆爲懿用矣。懿之篡魏，劉放、孫資導之於前，而高柔、王觀、孫禮、盧毓與傅嘏助之於後，俱有力焉，不獨賈充、陳騫之儔也。余是以詳著之。」

孫渾嗣。咸熙中，開建五等，以柔等著勳前朝，〔一〕改封渾昌陸子。〔二〕晉諸公贊曰：柔長子儁，大將軍掾；次誕，歷三州刺史、太僕。誕放率不倫，而決烈過人。次光，字宣茂。少習家業，明練法理。晉武帝世，爲黄沙御史，與中丞同。〔三〕遷守廷尉，後即真。兄誕與光異操，謂光小節，常輕侮之。而光事誕愈謹。終於尚書令，追贈司空。〔四〕

〔一〕「等」字疑誤。
〔二〕沈欽韓曰：「兩漢志及晉志皆無昌陸縣。」
〔三〕晉書高光傳：「是時，武帝置黄沙獄，以典詔囚。以光歷世明法，用爲黄沙御史，秩與中丞同。」又職官志：「泰始四年，置黄沙獄治書侍御史一人，秩與中丞同，掌詔獄及廷尉不當者皆治之。」潘眉曰：「中丞，謂御史中丞也。」
〔四〕晉書光傳：「時朝廷咸推光明於用法，頻典理官。惠帝爲張方所逼，幸長安，朝臣奔散，莫有從者。光獨侍帝而西，遷尚書左僕射。帝還洛陽，以光爲少傅。懷帝即位，加光禄大夫，與傅祗並見推崇。」

孫禮字德達，〔一〕涿郡容城人也。〔二〕太祖平幽州，召爲司空軍謀掾。〔三〕初，喪亂時，禮與母相失，同郡馬台求得禮母，禮推家財盡以與台。台後坐法當死，禮私導令踰獄自首，既而曰：「臣無逃亡之義。」〔四〕徑詣刺姦主簿温恢。〔五〕恢嘉之，具白太祖，各減死一等。

〔一〕錢儀吉曰：「御覽：字德遠。」
〔二〕洪亮吉曰：「容城，漢舊縣。中興後省。魏志孫禮傳：禮，容城人。盧毓傳：封容城侯。縣蓋漢末復立。班志屬涿郡，晉志屬范陽郡。」一統志：「容城故城，今直隸保定府容城縣西北。」謝鍾英曰：「當在定興縣北。方輿紀要在保定府容城縣西北三十里，非是。」弼按：一統志引舊志云：「有古城在今縣北十五里城子村，周迴七里，即故縣也。」

〔三〕平幽州在建安十二年，是時魏武尚爲司空，十三年方爲丞相也。

〔四〕姚範曰：「疑爲馬台之言。」

〔五〕高柔傳「以柔爲刺奸令史」，此傳有「刺奸主簿」，皆爲魏武所置。

後除河閒郡丞，〔一〕稍遷滎陽都尉。〔二〕魯山中賊數百人，〔三〕保固險阻，爲民作害。乃徙禮爲魯相。禮至官，出俸穀，發吏民，募首級，招納降附，使還爲閒，應時平泰。歷山陽、平原、平昌、琅邪太守。〔四〕從大司馬曹休征吳於夾石口，〔五〕禮諫，以爲不可深入，不從而敗。〔六〕遷陽平太守，〔七〕入爲尚書。

〔一〕續百官志：「每郡置丞一人。」

〔二〕洪亮吉曰：「滎陽郡，魏正始三年分河南置。蓋河南郡大，漢末已別建都尉，至正始三年，乃升爲郡耳。」趙一清曰：「水經濟水注：滎陽東二十里，有故垂隴城，世謂之都尉城。蓋滎陽典農都尉治。」一統志：「滎陽故城，今河南開封府滎陽縣西南十七里。」

〔三〕此爲豫州魯國之魯山，非荆州南陽郡魯陽縣之魯山。

〔四〕錢大昕曰：「續漢志無平昌郡。宋志魏文帝分城陽立平昌郡，而晉志載魏文增置郡七，不及平昌者，以置郡未久，旋復并省也。」趙一清曰：「平昌郡，黄初三年魏文帝分城陽郡置，治平昌縣，今青州安丘縣西南平昌故城是。漢志平原郡有平昌縣，續志無。蓋後漢省而魏復置也。」洪亮吉曰：「沈志魏文帝分城陽置平昌郡，晉地理志惠帝元康十年又置平昌郡。蓋魏文帝立郡後旋廢，至晉惠帝復置也。」

〔五〕趙一清曰：「夾石當作硤石，口字衍。」弼按：亦作夾石。吴志朱桓傳：「桓曰：曹休戰敗必走，走當由夾石、挂車。」

本志賈逵傳：「逵據夾石，以兵糧給休，休軍乃振。」謝鍾英曰：「夾石，今安徽安慶府桐城縣北四十七里北峽關；挂車，今桐城縣西三十里。」

〔六〕事在明帝太和二年。

〔七〕文紀：「黄初二年，以魏郡東部爲陽平郡。」

明帝方修宮室，〔一〕而節氣不和，天下少穀。禮固爭，罷役，〔二〕詔曰：「敬納讜言，促遣民作。」〔三〕時李惠監作，復奏留一月，有所成訖。〔四〕禮徑至作所，不復重奏，稱詔罷民。帝奇其意而不責也。〔五〕

〔一〕御覽「宮室」作「臺省」。

〔二〕御覽「爭」下有「因」字。

〔三〕促遣，謂遣散也。

〔四〕胡三省曰：「成訖，言欲成殿舍以訖事也。」

〔五〕崔琰論孫禮「疏亮亢烈，剛簡能斷」。見琰傳。

帝獵於大石山，虎趨乘輿，禮便投鞭下馬，欲奮劍斫虎，〔一〕詔令禮上馬。明帝臨崩之時，以曹爽爲大將軍，宜得良佐，於牀下受遺詔，〔二〕拜禮大將軍長史，加散騎常侍。〔三〕禮亮直不撓，爽弗便也，以爲揚州刺史，〔四〕加伏波將軍，〔五〕賜爵關内侯。吴大將全琮帥數萬衆來侵寇，時州兵休使，在者無幾。禮躬勒衛兵禦之，戰於芍陂，〔六〕自旦及暮，將士死傷過半。禮犯蹈白刃，馬被數創，手秉枹鼓，奮不顧身，賊衆乃退。詔書慰勞，賜絹七百匹。禮爲死事者設祀哭臨，哀號發心，皆以絹付亡者家，無以入身。

〔一〕梁章鉅曰：「水經伊水注云：大石山，魏文帝獵于此山，虎趨乘輿，孫禮拔劍投虎于此山。山在洛陽南，而劉澄之言在洛東北，非也。山阿有魏明帝高平陵。按水經以明帝爲文帝，誤也。一統志云：「大石山在河南府洛陽縣東南四十里，亦名石林。」

〔二〕「宜得良佐」四字，疑在此句下。

〔三〕趙一清曰：「梁書褚球傳：自魏孫禮、晉荀組以後，台佐加貂，始有球也。」弼按：球傳：「俄遷通直散騎常侍、祕書監領著作，遷司徒左長史，常侍著作如故。」故有台佐加貂之言。

〔四〕胡三省曰：「傅嘏、盧毓、孫禮所以不合於曹爽者，其心未背曹氏也。及其合於司馬懿，則事不可言矣。三子者，豈本心所欲哉？勢有必至，事有固然也。」弼按：觀下文曹爽劾禮身之之言，益信。

〔五〕宋書百官志：「伏波將軍，漢武帝征南越，始置此號。」

〔六〕芍陂見武紀建安十四年。一統志：「今安徽鳳陽府壽州南，亦名期思陂。」

徵拜少府，〔一〕出爲荊州刺史，遷冀州牧。〔二〕太傅司馬宣王謂禮曰：「今清河、平原，爭界八年，更二刺史，靡能決之。虞、芮待文王而了，〔三〕宜善令分明。」禮曰：「訟者據墟墓爲驗，聽者以先老爲正，而老者不可加以榎楚，又墟墓或遷就高敞，或徙避仇讎。如今所聞，雖皋陶猶將爲難。若欲使必也無訟，當以烈祖初封平原時圖決之。〔四〕何必推古問故，以益辭訟？〔五〕昔成王以桐葉戲叔虞，周公便以封之。〔六〕今圖藏在天府，〔七〕便可於坐上斷也，豈待到州乎？」宣王曰：「是也。當别下圖。」禮到，案圖，宜屬平原。而曹爽信清河言，下書云：「圖不可用，當參異同。」禮上疏曰：「管仲霸者之佐，其器又小，猶能奪伯氏駢邑，使没齒無怨言。〔八〕臣受牧伯之任，奉聖朝明圖，驗地著之界，〔九〕界實以王翁河爲限，〔一〇〕而鄃以馬丹侯爲驗，〔一一〕詐以鳴犢河爲界。〔一二〕假虚訟訴，疑誤臺閣。竊聞衆口鑠金，浮石沈木，三人成市虎，慈母投其杼。〔一三〕今二郡爭界八年，一朝決之者，緣有解書、圖畫，可得尋案擿校也。平原在兩河向東上，其間有爵隄，爵隄在高唐西南，〔一四〕所爭地在高唐西北，相去二十餘里，可謂長歎息流涕者也。案解與圖奏而鄃不受詔，此臣軟弱，不勝其任，臣亦何顔，尸禄素餐！」輒束帶著履，駕車待放。爽見禮奏，大怒。劾禮怨望，結刑五歲。〔一五〕在家期年，衆人多以爲言，除城門校尉。〔一六〕

〔一〕少府見常林傳。

〔二〕趙一清曰：「漢末諸州置牧，刱自劉焉之謀；魏承漢祚，尚沿舊制。」

〔三〕詩大雅「虞芮質厥成」毛傳曰：「虞、芮之君，相與爭田，久而不平。乃相謂曰：『西伯，仁人也，盍往質焉。』乃相與朝周。入其竟，則耕者讓畔，行者讓路；入其邑，男女異路，班白不提挈；入其朝，士讓爲大夫，大夫讓爲卿。二國之君，感而相謂曰：『我等小人，不可以履君子之庭。』乃相讓以其所爭田爲閒田而退。天下聞之而歸者四十餘國。」

〔四〕胡三省曰：「烈祖，謂明帝也。封平原王，畫壤分國，有地圖在天府。」

〔五〕何焯曰：「縱不得真，獄可折矣。此解結之術也。」

〔六〕史記：「成王與叔虞戲，削桐葉爲圭，以與叔虞曰：『以此封若。』史佚因請擇日立叔虞。成王曰：『吾與之戲爾。』史佚曰：天子無戲言，於是遂封叔虞於唐。」

〔七〕周禮有天府。鄭玄注：「掌祖廟之寶藏，又賢能之書及功書，皆藏於天府。」

〔八〕論語邢昺疏云：「伯氏，齊大夫；駢邑，地名。没齒，謂終没齒年也。伯氏食邑於駢，凡三百家；管氏奪之，使貧至於終年，亦無怨言。」

〔九〕郡國志：「青州濟南郡著。」詩齊風：「俟我於著乎而」，即此。一統志：「著縣故城，今山東濟南府濟陽縣西南。」

〔一〇〕一統志：「古王翁河，今濟南府平原縣西南，蓋黄河支津也。」姚範曰：「王翁河疑即王莽河。」（錢儀吉説同。）

〔一一〕宋本「侯」作「候」。郡國志：「冀州清河國鄃。」一統志：「鄃縣故城，今平原西南。」

〔一二〕郡國志：「清河國靈縣。」劉昭注引地道記曰：「有鳴犢河。」一統志：「鳴犢河在今山東東昌府博平縣北。」姚範曰：「漢元帝永光五年，河決清河靈鳴犢口。靈縣故城，在今博平之東北。又漢溝洫志：靈鳴犢口在清河東界。」謝鍾英曰：「今高唐州西迤東北至平原，皆鳴犢河故道。」

〔一三〕戰國策：「龐葱與太子質於邯鄲，謂魏王曰：今一人言市有虎，王信之乎？王曰：否。二人言市有虎，王信之乎？王曰：寡人疑之矣。三人言市有虎，王信之乎？王曰：寡人信之矣。」史記：「魯有與曾參同姓名者殺人，人告其母曰：曾參殺人，其母織自若也；頃又一人告之曰：曾參殺人，其母投杼下機，踰牆能走。」

〔一四〕郡國志：「青州平原郡高唐。」三國魏平原郡改隸冀州。一統志：「高唐故城，在今濟南府禹城縣西南。」

〔一五〕胡三省曰：「但結以徒作五歲之罪，而不使之輸作也。」

〔一六〕續百官志：「城門校尉一人，比二千石，掌洛陽城門十二所。」

時匈奴王劉靖，〔一〕部衆彊盛，而鮮卑數寇邊。乃以禮爲并州刺史，加振武將軍，〔二〕使持節，護匈奴中郎將。〔三〕往見太傅司馬宣王，有忿色而無言。宣王曰：「卿得并州，少邪？恚理分界失分乎？〔四〕今當遠别，何不懽也！」禮曰：「何明公言之乖細也！禮雖不德，豈以官位往事爲意邪？本謂明公齊蹤伊、吕，匡輔魏室，上報明帝之託，下建萬世之勳。今社稷將危，天下兇兇，此禮之所以不悦也。」因涕泣横流。宣王曰：「且止，忍不可忍。」〔五〕爽誅後，入爲司隸校尉。〔六〕凡臨七郡、五州，〔七〕皆有威信。遷司空，封大利亭侯，邑一百户。禮與盧毓同郡時輩，〔八〕而情好不睦。爲人雖互有短長，然名位略齊云。嘉平二年薨，謚曰景侯。孫元嗣。

〔一〕官本「王」作「主」。當時有兩劉靖，一爲廬江太守劉靖，見劉馥傳。
〔二〕宋書百官志：「振武將軍，前漢末王況爲之。」
〔三〕續百官志：「使匈奴中郎將一人，比二千石，主護南單于。」
〔四〕胡三省曰：「魏并州統太原、上黨、西河、雁門、新興，冀州大於諸州。并州遠接荒外，故意其觖望。懿多權數，以此言擿發禮耳。少，詩沼翻；恚，於避翻；分，扶問翻。」
〔五〕胡三省曰：「至此，禮入懿(數)〔彀〕中矣。」
〔六〕陳仁錫本「入」作「又」，誤。王懋竑論蔣濟、高柔、孫禮、王觀事見蔣濟傳、高柔傳。
〔七〕河間、滎陽、山陽、平原、平昌、琅邪、陽平七郡，揚、荆、冀、并、司五州。
〔八〕毓，涿郡涿縣人。

王觀字偉臺，東郡廩丘人也。〔一〕少孤貧厲志。太祖召爲丞相文學掾，〔二〕出爲高唐、陽泉、鄼、任令，〔三〕所在稱治。文帝踐阼，入爲尚書郎、廷尉監，〔四〕出爲南陽、涿郡太守。涿北接鮮卑，數有寇盜。觀令邊民十家(巳)〔已〕上，屯居，築京候。時或有不願者，觀乃假遣朝吏，使歸助子弟，不與期會，但敕事訖各還。於是吏民相率不督自勸，旬日之中，一時俱成。守禦有備，寇鈔以息。明帝即位，下詔書使郡縣條爲劇、中、平者。主者欲言郡爲中平，觀教曰：「此郡濱近外虜，數有寇害，云何不爲劇邪？」主者曰：「若郡爲外劇，恐於明府有任子。」觀曰：「夫君者，所以爲民也。今郡在外劇，則於役條當有降差。豈可爲太守之私而負一郡之民乎？」遂言爲外劇郡，後送任子詣鄴。時觀但有一子而又幼弱，其公心如此。觀治身清素，帥下以儉，僚屬承風，莫不自勵。

〔一〕郡國志：「兗州濟陰郡廩丘。」王先謙曰：「三國魏改屬東郡。」一統志：「廩丘故城，今山東曹州府范縣東南。」

〔二〕趙一清曰：「文學掾，亦魏武置。」

〔三〕高唐見孫禮傳，鄼見劉放傳。郡國志：「揚州廬江郡陽泉，冀州鉅鹿郡任。」(三國魏改屬廣平郡。)一統志：「陽泉故城，今安徽潁州府霍丘縣西；任縣故城，今直隸順德府任縣東南。」

〔四〕宋書百官志：「魏世尚書凡二十三郎。青龍二年，有軍事尚書令。陳矯奏置都官、騎兵，合二十五郎。」又云：「廷尉監一人，本有左、右監。漢光武省右，猶云左；魏、晉直云監。」

明帝幸許昌，召觀爲治書侍御史，〔一〕典行臺獄。時多有倉卒喜怒，而觀不阿意順指。太尉司馬宣王請觀爲從事中郎，〔二〕遷爲尚書，出爲河南尹，徙少府。大將軍曹爽使材官張達斫家屋材，〔三〕及諸私用之物。觀聞知，皆録奪以没官。少府統三尚方御府内藏玩弄之寶，〔四〕爽等奢放，多有干求，憚觀守法，乃徙爲太僕。司馬宣王誅爽，使觀行中領軍，據爽弟羲營。〔五〕賜爵關内侯，復爲尚書，〔六〕加駙馬都尉。高貴鄉公即位，封中鄉亭侯。〔七〕頃之，加光禄大夫，轉爲右僕射。常道鄉公即位，進封陽鄉侯，增邑千户，并前二千五百户。遷司空，固辭，不許，遣使即第拜授。就官數日，上送印綬，輒自輿歸里舍，薨于家。〔八〕遺令藏足容棺，不設明器，〔九〕不封不樹。〔一〇〕謚曰肅侯。子悝嗣。咸熙中，開建五等，以觀著勳前朝，改封悝膠東子。

〔一〕治書侍御史見明紀卷首。

〔二〕晉書職官志：「從事中郎二人，秩比千石。」

〔三〕宋書百官志：「材官將軍一人，司馬一人，主工匠土木事。漢左右校令其任也。魏右校又置材官校尉，主天下材木事。」

〔四〕晉書職官志：「少府統材官校尉，中、左、右三尚方。」

〔五〕康發祥曰：「高柔傳，柔據爽營。各有所據，則柔、觀之附司馬可知。」

〔六〕列名奏永寧宫。

〔七〕王懋竑論王觀事，見蔣濟傳、高柔傳。王氏又曰：「高柔行大將軍，據爽營；王觀行中領軍，據羲營：此起兵時事。爽罷免後，柔仍爲司徒，觀仍爲太僕。觀傳復爲尚書，是自太僕爲尚書也。兩營兵不知何屬，豈懿自領之與？師後爲衛將軍，抑師領之與？魏、晉書皆無考。」

〔八〕景元元年六月癸亥，爲司空；冬十月，薨。

〔九〕馮本「明」作「盟」，誤。禮記檀弓曰：「塗車芻靈，自古有之，明器之道也。」

〔一〇〕解見文紀黃初三年。

評曰：韓暨處以静居行化，出以任職流稱；崔林簡檏知能，高柔明於法理，孫禮剛斷伉厲，王觀清勁貞白，咸克致公輔。及暨年過八十，起家就列；柔保官二十年，元老終位；比之徐邈、常林，於兹爲疚矣！〔一〕

〔一〕何焯曰：「柔爲廷尉二十三年，此得人久任之方，未可因末路艱退，並致譏也。」

魏書二十五

辛毗楊阜高堂隆傳第二十五

辛毗字佐治，潁川陽翟人也。〔一〕其先，建武中〔二〕自隴西東遷，〔三〕毗隨兄評從袁紹。〔四〕太祖爲司空，辟毗，毗不得應命。及袁尚攻兄譚於平原，譚使毗詣太祖求和。

英雄記曰：譚、尚戰於外門，〔五〕譚軍敗，奔北。〔六〕郭圖説譚曰：「今將軍國小兵少，糧匱勢弱，顯甫之來，久則不敵。愚以爲可呼曹公來擊顯甫。曹公至，必先攻鄴，顯甫還救，將軍引兵而西，自鄴以北皆可虜得。若顯甫軍破，其兵奔亡，又可斂取以拒曹公。曹公遠僑而來，糧餉不繼，必自逃去。比此之際，趙國以北皆我之有，亦足與曹公爲對矣。不然，不諧。」譚始不納，後遂從之。問圖：「誰可使？」圖答：「辛佐治可。」譚遂遣毗詣太祖。

太祖將征荆州，次于西平。〔七〕毗見太祖致譚意，太祖大悦。後數日，更欲先平荆州，使譚、尚自相弊。他日置酒，毗望太祖色，知有變，以語郭嘉。嘉白太祖，太祖謂毗曰：「譚可信，尚必可克不？」毗對曰：「明公無問信與詐也，直當論其勢耳。袁氏本兄弟相伐，非謂他人能閒其閒，乃謂天下可定於己也。〔八〕今一旦求救於明公，此可知也。〔九〕顯甫見顯思困而不能取，〔一〇〕此力竭也。兵革敗於外，謀臣誅於內。〔一一〕兄弟讒鬩，〔一二〕國分爲二；連年征伐，而戰士生蟣蝨。〔一三〕加以旱蝗，饑饉並臻，國無囷倉，行無裹糧，天災應於上，人事困於下，民無愚智，皆知土崩瓦解，此乃天亡尚之時也。兵法稱有石城湯池帶甲百萬而無粟者，不能守也。今往攻鄴，尚不還救，即不能自守；還救，即譚踵其後。以明公之威，應困窮之敵，擊疲弊之寇，無異迅風之振秋葉矣。〔一四〕天以袁尚與明公，明公不取，而伐荆州。荆州豐樂，國未有釁。仲虺有言，取亂侮亡。〔一五〕方今二袁不務遠略，而內相圖，可謂亂矣；居者無食，行者無糧，可謂亡矣。朝不謀夕，民命靡繼，而不綏之，欲待他年；他年或登，〔一六〕又自知亡而改修厥德，失所以用兵之要矣。今因其請救而撫之，利莫大焉。且四方之寇，莫大於河北，河北平則六軍盛而天下震。」〔一七〕太祖曰：「善。」乃許譚平，次于黎陽。明年，攻鄴，克之。〔一八〕表毗爲議郎。〔一九〕

〔一〕陽翟見郭嘉傳。

〔二〕光武時。

〔三〕晉書忠義傳辛勉、辛恭靖，隱逸傳辛謐，世稱冠族，俱隴西狄道人。辛憲英傳亦云隴西人，魏侍中毗之女也。辛氏蓋世居隴西。

〔四〕評字仲治。

〔五〕章懷注：「郛郭之門。」通鑑作「戰於門外。」胡注：「鄴城門外也。」

〔六〕范書袁紹傳：「譚敗，引兵還南皮。」

〔七〕郡國志：「豫州汝南郡西平。」一統志：「西平故城，今河南汝寧府西平縣西四十五里。」

〔八〕胡三省曰：「能閒，工莧翻。言袁氏兄弟相攻，其初計不謂他人能乘其閒。乃謂并青、冀爲一，則可乘勢以定天下矣。」

〔九〕胡三省曰：「言其勢窮。」

〔一〇〕譚字顯思，尚字顯甫。

〔一一〕謂逢紀、田豐等死也。

〔一二〕鬩，鬭也，很也，戾也。

〔一三〕宋本作「連年戰伐，而介胄生蟣蝨。」通鑑同。

〔一四〕胡三省曰：「秋葉易隕，況遇迅風乎？」

〔一五〕胡三省曰：「見尚書。孔安國注曰：亂則取之，有亡形則侮之。」

〔一六〕歲熟曰登。

〔一七〕通鑑「震」下有「矣」字。胡三省曰：「觀毗之言，非爲譚請救也，勸操以取河北也。」或曰：「毗爲袁氏請救，所論皆向曹氏，其心已有所私邪？抑致師之詞，不得不爾邪？跡毗生平，非賣主者，或當時舍此別無以措辭。況曹瞞老奸，豈能欺以非理哉！」弼按：良禽擇木，事理之常。操爲司空，已有辟毗之命，郭奉孝又爲毗之鄉人，策謀定計，算略深通。南向荊州，本爲兵家之權變，毗已心折矣，安得不盡情傾吐乎！

〔一八〕郡國志：「冀州魏郡鄴、黎陽。」一統志：「黎陽故城，今河南衛輝府濬縣東北；鄴縣故城，今河南彰德府臨漳縣西南。」本志荀攸傳注引魏書曰：「攸姑子辛韜問攸取冀州事，攸曰：佐治爲袁譚乞降，王師自往平之，吾何知焉。」

〔一九〕續百官志：「議郎六百石，無員。」

久之，太祖遣都護曹洪平下辯，〔一〕使毗與曹休參之。〔二〕令曰：「昔高祖貪財好色，而良、平匡其過失。今佐治、文烈，憂不輕矣。」軍還，爲丞相長史。

〔一〕曹洪拜都護將軍，下辯見夏侯淵傳。

〔二〕曹休傳：「休字文烈。太祖謂休曰：汝雖參軍，其實帥也。」

文帝踐阼，遷侍中，〔一〕賜爵關内侯。時議改正朔。毗以「魏氏遵舜、禹之統，應天順民；至於湯、武，以戰伐定天下，乃改正朔。孔子曰：行夏之時；左氏傳曰：夏數爲得天正。何必期於相反？」帝善而從之。

〔一〕毗爲侍中，列名勸進，見禪代衆事。御覽二百二十七引魏略云：「帝嘗大會殿中，御史簪白筆側階而坐。上問左右，此爲何官？何主？左右不對。辛毗曰：（御覽六百八十八引此作「侍中辛毗對曰」。）此爲御史，舊持簪筆，以奏不法。今日直備官，但珥筆耳。」本志鮑勛傳侍中辛毗表救鮑勛，亦毗官侍中時事。

帝欲徙冀州士家十萬户實河南，〔一〕時連蝗民饑，羣司以爲不可，而帝意甚盛。毗與朝臣俱求見，帝知其欲諫，作色以見之，〔二〕皆莫敢言。毗曰：「陛下欲徙士家，其計安出？」帝曰：「卿謂我徙之非邪？」毗曰：「臣以爲非也。」〔三〕帝曰：「吾不與卿共議也。」毗曰：「陛下不以臣不肖，置之左右，廁之謀議之官，〔四〕安得不與臣議邪？臣所言，非私也；〔五〕乃社稷之慮也。安得怒臣！」帝不答，起入内。毗隨而引其裾，帝遂奮衣不還。良久，乃出，曰：「佐治，卿持我何太急邪！」毗曰：「今徙，既失民心，又無以食也。」帝遂徙其半。嘗從帝射雉，帝曰：「射雉樂哉！」毗曰：「於陛下甚樂，而於羣下甚苦。」帝默然，後遂爲之稀出。

〔一〕胡三省曰：「時營洛陽，故欲徙冀州士卒家以實之。」

〔二〕通鑑「見」作「待」。

〔三〕宋本「臣」作「誠」，作「臣」亦可通，然不如「誠」字之益形鯁直。

〔四〕胡三省曰：「侍中於周爲常伯之任，在天子左右，備切問近對，拾遺補闕」。

〔五〕宋本無「也」字。

上軍大將軍曹真征朱然于江陵，〔一〕毗行軍師。還，封廣平亭侯。帝欲大興軍征吴，毗諫曰：「吴、楚之民，險而難禦，道隆後服，道洿先叛，自古患之，非徒今也。今陛下祚有海内，夫不賓者，其能久乎？昔尉佗稱帝，〔二〕子陽僭號，〔三〕歷年未幾，或臣或誅。何則？違逆之道不久全，而大德無所不服也。方今天下新定，土廣民稀。夫廟算而後出軍，猶臨事而懼；況今廟算有闕，而欲用之，臣誠未見其利也。〔四〕先帝屢起鋭師，臨江而旋。今六軍不增於故，而復循之，〔五〕此未易也。今日之計，莫若修范蠡之養民，法管仲之寄政，則充國之屯田，明仲尼之懷遠，十年之中，彊壯未老，童齔勝戰，兆民知義，將士思奮，然後用之，則役不再舉矣。」帝曰：「如卿意，更當以虜遺子孫邪？」毗對曰：「昔周文王以紂遺武王，惟知時也。苟時未可，容得已乎！」帝竟伐吴，至江而還。

〔一〕事在黄初三年。
〔二〕史記南越尉佗列傳：「高后時，有司請禁南越關市鐵器。佗乃自尊號爲南越武帝。及孝文帝元年，使陸賈往南越，因讓佗，佗頓首謝，願長爲藩臣。」
〔三〕范書公孫述傳：「述字子陽。建武元年，遂自立爲天子，號成家，建元曰龍興元年。建武十二年，吴漢、臧宫與述戰於成都，述被創死。」
〔四〕毛本「未」作「朱」，誤。
〔五〕通鑑「循」作「修」。胡三省曰：「修之，謂修怨也。左傳曰：將修先君之怨。」

明帝即位，進封潁鄉侯，〔一〕邑三百户。時中書監劉放、令孫資見信於主，制斷時政，大臣莫不交好，而毗不與往來。毗子敞諫曰：「今劉、孫用事，衆皆影附，大人宜小降意，和光同塵；〔二〕不然，必有謗言。」毗正色曰：「主上雖未稱聰明，不爲闇劣。吾之立身，自有本末，就與劉、孫不平，不過令吾不作三公而已，何危害之有！焉有大丈夫欲爲公、而毁其高節者邪？」冗從僕射畢軌表言：「尚書僕射王思，精勤舊吏，忠亮計略，不如辛毗，毗宜代思。」帝以訪放、資，放、資對曰：「陛下用思者，誠欲取其効力，不貴虚名也。毗實亮直，然性剛而專，聖慮所當深察也。」遂不用，出爲衛尉。

〔一〕水經：「潁水南逕潁鄉城西，魏明帝封侍中辛毗爲侯國也。」
〔二〕解見劉廙傳。

帝方修殿舍，百姓勞役。毗上疏曰：「竊聞諸葛亮講武治兵，而孫權市馬遼東，量其意指，似欲相左右。〔一〕備豫不虞，古之善政。而今者宮室大興，加連年穀麥不收。詩云：民亦勞止，迄可小康；惠此中國，以綏四方。〔二〕唯陛下爲社稷計。」帝報曰：「二虜未滅，而治宮室，直諫者立名之時也。〔三〕夫王者之都，當及民勞兼辦，使後世無所復增，是蕭何爲漢規摹之略也。今卿爲魏重臣，亦宜解其大歸。」帝又欲平北芒，令於其上作臺觀，〔四〕則見孟津。毗諫曰：「天地之性，高高下下，〔五〕今而反之，既非其理；加以損費人功，民不堪役。且若九河盈溢，洪水爲害，而丘陵皆夷，將何以禦之？」帝乃止。〔六〕

〔一〕沈家本曰：「明紀：太和六年，治許昌宮，起景福、承光殿。毗上疏乃是年事，故尚有諸葛亮講武治兵語。」

〔二〕詩大雅民勞之章。毛傳云：「汔，危也；中國，京師也；四方，諸夏也。」鄭箋云：「汔，幾也。今周民罷勞矣，王幾可以小安之乎？愛京師之人，以安天下。」

〔三〕何焯曰：「千古拒諫根柢，在此一語。」

〔四〕黃圖曰：「登之可以遠觀，故曰觀。」

〔五〕國語：「周太子晉曰，天地成而聚於高，歸物於下。四岳佐禹，高高下下，封崇九山，決汩九川。」

〔六〕趙一清曰：「水經河水注：魏氏起玄武觀於芒垂。張景陽玄武觀賦所謂高樓特起，竦峙岧嶢，直亭亭之孤立，延千里之清飈也。蓋其後竟作之。傳云帝乃止，飾詞耳。」

魏略曰：諸葛亮圍祁山，不克，引退。張郃追之，爲流矢所中，死。帝惜郃，臨朝而歎曰：「蜀未平而郃死，將若之何！」司空陳羣曰：「郃誠良將，國所依也。」毗心以爲郃雖可惜，然已死，不當內弱主意，而示外以不大也。乃持羣曰：「陳公，是何言歟！當建安之末，天下不可一日無武皇帝也；及委國祚，而文皇帝受命。黄初之世，亦謂不可無文皇帝也；及委棄天下，而陛下龍興。今國内所少，豈張郃乎！」陳羣曰：「亦誠如辛毗言。」帝笑曰：「陳公可謂善變矣。」

臣松之以爲：擬人必於其倫，取譬宜引其類。故君子於其言，無所苟而已矣。毗欲弘廣主意，當舉若張遼之疇，安有於一將之死，而可以祖宗爲譬哉！非所宜言，莫過於兹。進違其類，退似諂佞，佐治剛正之體，不宜有此。魏略既已難信，習氏又從而載之，〔一〕竊謂斯人，受誣不少。

〔一〕官本攷證曰：「監本，習氏訛作習文。」

青龍二年，諸葛亮率衆出渭南。先是大將軍司馬宣王數請與亮戰，明帝終不聽。〔一〕是歲恐不能禁，乃以毗爲大將軍軍師，使持節；六軍皆肅，準毗節度，莫敢犯違。

魏略曰：宣王數數欲進攻，毗禁不聽。宣王雖能行意，而每屈於毗。〔二〕

亮卒，復還爲衛尉。薨，謚曰肅侯。子敞嗣，咸熙中爲河南太守。〔三〕

世語曰：敞字泰雍，官至衛尉。〔四〕毗女憲英，適太常泰山羊耽，〔五〕外孫夏侯湛，〔六〕爲其傳曰：「憲英聰明有才鑒。〔七〕初，文帝與陳思王爭爲太子，既而文帝得立，抱毗頸而喜曰：辛君知我喜不？毗以告憲英，憲英歎曰：太子代君主宗廟社稷者也，代君不可以不戚，主國不可以不懼，宜戚而喜，何以能久？魏其不昌乎！〔八〕弟敞，爲大將軍曹爽參軍。司馬宣王將誅爽，因爽出，閉城門。大將軍司馬魯芝將爽府兵，犯門斬關，出城門赴爽，〔九〕來呼敞俱去。敞懼，問憲英曰：天子在外，太傅閉城門，人云將不利國家，於事可得爾乎？〔一〇〕憲英曰：天下有不可知，然以吾度之，太傅不得不爾。〔一一〕明皇帝臨崩，把太傅臂，以後事付之，此言猶在朝士之耳。且曹爽與太傅俱受寄託之任，而獨專權勢，行以驕奢，於王室不忠，於人道不直，此舉不過以誅曹爽耳。敞曰：然則事就乎？憲英曰：得無殆就。〔一二〕爽之才，非太傅之偶也。〔一三〕敞曰：然則敞可以無出乎？憲英曰：安可不出！〔一四〕職守，人之大義也。凡人在難，猶或恤之；爲人執鞭，而棄其事，不祥；不可也！且爲人死，爲人任，親昵之職也，〔一五〕從衆而已。敞遂出，宣王果誅爽。事定之後，敞歎曰：吾不謀於姊，幾不獲於義。逮鍾會爲鎮西將軍，憲英謂從子羊祜曰：鍾士季何故西出？祜曰：將爲滅蜀也。憲英曰：會在事縱恣，非持久處下之道，吾畏其有他志也。祜曰：季母勿多言。〔一六〕其後會請子琇爲參軍，〔一七〕憲英憂曰：他日見鍾會之出，吾爲國憂之矣。今日難至吾家，此國之大事，必不得止也。琇固請司馬文王，文王不聽。憲英語琇曰：行矣，戒之！古之君子，入則致孝於親，出則致節於國，在職思其所司，在義思其所立，不遺父母憂患而已。軍旅之閒，可以濟者，其惟仁恕乎！汝其慎之。琇竟以全身。〔一八〕憲英年至七十有九，泰始五年卒。」〔一九〕

〔一〕前已書明帝即位，此「明」字疑衍。

〔二〕互見明紀青龍二年注引魏氏春秋。蜀志諸葛亮傳注引漢晉春秋曰：「宣王表請戰，使衛尉辛毗持節以制之。」世說方正篇云：「諸葛亮之次渭濱，關中震動。魏明帝深懼晉宣王戰，乃遣辛毗爲軍司馬。宣王與亮對渭而陣，亮設誘譎萬方，宣王果大忿，將應之以重兵。亮遣閒諜覘之，還曰：有老夫杖黃鉞，毅然當軍門立，軍不得出。亮曰：此必辛佐治也。」

〔三〕宋本作河內太守。

〔四〕潘眉曰：「真誥闡幽微云：辛毗子名敞，爲河南太守、太常卿。傳注不言爲太常卿者，闕略也。」

〔五〕晉書羊祜傳：「祜字叔子，泰山南城人。祜，蔡邕外孫，年十二喪父，事叔父耽甚謹。後嘗與從弟琇書曰：既定邊事，當角巾東路歸故里，爲容棺之墟，以白士居重位，何能不以盛滿受責乎！」

〔六〕毛本「夏」作「更」，誤。夏侯湛爲夏侯莊之子，莊爲羊衜之壻，湛爲羊衜之外孫，非羊耽之外孫也。參閱夏侯淵傳注引世語即知。

〔七〕晉書列女傳「明」作「朗」。趙一清曰：「晉書夏侯湛傳：湛字孝若，譙國譙人。祖威，父莊。湛幼有盛才，文章宏富。御覽卷八百十五引孝若爲憲英傳有曰：夫人性不好華麗，琇上夫人韠子披緣以錦，不肯服，從外孫胡母揚上夫人錦被，夫人反臥之。一清案：此事晉書列女傳以爲羊祜。（晉書列女傳：祜嘗送錦被，憲英嫌其華，反而覆之。）」弼按：祜立身清儉，琇性豪侈，錦被當爲琇所上，孝若傳可據。晉書列女傳祜字疑亦琇字之誤。

〔八〕胡三省曰：「女子之智識，有男子不能及者。」

〔九〕「門」字疑衍。

〔一〇〕胡三省曰：「爾，猶言如此也。」

〔一一〕宋本、馮本「太傅」下有「殆」字。

〔一二〕胡三省曰：「殆，近也。」

〔一三〕偶，匹也。

〔一四〕宋本、馮本「可」下有「以」字。

〔一五〕馮本「暱」誤作「泥」。胡三省曰：「左傳：晏子曰：君爲社稷死，則死之；若爲己死，非其私暱，誰敢任之！暱，私愛也。此言親者則可爲質任，愛暱者則可爲之死。」

〔一六〕周壽昌曰：「羊祜爲羊耽從子，故呼辛氏爲季母，亦猶叔母之稱。」

〔一七〕毛本「軍」誤作「豈」。

〔一八〕琇事見陳留王紀咸熙元年。

〔一九〕晉書列女傳羊耽妻辛氏傳全與此同。御覽八百十五題作夏侯湛羊太常辛夫人傳，全篇通稱夫人。

楊阜字義山，天水冀人也。〔一〕

魏略曰：阜少與同郡尹奉次曾、趙昂偉章俱發名，偉章、次曾與阜俱爲涼州從事。〔二〕

以州從事爲牧韋端使詣許，〔三〕拜安定長史。〔四〕阜還，關右諸將問袁、曹勝敗孰在。阜曰：「袁公寬而不斷，〔五〕好謀而少決。不斷則無威，少決則失後事。今雖彊，終不能成大業。曹公有雄才遠略，決機無疑，法一而兵精，能用度外之人，所在各盡其力，必能濟大事者也。」長史非其好，遂去官。而端徵爲太僕，其子康代爲刺史，辟阜爲別駕。察孝廉，辟丞相府，州表留參軍事。

〔一〕天水郡見明紀太和二年，又見王肅傳注引魏略薛夏傳。郡國志：「涼州漢陽郡冀。」胡三省曰：「漢陽郡至晉方改天水，史追書也。」又曰：「冀縣屬漢陽郡，郡及涼州刺史治焉。」馬與龍曰：「閻温傳馬超圍州所治冀城，楊阜傳惟冀城奉州郡固守。是靈帝中平以後，迄建安末，涼州治冀也。」王先謙曰：「冀縣，三國魏屬天水郡。一統志：冀縣故城，今甘肅鞏昌府伏羌縣南。」

〔二〕尹奉後爲燉煌太守，見倉慈傳，又見閻温傳。

〔三〕事在建安四年，韋端見荀彧傳注。

〔四〕續百官志：「每郡置太守一人，丞一人。丞當邊戍者，丞爲長史。」

〔五〕或曰：斷指法度言，與少決非複。

馬超之戰敗渭南也，走保諸戎。太祖追至安定，而蘇伯反河間，〔一〕將引軍東還。阜時奉使，言於太祖曰：「超有信、布之勇，甚得羌、胡心，西州畏之。若大軍還，不嚴爲之備，隴上諸郡，非國家之有也。」〔二〕太祖善之，而軍還倉卒，爲備不周。超率衆戎渠帥以擊隴上郡縣，〔三〕隴上郡縣皆應之，惟冀城奉州郡以固守。超盡兼隴右之衆，而張魯又遣大將楊昂以助之，凡萬餘人，攻城。〔四〕阜率國士大夫〔五〕及宗族子弟勝兵者千餘人，使從弟岳於城上作偃月營，與超接戰。自正月至八月拒守而救兵不至。州遣別駕閻温循水潛出求救，〔六〕爲超所殺，〔七〕於是刺史、太守失色，始有降超之意。〔八〕阜流涕諫曰：「阜等率父兄子弟以義相勵，有死無二，田單之守，〔九〕不固於此也。棄乘成之功，陷不義之名，阜以死守之！」遂號哭。刺史、太守卒遣人請和，開城門迎超。〔一〇〕超入，拘岳於冀，使楊昂殺刺史、太守。

〔一〕馬超戰敗渭南在建安十六年，河間民田銀、蘇伯反在建安十七年。
〔二〕胡三省曰：「隴西、南安、漢陽、永陽，皆隴上諸郡也。獻帝起居注：初平四年，分漢陽、上郡爲永陽。」
〔三〕宋本「衆」作「諸」。
〔四〕通鑑作「攻冀城」，在建安十八年。
〔五〕國，謂郡國也。士大夫，謂將士也。解見武紀建安十二年注。
〔六〕告急於夏侯淵，時淵屯長安。
〔七〕詳見閻温傳。
〔八〕宋本「意」作「計」。

〔九〕史記田單列傳：「燕師長驅平齊，田單東保即墨。」

〔一〇〕裴注引皇甫謐列女傳云：「刺史韋康素仁，愍吏民傷殘，欲與超和。」本志荀彧傳注引三輔決録云：「康爲馬超所圍，堅守歷時，救軍不至，遂爲超所殺。」弼按：馬超勇力善戰，撫有羌、胡，既兼隴右之衆，又得張魯之助，宜其所向無敵。魏武軍還倉卒，爲備不周，韋康孤城無援，堅守八月，閻温潛出，又死賊手，東軍之來，殆已絶望，不忍吏民無辜死亡，委屈求和，其情可原。超雖殘暴，背約害康，亦假手楊昂，肆其屠戮。故韋康死後，吏民忿恨，姜敘之母，趙昂之妻，皆忠義奮發，咸爲故君復讎。若康爲賣城求活者，不特有負荀彧之薦，而楊阜、姜敘亦必不歔欷悲憤，約誓討超矣。是非功罪，略迹原心，君子平情論事，當爲康恕也。

阜内有報超之志，而未得其便。頃之，阜以喪妻求葬假。〔一〕阜外兄姜敘屯歷城。〔二〕阜少長敘家，見敘母及敘，説前在冀中時事，歔欷悲甚。〔三〕敘曰：「何爲乃爾？」阜曰：「守城不能完，君亡不能死，亦何面目以視息於天下！〔四〕馬超背父叛君，虐殺州將，豈獨阜之憂責，一州士大夫皆蒙其恥。君擁兵專制，而無討賊心，〔五〕此趙盾所以書弑君也！〔六〕超彊而無義，多釁易圖耳。」敘母慨然敕從阜計。〔七〕計定，〔八〕外與鄉人姜隱、趙昂、尹奉、姚瓊、孔信，武都人李俊、王靈結謀，定討超約，使從弟謨至冀語岳，並結安定梁寬、〔九〕南安趙衢、龐恭等。約誓既明，十七年九月，〔一〇〕與敘起兵於鹵城。〔一一〕超聞阜等兵起，自將出。而衢、寬等解岳，閉冀城門，討超妻子。超襲歷城，得敘母。敘母罵之曰：「汝背父之逆子，殺君之桀賊，〔一二〕天地豈久容汝，而不早死，敢以面目視人乎！」超怒，殺之。阜與超戰，身被五創，宗族昆弟死者七人。超遂南奔張魯。

〔一〕通鑑：「會楊阜喪妻，就超求假以葬之。」胡注：「休假也。求假，猶古之請告請急也。」

〔二〕胡三省曰：「水經注：歷城在西縣，去仇池一百二十里，後改爲建安城。杜佑曰：歷城在今同谷郡西七里，去仇池九十里。宋白曰：晉置仇池郡於歷城，今爲成州。」一統志：「建安城在今甘肅階州成縣北，本名歷城。」水經注：「建安水經建安城南，其地古西縣之歷城也，後改爲建安。」

〔三〕胡三省曰：「歔，音虛；欷，音希。泣餘聲也。」

〔四〕胡三省曰：「目之視物，一出入息之頃則一瞬。」

〔五〕敘爲撫夷將軍，擁兵屯歷城。

〔六〕各本「弑」皆作「殺」，局本作「弑」。胡三省曰：「趙盾，晉卿趙宣子也。左傳：趙穿攻靈公于桃園，宣子未出山而復。太史書曰趙盾弑其君，以示于朝。宣子曰：不然。對曰：子爲正卿，亡不越境，反不討賊，非子而誰！」

〔七〕官本考證曰：「北宋本作敕敘從阜。」

〔八〕元本、吴本、毛本俱無下「計」字。

〔九〕梁寬故黄門侍郎，見龐淯傳注引列女傳。

〔一〇〕通鑑考異曰：「楊阜傳云十七年九月。武帝紀：十八年，超在漢陽，復因羌、胡爲害。十九年正月，趙衢等討超，超奔漢中。按：姜敘九月起兵，超即應出討，超出，衢等即應閉門，不應至來年正月，蓋魏史書捷音到鄴之月耳。楊阜傳誤也。」錢大昭曰：「按武帝紀及夏侯淵傳並作十九年，此七字疑誤。」弼按：考異以十九年正月爲捷音到鄴之日，則楊阜、姜敘起兵之日當在十八年九月也。

〔一一〕鹵城詳見夏侯淵傳、閻温傳。趙一清曰：「方輿紀要五十九：鹵城在冀縣、西縣之間，或曰鹵城即西城之譌。一清按：漢志隴西郡有西縣，安定郡有鹵縣。續志漢陽郡西縣故屬隴西，安定無鹵縣，蓋後漢省也。此當爲安定之鹵城。」弼按：趙説述漢志、續志「西」與「鹵」之别，是也。指楊阜起兵之鹵城爲安定之鹵城，誤也。安定之鹵城，後漢已省，則傳文當云故鹵城；且當時用兵，實在天水郡（即漢陽郡。）冀縣、西縣地，不在安定也。

〔二〕胡三省曰：「背父，謂馬騰在鄴，不顧而反；殺君，謂殺韋康也。」

隴右平定，太祖封討超之功，侯者十一人，賜阜爵關内侯。阜讓曰：「阜君存無扞難之功，君亡無死節之効，於義當絀，於法當誅。超又不死，無宜苟荷爵禄。」太祖報曰：「君與羣賢共建大功，西土之人以爲美談。子貢辭賞，仲尼謂之止善。〔一〕君其剖心以順國命。姜敘之母，勸敘早發，明智乃爾；雖楊敞之妻，〔二〕蓋不過此。賢哉！賢哉！良史記録，必不墜於地矣。」

皇甫謐列女傳曰：〔三〕姜敘母者，天水姜伯奕之母也。建安中，馬超攻冀，害凉州刺史韋康，州人悽然，莫不感憤。敘爲撫夷將軍，擁兵屯歷。敘姑子楊阜，故爲康從事，同等十餘人，皆略屬超，陰相結爲康報讐，未有閒。會阜妻死，辭超寧歸西，因過至歷，候敘母，説康被害及冀中之難，相對泣良久。姜敘舉室感悲。敘母曰：「咄！伯奕，韋使君遇難，豈一州之恥，亦汝之負，〔四〕豈獨義山哉！汝無顧我，事淹變生。人誰不死，死國，忠義之大者。但當速發，我自爲汝當之，不以餘年累汝也。」因敕敘與阜參議，許諾，分人傳語鄉里尹奉、趙昂及安定梁寬等，令敘先舉兵叛超，超怒，必自來擊敘，寬等因從後閉門。約誓以定，敘遂進兵入鹵，昂、奉守祁山。超聞，果自出擊敘，寬等從後閉冀門，超失據。過鹵，敘守鹵，超因進至歷。歷中見超往，以爲敘軍還，又傳聞超以走奔漢中，〔五〕故歷無備。及超入歷，執敘母，母怒罵超。超被罵，大怒，即殺敘母及其子，燒城而去。阜等以狀聞，太祖甚嘉之，手令褒揚，語如本傳。

〔一〕説苑：「魯國之法，魯人有贖臣妾於諸侯者，取金於府。子貢贖人於諸侯，而還其金。孔子聞之，曰：賜失之矣！自今以來，魯人不復贖矣。」

〔二〕漢書楊敞傳：「敞爲丞相，昭帝崩，昌邑王徵即位，淫亂。大將軍霍光、車騎將軍張安世謀欲廢王更立，使大司農田延年報敞。敞驚懼，不知所言。延年起，至更衣。敞夫人遽從東廂謂敞曰：此國大事，今大將軍議已定，使九卿來報君侯，君侯不疾應，與大將軍同心，猶與無決，先事誅矣。延年從更衣還，敞夫人與延年參語許諾，請奉大將軍教令。遂共廢昌邑王，立宣帝。」

〔三〕馮本「列」作「烈」，誤。

〔四〕胡三省曰：「負，罪負也。」

〔五〕官本「以」作「已」，古以、已通。

臣松之案：謚稱阜爲敘姑子，而本傳云敘爲阜外兄，與今名内外爲不同。〔一〕謚又載趙昂妻曰：趙昂妻異者，故益州刺史天水趙偉章妻，王氏女也。〔二〕昂爲羌道令，〔三〕留異在西。〔四〕會同郡梁雙反，攻破西城，害異兩男。異女英，年六歲，獨與異在城中。異見兩男已死，又恐爲雙所侵，引刀欲自刎，顧英而歎曰：「身死爾棄，當誰恃哉！吾聞西施蒙不潔之服，則人掩鼻；況我貌非西施乎？」乃以溷糞涅麻而被之，尠食瘠形，自春至冬。雙與州郡和，異竟以是免難。昂遣吏迎之，未至三十里，止，謂英曰：「婦人無符信保傅，則不出房闈。昭姜沈流，〔五〕伯姬待燒，〔六〕每讀其傳，心壯其節。今吾遭亂不能死，將何以復見諸姑？所以偷生不死，惟憐汝耳。今官舍已近，吾去汝死矣。」遂飲毒藥而絶。時適有解毒藥良湯，撅口灌之，良久乃蘇。建安中，昂轉參軍事，徙居冀。會馬超攻冀，異躬着布韝，佐昂守備；又悉脱所佩環、黼黻，以賞戰士。及超攻急，城中饑困，刺史韋康素仁，愍吏民傷殘，欲與超和。昂諫不聽，歸以語異。異曰：「君有爭臣，大夫有專利之義；專不爲非也。焉知救兵不到關隴哉！當共勉卒高勳，全節致死，不可從也。」比昂還，康與超和。超遂背約害康，又劫昂，質其嫡子月於南鄭。〔七〕欲要昂以爲己用，然心未甚信。超妻楊聞異節行，〔八〕請與讌終日。異欲信昂於超以濟其謀，謂楊曰：「昔管仲入齊，立九合之功；〔九〕由余適秦，穆公成霸。〔一〇〕方今社稷初定，治亂在於得人；涼州士馬，迺可與中夏爭鋒，不可不詳也。」楊深感之，以爲忠於己，遂與異重相接結。昂所以得信於超，全功免禍者，異之力也。及昂與楊阜等結謀討超，告異曰：「吾謀如是，事必萬全，當柰月何！」異厲聲應曰：「忠義立於身，雪君父之大恥，喪元不足爲重，況一子哉！夫項橐、顏淵〔一一〕豈復百年，貴義存耳！」昂曰：「善。」遂共閉門逐超，超奔漢中，從張魯得兵還。異復與昂保祁山，〔一二〕爲超所圍，三十日救兵到，乃解。超卒殺異子月。凡自冀城之難，至于祁山，〔一三〕昂出九奇，異輒參焉。

〔一〕錢大昭曰：「高幹爲袁紹外甥，而牽招傳云尚外兄高幹。以是例之，敍當以阜爲外兄，疑傳之誤，非今古異稱也。」弼按：夏侯玄傳：玄，曹爽之姑子也。注引魏書云玄親曹爽外弟；夏侯淵傳注引魏略云玄於曹爽爲外弟，此爲姑子稱外兄、外弟之證。

〔二〕胡三省曰：「據皇甫謐列女傳：異，士氏女也。」

〔三〕郡國志：「涼州武都郡羌道。」李兆洛曰：「今甘肅階州西北。」弼按：一統志：「羌道廢縣在西固所西北，西固所在階州西北百二十里。」

〔四〕西縣也。

〔五〕劉向列女傳曰：「楚昭貞姜者，齊侯之女，楚昭王之夫人也。昭王出遊，留夫人漸臺之上而去。王聞江水大至，使使者迎夫人，忘持其符。夫人曰：王與宮人約，召必以符。今使者不持符，妾不敢行。使者曰：水方大至，還而取符，恐後。夫人曰：貞女之義不犯約，勇者不畏死。妾知從使者必生，留必死；然棄約越義而求生，不若留而死耳。使者取符，水大至，臺崩，夫人流而死。王曰：嗟夫！守義死節，不爲苟生；處約持信，以成其貞。乃號曰貞姜。」

〔六〕穀梁傳襄公三十年：「伯姬之舍失火，左右曰：夫人少辟火乎？伯姬曰：婦人之義，傅母不在，宵不下堂。左右又曰：夫人少辟火乎？伯姬曰：婦人之義，保母不在，宵不下堂。遂逮乎火而死。婦人以貞爲行者也，伯姬之婦道盡矣。詳其事，賢伯姬也。」

〔七〕郡國志：「益州漢中郡南鄭。」一統志：「南鄭故城，今陝西漢中府城東。」

〔八〕通鑑：「建安十八年，趙衢、梁寬閉冀城門，盡殺超妻子，超進退失據，南奔張魯。魯欲妻之以女。或謂魯曰：有人若此，不愛其親，焉能愛人？魯乃止。」（事見超傳注引典略。）超妻楊氏，蓋死於冀城。

〔九〕論語：「子曰：桓公九合諸侯，不以兵車，管仲之力也。」

〔一〇〕史記：「戎王使由余於秦。由余，其先晉人也，亡入戎，能晉言。聞繆公賢，故使由余觀秦。秦穆公得由余，西戎八國服於秦。」

〔一一〕淮南子：「項託七歲爲孔子師，孔子有以聽其言也。」家語：「顔回年二十九而髮白，三十二早死。回以德行著名，孔子稱其仁焉。」史記：「顔回字子淵，魯人。」

〔一二〕馮本「祁」作「祈」，誤。

〔一三〕馮本「祁」作「祈」，誤。

太祖征漢中，以阜爲益州刺史。還，拜金城太守；未發，轉武都太守。郡濱蜀漢，阜請依龔遂故事，安之而已。〔一〕會劉備遣張飛、馬超等從沮道趣下辯，〔二〕而氐雷定等七部萬餘落反應之。太祖遣都護曹洪禦超等，超等退還。洪置酒大會，令女倡著羅縠之衣，蹋鼓，一坐皆笑。皋厲聲責洪曰：「男女之别，國之大節，何有於廣坐之中，裸女人形體！雖桀紂之亂，不甚於此。」遂奮衣辭出。洪立罷女樂，請皋還坐，肅然憚焉。

〔一〕漢書循吏傳：「宣帝以龔遂爲勃海太守，謂遂曰：勃海廢亂，君欲何以息其盜賊、而稱朕意？遂對曰：今欲使臣勝之也邪？將安之也？上曰：選用賢良，固欲安之也。遂曰：臣聞治亂民猶治亂繩，不可急也，唯緩之然後可治。臣願丞相御史且無拘臣以文法，得一切便宜從事。上許焉。」

〔二〕趙一清曰：「續郡國志武都郡沮，沔水出東狼谷，此云沮道，縣有蠻夷謂之道，或漢末所增。」王先謙曰：「前漢縣，三國蜀因，見常志。」一統志：「沮縣故城，今陝西漢中府略陽縣東一百十里。」

及劉備取漢中以逼下辯，太祖以武都孤遠，欲移之，恐吏民戀土。皋威信素著，前後徙民、氐使居京兆、扶風、天水界者萬餘户。徙郡小槐里，〔一〕百姓襁負而隨之。爲政舉大綱而已，下不忍欺也。文帝問侍中劉曄等：「武都太守何如人也？」皆稱皋有公輔之節。未及用，會帝崩。在郡十餘年，徵拜城門校尉。〔二〕

〔一〕趙一清曰：「寰宇記卷二十七：武功縣小槐里。李奇曰：即槐里之西城也。東已有槐里城，以此城爲小槐里。」

〔二〕續百官志：「城門校尉一人，比二千石，掌雒陽城門十二所。」

皋嘗見明帝著繡帽，被縹綾半褎，〔一〕皋問帝曰：「此於禮何法服也？」帝默然不答，自是不法服不以見皋。

〔一〕宋本作「皋嘗見明帝著帽被縹綾半褎袖」。通鑑作「帝嘗著帽被縹綾半袖」。胡三省曰：「著，陟略翻。説文曰：帽，小兒蠻夷頭衣。縹，普沼翻。青白色綾紋帛，或謂之綺，或謂之紋繒。半袖，半臂也。晉志曰：帽名猶冠也，義取於蒙覆其首，其本纚也。古者冠無幘，冠下有纚，以繒爲之。後世施幘於冠，因或裁纚爲帽。自乘輿宴居，下至庶人無爵者，皆服之。被，皮義翻。」何焯曰：「裙上宋書有繡字。」張照曰：「褎，即古袖字。褎應作衺。」梁章鉅曰：「宋書五行志云：魏明帝著繡裙，被縹紈半袖。此脱繡字，複袖字，又誤紈爲綾耳。」趙一清曰：「晉書輿服志：後漢以來，天子之冕，前後旒用真白玉珠。魏明帝好婦人飾，改以珊瑚珠。」李慈銘曰：「裙疑當作帽。褎即古袖字。此本用古字作褎，校者注袖於旁，遂連爲褎袖耳。」

遷將作大匠。〔一〕時初治宮室，發美女以充後庭，數出入弋獵。秋，大雨震電，多殺鳥雀。阜上疏曰：〔二〕「臣聞明主在上，羣下盡辭。堯、舜聖德，求非索諫；大禹勤功，務卑宮室；成湯遭旱，歸咎責己；周文刑于寡妻，以御家邦；漢文躬行節儉，身衣弋綈。此皆能昭令問，貽厥孫謀者也。伏惟陛下奉武皇帝開拓之大業，守文皇帝克終之元緒，〔三〕誠宜思齊往古聖賢之善治，總觀季世放盪之惡政。〔四〕所謂善治者，務儉約、重民力也。所謂惡政者，從心恣欲，觸情而發也。惟陛下稽古世代之初所以明赫，及季世所以衰弱至於泯滅，近覽漢末之變，足以動心誡懼矣。曩使桓、靈不廢高祖之法，〔五〕文、景之恭儉，太祖雖有神武，於何所施其能邪？而陛下何由處斯尊哉！今吴、蜀未定，軍旅在外，願陛下動則三思，慮而後行，重慎出入，以往鑒來，言之若輕，成敗甚重。頃者天雨，又多卒暴；雷電非常，至殺鳥雀。天地神明，以王者爲子也；政有不當，則見災譴。克己內訟，聖人所記。惟陛下慮患無形之外，慎萌纖微之初，法漢孝文出惠帝美人，令得自嫁。〔六〕頃所調送小女，遠聞不令，宜爲後圖。諸所繕治，務從約節。書曰：九族既睦，協和萬國。事思厥宜，以從中道，精心計謀，省息費用。吳、蜀以定，爾乃上安下樂，九親熙熙。如此以往，祖考心歡，堯、舜其猶病諸。今宜開大信於天下，以安衆庶，以示遠人。」時雍丘王植怨於不齒，藩國至親，法禁峻密，故阜又陳九族之義焉。〔七〕詔報曰：「閒得密表，先陳往古明王聖主，以諷闇政；切至之辭，款誠篤實。退思補過，將順匡救，備至悉矣。覽思苦言，吾甚嘉之。」

〔一〕續百官志：「將作大匠一人，二千石，掌修作宗廟、路寢、宮室、陵園土木之功，並樹桐、梓之類，列於道側。」

〔二〕阜上此疏時爲將作大匠，通鑑書少府楊阜，誤。

〔三〕胡三省曰：「元，始也；緒，絲端也。言文帝克終武帝之志，受禪易制，此絲端所從始也。」

〔四〕通鑑「盪」作「蕩」。

〔五〕錢大昭曰：「法字上下疑有脫字。」弼按：通鑑「法」下有「度」字。

〔六〕漢書文帝紀：「十二年二月，出孝惠皇帝後宮美人，令得嫁。」

〔七〕曹植封雍丘在黄初末年，通鑑編此疏於青龍三年，蓋集楊阜諸疏彙敘耳。

後遷少府。〔一〕是時大司馬曹真伐蜀，遇雨不進。阜上疏曰：〔二〕「昔文王有赤烏之符，而猶日昃不暇食；武王白魚入舟，君臣變色。而動得吉瑞，〔三〕猶尚憂懼；況有災異，而不戰竦者哉！今吳、蜀未平，而天屢降變，陛下宜深有以專精應答，側席而坐，思示遠以德，綏邇以儉。閒者諸軍始進，便有天雨之患，稽閡山險，〔四〕以積日矣。〔五〕轉運之勞，擔負之苦，所費以多；若有不繼，必違本圖。傳曰：見可而進，知難而退，〔六〕軍之善政也。徒使六軍困於山谷之閒，進無所略，退又不得，非主兵之道也。〔七〕武王還師，殷卒以亡，知天期也。今年凶民饑，宜發明詔，損膳減服，技巧珍玩之物，皆可罷之。昔邵信臣爲少府於無事之世，而奏罷浮食；〔八〕今者軍用不足，益宜節度。」帝即召諸軍還。

〔一〕續百官志：「少府卿一人，中二千石，掌中服御諸物、衣服、寶貨、珍膳之屬。」
〔二〕「大司馬曹真伐蜀，會天大雨，三十餘日，棧道斷絶」在太和四年。阜此疏應在諫治宫室、發美女疏之前。
〔三〕通鑑無「而」字，「動」字屬下讀。胡注：「史記：周文王崩，武王奉文王木主，東觀兵于孟津。武王度河，中流，白魚躍入王舟。是時諸侯不期而會者八百。皆曰：紂可伐矣。武王曰：汝未知天命，未可也。乃還師。」
〔四〕胡三省曰：「閡與礙同。」
〔五〕以、已古通用，下同。通鑑作「已」。
〔六〕左傳隨武子之言。
〔七〕通鑑「主」作「王」。胡注：「王兵，王者之兵也。」
〔八〕漢書循吏傳召信臣傳：「信臣字翁卿，九江壽春人。以明經甲科爲郎，出補穀陽長，舉高第，遷上蔡長。其治視民如子。遷南陽太守，其治如上蔡。好爲民興利，吏民親愛信臣，號之曰召父。遷河南太守，治行常爲第一。徵爲少府，信臣以非法食物悉奏罷，省費歲數千萬。」

後詔大議政治之不便於民者。阜議以爲：「致治在於任賢，興國在於務農。若舍賢而任所私，此忘治之甚者也。廣開宫館，高爲臺榭，以妨民務，此害農之甚者也。百工不敦其器，而競作奇巧，以合上欲，此傷本之甚者也。孔子曰：「苛政甚於猛虎。」今守功文俗之吏，爲政不通治體，苟好煩苛，此亂民之甚者也。當今之急，宜去四甚，〔一〕並詔公卿郡國，舉賢良方正敦樸之士而選用之，此亦求賢之一端也。」

〔一〕即上文忘治、害農、傷本、亂民四者。

皋又上疏欲省宮人諸不見幸者，乃召御府吏問後宮人數。〔一〕吏守舊令，對曰：「禁密，不得宣露。」皋怒，杖吏一百，數之曰：「國家不與九卿爲密，反與小吏爲密乎！」帝聞而愈敬憚皋。

〔一〕續百官志：「御府令一人，六百石，典官婢。」劉昭注引漢官曰：「員吏七人，（通鑑胡注誤作「七十人。」）吏從官三十人。」

帝愛女淑，未期而夭，〔一〕帝痛之甚，〔二〕追封平原公主，立廟洛陽，葬於南陵。將自臨送，皋上疏曰：「文皇帝、武宣皇后崩，陛下皆不送葬，所以重社稷、備不虞也。何至孩抱之赤子而可送葬也哉！」帝不從。

〔一〕趙一清曰：「宋書禮志作三月而夭。」

〔二〕在太和六年。

帝既新作許宮，又營洛陽宮殿觀閣。皋上疏曰：「堯尚茅茨，而萬國安其居；〔一〕禹卑宮室，而天下樂其業。及至殷、周，或堂崇三尺，度以九筵耳。〔一〕古之聖帝明王，未有極宮室之高麗，以彫弊百姓之財力者也。桀作璇室、象廊，〔二〕紂爲傾宮、鹿臺，〔四〕以喪其社稷；楚靈以築章華，而身受其禍；〔五〕秦始皇作阿房而殃及其子，天下叛之，二世而滅。夫不度萬民之力，以從耳目之欲，未有不亡者也。陛下當以堯、舜、禹、湯、文、武爲法則，夏桀、殷紂、楚靈、秦皇爲深誡。高高在上，實監后德，慎守天位，以承祖考，巍巍大業，猶恐失之。不夙夜敬止，允恭卹民，而乃自暇自逸，惟宮臺是侈是飾，必有顛覆危亡之禍。易曰：豐其屋，蔀其家，闚其户，闃其無人。〔六〕王者以天下爲家，言豐屋之禍，至於家無人也。方今二虜合從，謀危宗廟，十萬之軍，東西奔赴，〔七〕邊境無一日之娱，農夫廢業，民有饑色。陛下不以是爲憂，而營作宮室，無有已時。使國亡而臣可以獨存，臣又不言也。

臣松之以爲：忠至之道，以亡己爲理。是以匡救其惡，不爲身計。而阜表云「使國亡而臣可以獨存，臣又不言也」。此則發憤爲己，豈爲國哉！斯言也，豈不傷讜烈之義，爲一表之病乎！〔八〕

君作元首，臣爲股肱，存亡一體，得失同之。孝經曰：天子有爭臣七人，〔九〕雖無道，不失其天下。臣雖駑怯，敢忘爭臣之義？〔一〇〕言不切至，不足以感寤陛下。陛下不察臣言，恐皇祖烈考之祚，將墜于地。使臣身死，有補萬一，則死之日，猶生之年也。謹叩棺沐浴，伏俟重誅。」奏御，〔一一〕天子感其忠言，手筆詔答。每朝廷會議，阜常侃然以天下爲己任。數諫爭，不聽；乃屢乞遜位，未許。會卒，家無餘財。孫豹嗣。〔一二〕

〔一〕堯土階三尺，茅茨不翦。

〔二〕胡三省曰：「周官考工記曰：殷人重屋，堂修七尋，堂崇三尺。周人明堂度九尺之筵，東西九筵，南北七筵，堂崇一筵，五室，凡室二筵。」

〔三〕官本「琁」作「璇」。胡三省曰：「史記龜策傳曰：桀爲瓦室，紂作象廊。與此稍異。」

〔四〕新序曰：「鹿臺其大三里，高千仞。」臣瓚曰：「今在朝歌中。」

〔五〕互見高堂隆傳「役百乾谿」句下。左傳昭公七年：「楚子成章華之臺。」杜注：「臺在今華容城內。」杜氏土地名云：「南郡華容縣，臺在城內。或曰：章華臺在譙國城父。傳曰：楚子成章華之臺，願與諸侯落之。如楚道由鄭，知不在城父者也。」劉獻廷廣陽雜記云：「章華臺在荆州沙市古城隍廟東，約二里許。自此而北，長隄里許，隄旁有廢剎曰章華寺，寺之東北有一井，甎甃周曰沈香井。土人言此爲楚宮故迹。郡志言章華有二，一在沙市，一在監利縣離湖之側。予攷之舊册，在監利者乃章華臺，此則楚王釣臺也。酈道元（沔水注）曰：江陵城西南有赤阪岡，岡下有瀆水，東北流入城，名子胥瀆，蓋吳師入郢所開也。又東北出城西南注於龍陂，陂北有楚莊王釣臺，今覈之，正在沙市。又曰：揚水又東入華容縣，有靈谿水，西通赤湖水，東入離湖，湖在縣東七十五里，湖側有章華臺，臺高十丈，廣十五丈。左丘明曰：楚築臺於章華之上，（見吳語。）王與伍舉登之。舉曰：臺高不過望國之氛祥，大不過容宴之俎豆。（見楚語上。）蓋譏其奢而諫其失也。言此瀆靈王立臺之日，漕運所由也。此則監利之章華臺矣。監利古華容地，今離湖之迹猶在也。」沈括夢溪筆談四云：「天下地名，錯亂乖謬，率難考信。如楚章華臺，亳州城父縣、陳州商水縣、荆州江陵、長林、監利縣皆有之。據左傳杜注，章華臺在華容城中，華容即今之監利縣，非岳州之華容也。至今有章華故臺在縣郭中，與杜說相符。亳州城父縣有乾谿，其側亦有章華臺，故臺基下往往得人骨，云楚靈王戰死於此。商水縣章華之側，亦有乾谿。薛綜注張衡東京賦引左氏傳，乃云楚子成章華之臺於乾谿，皆誤說也。左氏實無此文。」

〔六〕易豐卦之辭。王弼注：「蔀，覆曖障光明之物也；屋，藏蔭之物也。既豐其屋，又蔀其家，屋厚家覆，闇之甚也。雖闚其户，闃其無人，棄其所處，而自深藏也。」陸德明音義云：「闃，苦鶪反。馬、鄭云：无人貌；字林云：静也。姚作閲，孟作窒，並通。」

〔七〕監本「赴」作「走」，誤。

〔八〕李慈銘曰：「皋此言所謂危言動主也。激切之言，忠愛之深，故下云存亡一體，得失同之。裴注駁之，非是。」

〔九〕邢昺疏：「文王世子記曰：虞、夏、商、周有師保，有疑丞，設四輔及三公，不必備，惟其人。又尚書大傳曰：古者天子必有四隣：前曰疑，後曰丞，左曰輔，右曰弼。大傳四隣則見之四輔，兼三公以充七人之數。」

〔一〇〕爭讀曰諍。

〔一一〕胡三省曰：「叩，近也；御，進也。」

〔一二〕或曰：義山初爲節俠，終爲直臣，若是乎不相謀也。曰：夫道一而已矣，將毋同。

高堂隆字升平，泰山平陽人，魯高堂生後也。〔一〕少爲諸生，泰山太守薛悌，命爲督郵。〔二〕郡督軍與悌爭論，名悌而呵之。隆按劍叱督軍曰：〔三〕「昔魯定見侮，仲尼歷階；〔四〕趙彈秦箏，相如進缶。〔五〕臨臣名君，義之所討也！」〔六〕督軍失色，悌驚起止之。後去吏，避地濟南。

〔一〕胡三省曰：「漢儒有高堂生，魯人；隆其後也。姓譜：齊公族有高堂氏。風俗通：齊卿高恭仲食采於高堂。」泰山郡平陽，見鮑勛傳。

〔二〕薛悌字孝威，東郡人，見陳矯傳。續百官志：「其監屬縣，有五部督郵曹掾一人。」

〔三〕毛本「叱」作「敕」，誤。

〔四〕史記孔子世家：「定公十年，齊景公與魯定公會於夾谷，孔子攝相事，爲壇位，土階三等，以會遇之禮相見，揖讓而登。獻酬之禮畢，齊有司請奏四方之樂，孔子趨而進，歷階而登，不盡一等。舉袂而言曰：吾兩君爲好會，夷狄之樂，何爲於此！」

〔五〕史記藺相如傳：「秦王請趙王鼓瑟，藺相如前曰：趙王竊聞秦王善爲秦聲，請奉盆缻秦王，以相娛樂。」

〔六〕康發祥曰：「臨子字父，常林因之不拜；臨臣名君，高堂爲之按劍。古人之不忍觸諱如是。」

建安十八年，太祖召爲丞相軍議掾，〔一〕後爲歷城侯徽文學，轉爲相。〔二〕徽遭太祖喪，不哀，反游獵馳騁。隆以義正諫，甚得輔導之節。黄初中，爲堂陽長，〔三〕以選爲平原王傅。〔四〕王即尊位，是爲明帝，以隆爲給事中、博士、駙馬都尉。〔五〕帝初踐阼，羣臣或以爲宜饗會。隆曰：「唐、虞有遏密之哀，〔六〕高宗有不言之思，〔七〕是以至德雍熙，光于四海。」以爲「不宜爲會」。帝敬納之。遷陳留太守。犢民酉牧，年七十餘，〔八〕有至行，舉爲計曹掾；帝嘉之，特除郎中以顯焉。徵隆爲散騎常侍，〔九〕賜爵關内侯。

魏略曰：太史上漢歷不及天時，因更推步弦望朔晦，爲太和歷。帝以隆學問優深，於天文又精，乃詔使隆與尚書郎楊偉、太史待詔駱禄，參共推校。偉、禄是太史，隆故據舊歷更相劾奏，紛紜數歲。偉稱禄得日蝕而月晦不盡，隆不得日蝕而月晦盡，詔從太史。隆所爭雖不得，而遠近猶知其精微也。〔一〇〕

〔一〕趙一清曰：「軍議掾，亦魏武所置。」

〔二〕見武文世王公傳東平靈王徽傳。續百官志：「皇子封王，置傅一人，相一人。」

〔三〕郡國志：「冀州安平國堂陽。」一統志：「堂陽故城，今直隸冀州新河縣西。」

〔四〕明帝初封平原王。

〔五〕漢書百官公卿表：「給事中，掌顧問應對，位次中常侍，爲加官。所加或大夫、博士、議郎。博士掌通古今，秩比六百石；駙馬都尉掌駙馬。」師古曰：「駙，副馬也。非正駕車，皆爲副馬。一曰：駙，近也，疾也。」

〔六〕遏，絶也；密，静也。堯崩，四海遏密八音。

〔七〕史記殷本紀：「武丁三年不言政事，決定於冢宰。」

〔八〕錢大昭曰：「犢民非縣，疑尉氏之譌。」姚範曰：「疑作民犢酉。」

〔九〕「帝嘉之」之下，監本作「特之赤水九日隆爲散騎常侍。」大誤。元本無「以顯焉」三字，「徵隆」作「以隆」，均誤。

〔一〇〕改歷事在景初元年。宋書歷志：「明帝時，尚書楊偉制景初歷，施用至於晉、宋。」或曰：「月晦不盡，不能定朔，焉能得日食乎？此魏略之妄也。」

青龍中，大治殿舍，西取長安大鐘。〔一〕隆上疏曰：「昔周景王不儀刑文、武之明德，忽公旦之聖制，既鑄大錢，又作大鐘。單穆公諫而弗聽，伶州鳩對而弗從，〔二〕遂迷不返，周德以衰，良史記焉，以爲永鑒。然今之小人，好説秦、漢之奢靡，以蕩聖心，〔三〕求取亡國不度之器，〔四〕勞役費損，以傷德政，非所以興禮樂之和，保神明之休也。」是日，帝幸上方，隆與卞蘭從。〔五〕帝以隆表授蘭，使難隆曰：「興衰在政，樂何爲也？化之不明，豈鐘之罪？」隆曰：「夫禮樂者，爲治之大本也。故簫韶九成，鳳皇來儀；〔六〕雷鼓六變，天神以降。〔七〕政是以平，刑是以錯，和之至也。新聲發響，商辛以隕；〔八〕大鐘既鑄，周景以弊。存亡之機，恒由斯作，安在廢興之不階也？君舉必書，古之道也，作而不法，何以示後？聖王樂聞其闕，故有箴規之道；忠臣願竭其節，故有匪躬之義也。」帝稱善。

〔一〕潘眉曰：「帝紀注徙長安鐘虡在景初元年，與此不同。」

〔二〕宋本「伶」作「泠」。左傳釋文「泠」或作「伶」。國語：「王將鑄大錢。單穆公諫曰：不可。絶民用以實王府，猶塞川原而爲潢汙也，其竭無日矣。王不聽，卒鑄大錢。」左傳：「天王將鑄無射，泠州鳩曰：王其以心疾死乎！」杜預注：「無射，鐘名。律中無射。泠，樂官；州鳩其名也。」州鳩對景王問，亦見國語。

〔三〕宋本「蕩」作「盪」。左傳「王心蕩」作「蕩」。

〔四〕謂長安鐘虡、駱駝、銅人、承露盤也。

〔五〕下蘭見下后傳。

〔六〕尚書益稷篇之辭。孔傳：「韶，舜樂名。言簫見細器之備。雄曰鳳，雌曰皇，靈鳥也。儀有容儀，備樂九奏，而致鳳皇。」正義曰：「簫韶之樂，作之九成，以致鳳皇來而有容儀也。成謂樂曲成也。鄭云：成猶終也。每曲一終，必變更奏，故經言九成，傳言九奏。周禮謂之九變，其實一也。」

〔七〕周禮地官鼓人：「以雷鼓鼓神祀。」鄭注：「雷鼓，八面鼓也；神祀，祀天神也。」

〔八〕史記殷本紀：「紂使師涓作新淫聲北里之舞，靡靡之樂。」

遷侍中，猶領太史令。〔一〕崇華殿災，詔問隆：「此何咎？於禮，寧有祈禳之義乎？」隆對曰：「夫災變之發，〔二〕皆所以明教誡也，惟率禮修德，可以勝之。易傳曰：上不儉，下不節，孽火燒其室。又曰：君高其臺，天火爲災。〔三〕此人君苟飾宮室，〔四〕不知百姓空竭，故天應之以旱，火從高殿起也。上天降鑒，故譴告陛下，陛下宜增崇人道，以答天意。〔五〕昔太戊有桑穀生於朝，武丁有雊雉登於鼎，〔六〕皆聞災恐懼，側身修德，三年之後，遠夷朝貢，故號曰中宗、高宗。此則前代之明鑒也。今按舊占，〔七〕災火之發，皆以臺榭宮室爲誡。然今宮室之所以充廣者，實由宮人猥多之故，宜簡擇留其淑懿，如周之制，罷省其餘。此則祖已之所以訓高宗，高宗之所以享遠號也。」詔問隆：「吾聞漢武帝時，柏梁災，而大起宮殿以厭之，其義云何？」隆對曰：「臣聞西京柏梁既災，越巫陳方，建章是經，〔八〕以厭火祥，乃夷越之巫所爲，非聖賢之明訓也。〔九〕五行志曰：柏梁災，其後有江充巫蠱也衛太子事。〔一〇〕如志之言，越巫建章無所厭也。孔子曰：災者，修類應行，精祲相感，以戒人君。是以聖主覩災責躬，退而修德，以消復之。今宜罷散民役，宮室之制，務從約節。內足以待風雨，外足以講禮儀。清埽所災之處，不敢於此有所立作，萐莆、嘉禾〔一一〕必生此地，〔一二〕以報陛下虔恭之德。豈可疲民之力，竭民之財，實非所以致符瑞、而懷遠人也。」〔一三〕帝遂復崇華殿，〔一四〕時郡國有九龍見，〔一五〕故改曰九龍殿。〔一六〕

〔一〕太史令屬太常，隆以侍中領之。
〔二〕元本、監本、官本「發」作「法」。
〔三〕胡三省曰：「京房易傳之辭。」
〔四〕通鑑「苟」作「務」。
〔五〕元本、監本「意」上多「之」字。
〔六〕史記殷本紀：「亳有祥桑穀，共生於朝，一暮大拱。帝太戊懼，問伊陟。伊陟曰：臣聞妖不勝德，帝之政其有闕與？

帝其修德。太戊從之，而祥桑枯死而去。帝武丁祭成湯，有飛雉登鼎耳而呴，武丁懼。祖巳曰：王勿憂，先修政事。武丁修政行德，天下咸驩，殷道復興。」

〔七〕元本、監本「占」作「史」。

〔八〕續五行志注「經」作「營」。

〔九〕漢書武帝紀：「太初元年，柏梁臺災。二月，起建章宮。」文穎曰：「越巫名勇，謂帝曰：越國有火災，即復大起宮室以厭勝之。故帝作建章宮。」師古曰：「建章宮在未央宮西，俗所呼貞女樓，即建章宮之闕也。」

〔一〇〕五行志無「也」字，官本「衛太子事」四字作小字旁注，誤。

〔一一〕毛本「萐莆」作「箑莆」，誤。

〔一二〕陳錫仁本作「萐莆疲木，必生此也」，誤。胡三省曰：「萐，山輒翻，又色洽翻。莆，音蒲。說文：萐莆，瑞草也。堯時生於庖廚，扇暑而涼。」

〔一三〕劉昭曰：「高堂隆之言災，其得天心乎。」

〔一四〕周壽昌曰：「凡因人言而成事者，謂之遂。茲隆既諫阻工役，帝不聽其言，而仍興作，則帝遂之語，殊不相承。蓋帝將大事土木，因隆言而僅復被焚之崇華殿，尚未他役也。迨後隆請改正朔，易服色，帝愈崇宮殿，飾臺觀，侈心蕩志，隆實啓之，雖諫亦莫之入矣。」

〔一五〕潘眉曰：「此九龍非一時並見，宋五行志以郡國前後言龍見者九。」

〔一六〕事在青龍三年。

陵霄闕始構，有鵲巢其上，〔一七〕帝以問隆，對曰：「詩云維鵲有巢，維鳩居之。今興宮室，起陵霄闕，而鵲巢之，此宮室未成，身不得居之象也。天意若曰，宮室未成，將有他姓制御之，斯乃上天之戒也。〔二〕夫天道無親，惟與善人，不可不深防，不可不深慮。夏、商之季，皆繼體也，不欽承上天之明命，惟讒諂是從，廢德適欲，故其亡也忽焉。太戊、武丁，覩災竦懼，祗承天戒，故其興也勃焉。今若休罷百役，儉以足用，增崇德政，動遵帝則，除普天之所患，興兆民之所利，三王可四，五帝可六，豈惟殷宗轉禍爲福而已哉！臣備腹心，苟可以繁祉聖躬，安存社稷，臣雖灰身破族，猶生之年也。豈憚忤逆之災，而令陛下不聞至言乎！」於是帝改容動色。

〔一〕通鑑繫此事於青龍三年。晉書五行志中云事在景初元年。下文云「是歲有星孛於大辰」，明紀在青龍四年。

〔二〕何焯曰：「高堂本以師傅舊恩，素所敬信，明帝雖從而不改，亦與很愎惡直者殊。使當日身領太史，遇災隱默，豈不爲張禹之續乎？」

是歲，有星孛於大辰。隆上疏曰：「凡帝王徙都立邑，皆先定天地社稷之位，〔一〕敬恭以奉之。將營宮室，則宗廟爲先，廄庫爲次，居室爲後。〔二〕今圜丘、方澤、南北郊、明堂、社稷神位未定，〔三〕宗廟之制，又未如禮，而崇飾居室，〔四〕士民失業。外人咸云，宮人之用，與興戎軍國之費，所盡略齊。〔五〕民不堪命，皆有怨怒。書曰：天聰明，自我民聰明；天明畏，自我民明威。〔六〕輿人作頌，則嚮以五福；民怒吁嗟，則威以六極。言天之賞罰，隨民言，順民心也。是以臨政務在安民爲先，然後稽古之化，格于上下。自古及今，未嘗不然也。夫采椽卑宮，唐、虞、大禹之所以垂皇風也；玉臺瓊室，夏癸、商辛之所以犯昊天也。〔七〕今之宮室，實違禮度，乃更建立九龍，華飾過前。天彗章灼，始起於房心，犯帝坐而干紫微，此乃皇天子愛陛下，〔八〕是以發教戒之象，始卒皆於尊位，殷勤鄭重，欲必覺寤陛下。斯乃慈父懇切之訓，宜崇孝子祗聳之禮，以率先天下，以昭示後昆。不宜有忽，以重天怒。」

〔一〕胡三省曰：「所謂圜丘方澤，南北郊及社稷神位也。」

〔二〕胡三省曰：「記曲禮之言。」

〔三〕侯康曰：「通典：魏明帝景初中立帝社。博士孔晁議，漢氏及魏初皆立一社、一稷，至景初之時，更立太社、太稷，又特立帝社云。據此，知魏初祗一社，景初時始立帝社也。隆是疏上於青龍四年，故云神位未定。」

〔四〕北宋本「居」作「宮」。

〔五〕可知當時宮中之奢。

〔六〕書皋陶謨之言。孔安國注曰：「言天因民而降之福，民所歸者，天命之。天視聽人君之行，用民爲聰明；天明可畏，亦用民成其威。民所叛者，天討之，是天明可畏之效也。」

〔七〕胡三省曰：「采椽，即采來之木爲椽，不加斲削也。張蘊古曰：彼昏不知，瑤其臺而瓊其室。文選東都賦注曰：紂爲瓊室，以瓊瑤飾之。」

〔八〕毛本「天」作「太」，誤。

時軍國多事，用法深重。隆上疏曰：「夫拓跡垂統，必俟聖明，輔世匡治，亦須良佐，用能庶績其凝而品物康乂也。夫移風易俗，宣明道化，使四表同風，回首面内，德教光熙，九服慕義，固非俗吏之所能也。今有司務糾刑書，不本大道，是以刑用而不措，俗弊而不敦。宜崇禮樂，班敘明堂，修三雍、大射、養老，營建郊廟，尊儒士，舉逸民，表章制度，改正朔，易服色，布愷悌，尚儉素，然後備禮封禪，歸功天地，使雅頌之聲盈于六合；緝熙之化混于後嗣。〔一〕斯蓋至治之美事，不朽之貴業也。然九域之內，〔二〕可揖讓而治，尚何憂哉！不正其本，而救其末，譬猶棼絲，非政理也。可命羣公卿士通儒，造具其事，以爲典式。」隆又以爲改正朔，易服色，殊徽號，異器械，自古帝王所以神明其政，變民耳目。故三春稱王，明三統也。於是敷演舊章，奏而改焉。帝從其議，〔三〕改青龍五年春三月爲景初元年孟夏四月，服色尚黃，犧牲用白，從地正也。〔四〕

〔一〕冊府「混」作「流」。

〔二〕「然」上疑脱「夫」字。

〔三〕隆改正朔議，見宋書禮志一。議云：「按自古有文章以來，帝王之興，受禪之與干戈，皆改正朔，所以明天道、定民心也。易曰：革，元亨利貞，有孚改命，吉。湯、武革命，應乎天，從乎人。其義曰：水火更用事，猶王者必改正朔，易服色也。易通卦驗曰：王者必改正朔，易服色，以應天地三氣三色。書曰：若稽古帝舜曰重華，建皇授政改朔。初，高陽氏以十一月爲正，薦玉以赤繒；高辛氏以十二月爲正，薦玉以白繒。尚書傳曰：舜定鐘石論人聲，乃及鳥獸，咸變於前。故更四時，改堯正。詩曰：一之日觱發，二之日栗烈，三之日于耜。傳曰：一之日，周正月；二之日，殷正月；三之日，夏正月。詩推度災曰：如有繼周而王者，雖百世可知。以前檢後，文質相因，法度相改。三而復者，正色也；二而復者，文質也。以前檢後，謂軒轅、高辛、夏后氏、漢皆以十三月爲正，少昊、有唐、有殷皆以十二月爲正，高陽、有虞、有周皆以十一月爲正。後雖百世，皆以前代三而復也。禮大傳曰：聖人南面而治天下，必正度量，考文章，改正朔，易服色，殊徽號。樂稽曜嘉曰：禹將受位，天意大變，迅風雷雨，以明將去虞而適夏也。是以舜、禹雖繼平受禪，猶制禮樂，改正朔，以應天從民。夏以十三月爲正，法物之始，其色尚黑；殷以十二月爲正，法物之牙，其色尚白；周以十一月爲正，法物之萌，其色尚赤。能察其類，能正其本，則嶽瀆致雲雨，四時和，五稼成，麟凰翔集。春秋十七年夏六月甲子朔，日有蝕之。傳曰：當夏四月，是謂孟夏。春秋元命苞曰：王者受命，昭然明於天地之理，故必移居處，更稱號，改正朔，易服色，以明天命。聖人之寶，質文再而改窮，明相承周則復始。正朔改則天命顯，凡典籍所記，不盡於此，略舉大較，亦足以明也。」

〔四〕宋書禮志一云：「太尉司馬懿、尚書僕射衛臻、尚書薛悌、中書監劉放、中書侍郎刁幹、博士秦静、趙怡、中候中詔季岐以爲宜改，侍中繆襲、散騎常侍王肅、尚書郎王衡以爲不宜改。青龍五年，山茌縣黄龍見，帝乃詔改。」李光地曰：「改用地正，此隆之迂謬。陳承祚評語云必改正朔，俾魏祖虞，所謂意過其通者，非苛論也。」

遷光禄勳。帝愈增崇宮殿，彫飾觀閣，鑿太山之石英，〔一〕采穀城之文石，起景陽山於芳林之園，〔二〕建昭陽殿於太極之北，鑄作黄龍、鳳皇奇偉之獸，〔三〕飾金墉、陵雲臺、陵霄闕。百役繁興，作者萬數，公卿以下至于學生，莫不展力，〔四〕帝乃躬自掘土以率之。而遼東不朝，〔五〕悼皇后崩，〔六〕天作淫雨，冀州水出，漂没民物。隆上疏切諫曰：

蓋天地之大德曰生，聖人之大寶曰位，何以守位曰仁，何以聚人曰財。然則士民者，乃國家之鎮也；穀帛者，乃士民之命也。穀帛非造化不育，非人力不成。是以帝耕以勸農，后桑以成服，所以昭事上帝，告虔報施也。昔在伊唐，世值陽九厄運之會，洪水滔天，使鯀治之，績用不成，乃舉文命，〔七〕隨山刊木，〔八〕前後歷年二十二載。〔九〕災眚之甚，莫過於彼；力役之興，莫久於此。堯、舜君臣，南面而已。禹敷九州，庶士庸勳，各有等差；君子小人，物有服章。今無若時之急，而使公卿大夫並與廝徒共供事役，聞之四夷，非嘉聲也；垂之竹帛，非令名也。是以有國有家者，近取諸身，遠取諸物，嫗煦養育，故稱愷悌君子，民之父母。今上下勞役，疾病凶荒，耕稼者寡，饑饉荐臻，無以卒歲。宜加愍恤，以救其困。

臣觀在昔書籍所載，天人之際，未有不應也。是以古先哲王，畏上天之明命，循陰陽之逆順，矜矜業業，惟恐有違，然後治道用興，德與神符，災異既發，懼而修政，未有不延期流祚者也。爰及末葉，闇君昏主，不崇先王之令軌，不納正士之直言，以遂其情志，恬忽變戒，未有不尋踐禍難，至於顛覆者也。

天道既著，請以人道論之。夫六情五性，同在於人，嗜欲廉貞，各居其一。及其動也，交爭于心。欲彊質弱，則縱濫不禁；精誠不制，則放溢無極。夫情之所在，非好則美，而美好之集，非人力不成，非穀帛不立。情苟無極，則人不堪其勞，物不充其求。勞求並至，將起禍亂。故不割情，無以相供。仲尼云：「人無遠慮，必有近憂。」由此觀之，禮義之制，非苟拘分，將以遠害而興治也。〔一〇〕

今吳、蜀二賊，非徒白地小虜聚邑之寇，〔一一〕乃據險乘流，跨有士衆，僭號稱帝，欲與中國爭衡。〔一二〕今若有人來告權、備〔一三〕並修德政，復履清儉，輕省租賦，不治玩好，動咨耆賢，事遵禮度。陛下聞之，豈不惕然惡其如此，以爲難卒討滅而爲國憂乎？若使告者曰，彼二賊並爲無道，崇侈無度，役其士民，重其徵賦，下不堪命，吁嗟日甚。陛下聞之，豈不勃然忿其困我無辜之民，而欲速加之誅；其次，豈不幸彼疲弊而取之不難乎？苟如此，則可易心而度，事義之數，亦不遠矣。〔一四〕

且秦始皇不築道德之基，而築阿房之宫；不憂蕭牆之變，而修長城之役。當其君臣爲此計也，亦欲立萬世之業，使子孫長有天下；豈意一朝匹夫大呼，而天下傾覆哉！故臣以爲使先代之君，知其所行必將至於敗，則弗爲之矣。是以亡國之主，自謂不亡，然後至於亡；賢聖之君，自謂將亡，然後至於不亡。昔漢文帝稱爲賢主，躬行約儉，惠下養民，而賈誼方之，以爲天下倒縣，可爲痛哭者一，可爲流涕者二，可爲長歎息者三。況今天下彫弊，民無儋石之儲，國無終年之畜，外有彊敵，六軍暴邊，内興土功，州郡騷動，若有寇警，則臣懼版築之士，不能投命虜庭矣。

又，將吏奉禄，稍見折減，方之於昔，五分居一。諸受休者，又絶廩賜；〔一五〕不應輸者，今皆出半。此爲官入兼多於舊，其所出與參少於昔。〔一六〕而度支經用，更每不足，牛肉小賦，前後相繼。〔一七〕反而推之，凡此諸費，必有所在。〔一八〕且夫禄賜穀帛，人主所以惠養吏民而爲之司命者也，若今有廢，是奪其命矣。既得之而又失之，此生怨之府也。周禮，太府掌九賦之則，〔一九〕以給九式之用，〔二〇〕入有其分，出有其所，不相干乘，而用各足。各足之後，乃以式貢之餘，供王玩好。〔二〕又上用財，必考于司會。〔三〕今陛下所與共坐廟廊治天下者，非三司九列，則臺閣近臣，皆腹心造膝，宜在無諱。若見豐省而不敢以告，從命奔走，惟恐不勝，是則具臣，非鯁輔也。昔李斯教秦二世曰：「爲人主而不恣睢，命之曰天下桎梏。」二世用之，秦國以覆，斯亦滅族。是以史遷議其不正諫，而爲世誡。

〔一〕御覽五十一引魏志「飾」作「鏤」，「太山」作「太行」。

〔二〕局本「園」作「圍」，誤。明帝紀引魏略云：「起土山於芳林園西北陬。」胡三省曰：「水經注：大夏門內東側際城有景陽山，即芳林園之西北陬也。裴松之曰：（此胡注引裴注。）芳林園即今華林園，齊王芳即位，改曰華林園。」

〔三〕魏略曰：「龍高四丈，鳳高三丈，餘置內殿前。」

〔四〕魏略曰：「使公卿羣僚皆負土成山。」

〔五〕公孫淵發兵反。

〔六〕景初元年，賜后死。見后妃傳。

〔七〕史記夏本紀：「夏禹名曰文命。」索隱曰：「尚書云：文命敷于四海。孔安國云：外布文德教命，不云是禹名。太史公皆以放勳、重華、文命爲名。」正義曰：「帝王紀云：鯀生禹，名文命。大戴禮云：鯀之子曰文命。」陸德明音義曰：「先儒云，文命，禹名。」

〔八〕尚書禹貢：「禹敷土隨山刊木。」孔傳云：「洪水汎溢，禹分布治九州之土，隨行山林，斬木通道。」史記夏本紀「行山表木」索隱曰：「表木，謂刊木立爲表記。」

〔九〕胡三省曰：「隆蓋取鯀九載績用弗成，禹治兗州作十有三載，乃合同以爲二十二載之數。」趙一清曰：「鯀九載，禹十三載，乃同合父子共得二十二載，與孟子、史記及馬融等諸儒之說不同。」沈家本曰：「此極言其災甚役久，故合鯀、禹治水之年言之。文用前後二字，其長顯然。史記夏本紀言禹居外十三年，河渠書言禹抑洪水十三年，蓋據禹貢作十有三載乃同以爲言。然則此合鯀九載而云二十二載，未嘗與史記不同也，惟孟子言禹八年於外，馬融以爲禹治水三年，八州平，見禹貢正義，其說與史記異。然羅苹路史注云八年于外，特記過門不入之年，則孟子所言，原非謂治水止此八年，馬融之說，不知何本。夫以九州之大，且又鯀治之九載之久，而未能平，乃謂三年而畢其役，恐未必若是之速，終當以史記爲是。」

〔一〇〕李慈銘曰：「樂記：人生而靜，天之性也；感於物而動，性之欲也。物至知知然後好惡形焉。好惡無節於內，知誘於外，不能反躬，天理滅矣。此疏云云，可作禮記義疏。中庸：中也者，天下之大本也。鄭注：中爲大本者，以其含喜怒哀樂，禮之所由生，政教自此出也。說文：性，人之陽氣，性善者也；情，人之陰氣，有欲者也。詩蒸民鄭箋：其性有物象，其情有法則，情法性，陰承陽也。諸儒分別性情、動靜，極爲明確，而歸本於禮。與此疏禮義之制，非苟拘分云云，皆聖賢之古訓，性理之精言。」

〔一一〕胡三省曰：「白地，謂大幕不生草木，多白沙也。小虜，謂烏桓、鮮卑也。聚邑之寇，謂盜賊竊發，屯據鄉邑聚落也。」

〔一二〕胡三省曰：「衡，所以稱輕重。爭衡者，言吳蜀自謂國勢與中國鈞，無所輕重也。」

〔一三〕何焯曰：「備當作禪。」錢儀吉曰：「是時昭烈已死，通鑑作禪是也。」錢大昕曰：「此疏在明帝景初改元以後，蜀先主殂謝久矣。權、備並稱，殊誤。」

〔一四〕胡三省曰：「義，禮也。高堂隆之論諫，可謂深切著明矣。」何焯曰：「詞意周至，是儒者語。」

〔一五〕廩，給也。

〔一六〕參，三分也。

〔一七〕胡三省曰：「此蓋犒饗工徒，度支經用不足以給，故賦牛肉以供之。」

〔一八〕胡三省曰：「指言諸費，皆在於營繕也。」
〔一九〕各本均作「天府掌九伐之則」。盧明楷曰：「周禮太府掌九貢九賦九功之貳，以受其貨賄之入，則九賦太府職也。」梁章鉅曰：「則字亦誤，當作財。」
〔二〇〕周禮天官太府：「凡頒財以式法授之。」鄭注：「九賦之財，給九式者。」
〔二一〕周禮天官太府：「凡式貢之餘財，以供玩好之用。」鄭注：「謂先給九式及弔用足，府庫而有餘財，乃可以供玩好。明玩好非治國之用。」
〔二二〕原注：「會音膾。」周禮天官司會：「以九貢之法致邦國之財用，以九賦之法令田野之財用，以九功之法令民職之財用，以九式之法均節邦之財用。」

書奏，帝覽焉。謂中書監、令曰：「觀隆此奏，使朕懼哉！」〔一〕

〔一〕胡三省曰：「中書監、令，典奏事。觀隆奏，遂以語之。」

隆疾篤，口占上疏曰：〔一〕曾子有疾，孟敬子問之。曾子曰：「鳥之將死，其鳴也哀；人之將死，其言也善。」臣寢疾病，有增無損，常懼奄忽，忠款不昭。臣之丹誠，豈惟曾子？願陛下少垂省覽，〔二〕涣然改往事之過謬，勃然興來事之淵塞，使神人響應，殊方慕義，四靈效珍，〔三〕玉衡曜精，〔四〕則三王可邁，五帝可越，非徒繼體守文而已也。臣常疾世主莫不思紹堯、舜、湯、武之治，而蹈踵桀、紂、幽、厲之跡，莫不蚩笑季世惑亂亡國之主，而不登踐虞、夏、殷、周之軌，悲夫！以若所爲，求若所致，〔五〕猶緣木求魚，煎水作冰，〔六〕其不可得明矣。尋觀三代之有天下也，聖賢相承，歷載數百，尺土莫非其有，一民莫非其臣，萬國咸寧，九有有截。〔七〕鹿臺之金，巨橋之粟，〔八〕無所用之，仍舊南面，〔九〕夫何爲哉？然癸、辛之徒，〔一〇〕恃其旅力，知足以拒諫，才足以飾非。諂諛是尚，臺觀是崇，淫樂是好，倡優是説。作靡靡之樂，安濮上之音。上天不蠲，眷然回顧，宗國爲墟，下夷于隸。〔一一〕紂縣白旗，桀放鳴條，〔一二〕天子之尊，湯、武有之；豈伊異人，皆明王之胄也。且當六國之時，天下殷熾，秦既兼之，不修聖道，乃構阿房之宫，築長城之守，矜夸中國，威服百蠻，天下震竦，道路以目。自謂本枝百葉，永垂洪暉，豈悟二世而滅，社稷崩圮哉！近漢孝武乘文、景之福，外攘夷狄，内興宫殿，十餘年閒，天下嚻然。乃信越巫，懟天遷怒，起建章之宫，千門萬户，卒致江充妖蠱之變，〔一三〕至於宫室乖離，父子相殘，殃咎之毒，禍流數世。

臣觀黄初之際，天兆其戒，異類之鳥，育長燕巢，口爪胸赤，〔一四〕此魏室之大異也。宜防鷹揚之臣於蕭牆之内。〔一五〕可選諸王，使君國典兵，往往棊跱，鎮撫皇畿，翼亮帝室。昔周之東遷，晉、鄭是依；〔一六〕漢吕之亂，實賴朱虚。〔一七〕斯蓋前代之明鑒。夫皇天無親，惟德是輔，民詠德政，則延期過歷，下有怨歎，掇録授能。〔一八〕由此觀之，天下之天下，非獨陛下之天下也，臣百疾所鍾，氣力稍微，輒自輿出，歸還里舍。若

遂沈淪，魂而有知，結草以報。〔一九〕

〔一〕胡三省曰：「疾篤不能自書，故口占而使人書之。」

〔二〕馮本「願」作「靡」，誤。

〔三〕禮記：「麟、鳳、龜、龍，謂之四靈。」

〔四〕尚書舜典：「在璿璣玉衡，以齊七政。」孔傳：「璣衡，王者正天文之器，可運轉者。」正義云：「玉衡，美玉璣爲轉運，衡爲横簫，王者正天文之器，漢世謂之渾天儀。蔡邕云：玉衡長八尺，孔徑一寸。下端望之，以視星辰；轉璣窺衡，以知星宿。」

〔五〕趙一清曰：「致字當依孟子作欲。」

〔六〕毛本「煎」作「將」，誤。

〔七〕詩商頌「九有有截」，鄭箋云：「截，整齊也。」又云：「九州齊壹截然。」

〔八〕尚書武城篇：「散鹿臺之財，發巨橋之粟。」正義曰：「新序云：鹿臺，其大三里，其高千尺，則容物多矣。此言鹿臺之財，則非一物也。」

〔九〕「仍舊」二字未詳。

〔一〇〕史記夏本紀：「子帝履癸立，是爲桀。」殷本紀：「子辛立，是爲帝辛，天下謂之紂。知足以距諫，言足以飾非。」

〔一一〕何焯校改「不」作「下」。

〔一二〕胡三省曰：「武王斬紂首，懸之太白之旗。商湯破桀於鳴條，遂放之於南巢。孔安國曰：鳴條，地在安邑之西。」

〔一三〕馮本「江」作「汪」，誤。

〔一四〕趙一清曰：「晉書五行志：黄初元年，未央宮中有燕生鷹，口爪俱赤，此與商紂、宋隱同象。景初元年，又有燕生巨鷇於衛國李蓋家，形若鷹，吻似燕，高堂隆所指，即此二事。其後司馬氏誅曹爽，遂有魏室。文、明二紀俱不載。」潘眉曰：「胸字誤。晉、宋志並云口爪俱赤，又云有燕生鷹，故下言鷹揚之臣。」梁章鉅曰：「宋書五行志云：黄初末，宫中有燕生鷹，口爪俱赤。景初元年，又有燕生巨鷇于衛國涓桃里李益家，形若鷹，吻似燕。此羽蟲之孽，又赤眚也。」

〔一五〕胡三省曰：「司馬氏之事，隆固逆知之矣。」李慈銘曰：「此顯指司馬懿，而晉君臣不以爲非，史官因而載之，皆非後世所及。」

〔一六〕左傳隱公六年：「周桓公曰：我周之東遷，晉、鄭焉依。」杜注：「平王東徙，晉文侯、鄭武公左右王室。」

〔一七〕朱虛侯劉章平諸吕之亂。

〔一八〕通鑑「掇」作「輟」，録，圖録也。

〔一九〕老人結草以亢杜回事，見常林傳注引魏略沐並傳魏顆注。

詔曰：「生廉侔伯夷，直過史魚，〔一〕執心堅白，謇謇匪躬，如何微疾未除，退身里舍？昔邴吉以陰德，疾除而延壽；〔二〕貢禹以守節，疾篤而濟愈。生其彊飯專精以自持。」隆卒，遺令薄葬，斂以時服。〔三〕

習鑿齒曰：高堂隆可謂忠臣矣。君侈每思諫其惡，將死不忘憂社稷，正辭動於昏主，明戒驗於身後，謇諤足以勵物，德音没而彌彰，可不謂忠且智乎！詩云：「聽用我謀，庶無大悔。」又曰：「曾是莫聽，大命以傾。」其高堂隆之謂也。

〔一〕漢書貢禹傳：「禹上書言，年老願乞骸骨。天子報曰：朕以生有伯夷之廉，史魚之直。」師古曰：「生，謂先生也。史魚，衛大夫史鰌也。論語稱孔子曰：直哉史魚。」又賈誼傳：「文帝曰：吾久不見賈生，自以爲過之，今不及也。」是稱生爲美稱。又儒林傳：「漢興，言易，自淄川田生；言書，自濟南伏生；言詩，於魯則申培公，於齊則轅固生；言禮，則魯高堂生。」師古曰：「培、固者，其人名；公、生者，其號。」此則又別爲一解。錢大昭曰：「明帝不稱隆名而稱爲生，直以先生尊之矣。下云天不欲成吾事，高堂生舍我亡也，亦此意。」周壽昌曰：「呼之曰高堂生，以其祖之稱稱之也，重之也，生即先生。」

〔二〕漢書丙吉傳：「上憂吉疾不起，太子太傅夏侯勝曰：此未死也。臣聞有陰德者，必饗其樂，以及子孫。今吉未獲報而疾甚，非其死疾也。後病果瘉。」

〔三〕隋書經籍志：「魏臺雜訪議三卷，雜忌歷二卷，張掖郡玄石圖一卷，高堂隆撰。又魏光祿勳高堂隆集六卷，梁十卷，録一卷。」章宗源隋志攷證曰：「宋書禮志、文選謝惠連擣衣詩注、後漢書牟長傳注、藝文類聚歲時部、初學記歲時部、服食部、太平御覽時序部並引魏臺訪議。嚴可均全三國文輯本一卷，對、詔、表、疏、上言、奏議、對問凡二十九篇，多考訂禮儀之文，爲本傳所無者。」

初，太和中，中護軍蔣濟上疏曰：「宜遵古封禪。」詔曰：「聞濟斯言，使吾汗出流足。」事寢歷歲，後遂議修之，使隆撰其禮儀。帝聞隆没，歎息曰：「天不欲成吾事，高堂生舍我亡也。」子琛嗣爵。〔一〕

〔一〕蔣濟奏見本志卷十四蔣濟傳注。通典卷五十四禮十四封禪云：「古者帝王之興，每易姓而起，以致太平，必封乎泰山，所以告成功也。禮云：因名山升中于天，（封禪必於泰山者，萬物交代之處，封增其高，順其類也。升，上也；中，成也。刻石紀號，著己功績。）封訖而禪梁甫，亦以告太平也。（封禪者，高厚之道也。封土於山，而禪祭於地。天以高爲尊，地以厚爲德，增泰山之高以報天，厚梁甫之階以報地，明天之所命，功成事就，有益於天地，有若天地之更高厚然。梁甫者，太山之支山，卑下者也。能以道配成高德，故禪梁甫，亦以告太平也。）無懷氏封泰山〔禪〕云云，

（管仲對齊桓公曰：古者封泰山，禪梁父者，七十二家，而夷吾所記者十有二焉。而昔有無懷氏，古之王者，在伏羲前。韓詩外傳曰：孔子升泰山，觀易姓而王，可得而數者七十餘氏；不可得而數者萬數。袁准正論曰：唯周官有王大封之文。按成王封禪而文、武皆不在七十二君，而無一言見於經傳，學者疑焉。服虔曰：云云在梁甫，東山名也；晉灼曰：云云，在蒙陰縣故城北，東有云云亭。）伏羲、神農並因之，黃帝禪亭亭，（服虔曰：亭亭在牟陰。）顓頊、帝嚳、帝堯、舜復禪云云。禹禪會稽，湯亦禪云云，其所封皆於泰山也。周成王封泰山，禪社首，（應劭曰：社首，山名，在博縣。）其儀不存。秦始皇平天下，三年，東巡郡縣，祠鄒嶧山，頌秦功業，立石頌德，有金册石函、金泥玉檢之事焉。漢武帝立二十八年，元鼎中汾陰得寶鼎，遂議封禪。（太史公曰：其封禪之禮，則有司存，而漢史不得其制。）後漢光武建武三十二年，封禪泰山。」

始，景初中，帝以蘇林、秦静等並老，〔一〕恐無能傳業者，乃詔曰：「昔先聖既没，而其遺言餘教，著於六藝。六藝之文，禮又爲急，弗可斯須離者也。末俗背本，所由來久。故閔子譏原伯之不學，〔二〕荀卿醜秦世之坑儒，〔三〕儒學既廢，則風化曷由興哉？方今宿生巨儒，並各年高，教訓之道，孰爲其繼？昔伏生將老，漢文帝嗣以鼂錯，〔四〕穀梁寡疇，宣帝承以士郎。〔五〕其科郎吏高才解經義者三十人，從光禄勳隆、散騎常侍林、博士静，分受四經三禮，主者具爲設課試之法。〔六〕夏侯勝有言：〔七〕士病不明經術，經術苟明，其取青紫如俯拾地芥耳。今學者有能究極經道，則爵禄榮寵，不期而至。可不勉哉！」〔八〕數年，隆等皆卒，學者遂廢。

〔一〕蘇林見劉劭傳。

〔二〕左傳昭公十八年：「往者見周原伯魯焉，與之語，不説學。歸以語閔子馬。閔子馬曰：周其亂乎！夫學，殖也，不學將落，原氏其亡乎！」杜注：「原伯魯，周大夫；閔馬父，字子馬，魯大夫。」

〔三〕姚範曰：「荀子篇末云：孫卿迫於亂世，鰌於嚴刑，上無賢主，下遇暴秦。」弼按：史記荀卿傳：「荀卿，趙人，年五十，始來游學於齊。齊襄王時，荀卿最爲老師，春申君以爲蘭陵令。春申君死而荀卿廢。」又按史記春申君傳，春申君死，秦始皇立九年矣。自齊襄王元年至秦始皇九年，計四十六年，是時荀卿當已逾百歲。始皇坑諸生於咸陽在三十五年，恐荀卿已不及見矣。荀卿醜秦之論，或爲魏明詔書之誤也。或謂荀子議兵篇有答李斯之問，疑荀卿至始皇時猶存。然案李斯傳，李斯辭荀卿西入秦在秦莊襄王時，距始皇坑儒之時，相隔三十餘年，不得謂荀卿及見坑儒之事也。荀卿傳言李斯嘗爲弟子，已而相秦者，竟其事之辭也。姚氏引荀子篇末之語，乃荀卿弟子之辭，見楊倞注。

〔四〕漢書儒林傳：「伏生，濟南人，治尚書。年九十餘，老不能行，於是詔太常使掌故朝錯往受之。」

〔五〕官本考證曰：「士郎，宋本作十郎。漢書儒林傳：宣帝善穀梁説，愍其學且絶，迺以蔡千秋爲郎中户將，選郎十人從受。」

〔六〕何焯曰：「魏世去漢未遠，猶有此舉。」

〔七〕夏侯勝見漢書儒林傳。

〔八〕或曰：明經在傳道，若僅以拾青紫爲事，其爲明經也陋矣。

初，任城棧潛，太祖世歷縣令，〔一〕

潛字彦皇，見應璩書林。〔一〕

嘗督守鄴城。時文帝爲太子，耽樂田獵，晨出夜還。潛諫曰：「王公設險以固其國，都城禁衛，用戒不虞。大雅云：宗子維城，無俾城壞。又曰：猶之未遠，是用大諫。〔三〕若逸于遊田，晨出昏歸，以一日從禽之娱，而妄無垠之釁，愚竊惑之。」太子不悦，然自後游出差簡。黄初中，文帝將立郭貴嬪爲皇后，潛上疏諫，語在后妃傳。明帝時，衆役並興，戚屬疏斥，潛上疏曰：「天生蒸民而樹之君，所以覆燾羣生，熙育兆庶，故方制四海，匪爲天子；裂土分疆，匪爲諸侯也。始自三皇，爰暨唐、虞，咸以博濟加于天下，醇德以洽，黎元賴之。三五既微，降逮于漢，治日益少，喪亂弘多。自時厥後，亦罔克乂。太祖濬哲神武，芟除暴亂，克復王綱，以開帝業。文帝受天明命，廓恢皇基，踐阼七載，每事未遑。陛下聖德，纂承洪緒，宜崇晏晏，〔四〕與民休息。而方隅匪寧，征夫遠戍，有事海外，縣旌萬里，六軍騷動，水陸轉運，百姓舍業，日費千金。大興殿舍，功作萬計，徂來之松，〔五〕刊山窮谷，怪石珷玞，浮于河、淮，都圻之內，盡爲甸服，當供稾秸銍粟之調，〔六〕而爲苑囿擇禽之府，〔七〕盛林莽之穢，豐鹿兔之藪。傷害農功，地繁茨棘，災疫流行，民物大潰，上減和氣，嘉禾不植。臣聞文王作豐，經始勿亟，百姓子來，不日而成。靈沼、靈囿，與民共之。今宮觀崇侈，雕鏤極妙，忘有虞之總期，思殷辛之瓊室，〔八〕禁地千里，舉足投網，麗擬阿房，〔九〕役百乾谿，〔一〇〕臣恐民力彫盡，下不堪命也。昔秦據殽、函以制六合，自以德高三皇，功兼五帝，欲號謚至萬葉，而二世顛覆，願爲黔首，由枝幹既杌，〔一一〕本實先拔也。〔一二〕蓋聖王之御世也，克明俊德，庸勳親親。俊乂在官，則功業可隆；親親顯用，則安危同憂。深根固本，並爲幹翼，雖歷盛衰，內外有輔。昔成王幼沖，未能涖政，周、呂、召、畢，並在左右。今既無衛侯、康叔之監，分陝所任，又非旦、奭，東宮未建，天下無副。願陛下留心關塞，永保無極，則海內幸甚。」後爲燕中尉，辭疾不就，卒。

〔一〕胡三省曰：「何氏姓苑：棧姓出任城。潛，任城人也，蓋自潛始著。」

〔二〕應璩事見王粲傳及注。沈家本曰：「隋志書林十卷，無撰人。二唐志有夏赤松書林六卷，而無應書裴所引棧潛之字。」

〔三〕詩大雅板之章。鄭箋云：「宗子，王之適子也。」毛傳云：「猶，圖也。」鄭箋云：「王之謀不能圖遠，是故我大諫王也。」

〔四〕錢大昭曰：「堯典：文思安安。尚書考靈燿作文塞晏晏。」

〔五〕詩魯頌「徂來之松」毛傳：「徂來，山也。」水經注：「汶水又西南流，逕徂徠山西。山多松柏。」宋史儒林傳：「石介字守道，耕徂徠山下，以易教授於家，魯人號介徂徠先生。」一統志：「徂徠山在今山東泰安府東南四十里。」

〔六〕尚書禹貢：「五百里甸服，百里賦納總，二百里納銍，三百里納秸。服四百里粟，五百里米。」孔傳云：「規方千里之內，謂之甸服，爲天子服治田，去王城面五百里。禾稾曰總，銍，刈，謂禾穗也。秸，稾也。」蔡沈曰：「甸服，畿内之地也。禾本全曰總，刈禾曰銍，半稾也，半藁去皮曰秸。」

〔七〕「擇」字疑誤。

〔八〕文選張平子東京賦：「必以示肆奢爲賢，則是黃帝合宮，有虞總期，固不如夏癸之瑶臺，商辛之瓊室也。」李善注：「黃帝明堂，以草蓋之，名曰合宮；舜之明堂，以草蓋之，名曰總章。尸子曰：觀堯、舜之行於總章。章、期，一也。汲冢古文曰：夏桀作傾宮、瑶臺，殫百姓之財；殷紂作瓊室，立玉門。」

〔九〕史記秦始皇本紀：「三十五年作前殿阿房，東西五百步，南北五十丈，上可以坐萬人，下可以建五丈旗。」顔師古曰：「阿，近也，以其去咸陽近，且號阿房。」索隱云：「言其宮四阿。旁，廣也。阿房後爲宮名。」

〔一〇〕新序九善謀篇：「楚靈王起章華之臺，爲乾谿之役，百姓罷勞，怨讟於下，羣臣倍畔於上。公子棄疾作亂，靈王亡逃，卒死於野。」左傳昭公十二年：「楚子次於乾谿，不能自克，以及於難。仲尼曰：克己復禮，仁也，信善哉！楚靈王若能如是，豈其辱於乾谿？」杜注：「乾谿在譙國城父縣南。」高士奇曰：「城父故城，在今亳州東南七十里。」

〔一〕沈家本曰：「杌當作扤。」

〔三〕錢大昭曰：「古拔與撥通用。」

評曰：辛毗、楊阜，剛亮公直，正諫匪躬，亞乎汲黯之高風焉。高堂隆學業修明，志在匡君，因變陳戒，發於懇誠，忠矣哉！及至必改正朔，俾魏祖虞，所謂意過其通者歟？〔一〕

〔一〕胡三省曰：「意過其通，謂意料之說，執之甚堅，反過其學之所通習者也。」何焯曰：「升平學行，不減劉子政。或曰：恐汲黯少此文雅，杜谷媿其亮直，庶幾子政之流歟？」

魏書二十六

滿田牽郭傳第二十六

滿寵字伯寧，山陽昌邑人也。〔一〕年十八，爲郡督郵。〔二〕時郡内李朔等，各擁部曲，害于平民，太守使寵糾焉。朔等請罪，不復鈔略。守高平令。〔三〕縣人張苞爲郡督郵，貪穢受取，干亂吏政。寵因其來在傳舍，率吏卒出收之，詰責所犯，即日考竟，遂棄官歸。

〔一〕郡國志：「兗州山陽郡昌邑。」一統志：「昌邑故城，今山東濟寧州金鄉縣西北四十里。」

〔二〕范書黨錮傳：「張儉爲山陽郡督郵。」

〔三〕郡國志：「山陽郡高平。」一統志：「高平故城，今山東兗州府鄒縣西南。」

太祖臨兗州，辟爲從事。及爲大將軍，辟署西曹屬，爲許令。時曹洪宗室親貴，〔一〕有賓客在界，〔二〕數犯法，寵收治之。洪書報寵，〔三〕寵不聽。洪白太祖，太祖召許主者。〔四〕寵知將欲原，乃速殺之。太祖喜曰：「當事不當爾邪！」〔五〕故太尉楊彪收付縣獄，〔六〕尚書令荀彧、少府孔融等並屬寵：「但當受辭，勿加考掠。」寵一無所報，考〔訊〕〔訊〕如法。數日，求見太祖，言之曰：「楊彪考〔訊〕〔訊〕無他辭語，當殺者宜先彰其罪。此人有名海内，若罪不明，必大失民望，竊爲明公惜之。」太祖即日赦出彪。〔七〕初，彧、融聞考掠彪，皆怒；及因此得了，更善寵。

臣松之以爲楊公積德之門，身爲名臣，縱有愆負，猶宜保祐，況淫刑所濫，而可加其楚掠乎？若理應考訊，荀、孔二賢，豈其妄有相請屬哉！寵以此爲能，酷吏之用心耳。雖有後善，何解前虐？〔八〕

〔一〕時爲建安初元，魏武以司空行車騎將軍事，不應有宗室之稱。通鑑書操從弟洪。

〔二〕在許縣界。

〔三〕胡三省曰：「報，告也。前漢書：霍顯曰：少夫幸報我以事。」

〔四〕胡三省曰：「主者，許縣主吏也。」

〔五〕宋本、元本「爾」作「耳」，誤。

〔六〕范書楊彪傳：「操託彪與袁術婚姻，誣以欲圖廢立，奏收下獄，劾以大逆。」

〔七〕范書楊彪傳：「將作大匠孔融聞之，不及朝服往見操曰：楊公四世清德，海内所瞻，周書：父子兄弟，罪不相及。況以袁氏，歸罪楊公，今横殺無辜，海内觀聽，誰不解體？孔融，魯國男子，明日便當拂衣而去，不復朝矣！操不得已，遂理出彪。」

〔八〕何焯曰：「世期此論，無異於孫氏之責高文惠也。」李光地曰：「此松之迂論也。以操之猜很，若聞寬訊，其死楊公必矣。」

時袁紹盛於河朔，而汝南紹之本郡，門生賓客，布在諸縣，擁兵拒守。太祖憂之，以寵爲汝南太守。寵募其服從者五百人，率攻下二十餘壁，誘其未降渠帥，於坐上殺十餘人，一時皆平。得户二萬，兵二千人，令就田業。

建安十三年，從太祖征荊州。大軍還，留寵行奮威將軍，〔一〕屯當陽。〔二〕孫權數擾東陲，復召寵還爲汝南太守，賜爵關内侯。關羽圍襄陽，寵助征南將軍曹仁屯樊城拒之，而左將軍于禁等軍以霖雨水長，爲羽所没。羽急攻樊城，樊城得水，往往崩壞，衆皆失色。或謂仁曰：「今日之危，非力所支，可及羽圍未合，乘輕船夜走，雖失城，尚可全身。」寵曰：「山水速疾，冀其不久。聞羽遣別將已在郟下，〔三〕自許以南，百姓擾擾，〔四〕羽所以不敢遂進者，恐吾軍掎其後耳。今若遁去，〔五〕洪河以南，非復國家有也，〔六〕君宜待之。」〔七〕仁曰：「善。」寵乃沈白馬，與軍人盟誓。會徐晃等救至，寵力戰有功，羽遂退。進封安昌亭侯。文帝即王位，遷揚武將軍。破吴於江陵有功，更拜伏波將軍，〔八〕屯新野。〔九〕大軍南征，到精湖，〔一〇〕寵帥諸軍在前，與賊隔水相對。寵敕諸將曰：「今夕風甚猛，賊必來燒軍，〔一一〕宜爲其備。」諸軍皆警。夜半，賊果遣十部伏夜來燒，寵掩擊破之，進封南鄉侯。黄初三年，假寵節鉞；五年，拜前將軍。〔一二〕明帝即位，進封昌邑侯。〔一三〕太和二年，領豫州刺史。三年春，降人稱吴大嚴，揚聲欲詣江北獵，孫權欲自出。寵度其必襲西陽而爲之備，權聞之，退還。〔一四〕秋，使曹休從廬江南入合肥，令寵向夏口。寵上疏曰：「曹休雖明果而希用兵，今所從道，背湖旁江，易進難退，此兵之窪地也。〔一五〕若入無彊口，〔一六〕宜深爲之備。」寵表未報，休遂深入。賊果從無彊口斷夾石，要休歸路。〔一七〕休戰不利，退走。會朱靈等從後來斷道，與賊相遇，賊驚走，休軍乃得還。是歲，休薨，寵以前將軍代都督揚州諸軍事。汝南兵民戀慕，大小相率，奔隨道路，不可禁止。護軍表上，欲殺其爲首者。詔使寵將親兵千人自隨，其餘一無所問。四年，拜寵征東將軍。〔一八〕其冬，孫權揚聲欲至合肥，寵表召兗、豫諸軍，皆集。賊尋退還，被詔罷兵。寵以爲今賊大舉而還，非本意也，此必欲僞退以罷吾兵，而倒還乘虛，掩不備也，表不罷兵。〔一九〕後十餘日，權果更來，到合肥城，不克而還。其明年，吴將孫布遣人詣揚州求降，〔二〇〕辭云：「道遠不能自致，乞兵見迎。」刺史王淩騰布書，〔二一〕請兵馬迎之。寵以爲必詐，不與兵，而爲淩作報書曰：「知識邪正，欲避禍就順，去暴歸道，甚相嘉尚。今欲遣兵相迎，然計兵少則不足相衛，多則事必遠聞。且先密計，以成本志，臨時節度其宜。」寵會被書當入朝，敕留府長史：「若淩欲往迎，勿與兵也。」淩於後索兵不得，乃單遣一督，將步騎七百人往迎之。布夜掩擊，督將迸走，死傷過半。〔二二〕初，寵與淩共事不平，淩支黨毁寵，疲老悖謬，故明帝召之。既至，體氣康彊，見而遣還。〔二三〕

世語曰：王淩表寵年過耽酒，不可居方任。〔二四〕帝將召寵，給事中郭謀曰：「寵爲汝南太守、豫州刺史二十餘年，〔二五〕有勳方岳。〔二六〕及鎮淮南，吴人憚之。若不如所表，將爲所闚。可令還朝，問以方事以察之。〔二七〕帝從之。寵既至，進見；飲酒至一石，不亂。帝慰勞之，遣還。

寵屢表求留，詔報曰：「昔廉頗彊食，馬援據鞍，今君未老，而自謂(巳)〔已〕老，何與廉、馬之相背邪？其思安邊境，惠此中國。」

〔一〕宋書百官志：「奮威將軍，前漢世任千秋爲之。」

〔二〕郡國志：「荆州南郡當陽。」一統志：「當陽故城，今湖北荆門州當陽縣東一百四十里。」

〔三〕胡三省曰：「郟縣屬潁川郡。師古曰：郟，音夾。晉地理志襄城郡復有郟縣，蓋東漢省而魏、晉復置縣也。」洪亮吉曰：「郟，漢舊縣，中興後省，疑魏時復立。」謝鍾英曰：「王軍摩陂，即禦別將，時建安二十四年，是郟縣爲漢末所立，晉志改屬襄城郡。」一統志：「郟縣故城，今河南汝州郟縣治。」

〔四〕蜀志關羽傳：「梁郟、陸渾羣盜，或遥受羽印號，爲之支黨。」

〔五〕各本皆作「遁」，毛本作「遯」。

〔六〕胡三省曰：「洪河，大河也。」

〔七〕當日情勢，許下已岌岌可危，宜魏武議徙許都，以避其鋭，非寵之鎮定，殆矣。

〔八〕宋書百官志：「揚武將軍，光武建武中以馬成爲之；伏波將軍，漢武帝征南越，始置此號，以路博德爲之。」趙一清曰：「宋志：蕩寇將軍，漢建安中滿寵居之。傳蓋失之。」

〔九〕郡國志：「荆州南陽郡新野。」三國魏因，改屬義陽郡。一統志：「新野故城，今河南南陽府新野縣治南。」

〔一〇〕精湖詳見蔣濟傳，爲黄初六年事，此傳誤書在黄初三年之前，已先後倒置；又承上文文帝即王位而言，益覺界限不明。蓋黄初初元，吴方稱藩於魏，無大軍南征之事。

〔一一〕御覽卷三百三十「軍」作「營」。

〔一二〕魏有前、後、左、右將軍，見宋志。

〔一三〕封本縣侯。

〔一四〕此傳滿寵於太和二年領豫州刺史，與賈逵傳不合。曹休進兵失利，寵上疏請備無彊口事，均在太和二年；此傳云三年，亦誤。今舉證如下：按賈逵傳，太和二年，帝使逵督前將軍滿寵、東莞太守胡質等四軍，從西陽直向東關。是時逵爲豫州刺史，以名刺史著稱。逵傳又明言使逵督前將軍滿寵，不言督豫州刺史滿寵也。通鑑太和二年，前將軍滿寵上疏，請備無彊口，亦書前將軍，不書豫州刺史。是寵領豫州刺史或在後也。又按曹休傳、賈逵傳均言休兵之敗，在太和二年，休死於是年九月，見明帝紀。休死寵代，亦當在是年，益證此傳三年之誤。趙一清曰：「漢志：江夏郡西陽。方輿紀要七十六：西陽城在黄州府東南百三十里。三國魏爲重地。」弼按：西陽戍在安慶府桐城縣東北，見方輿紀要卷二十六，趙説非是。

〔二五〕通鑑「窐」作「絓」。胡注：「絓，古賣翻；罥也。言其地險，師行由之，爲所罥挂，進退不可也。孫子地形篇曰：地形有通者，有挂者，我可以往，彼可以來曰通；可以往，難以返曰挂。」

〔二六〕胡注：「無彊口在夾石東南。」方輿紀要二十六：「無彊口在桐城縣夾石東南。」姚範曰：「無彊口即桐城之崇山鎮。」謝鍾英曰：「今北峽關司東南。」

〔二七〕沈欽韓曰：「寰宇記：南峽戍在舒州桐城縣北四十七里，南峽山在廬州舒城縣西南一百里。山有兩峯夾道，故曰夾山。連峯夾嶂，綿亘甚遠。吴人斷曹休歸路，當在夾石戍西北也。滿寵言背湖傍江，湖即是巢湖，在巢縣西南十五里。蓋無爲鎮本曰無彊，由濡須口以斷夾石北也。」謝鍾英曰：「通釋：淮南有兩峽石，在壽州淮水上者曰北峽石，在桐城者曰南峽石。南峽所以蔽皖也。方輿紀要：桐城縣北六十里。縣志：北峽關司兩巖相夾如關，在桐城縣北四十七里。一統志：即古峽石。」

〔二八〕宋志引魚豢曰：「四征，魏武置，秩二千石。黄初中，位次三公。」

〔二九〕胡三省曰：「上表言敵情，請不罷兵也。」

〔三〇〕通鑑：「太和五年冬十月，吴主使中郎將孫布詐降，以誘揚州刺史王淩，吴主伏兵於阜陵以俟之。」胡注：「阜陵縣，漢屬九江郡，魏改九江爲淮南郡。晉志曰：阜陵縣，漢明帝時淪爲麻湖，麻湖在今和州歷陽縣西三十里。」

〔二一〕騰，傳也，上也。

〔二二〕胡三省曰：「迸，北孟翻。孫權自量其國勢之力，不足以斃魏，不過時於疆埸之間，設詐用奇，以誘敵人之來而陷之耳，非如孔明真有用蜀以爭天下之心也。」

〔二三〕通鑑輯覽曰：「王淩爲布所愚，而滿寵能察其詐，才識相去，奚啻倍蓰？幸因寵能預防，淩僅亡其一旅。魏明既遣寵還，而不能窮治淩之辜，何以警庸臣壞乃公事者！」

〔二四〕方任，方面之任也。

〔二五〕寵自建安初即爲汝南太守，至太和五年移鎮揚州，已三十餘年矣。

〔二六〕胡三省曰：「自魏以下，以督州爲方岳之任，謂其職猶古之方伯岳牧也。」

〔二七〕通鑑作「問以東方事以察之」。

明年，吴將陸遜向廬江，論者以爲宜速赴之。寵曰：「廬江雖小，將勁兵精，守則經時。〔一〕又賊舍船二百里來，〔二〕後尾空縣，尚欲誘致，〔三〕今宜聽其遂進，但恐走不可及耳。」整軍趨楊宜口。〔四〕賊聞大兵東下，即夜遁。〔五〕時權歲有來計。青龍元年，寵上疏曰：「合肥城南臨江湖，北遠壽春，〔六〕賊攻圍之，得據水爲勢；官兵救之，當先破賊大輩，〔七〕然後圍乃得解。賊往甚易，而兵往救之甚難，宜移城內之兵，其西三十里，有奇險可依，更立城以固守，〔八〕此爲引賊平地而掎其歸路，於計爲便。」護軍將軍蔣濟議，以爲：「既示天下以弱，且望賊煙火而壞城，此爲未攻而自拔。一至於此，劫略無限，必以淮北爲守。」〔九〕帝未許。寵重表曰：「孫子言：兵者，詭道也。故能，而示之以弱；不能，驕之以利，示之以懾。〔一〇〕此爲形實不必相應也。又曰：善動敵者，形之。〔一一〕今賊未至，而移城卻内，此所謂形而誘之也。引賊遠水，〔一二〕擇利而動，舉得於外，則福生於内矣。」尚書趙咨以寵策爲長，〔一三〕詔遂報聽。其年，權自出，欲圍新城，〔一四〕以其遠水，積二十日不敢下船。〔一五〕寵謂諸將曰：「權得吾移城，必於其衆中有自大之言，今大舉來欲要一切之功，雖不敢至，必當上岸耀兵以示有餘。」乃潛遣步騎六千，伏肥城隱處以待之。〔一六〕權果上岸耀兵，寵伏軍卒起擊之，斬首數百，或有赴水死者。明年，權自將號十萬，至合肥新城。寵馳往赴，募壯士數十人，折松爲炬，灌以麻油，從上風放火，燒賊攻具，射殺權弟子孫泰，賊於是引退。〔一七〕三年春，權遣兵數千家，佃於江北。至八月，寵以爲田向收熟，男女布野，其屯衛兵去城遠者數百里，可掩擊也。遣長史督二軍，〔一八〕循江東下，摧破諸屯，焚燒穀物而還。詔美之，因以所獲盡爲將士賞。

〔一〕胡三省曰：「謂陸遜若以兵圍，守必經時，而不能拔。」

〔二〕胡三省曰：「句絶。舍，讀曰捨。」

〔三〕通鑑作「後尾空絶不來，尚欲誘致」。

〔四〕胡三省曰：「魏廬江郡治陽泉縣。」續漢志：陽泉縣有陽泉湖，故陽泉鄉也。漢靈帝封黄琬爲侯國。水經注：陽泉水受決水東北流，逕陽泉縣故城東，又西北入決水，謂之陽泉口。」趙一清曰：「揚、陽古通，蓋即此揚宜口。」一統志：「陽泉故城，在安徽潁州府霍丘縣西。」

〔五〕各本「遡」作「遁」。

〔六〕胡三省曰：「魏揚州治壽春，距合肥二百餘里。」

〔七〕「輩」當作「軍」。

〔八〕合肥新城互見武紀建安十三年、明紀青龍二年。通鑑地理通釋：「淮水與肥水合，故曰合肥。」洪亮吉曰：「合肥，漢舊縣，魏武置揚州刺史治此；後移壽春，有新舊二城。青龍元年，滿寵表於舊縣城西北三十里立新城。明年，吳主自將十萬衆至合肥新城，即此。」謝鍾英曰：「方輿紀要：合肥故城今廬州府治東北，一名金斗城，以合肥分野入斗度獨多也。新城在府西三十里雞鳴山北。」胡三省曰：「華夷對境圖：魏合肥新城，今爲廬州謝步鎮。」弼按：一統志：「雞鳴山在合肥縣西北，亦名雞鳴岡。」方輿勝覽：「雞鳴山在縣西北四十里，肥水所經，上有龍井。」

〔九〕胡三省曰：「濟言望風移戍，吳必劫掠無限，將限淮以自守也。」

〔一〇〕通鑑作「故能而示之不能，驕之以利，示之以懾」。胡注：「懾，懼也。孫子計篇云：兵者，詭道也。故能而示之不能，用而示之不用。張預曰：實强而示之弱，實勇而示之怯。」

〔一一〕孫子勢篇云：「故善動敵者，形之，敵必從之。」曹公曰：「見羸形也。」杜牧曰：「非止於羸弱也，言我强敵弱，則示以羸形，動之使來；我弱敵强，則示之以强形，動之使去。敵之動作，皆須從我。」

〔一二〕毛本「水」作「來」，各本皆作「水」，通鑑同。

〔一三〕胡三省曰：「趙咨蓋必黄初初自吳使於魏者也。文帝重其辯給，遂臣於魏。」趙一清曰：「此別一趙咨，竊謂梅磵之説不然。」侯康曰：「此與黄初中自吳使魏之趙咨，別爲一人。胡身之合而爲一，恐非是。」

〔一四〕新城即合肥新城，合肥新城見前。方輿紀要卷二十六：「新城在廬州府西三十里雞鳴山北，故址猶存。山在府西四十里，肥水出於此。括地志云：合肥新城，距今城三十里，或目爲界樓城，以在廬、壽二州閒也。」

〔一五〕胡三省曰：「大船向岸，船高岸卑，故謂舍船就岸曰下船，以自船而下也。」趙一清曰：「不敢下船，是以舍船上岸爲下船也。」

〔一六〕各本「城」作「池」，通鑑作「水」。

〔一七〕權自將號十萬，豈壯士數十人所能擊退？按吴志孫權傳，嘉禾三年，權率大衆圍合肥新城，是時蜀相諸葛亮圍武功，權謂魏明帝不能遠出，而帝自帥水軍東征，權退還。本志明紀：青龍二年七月，帝御龍舟東征，權遁走。是權之引退，實以魏明東來，出於意外，遂暫斂其鋒。而是年葛相云亡，東西掎角之計不行，江、淮之閒，數年無事，而魏乃得專意於遼東，此當日情勢兵謀之大略也。

〔一八〕宋本「二」作「三」。

景初二年，以寵年老徵還，遷爲太尉。寵不治産業，家無餘財。詔曰：「君典兵在外，專心憂公，有行父、祭遵之風，賜田十頃，穀五百斛，錢二十萬，以明清忠儉約之節焉。」寵前後增邑凡九千六百户，封子孫二人亭侯。正始三年薨，謚曰景侯。子偉嗣。偉以格度知名，官至衛尉。〔一〕

世語曰：偉字公衡。偉子長武，有寵風。年二十四，爲大將軍掾。〔二〕高貴鄉公之難，以掾守閶闔掖門，司馬文王弟安陽亭侯幹欲入，〔三〕幹妃，偉妹也。長武謂幹曰：「此門近，公且來，無有入者，可從東掖門。」幹遂從之。文王問幹入何遲，幹言其故。參軍王羨亦不得入，恨之。既而羨因王左右啓王。滿掾斷門不内人，宜推劾。壽春之役，偉從文王至許，以疾不進。子從，求還省疾，事定乃從歸，由此内見恨。收長武考死杖下，偉免爲庶人。時人寃之。偉弟子奮，〔四〕晉元康中至尚書令、司隸校尉。寵、偉、長武、奮皆長八尺。

荀綽冀州記曰：「奮性清平，有識檢。」

晉諸公贊曰：奮體量通雅，有寵風也。〔五〕

〔一〕滿偉見齊王紀嘉平六年注。文選卷四十二應休璉與滿公琰書李善注：「滿寵子炳字公琰，爲別部司馬。」

〔二〕馮本「掾」作「椽」，誤；下同。

〔三〕晉書宣五王傳：「幹字子良。」

〔四〕趙一清曰：「奮蓋滿炳之子。」

〔五〕世說言語篇：「滿奮畏風，在晉武帝坐，北窗作琉璃屏，實密似疏，奮有難色。帝笑之，奮答曰：臣猶吳牛，見月而喘。」劉孝標注引冀州記云：「奮自吏部郎出爲冀州刺史。」又引晉諸公贊云：「奮遷尚書令，爲荀顗所害。」文選四十沈約彈王源文云：「滿奮身殞西朝，胤嗣殄殁；武秋之後，無聞東晉。」李善注：「晉初都洛陽，故曰西朝；後在江東，故曰東晉。干寶晉紀曰：苗願殺司隸校尉滿奮。荀綽冀州記曰滿奮字武秋。」

田豫字國讓，漁陽雍奴人也。〔一〕劉備之奔公孫瓚也，豫時年少，自託於備，備甚奇之。備爲豫州刺史，豫以母老求歸，備涕泣與別曰：「恨不與君共成大事也。」〔二〕

〔一〕郡國志：「幽州漁陽郡雍奴。」一統志：「雍奴故城，今直隸順天府武清縣東丘家莊南，東距白河七十里。晉以後皆仍舊名，唐始改曰武清。」

〔二〕李光地曰：「不留徐庶、田豫，此先主之大義盛德。」

公孫瓚使豫守東州令，〔一〕瓚將王門叛瓚，爲袁紹將萬餘人來攻。衆懼，欲降。豫登城謂門曰：「卿爲公孫所厚而去，意有所不得已也；今還作賊，乃知卿亂人耳。夫挈瓶之智，守不假器，〔二〕吾既受之矣，何不急攻乎？」門慙而退。瓚雖知豫有權謀，而不能任也。瓚敗，而鮮于輔爲國人所推，行太守事，〔三〕素善豫，以爲長史。時雄傑並起，輔莫知所從。豫謂輔曰：「終能定天下者，必曹氏也。宜速歸命，無後禍期。」輔從其計，用受封寵。〔四〕太祖召豫爲丞相軍謀掾，〔五〕除潁陰、朗陵令，〔六〕遷弋陽太守，〔七〕所在有治。

〔一〕錢大昕曰：「東州當作束州，縣名，屬河閒。」趙一清曰：「東州是束州之誤。郡國志：河閒郡束州，故屬勃海。」陳景雲曰：「東疑作泉。泉州屬漁陽郡。」弼按：陳說是，錢、趙二說誤。當時公孫瓚所據者，幽州之地，漁陽郡泉州屬幽州，河閒郡束州屬冀州，爲袁紹所據，公孫瓚不能遣吏置守也。一統志：「泉州故城在武清縣東南。」

〔二〕左傳昭公七年：「晉人來治杞田，季孫將以成與之。謝息爲孟孫守，不可。曰：人有言曰，雖有挈瓶之知，守不假器，禮也。」杜注：「挈瓶汲者喻小知。爲人守器，猶知不以借人。」

〔三〕行漁陽太守事也。是時鮮于輔等殺公孫瓚所置漁陽太守鄒丹。

〔四〕建安四年，以輔爲建忠將軍，督幽州六郡，見公孫瓚傳。

〔五〕建安十三年，以魏武爲丞相。軍謀掾，魏武所置。

〔六〕郡國志：「豫州潁川郡潁陰，汝南郡朗陵。」錢大昕曰：「漢制：大縣置令，小縣置長。朗陵令田豫，朗陵長趙儼，當有一誤。」一統志：「潁陰故城，今河南許州治；朗陵故城，今河南汝寧府確山縣西南三十五里。」

〔七〕錢大昕曰：「據此傳，弋陽置郡，當在建安之世。晉志謂魏文帝所置，恐未然。」洪亮吉曰：「弋陽郡，魏分江夏、汝南置。晉志：魏文分汝南立弋陽。今考田豫傳，遷弋陽太守在魏武時，後又從鄢陵侯彰平代，復還南陽太守，而文帝始嗣位，疑郡屬魏武所置，非魏文也。」吳增僅曰：「曹彰征代在建安二十四年。（弼按：在二十三年。）百官志五注引獻帝起居注，建安十八年，省州併郡，內載豫州六郡，尚無弋陽，知弋陽之立，當在建安十八年後也。」

鄢陵侯彰征代郡，〔一〕以豫爲相，軍次易北。〔二〕虜伏騎擊之，軍人擾亂，莫知所爲。豫因

地形，回車結圜陣，弓弩持滿於內，疑兵塞其隙。胡不能進，散去。追擊，大破之，遂前平代，皆豫策也。〔三〕

〔一〕幽州代郡，治高柳。通典云：「高柳，中平中廢。」一統志：「高柳故城，今山西大同府陽高縣西北。」

〔二〕一統志：「直隸易州西八十里有紫荆嶺，峯巒環列，嶺上即紫荆關，路達山西大同。」方輿紀要卷十：「紫荆關路通宣府大同，山谷崎嶇，易於控扼。」趙一清曰：「曹彰蓋由此關進兵。」

〔三〕任城威王彰傳：「彰北征，入涿郡界，叛胡數千騎卒至。時兵馬未集，用田豫計，固守要隙，虜乃散退。」

遷南陽太守。先是，郡人侯音反，〔一〕衆數千人在山中爲羣盜，大爲郡患。前太守收其黨與五百餘人，〔二〕表奏皆當死。豫悉見諸繫囚，慰喻，開其自新之路，一時破械遣之。諸囚皆叩頭，願自效，即相告語，羣賊一朝解散，郡內清静。具以狀上，太祖善之。

〔一〕通鑑：「建安二十三年，南陽吏民苦繇役，宛守將侯音反。」

〔二〕前太守東里袞，見武紀建安二十四年注引曹瞞傳。

文帝初，北狄彊盛，侵擾邊塞，乃使豫持節護烏丸校尉，〔一〕牽招、解儁并護鮮卑。自高柳以東，濊貊以西，鮮卑數十部，比能、彌加、素利〔二〕割地統御，各有分界。乃共要誓，皆不得以馬與中國市。豫以戎狄爲一，非中國之利，乃先搆離之，使自爲讐敵，互相攻伐。素利違盟，出馬千匹與官，爲比能所攻，求救於豫。豫恐遂相兼并，爲害滋深，宜救善討惡，示信衆狄。單將鋭卒，深入虜庭，胡人衆多，鈔軍前後，斷截歸路。豫乃進軍，去虜十餘里結屯營，多聚牛馬糞然之，〔三〕從他道引去。胡見煙火不絕，以爲尚在，去，行數十里，乃知之。追豫到馬城，〔四〕圍之十重。豫密嚴，使司馬建旌旗，鳴鼓吹，將步騎從南門出，胡人皆屬目往赴之。豫將精鋭自北門出，鼓譟而起，兩頭俱發，出虜不意。虜衆散亂，皆棄弓馬步走，追討二十餘里，僵尸蔽地。〔五〕又烏丸王骨進，桀黠不恭，豫因出塞案行，單將麾下百餘騎入進部，進逆拜，遂使左右斬進，顯其罪惡以令衆。衆皆怖慴不敢動，便以進弟代進。自是胡人破膽，威震沙漠。山賊高艾，衆數千人，寇鈔爲幽、冀害。豫誘使鮮卑素利部斬艾，傳首京都。封豫長樂亭侯。爲校尉九年，〔六〕其御夷狄，恒摧抑兼并，乖散彊猾。凡逋亡姦宄，爲胡作計不利官者，豫皆搆刺攪離，使凶邪之謀不遂，聚居之類不安。事業未究，而幽州刺史王雄支黨〔七〕欲令雄領烏丸校尉，毁豫亂邊，爲國生事。遂轉豫爲汝南太守，加殄夷將軍。〔八〕

〔一〕本志鮮卑傳：「文帝踐阼，田豫爲烏丸校尉，持節并護鮮卑，屯昌平。」續百官志：「護烏丸校尉一人，比二千石。」

〔二〕御覽「素利」下有「等」字。

〔三〕毛本「聚」作「取」。

〔四〕通鑑：「太和二年，田豫擊鮮卑鬱築鞬，鬱築鞬妻父軻比能救之，以三萬騎圍豫於馬城。」胡注：「馬城縣，漢屬代郡，魏、晉省。蓋城邑殘破，已棄爲荒外之地矣。」錢大昭曰：「馬城，魏氏春秋作馬邑，故城見劉放傳注。」趙一清曰：「漢志：代郡馬城。方輿紀要卷四十四：馬城在山西大同府東北境。十三州志：馬城在高柳東二百四十里。一清案：牽招傳作故馬邑城，城在今朔州東北。漢馬邑縣屬雁門郡，二傳未知孰是。」弼按：軻比能傳作馬城。牽招傳：「軻比能圍豫於故馬邑城，移招求救，并州以常憲禁招，招以節將見圍，不可拘於吏議。」按此傳文義，是爲并州雁門郡之馬邑，馬邑漢末已廢，故傳言故馬邑城也。然招傳下文又言「軍到故平城」，平城在今大同縣東，則又似爲幽州代郡之馬城。馬邑、馬城，地雖屬二州，相距祇數百里，虜騎出没，忽東忽西，爲恒有之事；而馬城、馬邑又僅一字之差，故兩傳所書各異也。一統志：「馬邑故城，今山西朔平府朔州治；馬城故城，今直隸宣化府懷安縣北。」馬城互見鮮卑傳。

〔五〕是役豫幾不免，詳見牽招傳、軻比能傳及劉放傳注引魏氏春秋。本傳諱之。通鑑云：「軻比能由是攜貳，數爲邊寇，幽、并苦之。」此指豫之失策也。韓慕廬曰：「合不可，併呑尤不可，莫如兩利而俱存，中國自得高枕。惜後之籌邊者，不知此，此以豫之策爲得也。」林國贊曰：「考鮮卑傳及劉放傳注引魏氏春秋，素利求救於豫，豫率兵進討，破走比能，事在黃初五年。既而豫復討比能，還至馬城，被圍七日，用孫資計，虜乃解去，事在太和二年。本傳合二事而爲一，又云比能爲豫大破，殊誤。」

〔六〕黃初中至太和末。

〔七〕王雄事詳見崔林傳。

〔八〕殄夷將軍，見明紀太和六年。

太和末，公孫淵以遼東叛，帝欲征之，而難其人，中領軍楊暨舉豫應選。

臣松之案：暨字休先，滎陽人，事見劉曄傳。〔一〕暨子肇，晉荆州刺史。山濤啓事〔二〕稱肇有才能。肇子潭，字道元；次歆，字公嗣。潭子彧，字長文；次經，字仲武，皆見潘岳集。〔三〕

乃使豫以本官督青州諸軍，假節，往討之。會吴賊遣使與淵相結，帝以賊衆多，又以渡海，詔豫使罷軍。〔四〕豫度賊船垂還，歲晚風急，必畏漂浪，東隨無岸，〔五〕當赴成山。〔六〕成山無藏船之處，輒便循海，按行地勢，〔七〕及諸山島，徼截險要，列兵屯守。自入成山，登漢武之觀。〔八〕賊還，果遇惡風，船皆觸山沈没，波蕩著岸，無所逃竄，盡虜其衆。初，諸將皆笑於空地待賊。及賊破，競欲與謀，求入海鉤取浪船。豫懼窮虜死戰，皆不聽。初，豫以太守督青州，青州刺史程喜内懷不服，軍事之際，多相違錯。喜知帝寶愛明珠，乃密上：「豫雖有戰功，而禁令寬弛，所得器仗珠金甚多，放散皆不納官。」由是功不見列。

〔一〕又見張魯傳注引魏名臣奏。

〔二〕山濤啟事見蘇則傳。

〔三〕潘岳有楊荆州誄、楊仲武誄，俱見文選五十六。又爲楊長文作弟仲武哀祝文，見藝文類聚二十三。文選云楊綏字仲武，滎陽宛陵人。此注作名經，未知孰是。楊肇字秀初，見文選懷舊賦注。沈家本曰：「隋志：晉黄門郎潘岳集十卷。二唐志同。晉書本傳：字安仁，官散騎侍郎。而隋志題曰黄門郎，與傳不同。」

〔四〕蔣濟傳注引司馬彪戰略云：「太和六年，明帝使平州刺史田豫乘海渡，幽州刺史王雄陸道，并攻遼東。蔣濟諫，不聽，豫行竟無成而還。」案：豫未爲平州刺史，説見蔣濟傳注。

〔五〕通鑑「隨」作「道」。

〔六〕史記秦始皇本紀：「二十八年，窮成山。」漢書地理志：「東萊郡不夜縣有成山。」齊乘：「成山在文登縣東北一百五十里，旁多碓島，海道極險處也。」方輿紀要三十六：「成山在山東登州府文登縣東北百五十里海濱，斗入海中。」謝鍾英曰：「成山在今榮城縣東海上。」

〔七〕各本「埶」作「形」。

〔八〕漢書：「武帝太始三年二月，幸琅邪禮日成山。」孟康曰：「禮日，拜日也。」如淳曰：「祭日於成山也。」

後孫權號十萬衆攻新城，〔一〕征東將軍滿寵欲率諸軍救之。豫曰：「賊悉衆大舉，非徒投射小利，欲質新城以致大軍耳。宜聽使攻城，挫其鋭氣，不當與爭鋒也。城不可拔，衆必罷怠，罷怠然後擊之，可大克也。若賊見計，〔二〕必不攻城，勢將自走。若便進兵，適入其計。又大軍相向，當使難知，不當使自畫也。」豫輒上狀，天子從之。會賊遁走。後吴復來寇，豫往拒之，賊即退。諸軍夜驚，云「賊復來」。豫臥不起，令衆「敢動者斬」。有頃，竟無賊。

〔一〕太和六年，滿寵築合肥新城。趙一清曰：「是時滿寵都督揚州，合肥新城是寵所部，兵事各有職司。豫爲青州督，界隔又遠，無緣參與其間，此事似有違錯也。」弼按：滿寵時爲征東將軍，統青、兗、徐、揚四州，刺史田豫督青州諸軍，自應受其節制，本傳不誤，趙説非是。

〔二〕胡三省曰：「言窺見吾所以待敵之計也。」

景初末，增邑三百，并前五百户。正始初，遷使持節護匈奴中郎將，〔一〕加振威將軍，〔二〕領并州刺史。外胡聞其威名，相率來獻。州界寧肅，百姓懷之。徵爲衛尉。〔三〕屢乞遜位，太傅司馬宣王以爲豫克壯，書喻未聽。豫書答曰：「年過七十，而以居位，譬猶鍾鳴漏盡，而夜行不休，是罪人也。」遂固稱疾篤。〔四〕拜太中大夫，〔五〕食卿禄。年八十二，薨。子彭祖嗣。

魏略曰：豫罷官歸，居魏縣。〔六〕會汝南遣健步詣征北，感豫宿恩，過拜之。豫爲殺雞炊黍，送詣至陌頭，謂之曰：「罷老，苦汝來過，無能有益，若何？」健步愍其貧羸，流涕而去，還爲故吏民説之。汝南爲具資數千匹，〔七〕遣人餉豫，豫一不受。會病亡，〔八〕戒其妻子曰：「葬我必於西門豹邊。」〔九〕妻子難之，言：「西門豹古之神人，那可葬於其邊乎？」〔一〇〕豫言：「豹所履行，與我敵等耳。使死而有靈，必與我善。」妻子從之。汝南聞其死也，悲之；既爲畫像，又就爲立碑銘。

〔一〕續百官志：「使匈奴將一人，比二千石。」
〔二〕宋志：「振威將軍，後漢初宋登爲之。」
〔三〕續百官志：「衛尉卿一人，中二千石，掌宮門衛士、宮中徼循事。」
〔四〕趙一清曰：「困學紀聞云：文選放歌行注引崔元始正論永寧詔曰：鍾鳴漏盡，洛陽城中不得有行者。永寧，漢安帝年號；元始，崔寔字也。後漢紀不載此詔。」一清案：豫所言乃漢家故事，想其時尚行此制。
〔五〕續百官志：「太中大夫，千石。凡大夫、議郎皆掌顧問應對，無常事。」漢官曰：「秩比二千石。」
〔六〕郡國志：「冀州魏郡魏。」一統志：「魏縣故城，今直隸大名府大名縣西。」
〔七〕御覽八百十七「資」下有「絹」字。
〔八〕「亡」疑作「亟」。
〔九〕趙一清曰：「豹下疑脱祠字。水經濁漳水注，漳水東北逕西門豹祠前，是也。魏武營高陵於西門豹祠西原上，豫蓋以重臣陪葬耳。故知魏略之言爲虛也。」錢儀吉曰：「魏武陪陵，重臣尚多，必不及豫。」
〔一〇〕水經濁漳水注云：「漳水又北逕祭陌西。戰國之世，俗巫爲河伯取婦，祭於此陌。魏文侯時，西門豹爲鄴令，約諸三老曰：爲河伯娶婦，幸來告知，吾欲送女。皆曰：諾。至時，三老、廷掾賦斂百姓，取錢百萬，巫覡行里中有好女者，祝當爲河伯婦，以錢三萬聘女，沐浴脂粉如嫁狀。豹往會之，三老、巫、掾與民咸集赴觀。巫嫗年七十，從十女弟子。豹呼婦視之，以爲非妙，令巫嫗入報河伯，投巫于河中。有頃，曰：何久也？又令三弟子及三老入白，並投于河。豹磬折曰：三老不來，奈何？復欲使廷掾、豪長趣之，皆叩頭流血，乞不爲河伯取婦。淫祀雖斷，地留祭陌之稱焉。」一統志：「西門豹祠在今河南彰德府臨漳縣西十五里。」

豫清約儉素，賞賜皆散之將士。每胡、狄私遺，悉簿藏官，不入家；家常貧匱。雖殊類，咸高豫節。

魏略曰：鮮卑素利等數來客見，多以牛馬遺豫，豫轉送官。〔一〕胡以爲前所與豫物顯露，不如持金。乃密懷金三十斤，〔二〕謂豫曰：「願避左右，我欲有所道。」豫從之，胡因跪曰：「我見公貧，故前後遺公牛馬，公輒送官。今密以此上公，可以爲家資。」豫張袖受之，〔三〕答其厚意。胡去之後，皆悉付外，具以狀聞。於是詔褒之曰：「昔魏絳開懷以納戎，〔四〕今卿舉袖以受狄金，朕甚嘉焉。」乃即賜絹五百匹。〔五〕豫得賜，分以其半藏小府；後胡復來，以半與之。

嘉平六年，下詔褒揚，賜其家錢穀，語在徐邈傳。

〔一〕書鈔三十八「轉」作「輒」。

〔二〕書鈔「三」作「四」。

〔三〕趙一清曰：「三十斤金非可張袖受者，似有飾飼。」弼按：亦非可以密懷者。

〔四〕左傳襄公四年：「無終子嘉父使孟樂如晉，因魏莊子納虎豹之皮，以請和諸戎。絳言和戎有五利，公說，使魏絳盟諸戎。」襄公十一年：「晉侯以樂之半賜魏絳曰：子教寡人，和諸戎狄，以正諸華。八年之中，九和諸侯，如樂之和，無所不諧，請與子樂之。魏絳於是乎有金石之樂，禮也。」何焯曰：「册府戎下有賂字。」

〔五〕書鈔「絹」作「青綾」。

牽招字子經，安平觀津人也。〔一〕年十餘歲，詣同縣樂隱受學。後隱爲車騎將軍何苗長史，招隨卒業。值京都亂，苗、隱見害，招俱與隱門生史路等〔二〕觸蹈鋒刃，共殯斂隱屍，送喪還歸。道遇寇鈔，路等皆悉散走，賊欲斫棺取釘，〔三〕招垂淚請赦。賊義之，乃釋而去，由此顯名。

〔一〕郡國志：「冀州安平國觀津。」一統志：「觀津故城，今直隸冀州武邑縣東南。」

〔二〕「俱」、「與」二字，似衍一字。

〔三〕趙一清曰：「釘直幾何，至乃斫棺取之，容亦有飾詞。」弼按：取釘開棺，乃可掠棺內之物。

冀州牧袁紹辟爲督軍從事，兼領烏丸突騎。紹舍人犯令，招先斬乃白，紹奇其意而不見罪也。紹卒，又事紹子尚。建安九年，太祖圍鄴，尚遣招至上黨，督致軍糧。未還，尚破走，到中山。時尚外兄高幹爲并州刺史，招以并州左有恒山之險，右有大河之固，帶甲五萬，北阻彊胡，勸幹迎尚，并力觀變。幹既不能，而陰欲害招。招聞之，閒行而去，道隔不得追尚，遂東詣太祖。太祖領冀州，辟爲從事。〔一〕

〔一〕御覽四百九孫楚牽招碑云：「初，君與劉備少長河朔，英雄同契，爲刎頸之交，有橫波絶流、拊翼橫飛之志。俄而委質於太祖，備遂鼎足於蜀漢，所交非常，爲時所忌，每自酌損于季、孟之閒。」

太祖將討袁譚，而柳城烏丸欲出騎助譚。太祖以招嘗領烏丸，遣詣柳城。〔一〕到，值峭王嚴，〔二〕以五千騎當遣詣譚。又遼東太守公孫康自稱平州牧，〔三〕遣使韓忠齎單于印綬往假峭王，峭王大會羣長，〔四〕忠亦在坐。峭王問招：「昔袁公言受天子之命，假我爲單于；今曹公復言當更白天子，假我真單于；遼東復持印綬來。如此，誰當爲正？」招答曰：「昔袁公承制，得有所拜假；中閒違錯，〔五〕天子命曹公代之。言當白天子，更假真單于，是也。遼東下郡，何得擅稱拜假也？」忠曰：「我遼東在滄海之東，擁兵百萬，又有扶餘、濊貊之用。當今之勢，彊者爲右，曹操獨何得爲是也？」招呵忠曰：「曹公允恭明哲，翼戴天子，伐叛柔服，寧靜四海。汝君臣頑嚚，今恃險遠，背違王命，欲擅拜假，侮弄神器，方當屠戮，何敢慢易，咎毀大人！」〔六〕便捉忠頭頓築，拔刀欲斬之。峭王驚怖，徒跣抱招，以救請忠，左右失色。招乃還坐，〔七〕爲峭王等説成敗之效，禍福所歸。皆下席跪伏，敬受敕教，便辭遼東之使，罷所嚴騎。

〔一〕今承德府建昌縣北哈喇沁右翼。

〔二〕烏丸傳：「遼東屬國烏丸大人蘇僕延衆千餘落，自稱峭王。袁紹矯制賜峭王印綬，爲單于。」嚴者，即下文之罷所嚴騎也。

〔三〕洪亮吉曰：「建安十二年，魏武平幽州，（謝鍾英曰：「平幽州在十年。」）惟遼東、樂浪等五郡爲公孫度所據。晉志：後漢末，公孫度自號平州牧。及其子康，康子淵，並擅據遼東。魏分遼東、昌黎、玄菟、帶方、樂浪五郡爲平州，後還合爲幽州。」吳增僅曰：「蔣濟傳注引司馬彪戰略云：太和六年，明帝遣平州刺史田豫乘海攻遼東。考豫傳，太和末，豫領烏丸校尉，以本官督青州兵，（弼按：豫以汝南太守督青州兵。）往討遼東，不云爲平州刺史。」謝鍾英曰：「遼東五郡爲公孫淵所據，豫遥領平州刺史耳。魏平淵後，未嘗更置平州也。」

〔四〕胡三省曰：「烏桓部落，各有君長。」

〔五〕胡三省曰：「違，異也，背也；錯，乖也。」

〔六〕胡三省曰：「孔安國尚書注：允，信也。左傳曰：不道忠信之言爲嚚。大人，謂曹公。」

〔七〕水經灅水注：「雁門水逕高柳縣故城北，舊代郡治。昔牽招斬韓忠于此處。」弼按：招傳無斬韓忠事，地望亦遠，不知酈注何據。

太祖滅譚於南皮，署招軍謀掾，從討烏丸。至柳城，拜護烏丸校尉。還鄴，遼東送袁尚首，縣在馬市。招覩之悲感，設祭頭下。太祖義之，舉爲茂才，從平漢中。太祖還，留招爲中護軍。事罷，還鄴，拜平虜校尉，將兵督青、徐州郡諸軍事，擊東萊賊，斬其渠率，東土寧靜。文帝踐阼，拜招使持節護鮮卑校尉，屯昌平。〔一〕是時，邊民流散山澤，又亡叛在鮮卑中者，處有千數。招廣布恩信，招誘降附。建義中郎將公孫集等，〔二〕率將部曲咸各歸命，使還本部。又懷來鮮卑素利、彌加等十餘萬落，皆令款塞。

〔一〕班志：「上谷郡昌平。」郡國志：「廣陽郡昌平，故屬上谷。」一統志：「昌平故城，在今昌平州東南。」魏土地記云：「薊城東北百四十里有昌平城，城西有昌平河。又東入灅餘水。」水經灅水注：「灅水逕昌平縣故城北，昔牽招爲魏鮮卑校尉，屯此。灅水又東北逕桑乾縣故城西。」謝鍾英曰：「據水經注，牽招所屯之昌平，非東漢廣陽郡之昌平，應屬代郡，在今山西大同府廣靈縣西北。」王先謙曰：「昌平屬廣陽，三國魏屬燕國，謝云屬代郡，誤。」弼按：郡國志廣陽郡之昌平，爲灅餘水所經，在今昌平州東南境。水經灅水所經之昌平爲北魏平昌郡（或作昌平。）之昌平，在今昌平州之西，即謝氏所指之地也。

〔二〕漢志：「中郎將皆比二千石。」

大軍欲征吴，召招還。至，值軍罷，拜右中郎將，出爲雁門太守。郡在邊陲，雖有候望之備，而寇鈔不斷。招既教民戰陣，又表復烏丸五百餘家租調，使備鞍馬，遠遣偵候。虜每犯塞，勒兵逆擊，來輒摧破。於是吏民膽氣日鋭，荒野無虞。又搆閒離散，使虜更相猜疑。鮮卑大人步度根、泄歸泥等與軻比能爲隙，[一]將部落三萬餘家，詣郡附塞。敕令還擊比能，殺比能弟苴羅侯及叛烏丸歸義侯王同、王寄等，大結怨讎。是以招自出，率將歸泥等討比能於雲中故郡，[二]大破之。招通河西鮮卑附頭等十餘萬家，繕治陘北故上館城，[三]置屯戍以鎮内外，夷虜大小，莫不歸心。諸亡叛雖親戚不敢藏匿，咸悉收送。於是野居晏閉，寇賊静息。招乃簡選有才識者，詣太學受業，還相授教，數年中庠序大興。郡所治廣武，[四]井水鹹苦，民皆擔輦，遠汲流水，往返七里。招準望地勢，因山陵之宜，鑿原開渠，注水城内，民賴其益。[五]

[一]本志鮮卑傳：「步度根中兄扶羅韓，擁衆數萬爲大人。軻比能殺扶羅韓，扶羅韓子泄歸泥及部衆悉屬比能。步度根由是怨比能，使人招呼泄歸泥曰：汝父爲比能所殺，不如還我。由是歸泥將其部衆，逃歸步度根。」

[二]史記：「趙武靈王置雲中、雁門、代郡。」班志：「雲中郡治雲中。」續漢志：「并州雲中郡十一城。」魏武紀：「建安二十年，省雲中郡。」一統志：「雲中故城，在今歸化城西黄河東岸。按：古雲中在陰山之南，黄河自西來折南流之處，即今歸化城以西地。漢時雲中郡治雲中縣，定襄郡治成樂縣，兩地東西相距八十里，初不相混。後漢始以成樂、定襄屬雲中，後魏初都成樂，號雲中，於是定襄有雲中之名。隋以雲中置定襄郡大利縣，而雲中有定襄之名，然猶近故地。自唐以後，雲中、定襄之名移於古雁門、太原二郡，去故地始遠。今謂大同爲雲中，又太原府有定襄縣，皆唐以後所名，非舊郡也。」

〔三〕郡國志：「并州雁門郡陰館。」寰宇記：「陰館城今名下館城。」宋白曰：「後漢雁門郡理陰館，今句注山北下館城是。蓋招傳誤以下館爲上館也。呂氏春秋天下九塞句注其一。李璋河東記：句注，以山形句轉、水勢注流而名，亦曰陘嶺。自雁門以南謂之陘南，以北謂之陘北，漢中平以後，陘北之地皆爲荒外。魏、晉中並以句注爲塞，分别内外，實南北巨防。」一統志：「陰館廢縣，在山西朔平府朔州東南八十里，句注山在朔州東南。」

〔四〕雁門郡本治陰館，魏文帝移雁門郡南度，句注治廣武城，見寰宇記。一統志：「廣武故城，今山西代州西十五里。」

〔五〕方輿紀要卷四十：「雁門渠在代州東南，今雁門山下有水東南流經州城外東關廂，名東關水，又南入於滹沱河，或謂之常溪水。」謝鍾英曰：「疑即招所鑿故渠。」

明帝即位，賜爵關内侯。太和二年，護烏丸校尉田豫出塞，爲軻比能所圍於故馬邑城，〔一〕移招求救。招即整勒兵馬，欲赴救豫。并州以常憲禁招，招以爲節將見圍，不可拘於吏議，自表輒行。又並馳布羽檄，稱陳形勢，云當西北掩取虜家，然後東行，會誅虜身。檄到，豫軍踴躍。又移一通於虜蹊要，〔二〕虜即恐怖，種類離散。軍到故平城，〔三〕便皆潰走。比能復大合騎，來到故平州塞北。〔四〕招潛行撲討，大斬首級。招以蜀虜諸葛亮數出，而比能狡猾，能相交通，表爲防備，議者以爲縣遠，未之信也。會亮時在祁山，〔五〕果遣使連結比能，比能至故北地石城，〔六〕與相首尾。帝乃詔招，使從便宜討之。時比能已還漠南，招與刺史畢軌議曰：〔七〕「胡虜遷徙無常，〔八〕若勞師遠追，則遲速不相及；若欲潛襲，則山溪艱險，資糧轉運，難以密辦。可使守新興、雁門二牙門，〔九〕出屯陘北，外以鎮撫，内令兵田，儲畜資糧，秋冬馬肥，州郡兵合，乘釁征討，計必全克。」未及施行，會病卒。招在郡十二年，威風遠振。其治邊之稱，次於田豫，百姓追思之。而漁陽傅容在雁門，有名績，繼招後在遼東，又有事功云。

〔一〕馬邑見田豫傳。

〔二〕各本「移」作「遺」，毛本作「移」。

〔三〕郡國志：「雁門郡平城。」漢高被圍白登，困於平城，即此。元和志：「曹公鳩集荒散，復立平城縣，屬新興郡。晉改屬雁門郡。」謝鍾英曰：「據武紀新興郡無平城，吉甫説誤，宜從漢志，屬雁門。」弼按：平城漢末已廢，故傳言軍到故平城也。一統志：「平城故城在大同縣東。」

〔四〕陳景雲曰：「塞北無平州，招時守雁門，控御北荒。以上文故平城、故馬邑二事觀之，則平當爲武。武州亦雁門屬縣也。史記：單于入武州塞。崔浩云：在平城西百里。」弼按：趙一清引公孫度稱平州牧，謂即故平州塞，説誤不採。陳説近是。一統志：「武州故城，今山西朔平府左雲縣南。」

〔五〕今甘肅鞏昌府西和縣北七里。

〔六〕郡國志：「涼州北地郡。」王先謙曰：「漢末郡寄寓馮翊，舊郡廢。三國魏同，永和六年，徙安定居扶風，北地居馮翊，見順帝紀。北地郡漢末失土，寄寓馮翊，置富平縣，見宋書傅弘之傳。魏文帝分馮翊之祋翊置北地郡，見地形志。是北地郡自永和六年以後，不復歸舊土也。」弼按：一統志：「石城在甘肅蘭州西北。」水經河水注：「河水又東逕石城南，昔段熲擊羌於石城，投河墜坑而死者八百餘人，即於此也。」范書段熲傳：「分兵擊石城羌，斬首溺死者千六百人。」蜀志諸葛亮傳注引漢晉春秋曰：「亮圍祁山，比能等至故北地石城以應亮。」

〔七〕并州刺史也。

〔八〕毛本「胡」作「虜」，誤。

〔九〕牙門見齊王紀正始五年。

招子嘉嗣。次子弘，亦猛毅有招風，以隴西太守隨鄧艾伐蜀有功，〔一〕咸熙中爲振威護軍。嘉與晉司徒李胤同母，早卒。〔二〕

按晉書：弘後爲揚州、涼州刺史，以果烈死事於邊。嘉子秀，字成叔。荀綽冀州記曰：秀有儁才，〔三〕性豪俠有氣，弱冠得美名。於太康中爲衛瓘、崔洪、石崇等所提攜，以新安令、博士爲司空從事中郎，與帝舅黃門侍郎王愷素相輕侮。愷諷司隸荀愷，令都官誣奏秀夜在道中載高平國守士田興妻。秀卽表訴被誣陷之由，論愷穢行，文辭尤厲。〔四〕于時朝臣雖多證明，秀名譽由是而損。後張華請爲長史，稍遷至尚書。河間王以秀爲平北將軍，假節，在馮翊遇害。〔五〕世人玩其辭賦，惜其材幹。〔六〕

〔一〕鄧艾傳：「以牽弘等領蜀中諸郡，使於緜竹築臺，以爲京觀，用彰戰功。」

〔二〕李胤事見公孫度傳注引晉陽秋及晉書李胤傳。據胤傳，胤母後嫁牽招，故胤與嘉同母也。又按晉陽秋云：李敏子娶妻生子胤而遣妻，是胤母改嫁，乃其父所遣，非其母之無行也。御覽四百十二、又五百二十一引王隱晉書云：胤母更適牽招。

〔三〕馮本「儁」作「嶲」，誤。

〔四〕晉書牽秀傳「尤」作「亢」。

〔五〕晉書牽秀傳：「秀擁衆在馮翊，河間王顒長史楊騰前不應東海王越，懼越討之，欲取秀以自効，遂殺秀於萬年。」

〔六〕晉書賈充傳：「渤海石崇、歐陽建、滎陽潘岳、吳國陸機陸雲、齊國左思、安平牽秀等傅會賈謐，號曰二十四友。」隋志：「牽秀集四卷。」嚴可均輯黃帝頌、老子頌、彭祖頌、王喬赤松頌四首。

郭淮字伯濟，太原陽曲人也。〔一〕

按郭氏譜：淮祖全大司農；父緼，雁門太守。〔二〕

建安中舉孝廉，除平原府丞。〔三〕文帝爲五官將，召淮署爲門下賊曹，〔四〕轉爲丞相兵曹議令史，〔五〕從征漢中。太祖還，留征西將軍夏侯淵拒劉備，以淮爲淵司馬。淵與備戰，淮時有疾，不出。淵遇害，軍中擾擾，淮收散卒，推盪寇將軍張郃爲軍主，諸營乃定。〔六〕其明日，備欲渡漢水來攻，諸將議衆寡不敵，備便乘勝，欲依水爲陣以拒之。淮曰：「此示弱而不足挫敵，非算也。不如遠水爲陣，引而致之，半濟而後擊，備可破也。」既陣，備疑不渡，〔七〕淮遂堅守，示無還心。以狀聞，太祖善之，假郃節，復以淮爲司馬。文帝即王位，賜爵關内侯，轉爲鎮西長史。〔八〕又行征羌護軍，〔九〕護左將軍張郃、冠軍將軍楊秋〔一〇〕討山賊鄭甘、盧水叛胡，〔一一〕皆破平之。關中始定，民得安業。

〔一〕郡國志：「并州太原郡陽曲。」晉地道記：「黄河千里一曲，此當其陽，故曰陽曲。」王先謙曰：「前漢縣，後漢末廢，於縣界僑置九原、定襄二縣，徙置陽曲縣於晉陽、汾陽、狼孟三縣地。三國魏因。」一統志：「漢縣故城今忻州定襄縣治。漢末徙置故城，今太原府陽曲縣東北四十五里。」

〔二〕北宋本「緼」作「藴」。

〔三〕續百官志：「每郡置太守一人，丞一人。」此應作郡丞。趙一清曰：「據史文，郡亦稱府。」

〔四〕洪飴孫曰：「建安十六年，文帝爲五官中郎將，時副丞相，置官屬，有長史、文學、司馬、門下賊曹、功曹。踐阼後不置。」

〔五〕續漢志：「兵曹，主兵事。」
〔六〕事在建安二十四年。杜襲傳：「夏侯淵爲劉備所没，軍喪元帥，襲與張郃、郭淮糾攝諸軍事，權宜以郃爲督，三軍遂定。」
〔七〕御覽二百八十五「不」下有「敢」字。
〔八〕由征西將軍司馬轉爲鎮西將軍長史。
〔九〕洪飴孫曰：「諸護軍無定員，諸要鎮及將軍領兵出征者，置此官。」
〔一〇〕楊秋事見武紀建安十六年。上尊號奏有冠軍將軍好畤侯臣秋，即楊秋。
〔一一〕鄭甘、盧水胡見文紀延康元年及注。

黄初元年，奉使賀文帝踐阼，而道路得疾，故計遠近爲稽留。及羣臣歡會，帝正色責之曰：「昔禹會諸侯於塗山，防風後至，便行大戮。〔一〕今溥天同慶，而卿最留遲，何也？」淮對曰：「臣聞五帝先教導民以德，夏后政衰，始用刑辟。今臣遭唐、虞之世，是以自知免於防風之誅也。」帝悦之，擢領雍州刺史，封射陽亭侯，五年爲真。安定羌大帥辟蹏反，討破降之。每羌胡來降，淮輒先使人推問其親理，男女多少，年歲長幼。及見，一二知其款曲，訊問周至，咸稱神明。

〔一〕竹書紀年：「帝禹夏后氏五年巡守，會諸侯於塗山。八年春，會諸侯於會稽，殺防風氏。」左傳哀公七年：「禹合諸侯于塗山，執玉帛者萬國。」杜注：「諸侯執玉，附庸執帛。塗山在壽春東北。」地理通釋曰：「在壽春東北濠州鍾離縣西九十五里。山前有禹會村。」一統志：「塗山在懷遠縣東南八里。」河圖玉板曰：「禹平天下，會諸侯會稽之埜，防風氏後到，殺之。」國語：「吳伐越，墮會稽，獲骨節專車。仲尼曰：昔禹致羣神於會稽之山，防風氏後至，禹戮之，其骨節專車，此爲大矣。」吳越春秋：「登茅山以朝四方羣臣，一示中國諸侯。防風後至，斬以示衆，示天下悉屬禹也。」陳逢衡曰：「塗山之説不一，方以智定爲壽春之塗山，從杜預左傳註及王伯厚説也。今考紀年，禹五年會諸侯于塗山，八年會諸侯于會稽，是塗山一地，會稽又一地，前後兩會，不得混合爲一也。蓋塗山在壽春，爲禹五年會諸侯之地，而會稽在山陰，爲禹八年會諸侯之地，不得謂塗山有會稽之名，亦不得謂會稽有塗山之目也。案：塗山爲女嬌氏本國，書所謂娶於塗山是也。會稽則一名茅山，見吳越春秋；一名防山，一名棟山，見水經注。越絶云：棟猶鎮也，即周禮職方所謂揚州之鎮也。一謂之鍾山，又名苗山，見羅苹路史註，俱不被以塗山之稱。故郭璞於南山經會稽之山註云：今在會稽郡山陰縣南，上有禹冢及井。又圖贊云：禹徂會稽，爰朝羣臣，不虔是討，乃戮長人。玉匱表夏，元石勒秦。可見其地異，其時異，而且殺防風在會稽，不在塗山；在八年，不在五年。竹史具存，後儒無庸聚訟矣。」弼按：據此，則魏文所云禹會塗山戮防風者，蓋誤爲一時一地之事。當時蓋徵引舊典，示威郭淮。一聞唐、虞之言，適合禪讓之跡，遂轉怒爲喜，擢淮雍州刺史矣。

太和二年，蜀相諸葛亮出祁山，遣將軍馬謖至街亭，高詳屯列柳城。〔一〕張郃擊謖，淮攻詳營，皆破之。〔二〕又破隴西名羌唐蹏於枹罕，〔三〕加建威將軍。〔四〕五年，蜀出鹵城。〔五〕是時，隴右無穀，議欲關中大運。淮以威恩撫循羌、胡，家使出穀，平其輸調，軍食用足，轉揚武將軍。青龍二年，諸葛亮出斜谷，並田于蘭坑。〔六〕是時，司馬宣王屯渭南，淮策亮必爭北原，宜先據之。議者多謂不然。淮曰：「若亮跨渭登原，連兵北山，隔絶隴道，搖盪民夷，此非國之利也。」宣王善之，淮遂屯北原。塹壘未成，蜀兵大至，淮逆擊之。〔七〕後數日，亮盛兵西行，諸將

皆謂欲攻西圍，〔八〕淮獨以爲此見形於西，欲使官兵重應之，必攻陽遂耳。〔九〕其夜，果攻陽遂，有備不得上。〔一〇〕

〔一〕祁山今甘肅鞏昌府西和縣北七里，街亭今甘肅秦州秦安縣東北。柳城近街亭，高詳見明紀太和二年注引魏書，作高祥。

〔二〕馬謖失敗街亭，下獄物故，世稱葛相執法之明。然高詳亦見破於柳城，不聞有喪師失地之律，同罪異罰，何以示公？或爲史之闕文，未可知也。

〔三〕郡國志：「涼州隴西郡枹罕。」師古曰：「枹，讀若膚。」一統志：「枹罕故城，今甘肅蘭州府河州治。」

〔四〕古今刀劍録：「郭淮於太原得一刀，文曰宜爲將。後遂爲將軍。及與蜀將戰敗，失此刀。」何焯曰：「後主建興八年，當魏太和四年，魏延破郭淮于陽谿。延傳云：使延西入羌中，魏雍州刺史郭淮與延戰於陽谿，延大破淮等。而此傳諱之。」弼按：蜀志諸葛亮傳：「建興七年，亮遣陳式攻武都陰平，魏雍州刺史郭淮退還，遂平二郡。」此傳未載。

〔五〕鹵城詳見夏侯淵傳、楊阜傳。

〔六〕趙一清曰：「水經漾水注：建安川水東與蘭坑水會，出西南近溪東北，逕蘭坑城西東北流，注建安水，建安水又東逕蘭坑城北、建安城南，其地故西縣之歷城，去仇池百二十里，後改爲建安城。」一清案：建安城在成縣西，則蘭坑城亦宜在其處。」弼按：趙説以水經注爲據，然證以當日出兵情勢多不合。果酈注無誤，則必東出兵斜谷、西田于蘭坑二事同時並舉，或爲兵家聲東擊西之計，故傳言並田于蘭坑也。謝鍾英説，見下陽遂注。

〔七〕官本考證曰：「御覽作逆擊走之。」

〔八〕蜀志諸葛亮傳注引漢晉春秋云：「乃使張郃攻無當監何平於南圍。」南圍、西圍之名，或爲營壘之稱。

〔九〕謝鍾英曰：「陽遂當在渭北，蘭坑當在渭南，皆近五丈原。」又云：「諸葛亮傳：建興十二年，亮悉衆由斜谷口出據武功五丈原，與司馬宣王對於渭南。水經注：五丈原在郿縣西，渭水逕其北。鍾英按：武功謂武功水，即斜谷水也，見水經注。」弼按：謝說陽遂、蘭坑在渭水南北，實與當日地望兵勢相合，惟與趙說牴牾耳。又按：晉書宣帝紀青龍二年，亮帥衆十餘萬出斜谷，壘於郿之渭水南原，魏遣將軍胡遵、雍州刺史郭淮共備陽遂，與亮會於積石，臨原而戰。亮不得進，還於五丈原。一統志：「五丈原在郿縣西南，積石原在郿縣西北。」據此，當以謝說爲是。

〔一〇〕明紀「景初二年」注引魏書云：「雍州刺史郭淮遣廣魏太守王贇、南安太守游奕討廖惇，爲惇所破。」本傳未載。

正始元年，蜀將姜維出隴西，淮遂進軍，追至彊中，〔一〕維退。遂討羌迷當等，按撫柔氐三千餘落，〔二〕拔徙以實關中，遷左將軍。涼州休屠胡梁元碧等，率種落二千餘家附雍州，淮奏請使居安定之高平，〔三〕爲民保鄣，其後因置西川都尉。〔四〕轉拜前將軍，領州如故。〔五〕

〔一〕毛本「彊」作「疆」。彊中即彊川。闞駰曰：「强水出陰平西北强山，一曰强川。姜維之還也，鄧艾遣王欣追敗之於强川口，即是地也。」

〔二〕「柔」字疑誤。

〔三〕郡國志：「梁州安定郡高平。」王先謙曰：「安定郡，三國魏改隸雍州。」謝鍾英曰：「涼州休屠胡梁元碧等附雍州，淮奏請使居安定之高平，是魏安定屬雍州。洪亮吉以爲屬涼州，非也。」一統志：「高平故城，今甘肅平涼府固原州治。」

〔四〕陳景雲曰：「西川當作西州。晉泰始中，中丞傅休奕上疏措置秦、隴事，請更置郡於高平，因安定西州都尉，徙民充之，以通北道，是其證也。」弼按：仍應作西川。郡國志：「安定郡三水。」馬與龍曰：「安定屬國都尉張煥治此，見河水注。」王先謙曰：「三國魏改三水曰西川，見寰宇記。河水注：高平川逕三水縣西，肥水注之。水東有山，山東有三水縣故城，城西南去安定郡三百四十里，晉志因曰西川。」一統志：「故城今固原州北。」

〔五〕領雍州刺史也。

五年，夏侯玄伐蜀，淮督諸軍爲前鋒。淮度勢不利，輒拔軍出，故不大敗。還，假淮節。八年，隴西、南安、〔一〕金城、西平〔二〕諸羌餓何、燒戈、伐同、蛾遮塞等〔三〕相結叛亂，攻圍城邑，南招蜀兵，涼州名胡治無戴復叛應之。〔四〕討蜀護軍夏侯霸督諸軍屯爲翅。〔五〕淮軍始到狄道，〔六〕議者僉謂宜先討定枹罕，〔七〕內平惡羌，外折賊謀。淮策維必來攻霸，遂入渢中，〔八〕轉南迎霸。維果攻爲翅，會淮軍適至，維遁退。進討叛羌，斬餓何、燒戈，降服者萬餘落。九年，遮塞等屯河關、白土故城，〔九〕據河拒軍。淮見形上流，密於下渡兵據白土城，擊大破之。治無戴圍武威，〔一〇〕家屬留在西海。〔一一〕淮進軍趣西海，欲掩取其累重，會無戴折還，與戰於龍夷之北，〔一二〕破走之。〔一三〕令居惡虜在石頭山之西，〔一四〕當大道止，斷絶王使。淮還過討，大破之。姜維出石營，〔一五〕從彊川，乃西迎治無戴。留陰平太守廖化於成重山築城，〔一六〕斂破羌保質。淮欲分兵取之，諸將以維衆西接彊胡，化以據險，〔一七〕分軍兩持，兵勢轉弱，進不制維，退不拔化，非計也。不如合而俱西，及胡、蜀未集，〔一八〕絶其內外，此伐交之兵也。淮曰：「今往取化，出賊不意，維必狼顧。比維自致，足以定化，且使維疲於奔命。兵不遠西，而胡交自離，此一舉而兩全之策也。」乃別遣夏侯霸等追維於沓中，〔一九〕淮自率諸軍，就攻化等。維果馳還救化，皆如淮計。進封都鄉侯。

〔一〕南安郡，漢末分漢陽置。

〔二〕西平郡，漢末分金城置。

〔三〕水經注「塞」作「寒」，詳見下。

〔四〕胡三省曰：「諸胡有治姓，曹真討破叛胡治元多是也。」

〔五〕爲翅見陳泰傳。錢大昕曰：「爲翅當作烏翅。胡三省云：烏翅，要地也，魏屯兵守之。嘉平元年，降蜀將句安於翅上，即此地也。陳泰傳亦作爲翅。」弼按：通鑑胡注作「爲翅」，不作「烏翅」，錢説誤。

〔六〕郡國志：「涼州隴西郡狄道。」一統志：「狄道故城，今甘肅蘭州府狄道州西南。」

〔七〕枹罕見前。

〔八〕謝鍾英曰：「湟中當在狄道南，爲翅北。」

〔九〕趙一清曰：「水經河水注：左南津西六十里有白土城，城在大河之北，而爲緣河濟渡之處。魏涼州刺史郭淮破羌遮寒於白土，即此處。據此則淮曾爲涼州刺史，蓋傳失之。」弼按：聚珍本水經注案語云：淮爲雍州刺史。此云涼州，誤。又云：遮塞近刻訛作遮寒。郡國志：「隴西郡河關。」一統志：「河關故城，今甘肅蘭州府河州西北。」謝鍾英曰：「白土，兩漢志屬上郡，晉志屬金城。一統志：今甘肅西寧府西寧縣東南。鍾英按：當在西寧東南積石山南臨河之地。又考漢縣在今陝西榆林府神木縣北，其地魏時陷入鮮卑，故移縣西寧縣境。」

〔一〇〕郡國志：「涼州武威郡武威。」一統志：「今甘肅涼州府鎮番縣北。」

〔一一〕郡國志「涼州張掖居延屬國」劉昭注：「獻帝建安末立爲西海郡。」洪亮吉曰：「晉志：獻帝興平二年，武威太守張雅請置，蓋請立於興平中，至建安末始置也。」謝鍾英曰：「按獻帝起居注建安十八年復禹貢九州，雍州部已有西海郡，劉昭謂建安末立者，誤洪氏從劉昭説，非也。」

〔一二〕謝鍾英曰：「按當時兵勢，龍夷當在武威、西海之間。」

〔一三〕水經河水注：「逆水出允吾縣東南，逕廣武城西，故廣武都尉治。郭淮破叛羌治無戴於此處也。」允吾爲金城郡治，廣武在其北，此可補史闕。

〔一四〕令居，兩漢志屬金城郡。一統志：「令居故城，今甘肅涼州府平番縣西北。」

〔一五〕一統志：「石營在今甘肅鞏昌府西和縣西北。」

〔一六〕趙一清曰：「水經漾水注：白水又東逕郭公城南，昔郭淮攻廖化於陰平築之，故因名焉。一清案：陝西階州文縣，古氐、羌地，漢武開西南夷，置陰平道，屬廣漢郡，北部都尉治焉。蜀建興七年，取魏陰平，魏亦遥置其郡，屬雍州。蜀亡，始合爲一，屬秦州，而四川龍安府東百五十里有陰平城。宋白曰：文州爲古陰平，魏、晉之陰平郡及陰平縣治也。文縣南至龍安府三百三十里，此魏、蜀分置之蹟略有可攷者。」謝鍾英曰：「成重山當在狄道之西，羌中西傾山之東。」

〔一七〕古以、已通。

〔一八〕宋本「集」作「接」。

〔一九〕胡三省曰：「沓中在諸羌中，即沙強之地。」方輿紀要：「在洮州衛南。」謝鍾英曰：「當在舊洮州西南之西傾山南。」

嘉平元年，遷征西將軍，都督雍、涼諸軍事。是歲，與雍州刺史陳泰協策，降蜀牙門將句安等於翅上。〔一〕二年，詔曰：「昔漢川之役，〔二〕幾至傾覆。淮臨危濟難，功書王府。在關右三十餘年，〔三〕外征寇虜，内綏民夷，比歲以來，摧破廖化，禽虜句安，功績顯著，朕甚嘉之。今以淮爲車騎將軍，儀同三司，持節都督如故。」進封陽曲侯，〔四〕邑凡二千七百八十户，分三百户封一子亭侯。

世語曰：淮妻，王淩之妹。淩誅，妹當從坐，御史往收。督將及羌、胡渠帥數千人，叩頭請淮表留妻，淮不從。妻上道，莫不流涕，人人扼腕，欲劫留之。淮五子叩頭流血請淮，淮不忍視，乃命左右追妻。於是追者數千騎，數日而還。淮以書白司馬宣王曰：「五子哀母，不惜其身；若無其母，是無五子；無五子，亦無淮也。今輒追還，若於法未通，當受罪於主者，覲展在近。」書至，宣王亦宥之。〔五〕

正元二年，薨。〔六〕追贈大將軍，謚曰貞侯。〔七〕子統嗣。統官至荆州刺史，薨；子正嗣。咸熙中，開建五等，以淮著勳前朝，改封汾陽子。

晉諸公贊曰：淮弟配，字仲南，有重名，位至城陽太守。裴秀、賈充，皆配女壻。〔八〕子展，字泰舒。有器度幹用，歷職著績，終於太僕。次弟豫，字泰寧，相國參軍。知名，早卒。女適王衍。配弟鎮，字季南，謁者僕射。鎮子奕，字泰業。〔九〕山濤啓事稱奕高簡有雅量，歷位雍州刺史、尚書。〔一〇〕

〔一〕句安見陳泰傳。晉書文帝紀：「蜀將姜維寇隴右，郭淮攻維別將句安於麴，久而不決。帝乃進據長城南，趣駱谷以疑之。維懼，退保南鄭。安軍絶援，帥衆來降。」

〔二〕建安二十四年，夏侯淵戰没於漢中。

〔三〕自建安末至嘉平。

〔四〕封本縣侯。

〔五〕淮與王淩爲姻，又與毌丘父子、文欽通書問，幸死於正元二年正月，在毌丘舉事之前，否則亦不免於司馬氏之株連矣。文欽與郭淮書，見毌丘儉傳注。

〔六〕淮死於正月三十日癸未。

〔七〕御覽居處部引述征記：青門外有魏車騎將軍郭淮碑。

〔八〕晉書賈充傳：「充婦廣城君郭槐，性妒忌。初，充子黎民年三歲，乳母抱之當閤。黎民見充入，喜笑；充就而拊之。

槐望見，謂充私乳母，即鞭殺之。黎民戀念，發病而死。後又生男，過朞，復爲乳母所抱。充以手摩其頭，郭疑乳母，又殺之，兒亦思慕而死。充遂無胤。及薨，槐以外孫韓謐爲黎民子，奉充後。初，充前妻李氏，淑美有才行，生二女荃、濬。父豐誅，李氏坐流徙。後娶城陽太守郭配女，即廣城君也。郭彰字叔武，太原人，賈后從舅。后專朝，彰豫參權勢，人稱賈、郭，謂謐及彰也。」

〔九〕時有兩郭奕，一爲郭奉孝之子，潁川人，見郭嘉傳。

〔一〇〕趙一清曰：「晉書郭奕傳：奕字大業，初爲野王令。羊祜常過之，奕歎曰：羊叔子何必減郭大業！少還後往，又歎曰：羊叔子去人遠矣。遂送祜出界數百里，坐此免官。奕有重名，當世朝臣皆出其下。太康八年卒，賜謚曰簡。」又魏書郭祚傳：「淮弟亮之後，從高祖南巡，車駕幸長安，行經渭橋，過郭淮廟，問祚曰：是卿祖宗所承邪？祚曰：是臣七世伯祖。高祖曰：先賢後哲，頓在一門。」

評曰：滿寵立志剛毅，勇而有謀；田豫居身清白，規略明練。牽招秉義壯烈，威績顯著；郭淮方策精詳，垂問秦、雍。而豫位止小州，〔一〕招終於郡守，〔二〕未盡其用也。

〔一〕并州刺史。

〔二〕鴈門太守。

魏書二十七

徐胡二王傳第二十七

徐邈字景山，燕國薊人也。〔一〕太祖平河朔，召爲丞相軍謀掾，試守奉高令，〔二〕入爲東曹議令史。魏國初建，爲尚書郎。時科禁酒，而邈私飲，至於沈醉。校事趙達問以曹事，邈曰：「中聖人」。達白之太祖，太祖甚怒。度遼將軍鮮于輔進曰：「平日醉客，謂酒清者爲聖人，濁者爲賢人。邈性修慎，偶醉言耳。」〔三〕竟坐得免刑。後領隴西太守，轉爲南安。〔四〕文帝踐阼，歷譙相，平陽、安平太守，〔五〕潁川典農中郎將，所在著稱，〔六〕賜爵關内侯。車駕幸許昌，問邈曰：「頗復中聖人不？」邈對曰：「昔子反斃於（穀）〔穀〕陽，〔七〕御叔罰於飲酒，〔八〕臣嗜同二子，不能自懲，時復中之。然宿瘤以醜見傳，而臣以醉見識。」帝大笑，顧左右曰：「名不虛立。」遷撫軍大將軍軍師。

〔一〕郡國志：「幽州廣陽郡薊，本燕國刺史治。」洪亮吉曰：「燕國，漢置，後國除作廣陽郡。至魏太和六年，復作國。」弼按：武文世王公傳趙王幹傳：「黃初二年，進爵封燕公。」是廣陽郡作國，在黃初二年也。洪說少誤。一統志：「薊縣故城，今順天府大興縣西南。」邈責李敏子娶妻，見公孫度傳注引晉陽秋。

〔二〕郡國志：「兗州泰山郡奉高。」一統志：「奉高故城，今山東泰安府泰安縣東北十七里。」

〔三〕趙一清曰：「左傳襄二十二年：臧武仲如晉，雨，過御叔。御叔在其邑，將飲酒，曰：焉用聖人？我將飲酒，而已雨行，何以聖爲？此即景山之所謂中聖人也。鮮于輔武人，不得其說，更以清濁分聖賢耳。」

〔四〕南安郡，漢末分漢陽郡置。

〔五〕沛穆王林傳：建安二十二年，徙封譙。譙國之稱始此，亦當於是時置相也。錢大昕曰：「晉志：平陽郡，魏少帝置。據此傳，則文帝時已有此郡矣。或云平陽當爲陽平。」弼按：齊王芳紀正始八年，分河東之汾北十縣爲平陽郡，不應黃初時即有平陽太守。文紀黃初二年，以魏郡東部爲陽平郡。錢說或爲陽平，近是。郡國志：「冀州安平國。」本志武紀建安十八年，以安平等十郡爲魏國，是時已除國爲郡矣。

〔六〕續漢志劉昭注引魏志曰：「曹公置典農中郎將，秩二千石。」御覽二百四十一引魏略云：「上以農殖大事，將選典農，以徐邈爲潁川典農中郎將，所在著稱。」

〔七〕左傳：「晉、楚鄢陵之戰，楚王召子反謀，穀陽豎獻飲於子反，子反醉而不能見。王曰：天敗楚也夫！余不可以待，乃宵遁。」杜注：「穀陽，子反内豎也。」

〔八〕御叔見前。杜注：「御叔，魯御邑大夫。古者家有國邑，故以重賦爲罰。」

明帝以涼州絶遠，南接蜀寇，以邈爲涼州刺史，〔一〕使持節領護羌校尉。〔二〕至，值諸葛亮出祁山，隴右三郡反。邈輒遣參軍及金城太守等擊南安賊，破之。河右少雨，常苦乏穀。邈上修武威、酒泉鹽池，以收虜穀；〔三〕又廣開水田，募貧民佃之。家家豐足，倉庫盈溢。乃支度州界軍用之餘，以市金帛犬馬，〔四〕通供中國之費。以漸收斂民間私仗，〔五〕藏之府庫。然後率以仁義，立學明訓，禁厚葬，斷淫祀，進善黜惡，風化大行，百姓歸心焉。西域流通，〔六〕荒戎入貢，皆邈勛也。討叛羌柯吾有功，〔七〕封都亭侯，邑三百户，加建威將軍。〔八〕邈與羌、胡從事，不問小過，若犯大罪，先告部帥，使知應死者，乃斬以徇。是以信服畏威，賞賜皆散與將士，無入家者。妻子衣食不充，天子聞而嘉之，隨時供給其家。彈邪繩枉，州界肅清。

〔一〕事在太和二年。胡三省曰：「晉志：涼州，蓋以其地處西方常寒涼也。地勢西北邪出，在南山之閒，南隔西羌，西通西域，統金城、西平、武威、張掖、西郡、酒泉、敦煌、西海等郡。」洪亮吉誤以安定郡屬涼州，謝鍾英以安定郡屬雍州，是。

〔二〕續百官志：「護羌校尉一人，比二千石。」晉志：「魏涼州刺史領戊己校尉，護西域，如漢故事。」

〔三〕趙一清曰：「漢書地理志：金城郡臨羌注云：西北至塞外，有西王母石室，僊海鹽池，莽曰鹽羌。蓋地與武威、酒泉二郡相連也。」

〔四〕趙一清曰：「晉書食貨志作及度支州界軍用之餘，以市金錦犬馬。」

〔五〕宋本、馮本「仗」作「杖」。

〔六〕官本攷證云：「御覽流通作通流。」

〔七〕明紀：「景初二年，涼州刺史率諸郡攻討燒當羌，斬注詣首。」當爲邈事。

〔八〕洪飴孫曰：「建威將軍一人，第四品。」

正始元年，還爲大司農，遷爲司隸校尉，百寮敬憚之。公事去官，後爲光禄大夫，數歲即拜司空。邈歎曰：「三公論道之官，無其人則缺，〔一〕豈可以老病忝之哉！」遂固辭不受。〔二〕嘉平元年，年七十八，以大夫薨於家，用公禮葬，謚曰穆侯。子武嗣。六年，朝廷追思清節之士，詔曰：「夫顯賢表德，聖王所重；舉善而教，仲尼所美。〔三〕故司空徐邈、征東將軍胡質、衛尉田豫，皆服職前朝，〔四〕歷事四世。〔五〕出統戎馬，入贊庶政，忠清在公，憂國忘私，不營產業，身没之後，家無餘財，朕甚嘉之。其賜邈等家穀二千斛，錢三十萬，布告天下。」邈同郡韓觀曼游，有鑒識器幹，與邈齊名，而在孫禮、盧毓先，爲豫州刺史，甚有治功，卒官。

魏名臣奏載黃門侍郎杜恕表，稱：「韓觀、王昶，信有兼才，高官重任，不但三州。」

盧欽著書稱邈曰：「徐公志高行潔，才博氣猛。其施之也，高而不狷，潔而不介，博而守約，猛而能寬。聖人以清爲難，而徐公之所易也。」或問欽：「徐公當武帝之時，人以爲通；自在涼州及還京師，人以爲介，何也？」欽答曰：「往者，毛孝先、崔季珪等用事，貴清素之士，于時皆變易車服以求名高，而徐公不改其常，故人以爲通。比來天下奢靡，〔六〕轉相倣效，而徐公雅尚自若，不與俗同，故前日之通，乃今日之介也。是世人之無常，而徐公之有常也。」〔七〕

〔一〕書云：「三公論道經邦，燮理陰陽，官不必備，惟其人。」

〔二〕晉書鄭袤傳：「袤曰：魏以徐景山爲司空，吾時爲侍中，受詔譬旨。徐公語吾曰：三公當上應天心，苟非其人，實傷和氣，不敢以垂死之年，累辱朝廷也。終不就。」

〔三〕錢大昕曰：「魏、晉人引論語，多于教字斷句。如倉慈傳注：舉善而教，恕以待人；顧邵傳：舉善以教，風化大行；陸績傳注：臣聞唐、虞之政，舉善而教；晉書衛瓘傳：聖王崇賢，舉善而教。皆是也。劉馥傳：舉善而教，不能則勸。雖引成文，亦似以四字爲句。攷應劭風俗通載汝南太守歐陽歙下教云：蓋舉善以教，則不能者勸。則漢時經師句讀已然矣。」

〔四〕官本攷證云：「職，宋本作質。」

〔五〕武、文、明、齊王。

〔六〕胡三省曰：「比來，猶言近來也。」

〔七〕袁宏三國名臣序贊曰：「景山恢誕，韻與道合，形器不存，方寸海納。和而不同，通而不雜，遇醉忘辭，在醒貽答。」或曰：「安得有常之人，而與共閱世人之無常也哉！」趙一清曰：「御覽卷七百五十引魏氏春秋曰：徐邈善畫，作走水獺，標於水濱，羣獺集焉。又引續齊諧記曰：魏明帝遊洛水，水中有白獺，靡淨可憐，見人輒去，帝顧玩終不可得。侍臣景山曰：臣聞獺嗜鯔魚，乃不避死，可以此候之。乃畫板作兩生鯔魚懸岸，於是羣獺競赴，一時執得。帝嘉之，謂曰：不聞卿知畫，何其妙也？答曰：臣亦未嘗執筆，人之所作者，自可庶幾耳。帝曰：是善用所長者。」弼按邈傳，邈於明帝時未爲侍臣，又邈在位，百寮敬憚，水濱畫板，似不相類。說部所載，或不足據也。又按晉書王濬傳：「刺史燕國徐邈，有女才淑，擇夫未嫁。邈乃大會佐吏，令女於內觀之，女指濬告母，邈遂妻之。」

胡質字文德，楚國壽春人也。〔一〕少與蔣濟、朱績，俱知名於江、淮閒，〔二〕仕州郡。蔣濟爲別駕，〔三〕使見太祖。太祖問曰：「胡通達，長者也，寧有子孫不？」濟曰：「有子曰質，規模大略不及於父，至於精良綜事過之。」

案胡氏譜：〔四〕通達名敏，以方正徵。

太祖即召質爲頓丘令。〔五〕縣民郭政通於從妹，殺其夫程他，郡吏馮諒繫獄爲證。政與妹皆耐掠隱抵，諒不勝痛，自誣，當反其罪。質至官，察其情色，更詳其事，檢驗具服。

〔一〕錢大昕曰：「壽春縣，兩漢屬九江郡。魏以九江爲楚王國，故屬楚也。吳志蔣欽稱九江壽春人，則據漢郡縣言之。」弼按：楚王彪傳：太和六年，自白馬改封楚。蓋魏以九江爲淮南國，復改楚國，後又爲淮南郡也。晉書胡威傳：威，淮南壽春人。威，質子也。一統志：「壽春故城，今安徽鳳陽府壽州治。」

〔二〕本志蔣濟傳：濟，楚國平阿人。吳志朱績傳：績，丹陽故鄣人。

〔三〕温恢傳：「恢出爲揚州刺史。太祖曰：得無蔣濟爲治中邪？乃遣濟還州。」蔣濟傳：「以温恢爲揚州刺史，濟爲別駕。」

〔四〕胡氏譜，隋、唐志不著録。

〔五〕魏武曾爲頓丘令，見武紀卷首。

入爲丞相東曹議令史，州請爲治中。〔一〕將軍張遼與其護軍武周有隙，〔二〕遼見刺史温恢求請質，質辭以疾。遼出，謂質曰：「僕委意於君，何以相辜如此？」質曰：「古人之交也，取多知其不貪，奔北知其不怯，聞流言而不信，故可終也。武伯南身爲雅士，往者將軍稱之，不容於口；今以睚眦之恨，乃爲嫌隙。〔三〕況質才薄，豈能終好？是以不願也。」遼感言，復與周平。

虞預晉書曰：周字伯南，沛國竹邑人。〔四〕位至光禄大夫。〔五〕子陔，字元夏。陔及二弟韶、茂，皆總角見稱，並有器望，雖鄉人諸父，未能覺其多少。時同郡劉公榮，〔六〕名知人，嘗造周。周謂曰：「卿有知人之明，欲使三兒見卿，卿爲目高下，以效郭、許之聽可乎？」〔七〕公榮乃自詣陔兄弟，與共言語，觀其舉動。出語周曰：「君三子，皆國士也。元夏器量最優，有輔佐之風，展力仕宦，可爲亞公。叔夏、季夏，不減常伯、納言也。」陔少出仕宦，歷職内外，泰始初爲吏部尚書，遷左僕射，右光禄大夫，開府儀同三司，卒於官。陔以在魏已爲大臣，本非佐命之數，懷遜讓，不得已而居位，故在官職，無所荷任，夙夜思恭而已。終始全潔，當世以爲美談。〔八〕韶歷二官吏部郎。〔九〕山濤啓事稱韶清白有誠，終於散騎常侍。茂至侍中、尚書。潁川荀愷，宣帝外孫，世祖姑子，〔一〇〕自負貴戚，要與茂交。茂拒而不答，由是見怒。元康元年，楊駿被誅，〔一一〕愷時爲尚書僕射，以茂駿之姨弟，陷爲駿黨，〔一二〕遂枉見殺，衆咸寃痛之。〔一三〕

〔一〕續百官志：「諸州皆有從事史、假佐，其功曹從事爲治中從事。」

〔二〕張遼傳：「遼拜征東將軍，建安二十一年，屯居巢。」洪飴孫曰：「諸護軍無定員，諸要鎮及將軍領兵出征者皆置此官。」

〔三〕原注：「睚，五賣反；眦，士賣反。」

〔四〕一統志：「竹邑故城，今安徽鳳陽府宿州北二十五里。」

〔五〕武周爲下邳令，見臧霸傳；爲侍御史，列名勸進，見文紀注引禪代衆事。晉書武陔傳：「父周，魏衛尉。」

〔六〕晉書王戎傳：「戎嘗與阮籍飲，時兖州刺史劉昶字公榮在坐。籍以酒少，酌不及昶，昶無恨色。戎異之。」晉書隱逸傳范喬傳：「濟陰劉公榮，有知人之鑒。」丁國鈞晉書校文曰：「據劉氏譜，（世説任誕篇注。）公榮沛國人。武陔傳言同郡劉公榮，有知人之鑒，陔亦沛國人，作濟陰誤。」

〔七〕范書郭太傳：「太字林宗，太原介休人。性明知人，好獎訓士類。」郭林宗別傳云：「林宗有人倫鑒識，題品海内之士，或在幼童，或在里肆，後皆成英彦六十餘人。」范書許劭傳：「劭字子將，汝南平輿人。少俊名節，好人倫，多所賞識。故天下言拔士者，咸稱許、郭。」劭事又見本志武紀卷首及和洽傳注引汝南先賢傳。

〔八〕陔事見陳泰傳。晉書武陔傳：「陔少好人倫，與潁川陳泰友善。魏明帝世，累遷下邳太守。景帝爲大將軍，引爲從事中郎，累遷司隸校尉，轉太僕卿。初封亭侯，五等建改，封薛縣侯。」

〔九〕陳少章曰：「官當作宫。晉書陔傳：韶歷吏部郎、太子右衛率、散騎常侍。」

〔一〇〕本志荀彧傳：「彧孫霬妻，司馬景王、文王之妹也。霬薨，子愷嗣。」

〔一一〕局本無「被」字，誤。

〔一二〕晉書楊駿傳：「侍中傅祗夜白駿，請與武茂俱入雲龍門，觀察事勢。」

〔一三〕晉書陔傳：侍中傅祗上表申明之後，追贈光禄勳。

太祖辟爲丞相屬。黄初中，徙吏部郎，爲常山太守，遷任東莞。〔一〕士盧顯爲人所殺，質曰：「此士無讐而有少妻，所以死乎！」悉見其比居年少。書吏李若，見問而色動，遂窮詰情狀。若即自首，罪人斯得。每軍功賞賜，皆散之於衆，無入家者。在郡九年，吏民便安，將士用命。

〔一〕東莞見夏侯玄傳注引魏書，又見徐奕傳、張既傳。

遷荆州刺史，加振威將軍，賜爵關内侯。吴大將朱然圍樊城，質輕軍赴之。議者皆以爲賊盛不可迫。質曰：「樊城卑下，兵少，故當進軍爲之外援。不然，危矣！」遂勒兵臨圍，城中乃安。〔一〕遷征東將軍，假節都督青、徐諸軍事。廣農積穀，有兼年之儲，置東征臺，且佃且守。又通渠諸郡，利舟楫，嚴設備，以待敵。海邊無事。

〔一〕吳志朱然傳注引孫氏異同評，應參閱。

性沈實內察，不以其節檢物，所在見思。嘉平二年，薨。家無餘財，惟有賜衣書篋而已。軍師以聞，追進封陽陵亭侯，邑百戶，謚曰貞侯。子威嗣。六年，詔書褒述質清行，賜其家錢穀，語在徐邈傳。〔一〕威，咸熙中官至徐州刺史，

晉陽秋曰：威字伯虎。〔二〕少有志尚，厲操清白。質之爲荆州也，威自京都省之。家貧，無車馬僮僕，威自驅驢單行，拜見父，停廄中十餘日，告歸。臨辭，質賜其絹一匹，爲道路糧。威跪曰：「大人清白，不審於何得此絹？」質曰：「是吾俸禄之餘，故以爲汝糧耳。」威受之，〔三〕辭歸。每至客舍，自放驢，取樵炊爨；食畢，復隨旅進道，〔四〕往還如是。質帳下都督，素不相識，先其將歸，請假還家，陰資裝百餘里要之；因與爲伴，每事佐助經營之；又少進飲食，行數百里。威疑之，密誘問，乃知其都督也。因取向所賜絹答謝而遣之。後因他信，具以白質，質杖其都督一百，除吏名。其父子清慎如此。於是名譽著聞，歷位宰牧。晉武帝賜見，論邊事，語及平生。帝歎其父清，謂威曰：「卿清孰與父清？」威對曰：「臣不如也。」帝曰：「以何爲不如？」對曰：「臣父清，恐人知；〔五〕臣清，恐人不知。是臣不如者遠也。」〔六〕官至前將軍、青州刺史。太康元年卒，追贈鎮東將軍。〔七〕威弟熊，字季象，征南將軍。〔八〕威子奕，字次孫，平東將軍。〔九〕並以潔行垂名。

有殊績，歷三郡守，〔一〇〕所在有名，卒於安定。〔一一〕

〔一〕劉咸炘曰：「兩傳本在一卷，而贅此語。」弼案：此與田豫傳同。如不贅此語，將以何語易之？此本史家省文，不爲贅語。

〔二〕晉書良吏傳：「胡威字伯武，一名貔。」潘眉曰：「此唐人避諱，改虎爲武也，當以伯虎爲是。」

〔三〕史通暗惑篇曰：「古人謂方牧爲二千石，以其禄有二千石故也。名以定體，貴實甚焉。設使廉如伯夷，介若黔敖，苟居此職，終不患於貧餒者，如胡威之别其父也。一縑之財，猶且發問，則千石之俸，其費安施？料以牙籌推之，借箸察其厚薄，知不然矣。」

〔四〕晉書「旅」作「侶」。

〔五〕或曰：清恐人知，何故杖都督一百？疑傳者過也。

〔六〕晉書威傳：「帝以威言直而婉，謙而順，累遷監豫州諸軍事、右將軍、豫州刺史，入爲尚書，加奉車都尉。威嘗諫時政之寬，帝曰：尚書郎以下，吾無所假借。威曰：臣之所陳，豈在丞郎令史，正謂如臣等輩，始可以肅化明法耳。」

〔七〕御覽卷二百四十引晉武帝起居注云：「豫州刺史胡威，忠素質直，思謀深奥，其以威爲監軍刺史如故。」

〔八〕晉書作「威弟羆，仕至益州刺史、安東將軍。」丁國鈞曰：「水經沔水注引胡羆碑亦作征南將軍。羆爲安東將軍，亦見華陽國志李密傳。攷羆曾爲荆州刺史，意征南之號，當在是時，後遷益州，乃轉安東也。」

〔九〕晉書作「東平將軍」，誤。

〔一〇〕晉書威傳歷南鄉侯、安豐太守，不言歷三郡。而「歷南鄉侯」四字不成文。晉武帝平吴，改南鄉爲順陽郡，晉書傳文當有脱誤。

〔一一〕晉書威傳云：「拜前將軍，監青州諸軍事，青州刺史，以功封平春侯。太康元年，卒于位，謚曰烈。」此言卒於安定，似有誤。

王昶字文舒，太原晉陽人也。〔一〕

案王氏譜：昶伯父柔，字叔優；父澤，字季道。郭林宗傳曰：叔優、季道幼少之時，聞林宗有知人之鑒，共往候之，請問才行所宜，以自處業。林宗笑曰：「卿二人皆二千石才也。雖然，叔優當以仕宦顯，〔二〕季道宜以經術進。若違才易務，亦不至也。」叔優等從其言，叔優至北中郎將，季道代郡太守。〔三〕

少與同郡王淩俱知名，〔四〕淩年長，昶兄事之。文帝在東宮，昶爲太子文學，遷中庶子。〔五〕文帝踐阼，徙散騎侍郎，爲洛陽典農。〔六〕時都畿樹木成林，昶斫開荒萊，勤勸百姓，墾田特多。遷兗州刺史。明帝即位，加揚烈將軍，賜爵關內侯。昶雖在外任，心存朝廷，以爲魏承秦、漢之弊，法制苛碎，不大釐改國典，以準先王之風，而望治化復興，不可得也。乃著治論，略依古制而合於時務者，二十餘篇；又著兵書十餘篇，言奇正之用，〔七〕孫子兵法曰：兵以正合，以奇勝；奇正還相生，若循環之無端。〔八〕青龍中奏之。

〔一〕郡國志：「并州太原郡晉陽，刺史治。」一統志：「晉陽故城，今山西太原府太原縣治。」

〔二〕毛本「宦」作「官」，誤。

〔三〕范書郭太傳：「王柔兄弟，總角共候林宗，以訪才行所宜。林宗曰：叔優當以仕進顯，季道當以經術通。然違方改務，亦不能至也。後果如所言，柔爲護匈奴中郎將，澤爲代郡太守。」

〔四〕何焯曰：「觀此同爲太原之王，而晉陽與祁非一族。」

〔五〕昶與司馬昭牋云：「昔與南陽宗世林共爲東宮官屬。世林少得好名，州里瞻敬。及其年老，汲汲自勵，恐見廢棄，時人咸共笑之。若天假其壽，致仕之年，不爲此公婆娑之事。」見晉書王述傳。

〔六〕建安元年，州郡例置田官，見武紀注引魏書。又洛陽典農治在城外，見曹爽傳注引魏略桓範傳。

〔七〕隋書經籍志：「魏司空王昶集五卷，梁有録一卷。」嚴可均輯存文九篇。

〔八〕元本、馮本、官本「端」作「窮」，孫子作「端」，見孫子勢篇。張預曰：「奇亦爲正，正亦爲奇，變化相生，若循環之無本末。」

其爲兄子及子作名字，皆依謙實，以見其意。故兄子默字處靜，〔一〕沈字處道；〔二〕其子渾字玄沖，深字道沖。遂書戒之曰：

夫人爲子之道，莫大於寶身全行，以顯父母。此三者人知其善，而或危身破家，陷於滅亡之禍者，何也？由所祖習，非其道也。夫孝敬仁義，百行之首，行之而立，身之本也。〔三〕孝敬則宗族安之，仁義則鄉黨重之，此行成於内，名著於外者矣。人若不篤於至行，而背本逐末，以陷浮華焉，以成朋黨焉，浮華則有虚僞之累，朋黨則有彼此之患，此二者之戒，昭然著明，而循覆車滋衆，逐末彌甚，皆由惑當時之譽，昧目前之利故也。〔四〕夫富貴聲名，人情所樂，而君子或得而不處，何也？惡不由其道耳。患人知進而不知退，知欲而不知足，故有困辱之累，悔吝之咎。語曰：「如不知足，則失所欲。」故知足之足常足矣。覽往事之成敗，察將來之吉凶，未有干名要利，欲而不厭，而能保世持家，永全福禄者也。欲使汝曹立身行己，遵儒者之教，履道家之言，故以玄、默、沖、虚爲名，欲使汝曹顧名思義，不敢違越也。古者盤杅有銘，〔五〕几杖有誡，〔六〕俯仰察焉，用無過行；況在己名，可不戒之哉！夫物速成則疾亡，晚就則善終。朝華之草，夕而零落；松柏之茂，隆冬不衰。是以大雅君子惡速成，戒闕黨也。〔七〕若范匄對秦客至武子擊之〔八〕折其委笄，惡其掩人也。〔九〕

國語曰：范文子暮退於朝，武子曰：「何暮也？」對曰：「有秦客廋辭於朝，〔一〇〕大夫莫之能對也，吾知三焉。」武子怒曰：「大夫非不能也，讓父兄也；爾童子而三掩人於朝，吾不在晉，國亡無日也。」擊之以杖，折其委笄。臣松之案：對秦客者，范燮也。此云范匄，蓋誤也。

夫人有善，鮮不自伐；有能者，寡不自矜。伐則掩人，矜則陵人。掩人者，人亦掩之；陵人者，人亦陵之。故三郤爲戮於晉，〔一一〕王叔負罪於周，〔一二〕不惟矜善自伐好爭之咎乎？故君子不自稱，非以讓人，惡其蓋人也。夫能屈以爲伸，讓以爲得，弱以爲彊，鮮不遂矣。夫毁譽愛惡之原，而禍福之機也。是以聖人慎之。孔子曰：「吾之於人，誰毁誰譽；如有所譽，必有所試。〔一三〕」又曰：「子貢方人，賜也賢乎哉，我則不暇。〔一四〕」以聖人之德，猶尚如此，況庸庸之徒，而輕毁譽哉！

昔伏波將軍馬援戒其兄子，言聞人之惡，當如聞父母之名，耳可得而聞口不可得而言也。斯戒至矣！

臣松之以爲：援之此誡，可謂切至之言，不刊之訓也。凡道人過失，蓋謂居室之愆，人未之知，則由己而發者也。若乃行事得失，已暴於世，因其善惡，即以爲誡，方之於彼，則有愈焉。然援誡稱龍伯高之美，言杜季良之惡，致使事徹時主，季良以敗。言之傷人，孰大於此？與其所誡，自相違伐。〔一五〕

人或毀己，當退而求之於身。若己有可毀之行，則彼言當矣；若己無可毀之行，則彼言妄矣。當則無怨於彼，妄則無害於身，又何反報焉？且聞人毀己而忿者，惡醜聲之加人也，人報者滋甚，不如默而自修己也。諺曰：救寒莫如重裘，止謗莫如自修。斯言信矣！〔一六〕若與是非之士，凶險之人，近猶不可，況與對校乎？其害深矣。夫虛僞之人，言不根道，行不顧言，其爲浮淺，較可識別。而世人惑焉，猶不檢之以言行也。〔一七〕近濟陰魏諷、〔一八〕山陽曹偉皆以傾邪敗没，熒惑當世，挾持姦慝，驅動後生。雖刑於鈇鉞，大爲炯戒，然所汙染，固已衆矣，〔一九〕可不慎與！

世語曰：黄初中，孫權通章表。偉以白衣登江上，與權交書求賂，欲以交結京師，故誅之。

若夫山林之士，夷、叔之倫，甘長饑於首陽，安赴火於緜山，〔二〇〕雖可以激貪勵俗，然聖人不可爲，吾亦不願也。〔二一〕今汝先人，世有冠冕，惟仁義爲名，守慎爲稱，孝悌於閨門，務學於師友。吾與時人從事，雖出處不同，然各有所取。潁川郭伯益，好尚通達，敏而有知。其爲人弘曠不足，輕貴有餘，得其人重之如山，不得其人忽之如草。吾以所知親之昵之，不願兒子爲之。

伯益名奕，郭嘉之子。

北海徐偉長，不治名高，不求苟得，澹然自守，惟道是務。其有所是非，〔二二〕則託古人以見其意，當時無所褒貶。吾敬之重之，願兒子師之。東平劉公幹，博學有高才，誠節有大義，〔二三〕然性行不均，少所拘忌，〔二四〕得失足以相補，吾愛之重之，不願兒子慕之。

臣松之以爲：文舒復擬則文淵，〔二五〕顯言人之失。魏諷、曹偉，事陷惡逆，著以爲誡，差無可尤。至若郭伯益、劉公幹，雖其人皆往，善惡有定；然既友之於昔，不宜復毀之於今，而乃形於翰墨，永傳後葉，於舊交則違久要之義，於子孫則揚人前世之惡，於夫鄙懷，〔二六〕深所不取。善乎東方之誡子也，以首陽爲拙，柳下爲工，〔二七〕寄旨古人，無傷當時，方之馬、王，不亦遠哉！〔二八〕

樂安任昭先，〔二九〕淳粹履道，內敏外恕，推遜恭讓，處不避洿，怯而義勇，在朝忘身，吾友之善之，願兒子遵之。

昭先名嘏。別傳曰：〔三〇〕嘏，樂安博昌人。〔三一〕世爲著姓。〔三二〕夙智早成，〔三三〕故鄉人爲之語曰：「蔣氏翁，任氏童。」父旐，〔三四〕字子旟，以至行稱。漢末，黃巾賊起，天下饑荒，人民相食。寇到博昌，聞旐姓字，乃相謂曰：「宿聞任子旟，天下賢人也。今雖作賊，那可入其鄉邪？」遂相帥而去，由是聲聞遠近。州郡並招，舉孝廉，歷酸棗、祝阿令。〔三五〕嘏八歲喪母，號泣不絕聲，自然之哀，同於成人，故幼以至性見稱。年十四始學，疑不再問。三年中，誦五經，皆究其義，兼包羣言，無不綜覽，於時學者號之神童。〔三六〕遂遇荒亂，家貧賣魚，會官稅魚，魚貴數倍。嘏取值如常。又與人共買生口，〔三七〕各雇八匹，後生口家來贖，時價值六十匹。共買者欲隨時價取贖，嘏自取本價八匹，共買者慚，亦還取本價。比居者擅耕嘏地數十畝種之，〔三八〕人以語嘏。嘏曰：「我自以借之耳。」耕者聞之，慚謝還地。及邑中爭訟，皆詣嘏質之，然後意厭。其子弟有不順者，父兄竊數之曰：「汝所行，豈可令任君知邪！」其禮教所化，率皆如此。會太祖創業，召海内至德，嘏應其舉，爲臨菑侯庶子、相國東曹屬、尚書郎。文帝時，爲黄門侍郎，每納忠言，輒手書懷本。自在禁省，歸書不封。帝嘉其淑慎，累遷東郡、趙郡、河東太守，〔三九〕所在化行，有遺風餘教。嘏爲人淳粹，凱悌虚己若不足，恭敬如有畏。其修身履義，皆沈默潛行，不顯其美，故時人少得稱之。著書三十八篇，凡四萬餘言。〔四〇〕嘏卒後，故吏東郡程威、趙國劉固、河東上官崇等，録其事行及所著書奏之。詔下祕書，以貫羣言。〔四一〕

若引而伸之，觸類而長之，汝其庶幾舉一隅耳。及其用財先九族，其施舍務周急，其出入存故老，其論議貴無貶，其進仕尚忠節，其取人務道實，〔四二〕其處埶戒驕淫，〔四三〕其貧賤慎無戚，其進退念合宜，其行事加九思，如此而已，吾復何憂哉！〔四四〕

〔一〕晉書卷七十五王嶠傳：「嶠祖默，魏尚書。」

〔二〕晉書王沈傳：「父機，魏東郡太守。沈少孤，養於從叔司徒昶，事昶如父，奉繼母寡嫂以孝義稱。好書，善屬文。正元中，典著作，與荀顗、阮籍共撰魏書，多爲時諱，未若陳壽之實録也。時魏高貴鄉公好學，有文才，引沈及裴秀，數於東堂講讌屬文，號沈爲文籍先生，秀爲儒林丈人。及高貴鄉公將攻文帝，召沈及王業告之。沈、業馳白帝，以功封安平侯。沈既不忠於主，甚爲衆論所非。沈子浚，字彭祖，母趙氏婦，良家女也。貧賤出入沈家，遂生浚。沈初不齒之。沈薨，無子，親戚共立浚爲嗣，後爲石勒所殺。」

〔三〕姚範曰：「行之二字疑衍。」

〔四〕或曰：「自漢末至魏、晉，士純用虚聲自達，故昶言之齗齗。」

〔五〕杅，音于。公羊傳宣公十二年何休注：「杅，飲水器也。」荀子君道篇：「君者，盤也；民者，水也。盤圓而水圓，杅方而水方。」漢書藝文志：「孔甲盤盂二十六篇。」王應麟曰：「文選注七略曰：盤盂書者，其傳言孔甲爲之。孔甲，黄帝之史也。書盤盂中爲誡法，或於鼎銘曰銘。蔡邕銘論：黄帝有巾机之法，孔甲有盤杅之戒。」

〔六〕國語楚語曰：「左史倚相曰：倚几有誦訓之戒。」誦訓，工師所誦之諫，書之於几。大戴禮曰：「武王踐阼，杖之銘曰：惡乎失道於嗜欲，相忘於富貴。」

〔七〕論語：「闕黨童子將命，或問之曰：益者歟？孔子曰：吾見其居於位也，見其與先生並行也，非求益者也，欲速成者也。」

〔八〕宋本「至」作「而」。

〔九〕委，冠；笄，簪也。

〔一〇〕元本、馮本、監本、吴本「庱」作「庚」，誤。

〔一一〕左傳成公十七年：「晉殺其大夫郤錡、郤犨、郤至。民不與郤氏，故書曰晉殺其大夫。」杜注：「厲公以私欲殺三郤，而三郤死，不以無罪書。郤氏失民，宜其爲國戮。」

〔一二〕左傳襄公十年：「王叔、陳生與伯輿爭政，晉侯使士匄平王室，王叔與伯輿訟焉，王叔氏不能舉其契。」

〔一三〕所譽者輒試，以事不虚譽也。

〔一四〕邢昺疏曰：「子貢方人者，謂比方人也。子貢多言，嘗舉其人倫，以相比方。夫知人則哲，堯、舜猶病，故曰賜也賢乎哉，所以抑之也。」

〔一五〕范書馬援傳：「季良名保，京兆人，時爲越騎司馬。保仇人上書訟保爲行浮薄，伏波將軍萬里還書，以誡兄子，詔免保官。伯高名述，亦京兆人，爲山都長，由此擢拜零陵太守。」李安溪曰：「凡言當援古以剴今，不宜指摘並世。」

〔一六〕胡三省曰：「昶之所以戒子姪如此，然高貴鄉公之難，王沈陷於不忠，平吴之役，王渾與王濬爭功，馬伏波萬里貽書，以戒兄子，固無益於兄子也。」

〔一七〕猶，由同。

〔一八〕魏諷事見武紀建安二十四年。

〔一九〕宋本「已」作「以」。

〔二〇〕左傳：「介子推不言祿，遂隱而死。晉侯求之不獲，以緜上爲之田。」新序云：「文公待之不肯出，求之不能得，以謂焚其山宜出。及焚其山，遂不出而焚死。」琴操云：「介子綏終匿於山，文公令燔山求之。」拾遺記云：「晉文公焚林以求介子推。」

〔二一〕姚範曰：「或謂此因嵇叔夜不免刑戮，故云。然叔夜以景元中見法，文舒甘露四年薨，此語不緣嵇也。」

〔二二〕監本作「其所有是非」，誤。

〔二三〕宋本、馮本「義」作「意」。

〔二四〕蓋謂平視甄夫人以不敬被刑也。

〔二五〕馬援字文淵。

〔二六〕官本考證云：「宋本作于鄙夫懷。」

〔二七〕李慈銘曰：「漢書東方朔傳作柱下爲工，當從此注作柳下爲是。蓋以夷、惠爲言也。柱乃柳之誤。注以爲老子，非也。」弼按：東方朔傳贊云：非夷、齊而是柳下惠。戒其子以上容，自以作柳下爲是。

〔二八〕姜宸英曰：「士有跅弛而大節可觀，有拘謹而名誼無取。即如郭奕、劉楨，何遽不如徐幹、任嘏，而概劣之，豈爲公論？玩此一篇，直是父教子諂耳。」又云：「毌丘、諸葛舉兵以清君側，而昶力效馳驅，終成晉篡。其後王沈洩高貴鄉公之謀，未必不由其家學也。」姚範曰：「魏、晉之世，以此爲全身遠害之術，可矣。若究其指歸，正鄉原之見耳。呂成公、王伯厚皆稱之，余未以爲允也。一篇議論，不過以世有冠冕，不欲爲山林之枯槁，又鑒於何、鄧之徒，朋黨浮華，馴至大戮，故以謙實爲寶身持家之術。其所云孝敬仁義，非思詣極聖訓，而沖虛玄默，亦略取道家之似，但擴和用之，爲入世之方耳。故身處魏、晉篡弒之際，而漠然無動於中，其平生立訓如此。典午之後，風節不立，廉恥日消，此等言語，爲之嗃矢。」弼按：魏文與吳質書云：古今文人，不護細行，偉長獨懷文抱質，恬淡寡欲。則文舒以此訓子姪，似亦未可厚非。至趨附司馬，終成晉篡，事實具在，又當別論矣。

〔二九〕范書鄭玄傳注云嘏字昭光，未知孰是。

〔三〇〕任嘏別傳，隋、唐志不著録。

〔三一〕郡國志：「青州樂安國博昌。」闞駰曰：「縣處勢故曰博昌。」一統志：「博昌故城，今山東青州府博興縣南二十里。」

〔三二〕孫愐曰：「任姓出樂安，黄帝二十五子，各以德爲姓，第一爲任氏。」

〔三三〕宋本「早」作「性」。

〔三四〕宋本「旌」作「旍」，下同。

〔三五〕郡國志：「兗州陳留郡酸棗，青州平原郡祝阿。」一統志：「酸棗故城，今河南衛輝府延津縣北十五里；祝阿故城，今山東濟南府長清縣東北。」

〔三六〕范書鄭玄傳：「玄門人樂安國淵、任嘏，時並童幼，玄稱淵爲國器，嘏有道德。其所鑒拔，皆如其言。」

〔三七〕「生口」，詳見賈逵傳注、楊沛傳。

〔三八〕監本脱「者」字。

〔三九〕郡國志：「冀州趙國。」漢末改爲郡。桓階傳：遷趙郡太守；張範傳：張承領趙郡太守。太和六年，曹幹封趙，復爲國，故下文云趙國也。

〔四〇〕隋書經籍志：「任子道論十卷，魏河東太守任嘏撰。」唐經籍志：「任子道論十卷，任嘏撰。」侯康曰：「王昶傳注稱其著書三十八篇，凡四萬餘言，當即此書。初學記卷十七引任嘏道德論。」馬國翰輯本序曰：「馬總意林載任子十卷，注云名奕。攷諸史志，無任奕著書之目，奕蓋嘏之僞。意林載十七節，又從北堂書鈔、初學記、太平御覽輯得九節，參互攷訂，並附別傳爲卷。初學記引作任嘏道德論，他皆引作任子，茲依隋、唐志題任子道論。既訂名奕之譌，因改題魏任嘏焉。」姚振宗曰：「嚴可均全三國文以意林稱任子名奕，不采其文，別從諸類書輯存十一條。」

〔四一〕唐馬總意林曰：「中論六卷，徐偉長作，任氏注。」嚴可均全三國文曰：「中論序，元刊本有之。案此序徐幹同時人作，舊無名氏。意林中論六卷。任氏注。任嘏與幹同時，多著述，疑此序及注皆任嘏作，無以定之。」姚振宗曰：「中論舊序末云：故追述其事，麤舉其顯露易知之數，沈冥幽微、深奥廣遠者，遺之精通君子，將自贊明之也。此數語有似乎爲之注者。」趙一清曰：「王坦之令伏滔、習鑿齒論青、楚人物，滔以任昭先與伏高陽連類並稱，伏高陽未詳其人也。」

〔四二〕宋本「道實」作「實道」。

〔四三〕元本、馮本、監本「執」作「世」。

〔四四〕此書爲王昶家誡之一篇。武紀建安二十四年注、郭嘉傳注俱引王昶家誡，具見此書中。王昶家誡又略見御覽六百九十四，又見藝文類聚二十三云：「夫立功者有二難。功就而身不退，一難也；退而不静，務伐其功，二難也。且懷禄之士，耽寵之臣，苟患失之，何所不至。若樂毅帥弱燕之衆，東破强齊，收七十餘城，其功盛矣。知難而退，保身全名。張良杖劍建策，光濟大漢，辭三萬户封，學養性之道，棄人間之事，卒無咎悔。何二賢綽綽有餘裕哉？治家亦有患焉：積而不能散，則有鄙吝之累；積而好奢，則有驕上之罪。大者破家，小者辱身，此二患也。」

青龍四年，〔一〕詔：「欲得有才智文章，謀慮淵深，料遠若近，視昧而察，籌不虛運，策弗徒發，端一小心，清修密静，乾乾不解，志尚在公者，無限年齒，勿拘貴賤，卿校已上，各舉一人。」太尉司馬宣王以昶應選。正始中，轉在徐州，〔二〕封武觀亭侯，遷征南將軍，〔三〕假節都督荆、豫諸軍事。昶以爲國有常衆，戰無常勝；地有常險，守無常執。今屯宛去襄陽三百餘里，〔四〕諸軍散屯，船在宣池，〔五〕有急不足相赴，乃表徙治新野，習水軍於三州，〔六〕廣農墾殖，倉穀盈積。

〔一〕前已書青龍中，此青龍二字複。

〔二〕由兗州刺史轉徐州刺史。或疑「在」爲「任」之誤。按王淩傳，轉在青州，文義相同，「在」字不誤。

〔三〕宋本、元本、馮本、吴本、監本、毛本「遷」作「選」，誤。

〔四〕官本考證云：「苑疑作宛。」錢大昕曰：「苑當作宛。郡國志：荆州南陽郡宛。」洪亮吉曰：「沈志：魏荆州治江陵。今考江陵爲吴荆州治所，不得云魏；魏荆州治宛。」謝鍾英曰：「水經注魏荆州刺史治襄陽，通典理宛，二説未知孰是。」弼按：郡國志：荆州本治武陵郡漢壽，劉表徙治襄陽。曹仁鎮荆州，初屯江陵，後屯樊、屯宛。夏侯尚領荆州刺史，黄初三年，文帝幸宛，爲魏刺史治宛之證。太和元年六月，司馬懿督荆、豫二州，屯宛。（見晉書宣帝紀。）至王昶爲都督，乃徙屯新野。胡質爲荆州刺史，吴將朱然圍樊城，質輕車赴之。若治襄陽，則吴人何能逕至樊城？魏刺史之不治襄陽，於此可見。胡三省曰：「魏荆州刺史與征南府並屯宛，徙屯新野。」一統志：「宛縣故城，今河南南陽府南陽縣治；新野故城，今南陽府新野縣治南。」又按：魏荆州刺史治宛，互見蜀志楊儀傳注。

〔五〕沈欽韓曰：「宣池當在襄陽，宣乃宜之誤，即宜城陂也。」

〔六〕三州，詳見齊王紀正始二年注引干寶晉紀。

嘉平初，太傅司馬宣王既誅曹爽，乃奏博問大臣得失。昶陳治略五事：其一，欲崇道篤學，抑絶浮華，使國子入太學，而修庠序；其二，欲用考試，考試，猶準繩也，未有舍準繩而意正曲直，廢黜陟而空論能否也；其三，欲令居官者久於其職，有治績則就增位賜爵；其四，欲約官實祿，勵以廉恥，不使與百姓爭利；其五，欲絕侈靡，務崇節儉，令衣服有章，上下有敘，儲穀畜帛，反民於樸。詔書褒讚。〔一〕因使撰百官考課事。昶以爲：「唐、虞雖有黜陟之文，而考課之法不垂。周制冢宰之職，大計羣吏之治而誅賞，又無校比之制。由此言之，聖主明於任賢，略舉黜陟之體，以委達官之長，而總其統紀，故能否可得而知也。」其大指如此。〔二〕

〔一〕或曰：五事，千古碩畫，修之則治，反之則亂。姜宸英曰：「昶陳五事，全無高堂城翰之慮，而迂緩塞責。每讀西漢晚年孔光、張禹上書，爲之氣盡，此其類也。」弼按：姜說似苛。

〔二〕御覽二百十二引王昶考課事云：「尚書侍中考課，一曰掌建六材以考官人，二曰綜理萬機以考庶績，三曰進視惟允以考讜言，四曰出納王命以考典政，五曰明罰敕法以考典刑。」書鈔五十九亦引考課事云：「卿考課，一曰掌建邦國以考制治，二曰九卿時敘以考事典，三曰經綸國體以考奏議，四曰共屬衆職以考總攝，五曰明慎用刑以考留獄。」

三年，〔一〕昶奏：「孫權流放良臣，適庶分爭，〔二〕可乘釁而制吳。蜀，白帝、夷陵之閒，黔、巫、秭歸、房陵，皆在江北，〔三〕民夷與新城郡接，〔四〕可襲取也。」乃遣新城太守州泰〔五〕襲巫、秭歸、房陵，荆州刺史王基詣夷陵，昶詣江陵，兩岸引竹絙爲橋，渡水擊之。〔六〕賊奔南岸，鑿七道並來攻。於是昶使積弩同時俱發，賊大將施績〔七〕夜遁入江陵城，追斬數百級。昶欲引致平地與合戰，乃先遣五軍，按大道發還，使賊望見以喜之；以所獲鎧馬甲首，馳環城以怒之；〔八〕設伏兵以待之。績果追軍，與戰，克之。績遁走，斬其將鍾離茂、許旻，收其甲首、旗鼓、珍寶、器仗，振旅而還。王基、州泰皆有功。〔九〕於是遷昶征南大將軍，〔一〇〕儀同三司，進封京陵侯。〔一一〕毌丘儉、文欽作亂，引兵拒儉、欽有功，封二子亭侯、關内侯，〔一二〕進位驃騎將軍。諸葛誕反，昶據夾石以逼江陵，〔一三〕持施績、全熙使不得東。〔一四〕誕既誅，詔曰：「昔孫臏佐趙，直湊大梁。〔一五〕西兵驟進，亦所以成東征之勢也。」增邑千户，并前四千七百户。遷司空，〔一六〕持節都督如故。甘露四年，薨。〔一七〕謚曰穆侯。子渾嗣。咸熙中，爲越騎校尉。〔一八〕

按晉書：渾自越騎入晉，累居方任。平吴有功，封一子江陵侯，位至司徒。〔一九〕渾子濟，字武子，有儁才令望，爲河南尹、太僕。早卒，追贈驃騎將軍。〔二〇〕渾弟深，冀州刺史；深弟湛，字處沖，汝南太守。〔二一〕湛子承，字安期，東海内史。〔二二〕承子述，字懷祖，尚書令、衛將軍。〔二三〕述子坦之，字文度，北中郎將，徐、兖二州刺史。〔二四〕昶諸子中，湛最有德譽，而承亦自爲名士，述及坦之並顯重於世，爲時盛門云。自湛以下事，見晉陽秋也。〔二五〕

〔一〕宋本「三」作「二」。齊王紀：「嘉平二年十二月，征南將軍王昶渡江，掩攻吴，破之。三年正月，荆州刺史王基、新城太守州泰，攻吴，破之。四月，以王昶爲征南大將軍。」此二年冬三年春之事，通鑑分繫於二年、三年。

〔二〕孫權欲廢太子和，立少子亮。驃騎將軍朱據擁護太子，左遷新都郡丞，遂廢和立亮。

〔三〕白帝，今四川夔州府奉節縣東十三里；夷陵，今湖北南漳縣境；（此魏之夷陵。）巫，今夔州府巫山縣；秭歸，今宜昌府歸州；房陵，今湖北鄖陽府房縣。

〔四〕洪亮吉曰：「新城郡，魏黄初中分漢中置。水經注：魏文帝合房陵、上庸、西城立新城郡。」

〔五〕胡三省曰：「州，姓也；泰，名也。晉有州綽。風俗通云：其先食采於州，因氏焉。」

〔六〕胡三省曰：「絙，居登翻，大索也。吳引沮、漳之水浸江陵以北之地，以限魏兵，故昶爲橋以渡水。」

〔七〕胡三省曰：「績，朱然之子也。然本施氏，朱治以爲子。魏人本其所自出之姓稱之。」

〔八〕環江陵城也。

〔九〕吳志朱績傳：「赤烏十三年，魏征南將軍王昶，率衆攻江陵城，不克而退。績引兵追之，及昶於紀南，績戰勝而諸葛融不進，績失利。」弼按：吳赤烏十三年，即魏嘉平二年。水經注：江陵西北有紀南城。」謝鍾英曰：「在今江陵西北三十里。」姚範曰：「東關之敗，在嘉平四年，此傳云二年，豈諸葛誕所言使文舒逼江陵，又一事邪？」弼按：江陵之捷，在嘉平二年，東關之敗，在嘉平四年。姚氏誤以兩事爲一事，故有是疑。

〔一〇〕三少帝紀遷大將軍在嘉平三年，征吳在四年。何焯曰：「此傳諱言東關之敗。」

〔一一〕潘眉曰：「由亭、鄉進封邑侯，此魏朝定制。惟昶及諸葛誕、鍾會皆以亭侯超封邑侯，前此未嘗有也。」

〔一二〕潘眉曰：「史例：關内侯書賜爵，亭侯以上書封。傳宜云封一子亭侯，賜一子爵關内侯。今連文書封，非也。陳泰傳：賜子弟一人亭侯，二人關内侯。王基傳：封子二人亭侯、關内侯。其亭侯書賜，關内侯書封，皆非正例。」

〔一三〕謝鍾英曰：「夾石當在今遠安縣境。」

〔一四〕「持」，毛本作「侍」，誤。

〔一五〕史記孫武傳：「孫武既死後百餘歲，有孫臏。臏生阿、鄄之閒，臏亦孫武之後世子孫也。孫臏嘗與龐涓俱學兵法，龐涓既事魏，得爲惠王將軍，而自以爲能不及孫臏。乃陰使召孫臏，臏至，龐涓以法斷其兩足而黥之。齊使者如梁，竊載與之齊。其後魏伐趙，趙急請救於齊，齊威王以田忌爲將，孫子爲師。田忌欲引兵之趙，孫子曰：不若引兵疾走大梁，據其街路，衝其方虛，彼必釋趙而自救，是我一舉解趙之圍，而收弊於魏也。田忌從之，魏果去邯鄲，與齊戰於桂陵，大破梁軍。」

〔一六〕盧毓推昶爲司空，見毓傳。

〔一七〕四年六月薨。

〔一八〕錢大昕曰：「承祚之志，范頵稱其辭多勸戒。然如何夔、裴潛、鄭渾、杜畿、陳矯、衛覬、賈逵、王昶諸傳，頗多溢美之詞。蓋由諸人子孫，在晉顯達，故增加其美。而李豐、張緝輩，忠于曹氏，乃不得立傳。曹爽、何晏、鄧颺之惡，亦黨于司馬者飾成之，初非實録，其亦異于良史之直筆矣。」

〔一九〕晉書渾傳：「渾襲父爵京陵侯，參文帝安東軍事。武帝受禪，加揚烈將軍，遷徐州刺史，轉征虜將軍，領豫州刺史。與吳接境，宣布威信，降附甚多。吳將薛瑩、魯淑，衆號十萬，渾擊破之，以功封次子尚爲關内侯，遷安東將軍，都督揚州諸軍事，鎮壽春。吳人大佃皖城，渾遣揚州刺史應綽督淮南諸軍攻破之，焚積穀百八十萬斛、稻苗四千餘頃，船六百餘艘。及大舉伐吳，渾率師出横江，斬吳丞相張悌，大將軍孫震。既而王濬破石頭，降孫皓。明日，渾始濟江，致在王濬之後，意甚愧恨，有不平之色。頻奏濬罪狀，時人譏之。進爵爲公，封子澄爲亭侯，弟湛爲關内侯，轉征東大將軍，徵拜尚書左僕射。會朝臣立議齊王攸當之藩，渾上書切諫，不納。太熙初，遷司徒。元康七年薨，時年七十五，謚曰元。」

〔二〇〕晉書濟傳：「濟少有逸才，風姿英爽，好弓馬，勇力絶人。善易及老、莊，文詞秀茂。與姊夫和嶠及裴楷齊名。尚常山公主，年二十，起家拜中書郎，累遷侍中。濟外弘内忌，以父故，每排王濬，時議譏焉。齊王攸當之藩，濟既諫，又累使公主與甄德妻長廣公主泣諫，帝怒曰：出齊王，自是朕家事，甄德、王濟連遣婦來生哭人，以忤旨左遷國子祭酒。數年，入爲侍中，出爲河南尹，未拜，坐鞭王官吏免官，移第北芒山下，以豪侈自終。帝謂和嶠曰：我將罵濟而後官之。嶠曰：濟俊爽，恐不可屈。帝召濟切讓，既而曰：知愧不？濟答曰：尺布斗粟之謡，常爲陛下恥之。他人能令親疏，臣不能使親親，以此愧陛下耳。帝默然。尋使白衣領太僕。年四十六，先渾卒。濟尚主，主兩目失明，而妬忌尤甚，然終無子。庶子二人，卓字文宣，嗣渾爵；次聿字茂宣，襲公主封敏陽侯。濟二弟，澄字道深，汶字茂深，皆辯慧有才藻，並歷清顯。」

〔二一〕晉書湛傳：「初有隱德，人以爲癡，其父昶獨異焉。兄子濟輕之，見湛牀頭有周易，問曰：用此何爲？湛因剖析玄理，微妙有奇趣。濟乃歎曰：家有名士，三十年而不知，濟之罪也。濟有從馬，絶難乘，湛騎此馬，姿容既妙，迴策如縈，善騎者無以過之。濟還白其父曰：濟始得一叔，乃濟以上人也。武帝亦以湛爲癡，濟曰：臣叔殊不癡，山濤以下，魏舒以上。」

〔二二〕晉書承傳：「承弱冠知名，太尉王衍雅貴異之，比南陽樂廣焉。預迎大駕功，封藍田縣侯，遷東海太守。政尚清静，尋去官，東渡江。渡江名臣王導、衛玠、周顗、庾亮之徒，皆出其下，爲中興弟一。自昶至承，世有高名，論者謂祖不及孫，孫不及父。」

〔二三〕晉書述傳：「述少孤，事母以孝聞，襲父爵。庾翼鎮武昌，以累有妖怪，又猛獸入府，欲移鎮避之。述與庾冰箋曰：竊聞安西欲移鎮樂鄉，不審此爲算邪？將爲情邪？若謂爲算，則彼去武昌千有餘里，數萬之衆，創造移徙，方當興立城壁，公私勞擾。若信要害之地，所宜進據，猶當計移徙之煩，況非今日之要邪？若是情邪，則天道玄遠，鬼情難言，妖祥吉凶，誰知其故？達人君子，直道而行，不以情失禳避之道，當擇人事之勝理，思社稷之長計，則天下幸甚。時朝議亦不允，翼遂不移鎮。述補臨海太守，代殷浩爲揚州刺史，主簿請諱。報曰：亡祖先君，名播海内，遠近所知，内諱不出門，餘無所諱。尋加中書監，進都督揚州、徐州之琅邪諸軍事、衛將軍，并、冀、幽、平四州大中正，刺史如故。太和三年卒，年六十六，謚曰簡。」

〔二四〕晉書坦之傳：「弱冠與郄超俱有重名。坦之有風格，尤非時俗放蕩，不敦儒教，頗尚刑名學，著廢莊論。領本州大中正。簡文帝臨崩，詔大司馬温依周公居攝故事，坦之自持詔入，於帝前毁之。帝曰：天下儻來之運，卿何所嫌？坦之曰：天下宣、元之天下，陛下何得專之？帝乃使坦之改詔焉。謝安愛好聲律，朞功之慘，不廢伎樂，頗以成俗。坦之非而苦諫之，卒年四十六，謚曰獻。」

〔二五〕晉書列女傳：「王渾妻鍾氏，字琰，魏太傅繇曾孫。琰數歲，能屬文。及長，聰慧弘雅，博覽記籍，美容止，善嘯詠，禮儀法度，爲中表所則。渾弟湛妻郝氏，亦有德行。琰雖貴門，與郝雅相親重，郝不以賤下琰，琰不以貴陵郝。時人稱鍾夫人之禮，郝夫人之法云。」

王基字伯輿，〔一〕東萊曲城人也。〔二〕少孤，與叔父翁居，翁撫養甚篤，基亦以孝稱。〔三〕年十七，郡召爲吏，非其好也；遂去，入琅邪界游學。〔四〕黃初中，察孝廉，除郎中。是時青土初定，刺史王淩特表請基爲別駕，後召爲祕書郎，淩復請還。頃之，司徒王朗辟基，淩不遣。朗書劾州曰：「凡家臣之良，則升于公輔，公臣之良，則入于王職，是故古者侯伯有貢士之禮。今州取宿衞之臣，留祕閣之吏，所希聞也。」淩猶不遣。淩流稱青土，蓋亦由基協和之輔也。〔五〕大將軍司馬宣王辟基，未至，擢爲中書侍郎。〔六〕

〔一〕范書鄭玄傳注作「字伯興」。

〔二〕郡國志：「青州東萊郡曲成。」一統志：「曲城故城，今山東萊州府掖縣東北。」

〔三〕王修異王基於幼童，世稱知人，見修傳。

〔四〕范書鄭玄傳：「其門人東萊王基，著名於世。」錢大昕曰：「魏志基卒於元帝景元二年，不言年壽若干。而基碑云年七十二。溯其生年，當在初平元年庚午，康成以建安五年庚辰卒，其時基僅十一歲，不得在弟子之列，恐范史誤也。基治經常申鄭而駁王肅，故蔚宗疑爲康成弟子，要是私淑鄭學，非親受業者也。」王昶金石萃編說同。汪中述學補遺亦曰：「後漢書特以基據持鄭義，與王肅抗衡，遂列基于門人，不若魏志但言入琅邪界遊學爲得實。」

〔五〕王朗爲司徒在黃初七年，明帝即位後，王淩任青州刺史。淩傳云：淩在青州，布政施教，百姓稱之，不容於口。即此傳所云淩流稱青土也。淩强留王官爲佐吏，雖爲事擇人，然亦難辭專擅之責。或曰：已爲王官，州可請爲佐史，官人惟才所宜，上不以進退爲嫌，下不以淹留爲意，猶有淳古之遺風歟？

〔六〕沈約宋志云：「黄初初，置通事郎，次黄門郎。黄門郎已署事過，通事乃奉以入，爲帝省讀書可。晉改曰中書侍郎。」初學記云：「中書侍郎，魏官。」沈云晉改，謬也。胡三省曰：「魏已改通事郎爲中書侍郎。」

明帝盛修宫室，百姓勞瘁。基上疏曰：「臣聞古人以水喻民，曰水所以載舟，亦所以覆舟。〔一〕故在民上者，不可以不戒懼。夫民逸則慮易，苦則思難，是以先王居之以約儉，俾不至於生患。昔顔淵云：東野子之御，馬力盡矣，而求進不已，是以知其將敗。〔二〕今事役勞苦，男女離曠，願陛下深察東野之弊，留意舟水之喻，息奔驅於未盡，節力役於未困。昔漢有天下，至孝文時，唯有同姓諸侯，而賈誼憂之，曰：置火積薪之下，而寢其上，因謂之安也。〔三〕今寇賊未殄，猛將擁兵，檢之則無以應敵，久之則難以遺後。當聖明之世，不務以除患，若子孫不競，〔四〕社稷之憂也。使賈誼復起，必深切於曩時矣。」〔五〕

〔一〕家語載孔子之言。

〔二〕荀子：「魯定公問於顔淵曰：東野子善御乎？顔淵曰：善則善矣，雖然，其馬將失。定公曰：何以知之？顔淵曰：臣以政知之。昔舜巧於使民，造父巧於使馬，舜不窮其民力，造父不窮其馬力。是舜無失民，造父無失馬也。今東野畢之御，上車執轡，御體正矣，步驟馳騁，朝禮畢矣，歷險致遠，馬力盡矣。然猶求進不已，是以知之也。」

〔三〕胡三省曰：「謂五大在邊，尾大不掉，非善計以詒後人也。」

〔四〕競，强也。

〔五〕胡三省曰：「言不特痛哭流涕長太息而已。」

散騎常侍王肅，著諸經傳解，及論定朝儀，改易鄭玄舊說。而基據持玄義，常與抗衡。〔一〕遷安平太守，〔二〕公事去官。大將軍曹爽請爲從事中郎，〔三〕出爲安豐太守。〔四〕郡接吴寇，爲政清嚴，有威惠；明設防備，敵不敢犯。加討寇將軍。〔五〕吴嘗大發衆集建業，揚聲欲入攻〔六〕揚州，刺史諸葛誕使基策之。〔七〕基曰：「昔孫權再至合肥，一至江夏，其後全琮出廬江，朱然寇襄陽，皆無功而還。今陸遜等已死，而權年老，内無賢嗣，中無謀主。權自出則懼内釁卒起，癰疽發潰；遣將則舊將已盡，新將未信。此不過欲補定支黨，〔八〕還自保護耳。」後權竟不能出。時曹爽專柄，風化陵遲，基著時要論，以切世事。〔九〕以疾徵還，起家爲河南尹，未拜，爽伏誅。〔一〇〕基嘗爲爽官屬，〔一一〕隨例罷。

〔一〕釋文敍録：「鄭玄作毛詩箋，王肅更述毛非鄭。荆州刺史王基駮王肅，申鄭義。」隋書經籍志：「毛詩駮一卷，魏司空王基撰。」四庫提要曰：「王肅作毛詩問難諸書以申毛難鄭，王基作毛詩駮以申鄭難王。」馬國翰輯本序曰：「基以策敵立功，掌統方任，而善爲撰述，常據持鄭義，與王肅抗衡。其書唐初尚有完帙，今佚；從正義、釋文輯録十五節。其說依鄭駮王，具有根柢。」侯康曰：「基說載於孔疏者，如采采芣苢一條，駮王肅出於西戎之說；充耳以素一條駮王肅玄紞無五色之說；侵鎬及方一條，駮王肅鎬京之說；不目爲政一條，駮王肅人臣不顯諫之說；皆極精當。惜全書久佚，可攷者無多也。」趙一清曰：「基爲鄭玄門人，故持玄義。」

〔二〕郡國志：「冀州安平國。」三國魏廢國爲郡。基爲安平太守，管輅往見，基令作卦。輅言有三怪，非妖咎之徵，後卒無患。見管輅傳。

〔三〕續百官志：「大將軍從事中郎二人，六百石，職參謀議。」

〔四〕沈志：「魏文帝分廬江置安豐郡。」胡三省曰：「魏安豐郡屬豫州。」郡國志：「廬江郡安風。」馬與龍曰：「魏安豐郡治此。」一統志：「安風故城，今安徽潁州府霍丘縣西南二十里。」互見齊王紀嘉平五年及毌丘儉傳。

〔五〕洪飴孫曰：「討寇將軍一人，第五品。」

〔六〕通鑑正始八年作「揚聲欲入寇」。

〔七〕策，計也。

〔八〕通鑑「定」作「碇」。胡三省曰：「碇，丈淵翻，縫也。」

〔九〕隋書經籍志：「梁有新書五卷，王基撰。亡。又東萊耆舊傳一卷。」姚振宗曰：「時要論當亦在新書中，特其文無由考見耳。」

〔一〇〕事在嘉平元年。

〔一一〕即上文爲爽從事中郎。

其年，爲尚書，出爲荆州刺史，〔一〕加揚烈將軍，〔二〕隨征南王昶擊吳，基別襲步協於夷陵，協閉門自守。基示以攻形，而實分兵取雄父邸閣，〔三〕收米三十餘萬斛，虜安北將軍譚正，納降數千口。於是移其降民，置夷陵縣。〔四〕賜爵關内侯。基又表城上昶，徙江夏治之，〔五〕以偪夏口，〔六〕由是賊不敢輕越江。明制度，〔七〕整軍農，兼修學校，南方稱之。時朝廷議欲伐吳，詔基量進趣之宜。基對曰：「夫兵動而無功，則威名折於外，財用窮於内，故必全而後用也。若不資通川、聚糧、水戰之備，則雖積兵江内，無必渡之勢矣。今江陵有沮、漳二水，〔八〕溉灌膏腴之田以千數，安陸左右，陂池沃衍。〔九〕若水陸並農，以實軍資，然後引兵詣江陵、夷陵，分據夏口，順沮、漳，資水浮穀而下。賊知官兵有經久之勢，則拒天誅者意沮，而向王化者益固。然後率合蠻夷以攻其内，精卒勁兵以討其外，則夏口以上必拔，而江外之郡不守。如此，吴、蜀之交絶，交絶而吴禽矣。〔一〇〕不然，兵出之利，未可必矣。」於是遂止。

〔一〕釋文序録：「魏荆州刺史王基注解左氏傳。」

〔二〕侯康曰：「王基斷碑：帝命遷荆州刺史，揚武將軍。」潘眉曰：「按碑文，遷鎮南將軍在賜爵關内侯之前，今傳叙在後，皆當以碑爲正。授堂金石跋云：王基碑出土，僅刻其半。土人傳云：下截朱字隱然，惜無人辨識，遽磨拭以没。今存者凡得三百七十字。」葉昌熾曰：「河南於土中得曹魏王基碑，僅刻中段，上下丹文隱隱，此則未立先刻者。」

〔三〕謝鍾英曰：「邸閣在西陵界，今宜昌府西北。」弼按：邸閣爲積穀之所。本傳下文云：南頓有大邸閣，計足軍人四十日糧。蜀志後主傳：建興十一年，諸葛亮運米，集於斜谷口，治斜谷邸閣。魏延傳注引魏略云：横門邸閣，與散民之穀，足周食也。胡三省曰：「魏置邸閣於横門以積粟，民聞兵至，必逃散，可收其穀以周食，是也。」吴志孫策傳注引江表傳：「策渡江攻劉繇牛渚營，盡得邸閣糧穀戰具。」胡三省曰：「邸，至也，言所歸至也。閣，庋置也。邸閣，謂轉輸之歸至而庋置之也。蓋要地置邸閣。」謝注當云雄父邸閣在西陵界，若僅云邸閣，未知所指何處之邸閣也。

〔四〕梁章鉅曰：「齊王芳紀：嘉平三年二月，置南郡之夷陵縣，以居降附。即此事。是夷陵明屬南郡，而洪亮吉補三國疆域志南郡領九縣，不列夷陵，宜都郡領三縣，注云：西陵，漢夷陵縣，吴黄武元年改今名。而夷陵縣之名，遂不知所屬矣。」（潘眉説同。）謝鍾英曰：「魏無南郡，疑置於襄陽郡境。襄陽，南郡之分也。今襄陽南漳縣南蠻河爲古夷水，或即以水字縣，故城當在南漳縣境。」吴增僅曰：「夷陵蓋虚置，以處南郡之降民，非有實土。南郡在吴，而曰南郡之夷陵者，魏以南郡爲中國土地，暫淪異域，不以敵國視吴也。」弼按：梁説誤，謝、吴説是。洪志所云乃吴之疆域，非魏之夷陵也。魏夷陵互見齊王紀嘉平三年，吴夷陵見文紀黄初三年。

〔五〕錢儀吉曰：「基又表城上五字，疑有訛脱。表城下有脱字。徙治事見王昶傳。」弼按：衍石三國志證聞本未成書，爲後人所捃輯，故誤處極多。羅振玉有校本，然未校者尚十之八九。如此條傳文極明，本無訛誤，故生疑難，轉嫌辭費，特爲辨正。至若王昶徙治，乃荆州都督徙治新野，王基徙治，爲江夏郡徙治上昶，兩不相涉，錢氏合爲一事，誤。

〔六〕元和郡縣志：「上昶在今安州西北五十三里。」一統志：「上昶城在德安府安陸縣西北。」謝鍾英曰：「據元和郡縣志，上昶去夏口遠甚，不足以逼夏口，其地當在今孝感縣境，疑西北爲東南之譌。」江夏郡治及夏口，均見武紀建安十三年，江夏郡治又見文聘傳。

〔七〕劉家立曰：「此句上疑有脱誤。」

〔八〕一統志：「沮水在江陵縣西，自襄陽府南漳縣流入遠安縣界，又南入安陸府當陽縣界，合漳水南至府城西入江。」應劭曰：「沮水出漢中房陵，東入江。」師古曰：「沮，千餘翻。南郡臨沮縣，以臨沮水得名。」水經注：「沮水逕臨沮縣西，又東南逕當陽縣城北，又南逕麥城西，與漳水合，又東南流注於江。」

〔九〕郡國志：「江夏郡安陸。」一統志：「今德安府治。」元和志：「三國魏江夏郡治安陸。」王基表城上昶，徙江夏治之，見上。

〔一〇〕陳仁錫曰：「諸葛欲合之，基欲離之。」

司馬景王新統政，基書戒之曰：「天下至廣，萬機至猥，誠不可不矜矜業業，坐而待旦也。〔一一〕夫志正則衆邪不生，心静則衆事不躁，思慮審定則教令不煩，親用忠良則遠近協服。故知和遠在身，定衆在心。許允、傅嘏、袁侃、崔贊，皆一時正士，有直質而無流心，可與同政事者也。」〔一二〕景王納其言。

〔一〕或曰：是時司馬氏父子篡奪之形已露，而基進萬機矜業之言，不復以人臣待之矣。

〔二〕許允、崔贊見夏侯玄傳，傳嘏自有傳，袁侃見袁渙傳，又見夏侯玄傳注引魏略。姜宸英曰：「此輩皆典午之腹心，曹宗之蟊賊，惑世亂民，惟此爲甚。史家誇大，而不裁之大義，皆邪説害民者也。」弼按：傅嘏之祖司馬氏，人所共知，崔贊曾爲晉吏部尚書、大司農，可無置辯。惟袁侃早卒，許允則與李豐、夏侯玄等親善，魏帝特引以自近，不特非司馬氏之私人，且爲子元所嫉視，收付廷尉，徙邊道死。而姜氏不加剖析，反予惡名，使忠魂含冤於地下，特表明之，亦以戒文人之無輕詆人也。

高貴鄉公即尊位，進封常樂亭侯。毌丘儉、文欽作亂，〔一〕以基爲行監軍，假節統許昌軍，〔二〕適與景王會於許昌。景王曰：「君籌儉等何如？」基曰：「淮南之逆，非吏民思亂也，儉等誑脅迫懼，畏目下之戮，是以尚羣聚耳。若大兵臨偪，必土崩瓦解，儉、欽之首，不終朝而縣於軍門矣。」景王曰：「善。」乃令基居軍前。〔三〕議者咸以儉、欽慓悍，難與爭鋒，詔基停駐。基以爲：「儉等舉軍足以深入，而久不進者，是其詐僞已露，衆心疑沮也。今不張示威形，以副民望，而停軍高壘，有似畏懦，非用兵之勢也。若或虜略人民，〔四〕又州郡兵家，爲賊所得者，更懷離心；〔五〕儉等所迫脅者，自顧罪重，〔六〕不敢復還，此爲錯兵無用之地，〔七〕而成姦宄之源。吳寇因之，則淮南非國家之有，譙、沛、汝、豫，〔八〕危而不安，此計之大失也。軍宜速進據南頓，〔九〕南頓有大邸閣，〔一〇〕計足軍人四十日糧。保堅城，因積穀，先人有奪人之心，〔一一〕此平賊之要也。」基屢請，乃聽進據濦水。〔一二〕既至，復言曰：「兵聞拙速，未覩工遲之久。〔一三〕方今外有彊寇，內有叛臣，若不時決，則事之深淺，未可測也。〔一四〕議者多欲將軍持重。將軍持重，是也；停軍不進，非也。持重非不行之謂也，進而不可犯耳。今據堅城，保壁壘，以積實資虜，縣運軍糧，〔一五〕甚非計也。」景王欲須諸軍集到，猶尚未許。基曰：「將在軍，君令有所不受。〔一六〕彼得則利，我得亦利，是謂爭城，〔一七〕南頓是也。」遂輒進據南頓，儉等從項，亦爭欲往，〔一八〕發十餘里。〔一九〕聞基先到，復還保項。時兗州刺史鄧艾屯樂嘉，〔二〇〕儉使文欽將兵襲艾。基知其勢分，進兵偪項，儉衆遂敗。欽等已平，遷鎮南將軍，都督豫州諸軍事，領豫州刺史，進封安樂鄉侯。上疏求分户二百，賜叔父子喬爵關内侯，以報叔父拊育之德。有詔特聽。

〔一〕事在正元二年。

〔二〕胡三省曰：「魏、晉之制，使持節都督諸軍爲上，假節都督次之，假節監諸軍又次之，假節行監軍又次之。魏受漢禪，以許昌爲别宫，屯重兵，以爲東南二方之根本。」

〔三〕通鑑作「以基爲前軍」。

〔四〕通鑑作「若儉、欽虜略民人以自益」。

〔五〕胡三省曰：「言州郡兵其家有爲賊所得者，必懷反顧，而有離散之心也。」

〔六〕各本「罪」皆作「非」，誤；官本不誤。通鑑作「罪」。

〔七〕胡三省曰：「錯，倉故翻，置也。停軍不進，是置之於無用之地。」

〔八〕胡三省曰：「豫即潁川也。豫州時治潁川，故曰譙、沛、汝、豫，四郡皆屬豫州。」

〔九〕郡國志：「汝南郡南頓。」本頓國。應劭曰：「頓迫於陳，其後南徙，故曰南頓。」一統志：「南頓故城，今河南陳州府項城縣北五十里。」

〔一〇〕邸閣見前。

〔一一〕左傳楚令尹孫叔敖之言。杜預注曰：「奪敵戰心。」先，悉薦翻。

〔一二〕水經注：「㶏水東流至南頓縣，北入於潁。」師古曰：「㶏，於謹翻，又音殷。」方輿紀要四十七：「㶏水在陳州商水縣北，亦曰大㶏水。自許州郾城縣流入境，至縣東二十里而合潁水，上有㶏橋。㶏即溵也。」

〔一三〕通鑑作「未覩爲巧之久也」。孫子作「未睹巧之久也」。

〔一四〕胡三省曰：「言儉、欽之變，若不以時定，恐吳寇乘之而來，則禍之淺深，有未可測者。」

〔一五〕通鑑「縣」作「遠」。

〔一六〕孫子及司馬穰苴皆有是言。

〔一七〕通鑑「城」作「地」，孫子亦作「地」，見九地篇，爭地其一也。

〔一八〕郡國志：「汝南郡項。」一統志：「項縣故城，今陳州府項城縣東北槐坊店。」

〔一九〕發兵行十餘里。

〔二〇〕水經注：「潁水過汝陽縣北，又東南過南頓縣，㶏水注之。又南逕博陽故城東，城在南頓縣北四十里，王莽更名樂嘉。」方輿紀要：「樂嘉，今陳州府商水縣東南四十里。」

諸葛誕反，〔一〕基以本官行鎮東將軍，都督揚、豫諸軍事。時大軍在項，以賊兵精，詔基斂軍堅壘。基累啟求進討，會吳遣朱異來救誕，軍於安城。基又被詔引諸軍轉據北山，〔二〕基謂諸將曰：「今圍壘轉固，兵馬向集，但當精修守備，〔三〕以待越逸，而更移兵守險，使得放縱，雖有智者，不能善後矣。」〔四〕遂守便宜上疏曰：「今與賊家對敵，〔五〕當不動如山。若遷移依險，人心搖蕩，於勢大損。諸軍並據深溝高壘，衆心皆定，不可傾動，此御兵之要也。」書奏，報聽。〔六〕大將軍司馬文王進屯丘頭，〔七〕分部圍守，各有所統。基督城東、城南二十六軍，文王敕軍吏入鎮南部界，一不得有所遣。〔八〕城中食盡，晝夜攻壘，基輒拒擊，破之。壽春既拔，文王與基書曰：「初，議者云云，求移者甚衆，時未臨履，亦謂宜然。〔九〕將軍深算利害，獨秉固志，上違詔命，下拒衆議，終至制敵禽賊，雖古人所述，不是過也。」文王欲遣諸將輕兵深入，招迎唐咨等子弟，因釁有蕩覆吳之勢。基諫曰：「昔諸葛恪乘東關之勝，竭江表之兵，以圍新城，城既不拔，而衆死者太半。〔一〇〕姜維因洮上之利，〔一一〕輕兵深入，糧餉不繼，軍覆上邽。〔一二〕夫大捷之後，上下輕敵，輕敵則慮難不深。今賊新敗於外，〔一三〕又內患未弭，〔一四〕是其修備設慮之時也。且兵出踰年，人有歸志，今俘馘十萬，罪人斯得，〔一五〕自歷代征伐，未有全兵獨克如今之盛者也。武皇帝克袁紹於官渡，自以所獲已多，不復追奔，懼挫威也。」〔一六〕文王乃止。以淮南初定，轉基爲征東將軍，都督揚州諸軍事，進封東武侯。基上疏固讓，歸功參佐，由是長史、司馬等七人皆侯。〔一七〕

〔一〕事在甘露二年。

〔二〕趙一清曰：「吴志孫綝傳云：朱異率三萬人屯安豐城，爲文欽勢。安城在壽州南，安豐城在壽州西南，兩城相近，故二傳各書之。」方輿紀要卷二十一：「八公山一名肥陵山，亦謂之北山，在壽州東北五里。」謝鍾英曰：「安城、北山並在壽春左右。」

〔三〕毛本「修」作「兵」，誤。通鑑亦作「修」。

〔四〕通鑑「善」下有「其」字，御覽同。

〔五〕通典、御覽均作「今與賊交利對敵」。

〔六〕胡三省曰：「報基，聽行其策。時帝在軍，故諸軍節度，皆稟詔指；而裁其可否者，實司馬昭也。」

〔七〕三少帝紀：「甘露三年，改丘頭爲武丘。」胡三省曰：「是役，司馬昭改丘頭曰武丘，以旌武功。」鄒安鬯曰：「丘頭在今河南陳州府沈丘縣東南，潁水北。」

〔八〕宋本「遣」作「譴」。

〔九〕胡三省曰：「謂前詔諸軍轉據北山。臨履，謂親臨其地，而履行營壘處所也。」

〔一〇〕事見嘉平五年。

〔一一〕通鑑「上」作「西」。

〔一二〕事見甘露元年，謂段谷之敗。杜佑曰：「秦州上邽縣，有段谷水。」

〔一三〕毛本、局本「新」作「先」，誤。

〔一四〕謂孫綝君臣相猜。馮本「弭」作「彌」。

〔一五〕謂禽諸葛誕。

〔一六〕何焯曰：「魏不能一天下，坐新得荆州乘勝輒進，有烏林之敗耳。基此論千古持勝之要，未有能易之者也。」弼按：魏武赤壁之役，坐不習水軍耳，非乘勝進攻之咎也。

〔一七〕晉書劉毅傳：「毅字仲雄，東萊掖人。毅少有孝行，少厲清節，僑居平陽，太守杜恕請爲功曹，三魏稱焉，爲之語曰：但聞劉功曹，不聞杜府君。同郡王基，薦毅於公府曰：毅方正亮直，挺然不羣，言不苟合，行不苟容。往日僑仕平陽，爲郡股肱，正色立朝，舉綱引墨，朱紫有分，鄭、衛不雜。孝悌著于邦族，忠貞效于三魏。昔孫陽取騏驥于吴坂，秦穆拔百里于商旅，毅未遇知己，無所自呈，前已口白，謹復申請。」

是歲，基母卒，詔祕其凶問，迎基父豹喪，合葬洛陽，追贈豹北海太守。〔一〕甘露四年，轉爲征南將軍，都督荆州諸軍事。〔二〕常道鄉公即尊位，增邑千户，并前五千七百户。前後封子二人亭侯、關内侯。

〔一〕趙一清曰：「據此，則基竟不持母服矣，異哉！」

〔二〕晉書文帝紀：「甘露四年，分荆州置二都督，王基鎮新野，州泰鎮襄陽。」

景元二年，襄陽太守表吴賊鄧由等欲來歸化，基被詔，當因此震蕩江表。基疑其詐，馳驛陳狀。且曰：「嘉平以來，累有内難，當今之務，在於鎮安社稷，綏寧百姓，未宜動衆，以求外利。」〔一〕文王報書曰：「凡處事者，多曲相從順，鮮能確然共盡理實。誠感忠愛，每見規示，輒敬依來指。」後由等竟不降。

司馬彪戰略載基此事，詳於本傳。曰：「景元二年春二月，襄陽太守胡烈表上「吴賊鄧由、李光等，同謀十八屯，欲來歸化，遣將張吴、鄧生，并送質任。克期欲令郡軍臨江迎拔」。大將軍司馬文王啓聞。詔征南將軍王基部分諸軍，使烈督萬人徑造沮水，〔二〕荆州義陽，〔三〕南屯宜城，〔四〕承書夙發。若由等如期到者，便當因此震蕩江表。基疑賊詐降，誘致官兵，馳驛止文王，説由等可疑之狀：「且當清澄，〔五〕未宜便舉重兵，深入應之。」又曰：「夷陵東道，當由車御，至赤岸乃得度沮，〔六〕西道當出箭溪口，〔七〕乃趣平土，皆山險狹，〔八〕竹木叢蔚，卒有要害，〔九〕弩馬不陳。〔一〇〕今者筋角弩弱，〔一一〕水潦方降，廢盛農之務，徼難必之利，此事之危者也。昔子午之役，兵行數百里，而值淋雨，〔一二〕橋閣破壞，後糧腐敗，前軍縣乏，〔一三〕姜維深入，不待輜重，士衆饑餓，覆軍上邽。文欽、唐咨，舉吴重兵，昧利壽春，身没不反。此皆近事之鑒戒也。嘉平以來，累有内難。〔一四〕當今之宜，當鎮安社稷，撫寧上下，力農務本，懷柔百姓，未宜動衆，以求外利也。得之未足爲多，失之傷損威重。」文王累得基書，意疑；尋敕諸軍已上道者，且權停住所在，〔一五〕須後節度。〔一六〕基又言於文王曰：「昔漢祖納酈生之説，欲封六國；寤張良之謀，而趣銷印。〔一七〕基謀慮淺短，誠不及留侯，亦懼襄陽有食其之謬。」文王於是遂罷軍嚴，後由等果不降。〔一八〕

〔一〕何焯曰：「此深於爲司馬氏謀者。」

〔二〕沮水見前。

〔三〕趙一清曰：「方輿紀要卷五十：義陽城在汝寧府信陽州南四十里，漢南陽郡平氏縣之義陽鄉也。魏文帝置義陽縣，屬義陽郡。」

〔四〕郡國志：「荆州南郡宜城。」三國魏改屬襄陽郡。一統志：「宜城故城，今襄陽府宜城縣南。」

〔五〕胡三省曰：「謂事之虚實未定，如水之混濁，莫測其淺深，且當清澄以俟之，蓋亦當時常語。」

〔六〕宋本「度」作「渡」。

〔七〕趙一清曰：「赤岸即赤谿也。方輿紀要卷七十八：赤谿在荆州府夷陵州西北五里，即陸抗築城圍步闡處。東合大江，或謂之東坑。陸機辨亡論：陸公以偏師三萬，北據東坑。李善曰：東坑在西陵步闡城東北，長十餘里，抗所築城在東坑上。」謝鍾英曰：「赤岸當在今遠安縣沮水東，箭溪口當在遠安縣西。」

〔八〕册府「山」下有「路」字，通鑑作「險陿」。胡注：「陿與狹同。」

〔九〕卒，讀曰猝。

〔一〇〕胡三省曰：「謂敵人於要害之地，設伏邀擊，弩馬不得陳其力也。」

〔一一〕通鑑「弩弱」作「濡弱」。胡注：「考工記：弓人爲弓，冬析幹，春液角，夏治筋，秋合三材。春液角，夏治筋，以陽煦而筋角濡滑也。冬析幹，秋合三材，以陰凝而堅緻也。春夏之交，陽氣蒸潤，筋角濡弱，則弓弩之力不勁。」

〔一二〕宋本「淋」作「霖」。

〔一三〕監本「乏」作「之」，誤。

〔一四〕胡三省曰：「謂曹爽兄弟既死，累有廢立之事，毌丘儉、諸葛誕相繼而舉兵也。」

〔一五〕胡三省曰：「令各就其所至之地，而住軍也。」

〔一六〕通鑑「後」作「候」。胡注：「須，待也。」

〔一七〕史記留侯世家：「漢三年，項羽急圍漢王滎陽，酈食其勸立六國後，以橈楚權。漢王曰：善，趣刻印，先生因行佩之矣。食其未行，張良從外來謁，漢王方食，具以酈生語告子房。良曰：臣請藉前箸爲大王籌之。言不可者八。漢王輟食吐哺，罵曰：豎儒！幾敗而公事。令趣銷印。」師古曰：「橈，弱也，音女教反。其字從木。趣讀曰促，佩謂受與六國使帶也。」張晏曰：「求借所食之箸，用指畫也。」

〔一八〕胡三省曰：「食其，音異基。」

是歲，基薨。〔一〕追贈司空，〔二〕謚曰景侯。子徽嗣，早卒。〔三〕咸熙中，開建五等，以基著勳前朝，改封基孫廙，而以東武餘邑賜一子爵關内侯。晉室踐阼，下詔曰：「故司空王基，既著德立勳，又治身清素，不營産業，久在重任，家無私積，可謂身没行顯，足用勵俗者也。其以奴婢二人賜其家。」

〔一〕周壽昌曰：「乾隆時，洛陽人墾土，得斷碑。錢竹汀諸人審係王基碑，考之傳多合。碑云：景元二年四月辛丑薨，年七十二。此可補史所遺。」潘眉曰：「推是年四月戊寅朔辛丑二十四日也。」

〔二〕晉書卷一百二劉聰載記：「聰將納其太保劉殷女，使其兼大鴻臚李弘拜殷二女爲左右貴嬪。弘曰：魏司空東萊王基，當世大儒，豈不達禮乎？爲子納司空太原王沈女，以其姓同而源異故也。」杭世駿、趙一清二氏引此，以李弘爲劉弘，誤。又據御覽引魏氏春秋，以王基納王沈女，尤誤。

〔三〕御覽二百十五引晉太康起居注曰：「故司空王基，夙爲先帝授任，基子沖，尚書郎中，雖在清途，猶未免楚撻，其以沖爲治書侍御史。」

評曰：徐邈清尚弘通，胡質素業貞粹，王昶開濟識度，王基學行堅白。皆掌統方任，垂稱著績，可謂國之良臣，時之彥士矣。〔一〕

〔一〕姜宸英曰：「徐邈、胡質，盡忠曹氏，猶爲不可；若昶、基之輸誠司馬，鋤害忠良，而評云開濟識度，學行堅白，可謂顛倒是非之極者矣。」趙一清曰：「王基非惟不忠，亦且不孝。」劉咸炘曰：「此篇合傳，深所未喻。曹魏之治，專尚刑名，徐邈通介，不隨于俗，王昶畏慎，求免于禍，合而論之，尚足見一時之得失。加以胡質、王基，則徒以其皆爲州鎮而已。若以徐、胡皆清介，二王皆善謀，則清介善謀，豈止此數人邪？觀其評語，亦足見其無一貫之識矣。」弼按：此卷姜氏諸説，大都苛論。伯輿學有師承，駮王申鄭，絶不阿附時賢，具徵卓識。承祚目爲堅白，允稱定評。其用兵策略，老謀深算，尤不可及。至母死奪情，非闕本志，不忘叔父拊育之德，豈背慈母劬勞之恩？詔祕凶問，無可如何，合葬洛陽，追贈亡父，亦所以慰人子之心。若如東潛所論，則世無完人矣。至承祚編次，良以諸人勳績爲正始、嘉平後之人物，彙敘諸傳之後，王淩、毌丘之前，非漫無心裁，劉氏責之過矣。

魏書二十八

三國志二十八

王毌丘諸葛鄧鍾傳第二十八〔一〕

〔一〕何焯曰：「諸人惟鍾會可加以逆名，鄧艾有功無罪。至於三賢，乃心王室，事連不就，而典午之勢益重。諸人之終，即國之終也。故次於此焉。」弼按：承祚此卷諸傳，皆極精意之作，蓋深惜諸人之才，不得其死，有餘慨焉。

王淩〔一〕字彥雲，太原祁人也。〔二〕叔父允，爲漢司徒，誅董卓。卓將李傕、郭汜等，爲卓報仇，入長安殺允，盡害其家。淩及兄晨，時年皆少，踰城得脱，亡命歸鄉里。〔三〕淩舉孝廉，爲發干長，〔四〕

魏略曰：淩爲長，遇事，髡刑五歲，當道埽除。時太祖車過，問此何徒？左右以狀對。太祖曰：「此子師兄子也，所坐亦公耳。」於是主者選爲驍騎主簿。〔五〕

稍遷至中山太守，〔六〕所在有治，〔七〕太祖辟爲丞相掾屬。〔八〕

〔一〕監本、吴本、毛本、官本「淩」作「凌」，誤。

〔二〕郡國志：「并州太原郡祁。」一統志：「祁縣故城，今山西太原府祁縣東南五里。」

〔三〕范書王允傳：「允字子師。允以同郡宋翼爲左馮翊，王宏爲右扶風。李傕等欲殺允，懼二郡爲患，先徵翼、宏，遂收允及翼、宏，並殺之。允時年五十六。長子侍中蓋、次子景定及宗族十餘人，皆見誅害，唯兄子晨、陵得脱歸鄉里。王(弘)〔宏〕字長文，初爲弘農太守。」汪文臺曰：「郭泰傳注引謝承書云：太原王長文弟子師，位至司徒。則(弘)〔宏〕乃允之兄也。」弼按：宋書卷七十六王玄謨傳云：六世祖宏，河東太守，綿竹侯。以從叔司徒允之難，棄官北居新興，仍爲新興、雁門太守。玄謨幼而不羣，其世父蕤謂有太尉彦雲之風。據郭泰傳注，則(弘)〔宏〕爲允兄，已同被難，是否淩父，無可考據。王玄謨傳則(弘)〔宏〕爲允姪，棄官北居，二者未知孰是。又宋書卷四十六王懿傳：自言漢司徒允弟幽州刺史懋七世孫。梁章鉅曰：「王允全家被難，而晨、淩得脱，亦善人有後之報。」

〔四〕郡國志：「兖州東郡發干。」一統志：「發干故城，今山東東昌府堂邑縣西南。」

〔五〕蓋驍騎校尉之主簿也。董卓表曹操爲驍騎校尉，不就拜，見武紀卷首。

〔六〕郡國志：「冀州中山國，治盧奴。」漢末除國爲郡。一統志：「盧奴故城，今直隸定州治。」

〔七〕或曰：治下疑脱字。

〔八〕陳思王植傳注云：「楊修、賈逵、王淩並爲主簿。」隋書經籍志：「孫子兵法一卷，魏武、王淩集解。」

文帝踐阼，拜散騎常侍，出爲兖州刺史，與張遼等至廣陵〔一〕討孫權。臨江，夜大風，吴將吕範等船漂至北岸。〔二〕淩與諸將逆擊，捕斬首虜，獲舟船。有功，封宜成亭侯，加建武將軍，〔三〕轉在青州。〔四〕是時，海濱乘喪亂之後，法度未整。淩布政施教，賞善罰惡，甚有綱紀，百姓稱之，不容於口。後從曹休征吴，與賊遇於夾石，〔五〕休軍失利，淩力戰決圍，休得免難。〔六〕仍徙爲揚、豫州刺史，咸得軍民之歡心。〔七〕始至豫州，旌先賢之後，求未顯之士，各有條教，意義甚美。初，淩與司馬朗、賈逵友善，及臨兗、豫，繼其名跡。〔八〕正始初，爲征東將軍，假節都督揚州諸軍事。二年，吴大將全琮數萬衆寇芍陂，〔九〕淩率諸軍逆討，與賊爭塘，力戰連日，賊退走。進封南鄉侯，邑千三百五十户，遷車騎將軍，儀同三司。

〔一〕郡國志：「徐州廣陵郡，治廣陵。」漢末徙治射陽，尋還治廣陵。黄初中，徙治淮陰。一統志：「廣陵故城，今揚州府東北。」

〔二〕事在黄初三年。

〔三〕洪飴孫曰：「建武將軍一人，第四品，魏置。」

〔四〕趙一清曰：「在當作任。」馬倩雲説同。弼按：當作在。王昶傳「轉在徐州」，與此同例。

〔五〕夾石見臧霸傳，在今安徽安慶府桐城縣北四十七里北峽關。

〔六〕事在太和二年。

〔七〕「仍」字或爲「乃」字之誤。趙一清曰：「按文，多揚字。是時諸葛誕爲揚州刺史。誕傳曰：出爲揚州刺史，王淩之陰謀也。司馬宣王東伐，以誕爲鎮東將軍，都督揚州諸軍事。以是知淩不兼領二州也。蓋都督或兼二州，如王昶都督荆、豫諸軍事，王基都督揚、豫諸軍事也。若刺史則無兼領二州之例。」弼按：諸葛誕爲揚州刺史，在正始中；淩爲揚、豫州刺史，在太和時，與諸葛誕爲揚州刺史，前後相距十餘年，毫不相涉。趙氏疑傳文衍揚字，或不爲無見。若以諸葛誕爲揚州刺史，證揚字之誤，殊爲牽强。且下文有咸得軍民歡心一語，其爲兼領二州可知。否則咸字爲贅辭矣。吴志諸葛恪傳加恪荆、揚牧，亦兼領二州也。又按本傳：正始初，淩爲征東將軍，都督揚州。是時孫禮爲揚州刺史，與王淩同與芍陂之戰，見孫禮傳及通鑑。是時淩乃不兼領揚州矣。沈家本曰：「傳云仍徙，是既徙揚州，又徙豫州，非謂兼二州也。下句云咸得軍民之歡心，曰咸得，正與仍徙相應，非指一州也。揚字似非衍。至諸葛誕之爲揚州刺史，在正始初，時淩已爲征東將軍，假節都督揚州諸軍事。乃趙云是歲諸葛誕爲揚州刺史，誤矣。」

〔八〕司馬朗爲兗州刺史，政化大行，百姓稱之。見朗傳。賈逵爲豫州刺史，文帝布告天下，當以豫州爲法。見逵傳。逵屯兵夾石，救曹休之敗。會逵病死，以淩繼任。

〔九〕芍陂見武紀建安十四年。水經肥水注：「東北逕白芍亭，東積而爲湖，謂之芍陂。陂周百二十許里，在壽春縣南八十里，言楚相孫叔敖所造。魏太尉王淩與吳將張休戰於芍陂，即此處也。」一統志：「今壽州南，一名期思陂。」

是時，淩外甥令狐愚〔一〕以才能爲兗州刺史，屯平阿。〔二〕舅甥並典兵，專淮南之重。〔三〕淩就遷爲司空。〔四〕司馬宣王既誅曹爽，進淩爲太尉，〔五〕假節鉞。淩、愚密協計，謂齊王不任天位，楚王彪長而才，欲迎立彪都許昌。〔六〕嘉平元年九月，愚遣將張式至白馬，與彪相問往來。〔七〕淩又遣舍人勞精詣洛陽，〔八〕語子廣。〔九〕廣言：「廢立大事，勿爲禍先。」

漢晉春秋曰：淩、愚謀以帝幼，制於彊臣，不堪爲主。楚王長而才，欲迎立之，以興曹氏。淩使人告廣，廣曰：「凡舉大事，應本人情。今曹爽以驕奢失民，何平叔虛而不治，〔一〇〕丁、畢、桓、鄧，〔一一〕雖並有宿望，皆專競於世。加變易朝典，政令數改，所存雖高而事不下接，〔一二〕民習於舊，衆莫之從。故雖勢傾四海，聲震天下，同日斬戮，名士減半，而百姓安之，莫或之哀，〔一三〕失民故也。今懿情雖難量，事未有逆，而擢用賢能，廣樹勝己，〔一四〕修先朝之政令，副衆心之所求。爽之所以爲惡者，彼莫不必改，〔一五〕夙夜匪懈，以恤民爲先。父子兄弟，並握兵要，未易亡也。」淩不從。臣松之以爲如此言之類，皆前史所不載，而猶出習氏。且制言法體不似於昔，疑悉鑿齒所自造者也。〔一六〕

其十一月，愚復遣式詣彪，未還，會愚病死。〔一七〕

魏書曰：愚字公治，本名浚，黄初中，爲和戎護軍。〔一八〕烏丸校尉田豫討胡有功，小違節度，愚以法繩之。帝怒，械繫愚，免官治罪。詔曰：「浚何愚！」遂以名之。正始中，爲曹爽長史，後出爲兗州刺史。

魏略曰：愚聞楚王彪有智勇。初，東郡有譌言云：「白馬河出妖馬，夜過官牧邊鳴呼，衆馬皆應。明日見其跡，大如斛。行數里，還入河中。」又有謡言：「白馬素羈西南馳，其誰乘者朱虎騎。」楚王小字朱虎，故愚與王淩陰謀立楚王。〔一九〕乃先使人通意於王，言「使君謝王，天下事不可知，願王自愛」。彪亦陰知其意，答言「謝使君，知厚意也」。

二年，熒惑守南斗。〔二〇〕淩謂「斗中有星，當有暴貴者」。

魏略曰：淩聞東平民浩詳知星，呼問詳。詳疑淩有所挾，欲悦其意，不言吴當有死喪，而言「淮南，楚分也。今吴、楚同占，當有王者興」。故淩計遂定。〔二一〕

三年春，吴賊塞涂水。〔二二〕淩欲因此發，〔二三〕大嚴諸軍，表求討賊。詔報不聽。淩陰謀滋甚，遣將軍楊弘以廢立事告兗州刺史黄華，華、弘連名以白太傅司馬宣王。宣王將中軍乘水道討淩，〔二四〕先下赦赦淩罪，又將尚書廣東，〔二五〕使爲書喻淩，大軍掩至百尺〔二六〕逼淩。淩自知勢窮，乃乘船單出迎宣王，遣掾王彧謝罪，送印綬、節鉞。軍到丘頭，〔二七〕淩面縛水次。宣王承詔遣主簿解縛反服，見淩，慰勞之，還印綬、節鉞，遣步騎六百人送還京都。淩至項，飲藥死。〔二八〕

魏略載淩與太傅書曰：「卒聞神軍密發，已在百尺，雖知命窮盡，遲於相見，身首分離，不以爲恨。前後遣使，有書未得還報，企踵西望，無物以譬。昨遣書之後，便乘船來相迎，宿丘頭，旦發於浦口，奉被露布赦書，又得二十三日況，累紙誨示，〔二九〕聞命驚愕，五内失守，不知何地，可以自處。僕久忝朝恩，歷試無效，統御戎馬，董齊東夏，事有闕廢，中心犯義，罪在二百，〔三〇〕妻子同縣，無所禱矣。不圖聖恩，天覆地載，橫蒙視息，復覩日月。亡甥令狐愚，攜惑羣小之言，僕即時呵抑，使不得竟其語。既人已知，神明所鑒。夫非事無陰，卒至發露，知此梟夷之罪也。生我者父母，活我者子也。」又重曰：「身陷刑罪，〔三一〕謬蒙赦宥。今遣掾送印綬，頃至，當如詔書，〔三二〕自縛歸命。雖足下私之，官法有分。」及到，如書。太傅使人解其縛。淩既蒙赦，加怙舊好，不復自疑，徑乘小船自趣太傅。太傅使人逆止之，住船淮中，〔三三〕相去十餘丈。淩知見外，〔三四〕乃遙謂太傅曰：「卿直以折簡召我，我當敢不至邪？而乃引軍來乎！」太傅曰：「以卿非肯逐折簡者故也。」〔三五〕淩曰：「卿負我！」太傅曰：「我寧負卿，不負國家。」遂使人送來西。〔三六〕淩自知罪重，試索棺釘，以觀太傅意，太傅給之。〔三七〕淩行到項，夜呼掾屬與決曰：「行年八十，身名並滅邪！」遂自殺。

干寶晉紀曰：淩到項，見賈逵祠在水側，淩呼曰：「賈梁道，王淩固忠於魏之社稷者，惟爾有神，知之。」〔三八〕其年八月，太傅有疾，夢淩、逵爲癘，甚惡之，遂薨。〔三九〕

宣王遂至壽春。〔四〇〕張式等皆自首，乃窮治其事。彪賜死，諸相連者悉夷三族。〔四一〕

魏略載：山陽單固，字恭夏，爲人有器實。正始中，兗州刺史令狐愚與固父伯龍善，辟固，欲以爲別駕。固不樂爲州吏，辭以疾。愚禮意愈厚，固不欲應。固母夏侯氏謂固曰：「使君與汝父久善，故命汝不止，汝亦固當仕進，〔四二〕自可往耳。」固不獲已，遂往，與兼治中從事楊康並爲愚腹心。後愚與王淩通謀，康、固皆知其計。會愚病，康應司徒召詣洛陽，固亦以疾解禄。康在京師露其事，太傅乃東取王淩。到壽春，固見太傅，太傅問曰：「卿知其事爲邪？」固對不知。太傅曰：「且置近事。問卿，令狐反乎？」〔四三〕固又曰無。而楊康白事，事與固連。〔四四〕遂收捕固及家屬，皆繫廷尉，考實數十，固故云無有。〔四五〕太傅録楊康，〔四六〕與固對相詰，固辭窮，乃罵康曰：「老庸〔四七〕既負使君，〔四八〕又滅我族，顧汝當活邪！」辭定，事上，須報廷尉，以舊皆聽得與其母妻子相見。固見其母，不仰視，其母知其慙也，字謂之曰：「恭夏，汝本自不欲應州郡也，我强故耳。汝爲人吏，自當爾耳；此自門户衰，我無恨也。汝本意與我語。」固終不仰，又不語，以至於死。初，楊康自以白其事，冀得封拜，後以辭頗參錯，〔四九〕亦並斬。臨刑，俱出獄，固又罵康曰：「老奴，汝死自分耳。若令死者有知，汝何面目以行地下也！」

朝議咸以爲春秋之義，〔五〇〕齊崔杼、鄭歸生皆加追戮，陳尸斲棺，載在方策。〔五一〕淩、愚罪宜如舊典。乃發淩、愚冢，剖棺，暴尸於所近市三日，燒其印綬、朝服，親土埋之。〔五二〕

干寶晉紀曰：兗州武吏東平馬隆，託爲愚家客，以私財更殯葬，行服三年，種植松柏。一州之士媿之。〔五三〕

進弘、華爵爲鄉侯。廣有志尚學行，死時年四十餘。〔五四〕

魏氏春秋曰：廣字公淵，〔五五〕弟飛梟、金虎，並才武過人。太傅嘗從容問蔣濟，濟曰：「淩文武俱贍，當今無雙。廣等志力，有美於父耳。」退而悔之，告所親曰：「吾此言，滅人門宗矣。」〔五六〕

魏末傳曰：淩少子字明山，最知名。善書，多技藝；人得其書，皆以爲法。走向太原，追軍及之。時有飛鳥集桑樹，隨枝低卬，舉弓射之即倒，追人乃止不復進。明山投親家食，親家告吏，乃就執之。

〔一〕胡三省曰：「姓譜：魏畢子顆封於令狐，爲令狐氏。」

〔二〕平阿見蔣濟傳。郡國志：「揚州九江郡平阿。」魏、晉均屬淮南郡。一統志：「平阿故城，今安徽鳳陽府懷遠縣西南。」弼按：兖州刺史治山陽郡昌邑，見郡國志。興平二年魏武領兖州牧，徙治鄄城，又自鄄城移治廩丘，見寰宇記。沈志、地形志均云魏兖州治廩丘。惲毓鼎曰：「正始後兖州刺史治平阿。考王淩傳令狐愚爲兖州刺史，屯平阿，甥舅並典兵，專淮南之重。嘉平初，愚死，黄華代爲刺史。三年，淩遣將軍楊弘以廢立事告兖州刺史黄華，正以平阿近在本郡，不得不關白通謀。如遠在廩丘治所，淩方謀祕，安肯遠事播揚？蓋其時因吴寇屢來，故移兖州刺史將屯平阿，協守淮南也。」謝鍾英曰：「今日督撫帶兵出省，未嘗以屯兵處爲省治，不得因刺史屯平阿，遂疑兖州移治平阿也。」

〔三〕傳文至此，全述淩之功績。

〔四〕毛本「淩」作「浚」，誤。

〔五〕通鑑：「嘉平元年十二月辛卯，即拜王淩爲太尉。」胡注：「即拜者，就壽春拜爲太尉。」弼按：當時之遷司空、進太尉者，欲解其兵柄耳。甘露元年，徵諸葛誕爲司空，亦猶是也。

〔六〕通鑑采漢晉春秋作「淩與愚陰謀，以帝闇弱，制於彊臣。聞楚王彪有智勇，欲共立之，迎都許昌」。較合當日情事。

〔七〕胡三省曰：「楚王彪，武帝子，黄初三年徙王白馬。白馬縣屬東郡。」弼按：楚王彪傳：黄初七年，徙封白馬。胡注言黄初三年，誤。又按彪傳，太和六年，自白馬改封楚，楚即淮南郡。彦雲都督揚州，屯兵壽春，與楚王近在咫尺，何事不可協商，乃必遣將遠至東郡之白馬，事之離奇，無過於此。千古疑獄，留此破綻，以待後人之推求。承祚之筆，亦譎而婉矣。

〔八〕胡三省曰：「勞，姓也；精，名也。姓譜：其先居東海勞山，因氏焉。後漢有琅邪勞丙。」

〔九〕語，牛倨翻。

〔一〇〕通鑑「而」作「華」。何晏字平叔。

〔一一〕謂丁謐、畢軌、桓範、鄧颺也。

〔一二〕胡三省曰：「言雖存心於高曠，而不切事情，與下不接也。」

〔一三〕通鑑作「莫之或哀」。

〔一四〕毛本「勝已」作「聲色」，誤。胡三省曰：「謂蔣濟、高柔、孫禮、陳泰、郭淮、鄧艾等。」

〔一五〕胡三省曰：「必當作畢。」

〔一六〕姚範曰：「即云彦威自造，而切著事情。」

〔一七〕令狐愚事，詳見本志卷十六倉慈傳注引魏略令狐邵傳。

〔一八〕洪飴孫曰：「諸護軍無定員，諸要鎮及將軍領兵出征者，皆置此官。」

〔一九〕吴本、毛本「淩」作「淩」，誤。

〔二〇〕吴志孫權傳：「赤烏十三年夏五月，日至，熒惑入南斗，秋七月，犯魁第二星而東。」宋書天文志：「赤烏十三年五月，日北至，熒惑逆行入南斗；太元二年，孫權薨，是其應也。故國志書於吴，而不書於魏也。」

〔二一〕宋書天文志所載與此同。

〔二二〕吴志孫權傳：「赤烏十三年十一月，遣軍十萬，作堂邑涂塘，以淹北道。」一統志：「堂邑故城，今江寧府六合縣北。」王厚齋曰：「涂塘即六合縣瓦梁堰，水曰涂河。」胡三省曰：「涂水即堂邑涂塘也。」楊正衡曰：「涂，音滁。」

〔二三〕通鑑作「欲因此發兵」。

〔二四〕晉書宣帝紀：「帝自帥中軍，汎舟沿流，九日而到甘城。」謝鍾英曰：「甘城當在丘頭西北潁水上。」何焯曰：「此中軍猶言禁軍，不及徵調外軍，故以中軍進也。」

〔二五〕即淩子廣也，將之東行。

〔二六〕胡三省曰：「水經渠水注：沙水東南過陳縣，又東南流注於潁，謂之交口。水次有大堰，即古百尺堰。司馬宣王討王淩，大軍掩至百尺，即此地。杜佑曰：百尺在陳州宛丘縣。不意其至而至曰掩至。掩者，掩其不備也。」謝鍾英曰：「百尺在故項縣東。」

〔二七〕通鑑作「懿軍到丘頭」。胡注：「水經：潁水過南頓縣，又東逕丘頭，丘頭南枕水。魏書郡國志曰王淩面縛於此，故號武丘。」趙一清曰：「司馬懿雖嘗討淩至丘頭，而武丘之名至司馬昭克諸葛誕始改，見晉書文帝紀，此注誤耳。」

〔二八〕郡國志：「豫州汝南郡項。」一統志：「項縣故城，今河南陳州府項城縣槐坊店。槐芳店在項城縣東北六十里，半在沈丘縣界。」

〔二九〕宋本「三」作「二」。

〔三〇〕宋本「二」作「三」。

〔三一〕毛本「罪」作「戮」。

〔三二〕元本「頊」作「須」。

〔三三〕胡三省曰：「水經注：潁水自丘頭東南至鎮縣，又東南入於淮。懿蓋進軍已至淮。」

〔三四〕胡三省曰：「淩與懿同爲公，初以爲蒙赦而欲趨懿，懿逆拒之，乃知以罪而見外。」

〔三五〕胡三省曰：「古者，簡長二尺四寸，短者半之。漢制，簡長二尺，短者半之。蓋單執一札謂之簡，折簡者，折半之簡，言其禮輕也。又按南史，孔闓爲孔珪草表，珪以示謝朓，朓嗟吟良久，手自折簡寫之。」潘眉曰：「漢制，簡長三尺，短者半之，謂之折簡。北齊書魏收傳：尺書徵建鄴，折簡召長安。南史梁武帝紀：隋王止須折簡耳。謂禮輕者，但須折簡之半也。」

〔三六〕胡三省曰：「自潁河泝流而西，詣洛陽。」

〔三七〕胡三省曰：「給棺釘者，示之以必死。」

〔三八〕水經潁水注：「谷水逕小城北，又東逕魏豫州刺史賈逵祠北。王隱言：祠在城北，非也。廟在小城東，昔王淩爲司馬懿所執，屆廟而歎曰：賈梁道！王淩，魏之忠臣，惟汝有靈知之，遂仰鴆而死。」韓慕廬曰：「八十老翁，尚復何求？水側之呼，故是肝鬲語，堪愧死賈充輩。」劉咸炘曰：「此與正文所載事相背，承祚舍此，是没淩之本心矣。」

〔三九〕晉書宣帝紀：「嘉平三年六月，帝寢疾，夢賈逵、王淩爲祟，甚惡之。秋八月，崩於京師。」顏之推曰：「還寃記云：宣王有疾，白日見淩來，並賈逵爲祟。因呼字曰：彦雲緩我。宣王身亦有打處，少日遂薨。」

〔四〇〕水經渠水注：「渠水右合五池溝，謂之五池口。魏嘉平三年，司馬懿帥中軍討太尉王淩于壽春，自彼而還，帝使侍中韋誕勞軍于五池者也。」

〔四一〕郭淮妻爲王淩妹，淩誅，妹當從坐。見郭淮傳注引世語。

〔四二〕宋本「固」作「故」。

〔四三〕各本「反」皆作「及」，局本作「反」，通鑑作「反」。盧明楷曰：「及字當爲反字之誤。蓋謂令狐愚與王淩通謀之事，單固知情也。」

〔四四〕胡三省曰：「康所白愚陰事，事與固連也。」

〔四五〕通鑑作「固固云無有」。胡注：「上固其名，下固，固執也。」

〔四六〕録，收也。

〔四七〕通鑑「庸」作「傭」。胡注：「傭，雇也。奴僕受雇者曰傭。老傭，猶言老奴也。」周壽昌曰：「庸即庸保雜作之庸，與呼老奴無異。」

〔四八〕使君，謂令狐愚也。

〔四九〕言獄辭與單固參雜也。

〔五〇〕吳本、毛本無「以」字，誤。

〔五一〕左傳襄公二十八年：「求崔杼之尸，將戮之，不得。崔氏之臣曰：與我其拱璧，吾獻其柩，於是得之。齊人遷莊公殯於大寢，以其棺尸崔杼於市，國人猶知之，皆曰：崔子也。」左傳宣公十年：「鄭人討幽公之亂，斲子家之棺而逐其族。」杜注：「子家，歸生也。斲薄其棺，使不從卿禮，以殺君故也。」

〔五二〕胡三省曰：「孟子曰：比化者無使土親膚。親土者，羸葬也。」周壽昌曰：「親土，言即以土埋其尸，不用棺殮者。漢書楊王孫傳以身親土是也。」趙一清曰：「晉王敦傳：郗鑒曰：王淩儭土。親字誤。」

〔五三〕晉書馬隆傳：「隆字孝興，東平平陸人。少而智勇，好立名節。魏兗州刺史令狐愚坐事伏誅，舉州無敢收者。隆以武吏，託稱愚客，以私財殯葬，服喪三年，列植松柏，禮畢乃還。一州以爲美談，署武猛從事。兗州舉隆才堪良將，稍遷司馬督，爲武威太守。西渡溫水，虜樹機能等以衆萬計，假節宣威將軍。太熙初，封奉高縣侯，威信振於隴右。」

〔五四〕嚴衍通鑑補云：「及淩敗，生縛廣麾下，引見懿。以廣嘗有書諫淩，先言不坐，且勞之曰：彥雲早聽卿言，不及也。廣正色對曰：廣父非反也。廣所以勸父弗舉者，欲須時耳。廣父不幸，舉不當而敗。廣父，太傅之賊，而曹氏之忠臣也。廣，太傅之忠臣，而父之賊也。賊父以求生，廣不爲也。伏劍而死。」

〔五五〕世說賢媛篇：「王公淵娶諸葛誕女，入室，言語始交，王謂婦曰：新婦顏色卑下，殊不是公休。婦曰：大丈夫不能仿佛彥雲，而令婦人比蹤英傑。」劉峻注引魏氏春秋曰：「廣有風量才學，名重當世，與傅嘏等論才性同異行於世。」劉峻注云：「王廣名士，豈以妻父爲戲，此言非也。」

〔五六〕蔣濟因失言於曹爽，業已前卒，何義門謂此語爲後人增飾，信然。

毌丘儉字仲恭，〔一〕河東聞喜人也。〔二〕父興，〔三〕黄初中爲武威太守，伐叛柔服，開通河右，名次金城太守蘇則。討賊張進及討叛胡有功，封高陽鄉侯。〔四〕

魏名臣奏載雍州刺史張既表曰：「河右遐遠，喪亂彌久，武威當諸郡路通，喉轄之要，〔五〕加民夷雜處，數有兵難。領太守毌丘興到官，〔六〕内撫吏民，外懷羌、胡，卒使柔附，爲官效用。黄華、張進初圖逆亂，扇動左右。興志氣忠烈，臨難不顧，爲將校民夷陳説禍福，言則涕泣。於時男女萬口，咸懷感激，形毁髪亂，誓心致命。尋率精兵踧脅張掖，濟拔領太守杜通、西海太守張睦。〔七〕張掖番和、驪靬二縣吏民〔八〕及郡雜胡棄惡詣興，興皆安恤，〔九〕使盡力田。興每所歷，盡竭心力，誠國之良吏。殿下即位，留心萬機，苟有毫毛之善，必有賞録，臣伏緣聖旨，指陳其事。」

入爲將作大匠。〔一〇〕儉襲父爵，爲平原侯文學。〔一一〕明帝即位，爲尚書郎，遷羽林監。〔一二〕以東宫之舊，甚見親待。出爲洛陽典農。時取農民以治宫室，儉上疏曰：「臣愚以爲天下所急除者二賊，所急務者衣食。誠使二賊不滅，士民饑凍，雖崇美宫室，猶無益也。」遷荆州刺史。

〔一〕何焯曰：「漢書高紀下注云：曼丘、毌丘，本一姓也，語有緩急耳，故知此字作母者，傳寫之誤。史通中音貫，是也。」李慈銘曰：「如此説則字當作毌，即古貫字。然曼、毌音雖同部，而語不相轉。若母、曼則雙聲相轉，緩則曰曼，急則云母，所謂語有緩急也。」潘眉曰：「楊慎云：複姓有毌丘氏，諸姓氏書音母，作母非也。漢書有曼丘臣，師古曰：曼丘、毌丘本一姓。史記田齊世家：伐衛，取毌丘。索隱曰：毌，音貫。貫丘，古國名，衛之邑。今作毌丘，字殘缺耳。索隱以毌字爲殘缺，亦非。蓋古字從省，不用貝。漢有毌丘興、毌丘長、毌丘毅，魏有毌丘儉，皆同族也。按：升菴之説當矣。毌丘興即毌丘儉之父，而以爲同族，亦失於不考。」

〔二〕聞喜見裴潛傳。

〔三〕趙一清曰：「水經穀水注：穀水東逕魏將作大匠毌丘興盛墓南，二碑並存，儉父也。管輅過其墓而歎，謂法應滅族。輅本傳云過儉墓，誤矣。又儉父名興盛，此云興，亦不同。蘇則傳亦單名興。」潘眉曰：「儉父實名興，水經注誤。」弼按：聚珍本水經注作毌丘興。

〔四〕興爲安定太守，見武紀建安十九年。蘇則傳：「張掖張進執太守杜通，自稱太守。武威三種胡並寇鈔，武威太守毌丘興告急於則，則發兵救武威，降其三種胡，與興擊進於張掖，破之，斬進。」

〔五〕宋本、元本、馮本、監本「通」作「道」。

〔六〕元本「領」作「頃」。

〔七〕西海見前龐淯傳注。

〔八〕郡國志：「涼州張掖郡酈軒、番和。」一統志：「驪軒故城，今甘肅涼州府永昌縣南；番和故城，今永昌縣西。」惠棟曰：「説文：軒從革，干聲。番，如淳音盤。驪軒，李奇音遲虔。師古曰：今其俗人呼驪軒，疾言之曰力虔。」

〔九〕馮本「恤」作「卹」。

〔一〇〕續百官志：「將作大匠一人，二千石，掌修作宗廟、路寢、宫室、陵園木土之功，並樹桐梓之類，列於道側。」

〔一一〕明帝紀：「黄初三年，爲平原王。」儉爲平原王文學，故下文有以東宫之舊，甚見親待之語，非曹植所封之平原侯也。此傳「侯」字當爲「王」字之誤。儉襲父興爵高陽鄉侯。謝鍾英謂儉襲父興爵爲平原侯，誤。王先謙引謝語而指爲洪亮吉説，則誤之又誤矣。今均不採，特辨正於此。蔣超伯南漘楛語卷五曰：「毌丘儉承露盤賦，較陳思王鑄詞尤偉。有云：采名金于崑丘，斬扶桑以爲薪，詔燭龍使吐火，運混元以陶甄。敺陰陽而役神物，豈取力于烝民？匪雕匪斵，天挺之靈，雄幹碣以高立，干雲霧而上征。遠而望之，若紫霓下連，雙鶡集焉；即而視之，若璆琳之柱，華蓋在端。上際辰極，下通九原，中承仙掌，既平且安。越古今而無匹，信奇異之可觀。」

〔一二〕蔡質漢儀曰：「尚書郎，初從三署詣臺試，初上臺稱守尚書郎中，歲滿稱尚書郎。」續百官志：「羽林右監一人，六百石，主羽林右騎。」

青龍中，帝圖討遼東，以儉有幹策，徙爲幽州刺史，加度遼將軍，〔一〕使持節護烏丸校尉。

率幽州諸軍至襄平，〔二〕屯遼隧。〔三〕右北平烏丸單于寇婁敦、遼西烏丸都督率衆王護留等，〔四〕昔隨袁紹奔遼東者，〔五〕率衆五千餘人降。寇婁敦遣弟阿羅槃等詣闕朝貢，封其渠率二十餘人爲侯、王，〔六〕賜輿馬、繒采各有差。〔七〕公孫淵逆與儉戰，不利，引還。〔八〕明年，帝遣太尉司馬宣王統中軍及儉等衆數萬討淵，定遼東。儉以功進封安邑侯，〔九〕食邑三千九百户。〔一〇〕

〔一〕度遼將軍毌丘儉嘗薦裴秀於大將軍曹爽，見裴潛傳注引晉書裴秀傳。秀爲河東聞喜人，與儉同縣。

〔二〕郡國志：「幽州遼東郡襄平。」一統志：「襄平故城，今奉天府海城縣東。」鄒安鬯曰：「今奉天府遼陽州北七十里。」

〔三〕班志：「遼隧屬遼東郡。」建武初省，桓、靈後復立。錢坫曰：「今奉天府海城縣西之牛莊。」儉有請定遼東疏，見衛臻傳。」

〔四〕明紀景初元年作「遼西烏丸都督王護留等」，烏丸傳注引魏略作「王護留葉」。

〔五〕宋本「紹」作「尚」，是。

〔六〕烏丸傳注「槃」作「獎」，「二」作「三」。

〔七〕馮本「采」作「綵」。

〔八〕事在景初元年，傳文應敘明，否則下文明年承上文青龍中，不知爲何年也。

〔九〕安邑見武紀興平二年。

〔一〇〕毛本無「食」字，誤。

正始中，儉以高句驪數侵叛，督諸軍步騎萬人出玄菟，〔一〕從諸道討之。句驪王宫〔二〕將步騎二萬人，進軍沸流水上，〔三〕大戰梁口，〔四〕宫連破走。〔五〕儉遂東馬縣車，〔六〕以登丸都，〔七〕屠

句驪所都，〔八〕斬獲首虜以千數。句驪沛者名得來，數諫宮，

臣松之按東夷傳：沛者，句驪國之官名。

宮不從其言。得來歎曰：「立見此地將生蓬蒿。」遂不食而死，舉國賢之。儉令諸軍不壞其墓，不伐其樹，得其妻子，皆放遣之。宮單將妻子逃竄。儉引軍還。六年，復征之，宮遂奔買溝。〔九〕儉遣玄菟太守王頎追之，〔一〇〕

世語曰：頎字孔碩，東萊人。晉永嘉中，大賊王彌，頎之孫。〔一一〕

過沃沮千有餘里，至肅慎氏南界，刻石紀功，刊丸都之山，銘不耐之城。〔一二〕諸所誅納八千餘口，〔一三〕論功受賞，侯者百餘人。〔一四〕穿山溉灌，民賴其利。

〔一〕郡國志：「幽州玄菟郡，治高句驪。」謝鍾英曰：「高句驪縣，在今奉天府鐵嶺縣東。」弼按：此指漢、魏之高句驪縣境言，若高驪之都城，則在丸都也。

〔二〕「宮」應作「位」。宮詳見本志東夷傳高句驪傳。

〔三〕一統志：「沸流江在朝鮮江東郡南，自漢江分流，西合於大同江。」弼按：沸流水當即今鴨緑江，説見本志東夷傳。

〔四〕原注：「梁，音渴。」

〔五〕趙一清曰：「梁口，册府作渦口，注云渦音過，是也。此並譌。水經濡水注：新河又東至九過口，枝分南注海，即是此地。」錢大昕曰：「梁字不當有渴音，疑誤。」沈欽韓曰：「柳宗元袁家渴記：楚、越之間，方言謂水之反流者曰渴，音若衣褐之褐。此蓋熊津江口也。一統志：漢江又名熊津江，在國城南十里，王城恃以爲險。」李慈銘曰：「梁口當作列口。漢志樂浪郡有列口縣，續志樂浪郡列口縣注引郭璞注山海經曰：列，水名，在遼東。蓋列口以水名縣，亦

稱列水口，傳寫誤合列水二字爲梁耳。」謝鍾英曰：「梁口即沸流水口。」王國維曰：「今太子河即魏志之梁口。」吳其昌曰：「太子河源口，正當今自鐵嶺南自輯安必經之路，則當日之梁口，亦正當從玄菟郡治南至丸都城必經之路。」弼按：沸流水既在今朝鮮境，丸都又爲高句驪之都，則梁口當在二者之間。趙、沈、李説均誤，謝、王、吳説近是。

〔六〕史記封禪書：「齊桓公曰：寡人西伐大夏，涉流沙，束馬懸車，上卑耳之山。」韋昭曰：「將上山，纏束其馬，懸鉤其車也。」

〔七〕本志東夷傳：「高句驪都於丸都之下。」一統志：「丸都山在朝鮮國城東北，漢時高句驪王伊夷模都此。」胡三省曰：「唐志：自鴨緑江口舟行百餘里，乃小舫泝流東北行，凡五百三十里而至丸都城。」弼按：丸都詳見東夷傳注。

〔八〕北史高句麗傳：「正始五年，毌丘儉出玄菟討位宮，大戰于沸流，敗走。儉追至䩄峴，懸車束馬，登丸都山，屠其所都。」寰宇記卷百七十三：「儉追至赤峴，懸車束馬，登丸都山，屠其所都，斬首萬餘級。」方輿紀要卷三十八：「丸都城在沸流水之東。」

〔九〕沈欽韓曰：「東夷傳：北沃沮一名置溝漊。後漢書東夷傳同。溝漊者，句驪名城也。此誤置爲買，又脱漊字。」

〔一〇〕據丸都山紀功殘石，頎爲行裨將軍，領玄菟太守。

〔一一〕晉書王彌傳：「彌，東萊人，家世二千石。祖頎，魏玄菟太守。武帝時至汝南太守。彌有才幹，博涉書記，少游俠京都。惠帝末，妖賊劉伯根起東萊，彌率家僮從之。彌多權略，弓馬迅捷，青土號爲飛豹。引兵入寇青、徐，進逼洛陽，王師進擊，大破之。彌渡河歸劉元海，元海進彌征東大將軍，封東萊公。彌與劉曜寇襄陽城，遂逼京師，陷宮城，縱兵大掠。幽帝於端門，逼辱羊皇后，殺皇太子詮。發掘陵墓，焚燒宮廟，城府蕩盡，百官男女遇害者三萬餘人。遂遷帝於平陽，彌後爲石勒所殺。」

〔一二〕沃沮有二，一曰東沃沮，亦曰南沃沮；一曰北沃沮，去南沃沮八百餘里。不耐城，東沃沮所居也。儉征高句驪，至東沃沮，又追至北沃沮也。一統志：「古沃沮地，今朝鮮東北境；不耐城，在今朝鮮咸興府北，漢縣屬樂浪郡，東部都尉治此。」班志樂浪郡不而即此。而、耐古字通。胡三省曰：「魏東夷挹婁之國，即古肅慎氏也。」

〔一三〕胡三省曰：「言誅殺者及納降者，總八千餘口。」

〔一四〕事在正始七年。本志東夷傳高句驪傳在正始五年。吴其昌丸都山紀功刊石跋尾云：「毌丘仲恭，貞忠亮直，繾綣舊主，效忠魏室。毅然起兵，與司馬氏抗，至赤其家族以殉，其在後世，亦文山、正學之流，其人格有足爲百世欽者，不徒此役之豐功偉烈，足以遺榮於後世已也。萬疊深嶂，一掌殘珉，天之所以彰潛德、慰貞魂者，固有在歟？」

遷左將軍，假節監豫州諸軍事，領豫州刺史，轉爲鎮南將軍。〔一〕諸葛誕戰於東關，〔二〕不利，乃令誕、儉對换：誕爲鎮南，都督豫州；儉爲鎮東，〔三〕都督揚州。吴太傅諸葛恪圍合肥新城，儉與文欽禦之。太尉司馬孚督中軍東解圍，恪退還。〔四〕

〔一〕毛本、局本「鎮」作「征」，誤。下文誕、儉對换鎮南、鎮東，及後注文欽與郭淮書云毌丘鎮東可證。通鑑：「嘉平四年，征南大將軍王昶、征東將軍胡遵、鎮南將軍毌丘儉等各獻征吴之計，朝廷以三征計異，詔問尚書傅嘏。」胡注：「漢置四征將軍，又置四鎮將軍，有功進號，則自鎮爲征。毌丘儉方爲鎮南，而曰三征，史槩言之。」

〔二〕胡三省曰：「今柵江口有兩山，濡須山在和州界，謂之東關，七寶山在無爲軍界，謂之西關。唐志：廬州巢縣東南四十里，有故東關。」

〔三〕嘉平六年，鎮東將軍毌丘儉上言：「劉整、鄭像子弟，宜有差異。」見齊王紀。

〔四〕通鑑：「嘉平五年五月，諸葛恪圍新城，大將軍司馬師敕毌丘儉等案兵自守，以新城委吴。秋七月，恪引軍去。」晉書景帝紀：「嘉平五年夏五月，諸葛恪圍新城，朝議慮其分兵以寇淮、泗，欲戍諸水口。帝曰：諸葛恪新得政於吴，欲徼一時之利，并兵合肥，以冀萬一，不暇復爲青、徐患也。且水口非一，多戍則用兵衆，少戍則不足以禦寇。恪果并力合肥，卒如所度。帝使鎮東將軍毌丘儉、揚州刺史文欽等拒之。儉、欽請戰，帝曰：恪卷甲深入，投兵死地，其鋒未易當。且新城小而固，攻之未可拔，遂命諸將高壘以弊之。相持數月，恪攻城力屈，死傷太半。帝乃敕欽督鋭卒趨合榆，要其歸路，儉帥諸將以爲後繼。恪懼而遁，欽逆擊，大破之，斬首萬餘級。」

初，儉與夏侯玄、李豐等厚善。揚州刺史前將軍文欽，曹爽之邑人也，驍果麤猛，數有戰功，好增虜獲，以徼寵賞，多不見許，怨恨日甚。儉以計厚待欽，情好歡洽。欽亦感戴，投心無貳。正元二年正月，有彗星數十丈，西北竟天，起於吳、楚之分。儉、欽喜，以爲己祥。遂矯太后詔，罪狀大將軍司馬景王，移諸郡國，舉兵反。迫脅淮南將守諸別屯者，及吏民大小，皆入壽春城，〔一〕爲壇於城西，〔二〕歃血稱兵爲盟。分老弱守城，儉、欽自將五六萬衆渡淮，西至項。〔三〕儉堅守，欽在外爲游兵。〔四〕

儉、欽等表曰：故相國懿，匡輔魏室，歷事忠貞，故烈祖明皇帝授以寄託之任。懿戮力盡節，以寧華夏。又以齊王聰明，無有穢德，乃心勤盡，〔五〕忠以輔上，天下賴之。懿欲討滅二虜，以安宇內，始分軍糧，克時同舉，未成而薨。齊王以懿有輔〔已〕〔己〕大功，故遂使師承統懿業，委以大事。而師以盛年在職，無疾託病，坐擁彊兵，無有臣禮，朝臣非之，義士譏之，天下所聞，其罪一也。懿造計取賊，多舂軍糧，克期有日。師爲大臣，當除國難，〔六〕又爲人子，當卒父業，哀聲未絶，而便罷息。爲臣不忠，爲子不孝，其罪二也。賊退過東關，坐自起衆，三征同進，喪衆敗績，歷年軍實，一旦而盡，致使賊來，天下騷動，死傷流離，其罪三也。賊舉國悉衆，號五十萬，來向壽春，圖詣洛陽。會太尉孚與臣等建計，乃杜塞要險，不與爭鋒，還固新城。淮南將士，衝鋒履刃，晝夜相守，勤瘁百日，死者塗地。自魏有軍以來，爲難苦甚，莫過於此。〔七〕而師遂意自由，不論封賞，權勢自在，無所領録，其罪四也。故中書令李豐等以師無人臣師有節，欲議退之。師知而請豐，其夕拉殺，載尸埋棺。豐等爲大臣，帝王腹心，擅加酷暴，死無罪名。師有無君之心，其罪五也。懿每歎説齊王自堪人主，〔八〕君臣之義定。奉事以來，十有五載，〔九〕始欲歸政，按行武庫，詔問禁兵，不得妄出。師自知姦慝，人神所不祐，矯廢君主，加之以罪。孚，師之叔父，性甚仁孝，追送齊王，悲不自勝。〔一〇〕羣臣皆怒，而師懷忍，不顧大義，其罪六也。又故光禄大夫張緝，無罪而誅，夷其妻子，并及母后，〔一一〕逼恐至尊，彊催督遣，臨時哀愕，莫不傷痛。而師稱慶，反以歡喜，其罪七也。陛下踐阼，聰明神武，事經聖心，欲崇省約，天下聞之，莫不歡慶。而師不自改悔，修復臣禮，而方徵兵募士，毁壞宫内，列侯自衛。陛下即阼，初不朝覲。陛下欲臨幸師舍，以省其疾，復拒不通。不奉法度，其罪八也。近者領軍許允，當爲鎮北，以廚錢給賜。而師舉奏加辟，雖云流徙，道路餓殺，〔一二〕天下聞之，莫不哀傷，其罪九也。三方之守，一朝闕廢，多選精兵，以自營衛，五營領兵，闕而不補，多載器杖，充聚本營，天下所聞，人懷憤怨，譌言盈路，以疑海内，其罪十也。多休守兵，以占高第，以空虚四表，欲擅彊勢，以逞姦心，募取屯田，加其復賞，阻兵安忍，壞亂舊法。合聚諸藩王公以著鄴，欲悉誅之，一旦舉事廢主。天不長惡，使目腫不成，〔一三〕其罪十一也。臣等先人皆隨從太祖武皇帝征討凶暴，獲成大功，與高祖文皇帝即受漢禪，開國承家，猶堯、舜相傳也。臣與安豐護軍鄭翼、廬江護軍呂宣、太守張休、〔一四〕淮南太守丁尊、督守合肥護軍王休等議，各以累世受恩，千載風塵，思盡軀命，以完全社稷，安主爲效。斯義苟立，雖焚妻子，吞炭漆身，〔一五〕死而不恨也。按師之罪，宜加大辟，以彰姦慝。春秋之義，一世爲善，十世宥之。懿有大功，海内所書，依古典議，廢師以侯就第。弟昭，忠肅寬明，樂善好士，有高世君子之度，忠誠爲國，不與師同。臣等碎首所保，可以代師，輔導聖躬。〔一六〕太尉孚，忠孝小心，所宜親寵，授以保傅。護軍散騎常侍望，〔一七〕忠公親事，當官稱能，奉迎乘輿，有宿衛之功，可爲中領軍。春秋之義，大義滅親，故周公誅弟，〔一八〕石碏戮子，〔一九〕季友鴆兄，〔二〇〕上爲國計，下全宗族。殛鯀用禹，聖人明典，古今所稱。乞陛下下臣等所奏，朝堂博議。臣言當道，使師遜位避賢者，罷兵去備，如三皇舊法，〔二一〕則天下協同。若師負勢恃衆，不自退者，臣等率將所領，晝夜兼行，惟命是授。臣等今日所奏，惟欲使大魏永存，使陛下得行君意，遠絶亡之禍，百姓安全，六合一體，使忠臣義士，不愧於三王五帝耳。〔二二〕臣恐兵起，天下擾亂，臣輒上事，移三征及州郡國典農，〔二三〕各安慰所部，吏民不得妄動。謹具以狀聞。惟陛下愛養精神，明慮危害，以寧海内。師專權用勢，賞罰自由，聞臣等舉衆，必下詔禁絶關津，使驛書不通，擅復徵調，有所收捕。〔二四〕此乃師詔，非陛下詔書，在所皆不得復承用。臣等道遠，懼文書不得皆通，輒臨時賞罰，以便宜從事，須定表上也。〔二五〕

〔一〕今安徽鳳陽府壽州治。

〔二〕壽春城西。

〔三〕項縣故城，今河南陳州府項城縣東北槐坊店，詳見高貴鄉公紀正元二年注引世語注。

〔四〕何焯曰：「至項即堅守，不知將何爲，無必死之心，失勤王之義，衆鋭一沮，即使逃死敵國，亦惡在其爲丈夫乎！」

〔五〕「盡」應作「蓋」。

〔六〕毛本「難」作「險」，誤。

〔七〕何焯曰：「諸葛恪雖挫於新城，以此表觀之，亦一時之强對也。」

〔八〕郝書作「真爲令主」。

〔九〕正始十年，嘉平五年。

〔一〇〕見齊王紀嘉平六年注引魏略。

〔一一〕廢皇后張氏。

〔一二〕中領軍許允素與李豐、夏侯玄善，帝特引以自近。有司奏允放散官物，收廷尉，徙樂浪。未至，道死。見夏侯玄傳。

〔一三〕司馬師病目瘤。胡三省曰：「肉起疾腫曰瘤。」

〔一四〕錢儀吉曰：「有兩張休。」

〔一五〕戰國策：「豫讓欲爲智伯報讐，漆身爲厲，滅鬚去眉，自刑以變其容。又吞炭爲啞變其音。」

〔一六〕李安溪曰：「此豈爲知人者乎？」

〔一七〕望，孚之子。

〔一八〕誅管叔、蔡叔也。

〔一九〕左傳隱公三年：「石碏子厚與州吁游，禁之，不可。四年春，衛州吁殺桓公而立，九月，衛人殺州吁于濮。石碏使其宰殺石厚于陳。君子曰：石碏，純臣也，惡州吁而厚與焉。大義滅親，其是之謂乎！」

〔二〇〕左傳莊公三十二年：「公疾，問後於叔牙。對曰：慶父材。問於季友，對曰：臣以死奉般。成季使以君命僖叔，待於鍼巫氏，使鍼季鴆之。」杜注：「成季，季友也；子般，莊公太子也；叔牙，慶父同母弟僖叔也。」公羊傳：「公子慶父、公子牙、公子友，皆莊公之母弟也。」

〔二一〕三皇，武、文、明也。

〔二二〕宋本「王」作「皇」。

〔二三〕毛本「典」作「興」，誤。

〔二四〕馮本「捕」作「禁」。

〔二五〕宋本「表」作「集」。

大將軍統中外軍討之，〔一〕別使諸葛誕督豫州諸軍，從安風津擬壽春，〔二〕征東將軍胡遵〔三〕督青、徐諸軍出於譙、宋之閒，絕其歸路。大將軍屯汝陽，〔四〕使監軍王基督前鋒諸軍，據南頓以待之。〔五〕令諸軍皆堅壁勿與戰。〔六〕儉、欽進不得鬬，退恐壽春見襲，不得歸；計窮不知所爲。淮南將士，家皆在北，衆心沮喪，〔七〕降者相屬。〔八〕惟淮南新附，農民爲之用。大將軍遣兗州刺史鄧艾，督泰山諸軍萬餘人至樂嘉，示弱以誘之，〔九〕大將軍尋自洙至。〔一〇〕欽不知，果夜來欲襲艾等，會明，見大軍兵馬盛，乃引還。

魏氏春秋曰：欽中子淑，〔一一〕小名鴦。〔一二〕年尚幼，勇力絕人。〔一三〕謂欽曰：「及其未定，擊之可破也。」於是作爲二隊，夜夾攻軍。淑率壯士先至，大呼大將軍，軍中震擾。〔一四〕欽後期不應。會明，淑退，欽亦引還。〔一五〕

魏末傳曰：殿中人姓尹，字大目，小爲曹氏家奴，常侍在帝側，〔一六〕大將軍將俱行。大目知大將軍一目已突出，啓云：「文欽本是明公腹心，但爲人所誤耳，又天子鄉里，〔一七〕大目昔爲文欽所信，乞得追解語之，〔一八〕令還與公腹好。」大將軍聽，遣大目單身往，乘大馬，被鎧胄，追及欽，〔一九〕遥相與語。大目心實欲曹氏安，〔二〇〕謬言：「君侯何苦、若不可復忍數日中也！」〔二一〕欲使欽解其旨，〔二二〕欽殊不悟，乃更厲聲罵大目：「汝先帝家人，不念報恩，而反與司馬師作逆，不顧上天，天不祐汝！」〔二三〕乃張弓傅矢，〔二四〕欲射大目。大目涕泣曰：「世事敗矣，善自努力也。」

大將軍縱驍騎追擊，大破之，欽遁走。是日，儉聞欽戰敗，恐懼夜走，衆潰。比至慎縣，〔二五〕左右人兵稍棄儉去，儉獨與小弟秀及孫重藏水邊草中。安風津都尉部民張屬就射殺儉，傳首京都。屬封侯。秀、重走入吴。將士諸爲儉、欽所迫脅者，悉歸降。

欽與郭淮書曰：「大將軍昭伯與太傅伯俱受顧命，〔二六〕登牀把臂，託付天下，此遠近所知。後以勢利，乃絶其祀，及其親黨，皆一時之俊，可爲痛心，柰何柰何！公侯恃與大司馬公恩親分著，〔二七〕義貫金石，當此之時，想益毒痛，有不可堪也。王太尉嫌其專朝，潛欲舉兵，事竟不捷，〔二八〕復受誅夷，害及楚王，〔二九〕想甚追恨。太傅既亡，然其子師繼承父業，肆其虐暴，日月滋甚。放主殺后，殘戮忠良，包藏禍心，遂至篡弑，此可忍也，孰不可忍？欽以名義大故，事君有節，忠憤内發，忘寢與食，無所吝顧也。會毌丘子邦自與父書，〔三〇〕騰説公侯，盡事主之義，欲奪白髮，〔三一〕同符太公。惟須東問，影響相應，聞問之日，能不慷慨！是以不顧妻孥之痛，即與毌丘鎮東舉義兵三萬餘人，西趨京師，欲扶持王室，埽除姦逆，企踵西望，不得聲問，魯望高子，〔三二〕不足喻急。夫當仁不讓，況救君之難，度道遠艱，故不果期要耳。然同舟共濟，安危勢同，禍痛已連，非言飾所解，自公侯所明也。共事曹氏，積信魏朝，行道之人，皆所知見。然在朝之士，冒利偷生，烈士所恥，公侯所賤，賈豎所不忍爲也。況當塗之士邪？軍屯住項，小人以閏月十六日别進兵，就於樂嘉城討師，師之徒衆，尋時崩潰，其所斬截，不復訾原，但當長驅，徑至京師。而流言先至，毌丘不復詳之，更謂小人爲誤，〔三三〕諸軍便爾瓦解。毌丘還走，追尋釋解無所及。小人還項，復遇王基等十二軍，追尋毌丘，進兵討之，即時克破，所向全勝，要〔三四〕那後無繼何？〔三五〕孤軍梁昌，〔三六〕進退失所，還據壽春，壽春復走，狼狽躓閡，無復他計，惟當歸命大吴，借兵乞食，繼踵伍員耳。不若僕隷，〔三七〕如何快心，復君之讐，永使曹氏少享血食，此亦大國之所祐念也。〔三八〕想公侯不使程嬰、杵臼擅名於前代，〔三九〕而使大魏獨無鷹揚之士與？今大吴敦崇大義，深見愍悼。然僕於國大分連接，遠同一勢，日欲俱舉，〔四〇〕瓜分中國，〔四一〕不願偏取，以爲（已）〔己〕有。公侯必欲共忍師胷懷，〔四二〕宜廣大勢，恐秦川之卒〔四三〕不可孤舉。今者之計，宜屈己伸人，託命歸漢，東西俱舉爾，乃可克定師黨耳。深思鄙言，若愚計可從，宜使漢軍克制期要，使六合校考，與周、召同封，以託付兒孫。此亦非小事也，大丈夫寧處其落落，是以遠呈忠心，時望嘉應。」時郭淮已卒，欽未知，故有此書。〔四四〕世語曰：毌丘儉之誅，黨與七百餘人，傳侍御史杜友治獄，惟舉首事十人，餘皆奏散。〔四五〕友字季子，東郡人。仕晉，冀州刺史、河南尹。子默，字世玄，歷吏部郎、衞尉。

〔一〕通鑑：「正元二年，儉、欽起兵，司馬師問計於王肅。肅曰：淮南將士，父母妻子，皆在州內，但急往禦衛，使不得前。時師新割目瘤，創甚。王肅、傅嘏、鍾會勸師自行。嘏曰：淮、楚兵勁，大勢一失，則公事敗矣。師蹶然起曰：我請輿疾而東。戊午，師率中外諸軍討儉、欽，召三方兵會於陳、許。」

〔二〕水經注：「淮水東過安豐縣東北，又東爲安豐津水，南有城，故安豐都尉治。後立霍丘戍。」通典：「安豐津在壽州霍丘城北。」謝鍾英曰：「安風津當在今正陽關北，潁水入淮處。」弼按：魏安豐郡治安風縣，津蓋以縣得名。又互見齊王紀嘉平五年及王基傳。

〔三〕胡遵事見鍾會傳注。

〔四〕胡三省曰：「宋謂梁國之地。梁國都睢陽，故宋都也。汝陽縣屬汝陽郡，在汝水之北。」弼按：譙、宋即魏豫州譙郡譙、宋二縣。儉、欽兵已西至項，宋在項之南，故云絕其歸路。胡注指宋故都，誤。一統志：「宋縣故城，今安徽潁州府太和縣北七十里；汝陽故城，今河南陳州府商水縣北。」

〔五〕郡國志：「汝南郡南頓。」一統志：「南頓故城，今陳州府項城縣北五十里。」弼按：南頓在項之北，故云據南頓以待之。

〔六〕此鄭袤之策也。晉書鄭袤傳：「袤曰：毌丘儉好謀而不達事情，文欽勇而無算。今大軍出其不意，江、淮之卒，鋭而不能固，宜深溝高壘，以挫其氣。」通鑑：「司馬師令諸軍深壁高壘以待諸軍之集。諸將請進軍攻項，師曰：淮南將士，本無反志，速戰更合其志；與持久，詐情自露。」

〔七〕宋本「喪」作「散」。

〔八〕果如王肅之言。

〔九〕鄧艾傳：「毌丘儉作亂，遣健步齎書，艾斬之，兼道進軍，先趨樂嘉城作浮橋。司馬景王至，遂據之。」胡三省曰：「水經注：潁水過汝陽縣北，又東南過南頓縣，濦水注之。又南逕博陽故城東，城在南頓縣北四十里，漢宣帝封丙吉爲侯國，王莽更名樂嘉。」

〔一〇〕趙一清曰：「洙疑許之誤。」弼按：洙當作汝。上文大將軍屯汝陽是也。晉書景帝紀：「帝屯汝陽，潛軍銜枚，徑造樂嘉。」

〔一一〕宋本作「俶」。諸葛誕傳注云「鴦一名俶」，以作俶爲是。

〔一二〕馮本「名」作「字」。

〔一三〕晉書景帝紀：「欽子鴦，年十八，勇冠三軍。」史通卷二十暗惑篇：「魏世諸小書，皆云文鴦侍講，殿瓦皆飛。案漢書云項王叱咤伏千人，然則呼聲之極大者，不過使人披靡而已。尋文鴦武勇，遠慚項籍，況侍君側，固當屏氣徐言，焉能檐瓦皆飛，有踰武安鳴鼓？且瓦既飄隕，則人必震驚，而魏帝與其羣臣，焉得巋然無害也？」

〔一四〕晉書景帝紀：「帝目有瘤疾，鴦之來攻也，驚而目出。懼六軍之恐，蒙之以被，痛甚，齧被敗，而左右莫知焉。」

〔一五〕晉書景帝紀：「帝謂諸將曰：欽走矣，命發鋭軍以追之。諸將皆曰：欽舊將鴦，少而鋭，引軍內入，未有失利，必不走也。帝曰：一鼓作氣，再而衰，三而竭。鴦三鼓，欽不應，其勢已屈，不走何待？欽將遁，鴦曰：不先折其勢，不得去也。乃與驍騎十餘，摧鋒陷陣，所向皆披靡，遂引去。」通鑑：「師使左長史司馬班（晉書「班」作「璉」。）率驍騎八千，翼而追之。鴦以匹馬入數千騎中，輒殺傷百餘人乃出，如此者六七。」

〔一六〕胡三省曰：「大目時爲殿中校尉。」趙一清曰：「此人即司馬懿令其誘曹爽者。」

〔一七〕文欽譙人，故云。

〔一八〕謂追欽而爲師自解釋言之也。

〔一九〕宋本「及」作「文」。

〔二〇〕胡三省曰：「尹大目説曹爽，猶未疑司馬氏也，至其追語文欽乃覺耳。」

〔二一〕宋本「苦」作「若」，册府作「何苦」，無下「若」字，通鑑同。胡注：「蓋謂文欽何不堅忍數日，與師相持；師病已篤，必當有變也。」

〔二二〕胡三省曰：「解，喻也，曉也。」

〔二三〕馮本「祐」作「佑」。

〔二四〕傳，讀曰附。

〔二五〕郡國志：「汝南郡慎。」一統志：「慎縣故城，今安徽潁州府潁上縣西北四十里江口鎮。」

〔二六〕陳浩曰：「昭伯，曹爽字。太傅伯，伯字疑衍，或爲昔字之訛也。」

〔二七〕「恃」疑作「特」。郭淮嘉平二年封曲陽侯，故曰公侯也。大司馬公，指曹真也。太和二年，曹真督諸軍禦諸葛亮，張郃擊馬稷於街亭，郭淮攻高詳於柳城，俱在曹真部下。真於太和四年遷大司馬，後其子爽被害，故下文有想益毒痛之語。

〔二八〕監本、官本「捷」作「就」。

〔二九〕謂楚王彪、王淩同被誅戮也。

〔三〇〕儉子甸，字子邦，見後。

〔三一〕郭淮於建安中舉孝廉，至正元時，當已七八十矣。

〔三二〕公羊傳閔公二年：「齊高子來盟。高子者何？齊大夫也；何以不稱使？我無君也。然則何以不名？喜之也；何喜爾？正我也。其正我柰何？莊公死，子般弑，閔公弑。比三君死，曠年無君。設以齊取魯，曾不興師，徒以言而已矣。桓公使高子將南陽之甲，立僖公而城魯。或曰：自鹿門至於爭門者是也；或曰：自爭門至於吏門者是也。魯人至今以爲美談，曰：猶望高子也。」弼按：高子名傒，齊上卿高敬仲也。魯有哀姜、慶父之亂，子般、閔公先後被弑，國絶無嗣。齊桓公使高傒來盟，立魯僖公，故魯人喜而望之也。

〔三三〕郝書「小人」作「僕」。

〔三四〕郝書「要」作「而」。

〔三五〕顧炎武曰：「六朝人多書奈爲那。宋書劉敬宣傳：牢之曰：平玄之後，令我那驃騎何！唐人詩多以無奈爲無那。」

〔三六〕梁昌未詳，當在壽春之北。

〔三七〕郝書作「不若是」。

〔三八〕馮本「祐」作「佑」。

〔三九〕史記趙世家：「屠岸賈滅趙氏，趙朔客公孫杵臼、朔友人程嬰，謀匿趙氏孤兒，後卒滅屠岸賈。」

〔四〇〕宋本「日」作「曰」。

〔四一〕宋本「瓜分」作「分分」。官本考證云：「元本作瓜分。」

〔四二〕宋本「師」作「帥」，此處疑有脱誤。

〔四三〕關中之固，沃野千里，秦之故國，謂之秦川。郭淮時爲征西將軍，都督雍、涼諸軍事。

〔四四〕潘眉曰：「文欽此書，作於正元二年閏正月十六日己亥之後，郭淮在正月三十日癸未卒。」

〔四五〕晉書刑法志：「儉孫女適劉氏，當死，以孕繫廷尉。司隸主簿程咸議曰：在室之女，可從父母之刑，既醮之婦，使從夫家之戮。朝廷從之，仍著於律令。」

儉子甸爲治書侍御史，先時知儉謀將發，私出將家屬逃走新安靈山上，別攻下之，〔一〕夷儉三族。〔二〕

世語曰：甸字子邦，有名京邑。齊王之廢也，甸謂儉曰：「大人居方嶽重任，〔三〕國傾覆而晏然自守，將受四海之責。」儉然之，大將軍惡其爲人也。及儉起兵，問屈頵〔四〕所在，云不來無能爲也。儉初起兵，遣子宗四人入吳。太康中，吳平，宗兄弟皆還中國。宗字子仁，有儉風，至零陵太守。宗子奧，巴東監軍、益州刺史。

習鑿齒曰：毌丘儉感明帝之顧命，故爲此役。君子謂毌丘儉事雖不成，可謂忠臣矣。夫竭節而赴義者，我也；成之與敗者，時也。我苟無時，成何可必乎？忘我而不自必，乃所以爲忠也。古人有言：「死者復生，生者不愧。」若毌丘儉，可謂能不愧也。〔五〕

〔一〕趙一清曰：「水經穀水注：皁澗水出新安縣東南，流逕毌丘興墓東。靈山當在其境，甸時蓋還守祖墓也。」謝鍾英曰：「靈山在今新安縣境。」一統志：「新安故城，今河南河南府澠池縣東，今改爲搭泥鎮。」

〔二〕潘眉曰：「儉夷族時，得免者二人，一爲子甸之妻荀氏，因族兄顗、族父虞並景帝姻通，共表魏帝，以匄其命，詔聽離婚。一爲荀所生女芝，爲潁川太守劉子元妻，亦坐死，以懷姙繫獄。荀氏辭詣司隸校尉何曾乞恩，乞没爲官婢，以贖芝命。曾騰辭上議，朝廷遂改法，事見晉書何曾傳及刑法志。」弼按：司隸主簿程咸議改法，見前。又按毌丘儉孫女，爲羽林監王虔前妻，見晉書賈充傳。

〔三〕胡三省曰：「古者天子巡狩四方，其方之諸侯，各會朝於方嶽之下。堯、舜有四岳之官。孔安國曰：堯命羲和四子，分掌四方之諸侯，故曰四岳。魏、晉之時，征、鎮、安、平總督諸軍，任專方面，時因謂之方嶽重任。」

〔四〕宋本「瞋」作「順」。

〔五〕馮本無「能」字。隋書經籍志：「毌丘儉記三卷，梁有毌丘儉集二卷，録一卷，亡。」嚴可均輯文九篇，馮氏詩紀録答杜摯詩一首。

欽亡入吴，吴以欽爲都護，假節，鎮北大將軍、幽州牧、譙侯。〔一〕

欽降吴表曰：稟命不幸，常隸魏國，兩絶於天。〔二〕雖側伏隅都，〔三〕自知無路。司馬師滔天作逆，廢害二主，〔四〕辛、癸、高、莽，惡不足喻。欽累世受魏恩，烏鳥之情，竊懷憤踴，在三之義，期於弊仆。前與毌丘儉、郭淮等俱舉義兵，當共討師，埽除凶孽，誠臣慺慺，愚管所執。智慮淺薄，微節不騁，進無所依，悲痛切心；退惟不能扶翼本朝，抱愧俛仰，靡所自厝。冒緣古義，固有所歸，庶假天威，得展萬一，僵仆之日，亦所不恨。輒相率將，歸命聖化，慙偷苟生，非辭所陳。謹上還所受魏使持節、前將軍、山桑侯印綬。〔五〕臨表惶惑，伏須罪誅。

魏書曰：欽字仲若，譙郡人。父稷，建安中爲騎將，有勇力。欽少以名將子，材武見稱。魏諷反，欽坐與諷辭語相連，及下獄，掠笞數百，當死。太祖以稷故，赦之。太和中，爲五營校督，〔六〕出爲牙門將。〔七〕欽性剛暴無禮，所在倨傲陵上，不奉官法，輒見奏遣，明帝抑之。後復以爲淮南牙門將，轉爲廬江太守、鷹揚將軍。〔八〕王淩奏欽貪殘，不宜撫邊，求免官治罪。由是徵欽還。曹爽以欽鄉里，厚養待之，不治欽事。〔九〕復遣還廬江，加冠軍將軍，〔一〇〕貴寵踰前。欽以故益驕，好自矜伐，以壯勇高人，頗得虚名於三軍。曹爽誅後，進欽爲前將軍，以安其心。後代諸葛誕爲揚州刺史。自曹爽之誅，欽常內懼，與諸葛誕相惡，無所與謀。會誕去兵，毌丘儉往，乃陰共結謀。戰敗走，晝夜閒行，追者不及，遂得入吴，孫峻厚待之。欽雖在他國，不能屈節下人，自吕據、朱異等諸大將皆憎疾之，惟峻常左右之。

〔一〕通鑑作「吴以文欽爲都護鎮北大將軍」。胡注：「以都護爲將軍號，均誤。諸葛誕傳：吴以誕爲左都護、假節、大司徒、驃騎將軍、青州牧、壽春侯。則都護非將軍號可知。」

〔二〕馮本、局本「兩」作「雨」，誤。

〔三〕馮本「側」作「則」，誤。

〔四〕何焯曰：「此表後人僞作，高貴鄉公之弒昭事也，何得預言二主乎？」

〔五〕水經陰溝水注：「北肥水東南流，逕山桑邑南，俗謂之北平城。」文欽封山桑侯，疑食邑於此。一統志：「山桑故城，在今安徽潁州府蒙城縣北。」

〔六〕即北軍中候所監之五營也。

〔七〕牙門將見齊王紀嘉平五年。

〔八〕洪貽孫曰：「鷹揚將軍一人，第五品。」

〔九〕御覽八百七十一引魏略：「文欽爲廬江太守，爲都督王淩所奏。欽訴曹爽，爽謂曰：淩責卿載灰兩船何爲乎？曰：聞足下起染舍，故燒作灰耳。」

〔一〇〕洪貽孫曰：「冠軍將軍一人，第三品。」

諸葛誕字公休，琅邪陽都人，〔一〕諸葛豐後也。〔二〕初以尚書郎爲滎陽令，〔三〕

魏氏春秋曰：誕爲郎，與僕射杜畿試船陶河，〔四〕遭風覆没，誕亦俱溺。虎賁浮河救誕，誕曰：「先救杜侯。」誕飄于岸，絶而復蘇。

入爲吏部郎。人有所屬託，輒顯其言而承用之。〔五〕後有當否，則公議其得失，以爲褒貶。自是羣僚莫不慎其所舉。〔六〕累遷御史中丞、尚書，與夏侯玄、鄧颺等相善，收名朝廷，京都翕然。言事者以誕、颺等修浮華，合虚譽，漸不可長。明帝惡之，免誕官。〔七〕

世語曰：是時當世俊士散騎常侍夏侯玄、尚書諸葛誕、鄧颺之徒，共相題表，〔八〕以玄、疇四人爲四聰，誕、備八人爲八達。〔九〕中書監劉放子熙、孫資子密、吏部尚書衛臻子烈三人，咸不及比，以父居勢位，容之爲三豫。〔一〇〕凡十五人。帝以構長浮華，皆免官廢職。〔一一〕

會帝崩。正始初，玄等並(任)〔在〕職。復以誕爲御史中丞、尚書，出爲揚州刺史，加昭武將軍。〔一二〕

〔一〕郡國志：「徐州琅邪郡陽都。」一統志：「陽都故城，今山東沂州府沂水縣南。」吴志諸葛瑾傳注引吴書云：「其先葛氏，本琅邪諸縣人，後徙陽都。陽都先有姓葛者，時人謂之諸葛。」

〔二〕漢書諸葛豐傳：「豐字少季，琅邪人。以明經爲郡文學，名特立剛直。貢禹爲御史大夫，除豐爲屬，舉侍御史。元帝擢爲司隸校尉，刺舉無所避，京師爲之語曰：閒何闊，逢諸葛。上嘉其節，加豐秩光禄大夫。」

〔三〕一統志：「滎陽故城，今河南開封府滎陽縣西南十七里。」太平御覽卷十三引曹嘉之晉紀：「誕以氣邁稱。嘗倚柱讀書，霹靂震其柱，誕自若。」

〔四〕吴本、毛本「畿」作「幾」，誤。本志杜畿傳：「畿受詔作御樓船於陶河，試船遇風没陶河。」見杜畿傳注。

〔五〕御覽「承」作「亟」。

〔六〕何焯曰：「此絶屬託之一法，欲變屬託爲保任，仍與中正無殊。未若不受之於先爲尤善，使失人而後議之，負敗已多矣。」

〔七〕或曰：晉代風尚，萌芽於此，魏明禁之，可謂杜禍亂之端矣。而卒不勝運化遷流，可爲長歎。

〔八〕宋本「顯」作「題」。

〔九〕通鑑「玄、疇」作「玄等」，「誕、備」作「誕輩」。

〔一〇〕胡三省曰：「比，等比也，音毗寐翻。三豫者，容三人得豫於題品之中也。」

〔一一〕宋本、元本、馮本、監本、官本「職」作「錮」。太和四年二月，詔罷退浮華，不務道本者。見明紀。

〔一二〕洪飴孫曰：「昭武將軍一人，第五品。」

王淩之陰謀也，太傅司馬宣王潛軍東伐，以誕爲鎮東將軍，假節都督揚州諸軍事，封山陽亭侯。〔一〕諸葛恪興東關，〔二〕遣誕督諸軍討之，與戰，不利。還，徙爲鎮南將軍。〔三〕

〔一〕事在嘉平三年。胡三省曰：「王淩死而用諸葛誕，誕亦終於爲魏。以司馬懿之明達，豈不知誕之乃心魏氏哉？大敵在境，帥難其才也。」

〔二〕「興」字疑誤，否則關下脱「之役」二字。胡三省曰：「東關即濡須口東關之南岸，吳築城西關之北岸，魏置柵；諸葛恪於東關作大隄，以遏巢湖，謂之東興隄，即其地也。」漢晉春秋：諸葛恪於東興隄左右，結山挾築兩城。諸葛誕言於司馬景王曰：今因吳內侵，使文舒逼江陵，仲恭向武昌，以羈吳之上流，然後簡精卒攻兩城，比救至，可大獲也。景王從之。」

〔三〕東關之役，在嘉平四年。漢晉春秋曰：「毌丘儉、王昶聞東軍敗，各燒屯走。朝議欲貶黜諸將，景王曰：我不聽公休，以至於此，此我過也。」弼按：東關之役，子元實用公休之策，此言不聽公休，抑别有兵謀乎？

後毌丘儉、文欽反，遣使詣誕，招呼豫州士民。誕斬其使，露布天下，令知儉、欽凶逆。〔一〕大將軍司馬景王東征，使誕督豫州諸軍，渡安風津〔二〕向壽春。儉、欽之破也，誕先至壽春。壽春中十餘萬口，聞儉、欽敗，恐誅，悉破城門出，流迸山澤，或散走入吴。以誕久在淮南，乃復以爲鎮東大將軍，儀同三司，都督揚州。吴大將孫峻、吕據、留贊等聞淮南亂，會文欽往，乃帥衆將欽徑至壽春。時誕諸軍已至，城不可攻，乃走。誕遣將軍蔣班追擊之，斬贊，傳首，收其印節。〔三〕進封高平侯，〔四〕邑三千五百户，轉爲征東大將軍。

〔一〕姜宸英曰：「諸葛誕以見疑謀叛，其死宜矣。若果忠於魏室，則不首發儉、欽之謀，坐成司馬之勢，魏之忠臣，惟毌丘仲恭一人而已。王彦雲事迹猶在影響之閒。」弼按：儉、欽移書郡國，罪狀司馬，天下共知，非由公休露布之咎。當時勤王諸將，惟文欽父子，麤猛武夫，反覆無常，彦雲、仲恭，皆爲儒將，懋著功勛，事之成否，豈可概論？公休謀定後動，子上至督中外諸軍二十六萬衆，臨淮討之。傾全國之力。挾兩宫以行，用兵十月之久，儘乃克之。公休力竭智窮，而麾下壯士數百人，拱手爲列，無一降者。田横得士，何以加兹？此皆魏之忠臣義士，承祚合爲一傳，有微旨焉。君子平情論事，不能以成敗相繩，不佞考訂事實，不爲空論，偶因姜氏之説，特發其凡於此。

〔二〕安風津見毌丘儉傳。

〔三〕高貴鄉公紀：「正元二年二月，吴大將孫峻等衆號十萬，至壽春。諸葛誕拒擊，破之，斬吴左將軍留贊，獻捷於京師。」周壽昌曰：「吴志裴注引吴書云：贊病困，不能整陣，知必敗，乃解曲蓋印綬付子弟以歸，此云收其印節，與吴書不合。」

〔四〕郡國志：「兖州山陽郡高平。」一統志：「高平故城，今山東兖州府鄒縣西南。」

誕既與玄、颺等至親，又王淩、毌丘儉累見夷滅，懼不自安，傾帑藏振施，以結衆心；厚養親附及揚州輕俠者數千人爲死士。

魏書曰：誕賞賜過度，有犯死罪者，虧制以活之。

甘露元年冬，吴賊欲向徐堨，〔一〕計誕所督兵馬，足以待之，而復請十萬衆守壽春，又求臨淮築城以備寇，内欲保有淮南。朝廷微知誕有自疑心，以誕舊臣，欲入度之。二年五月，徵爲司空。〔二〕誕被詔書，愈恐，遂反。召會諸將，自出攻揚州刺史樂綝，殺之。〔三〕

世語曰：司馬文王既秉朝政，長史賈充以爲宜遣參佐慰勞四征，〔四〕於是遣充至壽春。充還啟文王：「誕再任揚州，有威名，〔五〕民望所歸。今徵必不來，禍小事淺；不徵，事遲禍大。」乃以爲司空。書至，誕曰：「我作公當在王文舒後，〔六〕今便爲司空，不遣使者，健步齎書，使以兵付樂綝，此必綝所爲。」乃將左右數百人至揚州，揚州人欲閉門，誕叱曰：「卿非我故吏邪！」徑入，綝逃上樓，就斬之。

魏末傳曰：賈充與誕相見，談説時事，因謂誕曰：「洛中諸賢，皆願禪代，君所知也。君以爲云何？」〔七〕誕厲色曰：「卿非賈豫州子？〔八〕世受魏恩，如何負國，欲以魏室輸人乎？非吾所忍聞。若洛中有難，吾當死之！」充默然。誕既被徵，請諸牙門置酒飲宴，呼牙門從兵，〔九〕皆賜酒令醉。謂衆人曰：「前作千人鎧仗始成，欲以擊賊，今當還洛，不復得用，欲暫出，將見人游戲，須臾還耳，諸軍且止。」乃嚴鼓將士七百人出。樂綝聞之，閉州門。誕歷南門宣言曰：「當還洛邑，暫出游戲，揚州何爲閉門見備？」前至東門，東門復閉。〔一〇〕乃使兵緣城攻門，州人悉走，因風放火，焚其府庫，遂殺綝。誕表曰：

「臣受國重任，統兵在東。揚州刺史樂綝，專詐説臣，〔一一〕與吴交通；又言被詔，當代臣位。無狀日久。臣奉國命，以死自立，終無異端。忿綝不忠，輒將步騎七百人，以六月六日討綝，〔一二〕即日斬首，函頭驛馬傳送。若聖朝明臣，臣即魏臣；不明臣，臣即吴臣。不勝發憤有日，謹拜表陳愚，悲感泣血，哽咽斷絶，不知所如，乞朝廷察臣至誠。」

臣松之以爲：魏末傳所言，率皆鄙陋，疑誕表言曲，不至於此也。

斂淮南及淮北郡縣屯田口十餘萬官兵，〔一三〕揚州新附者勝兵四五萬人，〔一四〕聚穀足一年食，閉城自守。遣長史吴綱將小子靚，至吴請救。〔一五〕

世語曰：黄初末，吴人發長沙王吴芮冢，〔一六〕以其塼於臨湘爲孫堅立廟。〔一七〕芮容貌如生，衣服不朽。後豫發者見吴綱曰：「君何類長沙王吴芮，但微短耳。」綱瞿然曰：「是先祖也，君何由見之？」見者言所由，綱曰：「更葬不？」答曰：「即更葬矣。」自芮之卒年至冢發，四百餘年；綱，芮之十六世孫矣。〔一八〕

吴人大喜，遣將全懌、全端、唐咨、王祚等率三萬衆，密與文欽俱來應，〔一九〕以誕爲左都護、〔二〇〕假節、大司徒、驃騎將軍、青州牧、壽春侯。〔二一〕是時，鎮南將軍王基始至，督諸軍圍壽春，未合。咨、欽等從城東北因山乘險，得將其衆突入城。〔二二〕

〔一〕胡三省曰：「徐堨即徐塘，在東關之東。」通鑑：「丁奉舉帆，二日即至東關，遂據徐塘。」即此。趙一清、錢儀吉皆以徐堨爲涂塘，誤。涂塘在今六合縣西五十五里瓦梁堰，徐塘在今含山縣西南。

〔二〕欲奪其兵柄也。

〔三〕胡三省曰：「征東將軍與揚州刺史同治壽春，魏四征之任，率以其州刺史爲儲帥，故誕疑綝閒已。」

〔四〕胡三省曰：「魏置征東將軍鎮淮南，征南將軍鎮襄沔，以備吳；征西將軍屯關、隴以備蜀；征北將軍屯幽、并以備鮮卑；皆授以重兵。司馬昭初當國，故充請慰勞，以觀其志。」

〔五〕宋本「任」作「在」。誕先督揚州，東關之敗，改督豫州。毌丘儉既死，復督揚州。

〔六〕王昶字文舒，時爲驃騎將軍。

〔七〕何焯曰：「昭初代兄秉政，未有恩威及人，安得即言禪代？哀誕之志，甚充之惡者爲之也。」

〔八〕充父逵爲豫州刺史，故稱之。

〔九〕馮本「從」作「徒」。

〔一〇〕寰宇記：「壽春縣在州南二十五里。有壽春故縣在縣西一里，又有諸葛誕城在縣東一里。」

〔一一〕御覽三百六十七引魏末傳曰：「誕殺綝，有典農都尉數譏誕，於是收斬之。罵曰：卿坐舌，先人以竹攙其舌，然後殺之。」

〔一二〕宋本「六」作「今」。

〔一三〕胡三省曰：「魏郡縣皆置屯田，凡屯田口，悉官兵也。」

〔一四〕勝，音升。

〔一五〕吳志三嗣主傳：「太平二年五月，魏征東大將軍諸葛誕以淮南之衆保壽春城，遣將軍朱成稱臣上疏，又遣子靚、長史吳綱、諸牙門子弟爲質。」何焯曰：「儉、欽猶出至項，誕閉城自守，專倚吳救，彌爲下矣。」

〔一六〕漢書吳芮傳：「芮，秦時番陽令，甚得江湖閒民心，號曰番君。項羽以芮率百越佐諸侯，立爲衡山王，都邾。項死，徙爲長沙王，都臨湘。」

〔一七〕郡國志：「荆州長沙郡，治臨湘。」一統志：「臨湘故城，今長沙府城南。」何焯曰：「立廟何事，而發死者之塼乎？

世語之鄙淺不足信如此。」

〔一八〕水經湘水注：「湘水右逕臨湘縣故城西，縣治湘水濱臨川側，故即名焉。漢高祖五年，以封吴芮爲長沙王，是城即芮築也。縣北有吴芮冢，廣踰六十八丈，登臨寫目，爲廛郭之佳憩也。郭頒世語云：魏黄初末，吴人發芮冢，取木於縣，立孫堅廟。見芮尸容貌衣服並如故。吴平後，與發冢人於壽春見南蠻校尉吴綱曰：君形貌何類長沙王吴芮乎？但君微短耳。綱瞿然曰：是先祖也。自芮卒至冢發四百年，至見綱，又四十餘年矣。」

〔一九〕宋本「應」下有「誕」字。

〔二〇〕吴本無「以誕」二字，誤。

〔二一〕晉書文帝紀：「吴使文欽、唐咨、全端、全懌等三萬餘人來救誕，諸將逆擊不能禦。將軍李廣臨敵不進，泰山太守常時稱疾不出，並斬之以徇。」

〔二二〕胡三省曰：「壽春城外他無山，唯城北有八公山耳。」

六月，車駕東征，至項。〔一〕大將軍司馬文王督中外諸軍二十六萬衆，臨淮討之。〔二〕大將軍屯丘頭。〔三〕使基及安東將軍陳騫等四面合圍，表裏再重，塹壘甚峻。〔四〕又使監軍石苞、兗州刺史州泰等，簡鋭卒爲游軍，備外寇。欽等數出犯圍，逆擊走之。吴將朱異再以大衆來迎誕等，渡黎漿水，〔五〕泰等逆與戰，每摧其鋒。孫綝以異戰不進，怒而殺之。城中食轉少，外救不至，衆無所恃。將軍蔣班、焦彝，皆誕爪牙計事者也，棄誕，踰城自歸大將軍。

漢晉春秋曰：蔣班、焦彝言於諸葛誕曰：「朱異等以大衆來，而不能進，孫綝殺異而歸江東，外以發兵爲名，而内實坐須成敗，〔六〕其歸可見矣。今宜及衆心尚固，士卒思用，并力決死，攻其一面，雖不能盡克，猶可有全者。」〔七〕文欽曰：「江東乘戰勝之威久矣，未有難北方者也。況公今舉十餘萬之衆内附，而欽與全端等皆同居死地，父兄子弟盡在江表，就孫綝不欲，主上及其親戚豈肯聽乎？且中國無歲無事，軍民並疲，今守我一年，勢力已困，異圖生心，變故將起，以往準今，可計日而望也。」〔八〕彝、班固勸之，欽怒，而誕欲殺班。〔九〕二人懼，且知誕之必敗也。十一月，乃相攜而降。〔一〇〕

大將軍乃使反間，以奇變説全懌等，懌等率其衆數千人開門來出。城中震懼，不知所爲。〔一一〕

〔一〕項見毌丘儉傳。

〔二〕晉書文帝紀：「帝曰：誕以毌丘儉輕疾傾覆，今必外連吴寇，此爲變大而遲，吾當與四方同力以全勝制之。乃表曰：昔鯨布叛逆，漢祖親征；隗囂違戾，光武西伐。陛下宜暫臨戎，使將士得憑天威。今諸軍可五十萬，以衆擊寡，蔑不剋矣。秋七月，奉天子及皇太后東征，徵兵青、徐、荆、豫，分取關中，游軍皆會淮北，師次於項。」

〔三〕丘頭見王淩傳。胡三省曰：「是役也，司馬昭改丘頭曰武丘，以旌武功。」

〔四〕宋本「塹」作「壍」。

〔五〕水經肥水注：「芍陂瀆水東注黎漿水，黎漿水東逕黎漿亭南，又東注肥水，謂之黎漿水口。」一統志：「古黎漿亭在壽州東南。」

〔六〕須，待也。

〔七〕通鑑作「猶有可全者。空坐守死，無爲也」。胡注：「言不若決死而求生，無爲坐守而待斃。」

〔八〕通鑑作「今守我一年，内變將起，柰何舍此，欲乘危徼倖乎」！

〔九〕通鑑作「誕欲殺班、彝」。

〔一〇〕蔣班事又見吴志孫皓傳天紀四年注引干寶晉紀。

〔一二〕此鍾會之計，詳見會傳。晉書文帝紀：「全懌母，孫權女也，得罪於吴，全端兄子禕及儀奉其母來奔。儀兄靜時在壽春，用鍾會計，作禕、儀書以譎靜，靜兄弟五人，帥其衆來降，城中大駭。」

三年正月，誕、欽、咨等大爲攻具，晝夜五六日攻南圍，欲決圍而出。漢晉春秋曰：文欽曰：「蔣班、焦彝謂我不能出而走，全端、全懌又率衆逆降，〔一〕此敵無備之時也，可以戰矣。」誕及唐咨等皆以爲然，遂共悉衆出攻。圍上諸軍，臨高以發石車火箭〔二〕逆燒破其攻具，〔三〕弩矢及石雨下，死傷者蔽地，〔四〕血流盈野。〔五〕復還入城，城内食轉竭，降出者數萬口。欽欲盡出北方人，省食，與吴人堅守，誕不聽，由是爭恨。欽素與誕有隙，徒以計合，事急愈相疑。〔六〕欽見誕計事，誕遂殺欽。〔七〕欽子鴦及虎將兵在小城中，〔八〕聞欽死，勒兵馳赴之，衆不爲用。鴦、虎單走，踰城出，自歸大將軍。軍吏請誅之，大將軍令曰：「欽之罪不容誅，其子固應當戮。然鴦、虎以窮歸命，且城未拔，殺之，是堅其心也。」乃赦鴦、虎，使將兵數百騎馳巡城，呼語城内云：「文欽之子猶不見殺，其餘何懼？」表鴦、虎爲將軍，各賜爵關内侯。城内喜且擾，又日飢困，誕、咨等智力窮。大將軍乃自臨圍，四面進兵，同時鼓譟登城，城内無敢動者。〔九〕誕窘急，單乘馬，將其麾下突小城門出。大將軍司馬胡奮部兵逆擊，斬誕，傳首，夷三族。〔一〇〕誕麾下數百人，坐不降見斬。皆曰：「爲諸葛公死，不恨。」其得人心如此。干寶晉紀曰：數百人拱手爲列，每斬一人，輒降之；竟不變，至盡。時人比之田横。吴將于詮曰：〔一一〕「大丈夫受命其主，以兵救人，既不能克，又束手於敵，吾弗取也。」乃免胄冒陣而死。唐咨、王祚及諸裨將皆面縛降，〔一二〕吳兵萬衆，器仗、軍實山積。

〔一〕逆，迎也。

〔二〕通鑑無「以」字。胡注：「石車，礮車也。」

〔三〕御覽三百三十六引王隱晉書曰：「諸葛誕反淮南，孟康、王慕曰：宜作土山，斂諸侯材板簿櫓，以爲攻具。」

〔四〕北宋本無「者」字。

〔五〕宋本「野」作「壄」。

〔六〕胡三省曰：「誕、欽初以詭計苟合，事急愈相猜疑。」

〔七〕晉書文帝紀：「初，誕、欽内不相協，及至窮蹙，轉相疑貳。會欽計事，與誕忤，誕手刃殺欽。」

〔八〕胡三省曰：「鴦、虎，欽二子。時壽春蓋別有小城。」方輿紀要卷二十一：「壽春有二城，一曰金城，壽陽中城也；又州東一里有諸葛城，相傳諸葛誕所築。」

〔九〕晉書文帝紀：「帝見持弓者不發，謂諸將曰：可攻矣。」胡三省曰：「知其衆無拒守之心也。」

〔一〇〕御覽三百七十六引魏末傳曰：「諸葛誕殺文欽，及城陷，欽子鴦、虎先入殺誕，噉其肝。」

〔一一〕宋本「銓」作「詮」。

〔一二〕胡三省曰：「唐咨本魏人，降吳。」趙一清曰：「晉書文帝紀：吳將唐咨、孫曼、孫彌、徐韶等率其屬皆降。而鍾會傳曰孫靜從子端、翩、緝，則與晉書不同。吳宗室又無翩、緝其人者，曼與彌皆孫靜次子瑜之子，又不得爲從子也。孫皓之立，司馬昭遣降將徐紹、孫彧齎書喻皓，而諸記傳又無孫彧，其差錯如此。」

初圍壽春，議者多欲急攻之，大將軍以爲：「城固而衆多，攻之必力屈，若有外寇，表裏受敵，此危道也。今三叛相聚於孤城之中，〔一〕天其或者將使同就戮，吾當以全策縻之，可坐而制也。」誕以二年五月反，三年二月破滅。六軍按甲，深溝高壘，而誕自困，竟不煩攻而克。干寶晉紀曰：初，壽春每歲雨潦，淮水溢，常淹城邑。故文王之築圍也，誕笑之曰：「是固不攻而自敗也。」及大軍之攻，亢旱踰月，城既陷，是日大雨，圍壘皆毀。〔二〕誕子靚，字仲思，吳平還晉。靚子恢，字道明，位至尚書令，追贈左光禄大夫開府。〔三〕

及破壽春，議者又以爲淮南仍爲叛逆，吳兵室家在江南，不可縱，宜悉坑之。大將軍以爲：「古之用兵，全國爲上，戮其元惡而已。〔四〕吳兵就得亡還，適可以示中國之弘耳。」一無所殺，分布三河近郡，以安處之。〔五〕

〔一〕三叛，謂諸葛誕、文欽、唐咨也。

〔二〕趙一清曰：「宋五行志謂之天亡。踰月，當依宋志作踰年。」何焯曰：「外圍既合，士衆猥多，資糧方竭，誕不盡人謀，則天棄之矣。誕能合虚譽，養死士，實中情恇怯，無遠略者也。假使舉淮南之衆，直趨洛陽，投命勤王，司馬昭徵調未集，勝負誠未可知耳。」

〔三〕晉書諸葛恢傳：「靚奔吳爲大司馬，吳平，逃竄不出。武帝與靚有舊，靚姊又爲琅邪王妃。帝知靚在姊閒，因就見焉。靚逃於廁，帝又逼見之，謂曰：不圖今日復得相見？靚流涕曰：不能漆身皮面，復覩聖顔。詔以爲侍中，固辭不拜，歸於鄉里，終身不向朝廷而坐。」世説曰：「諸葛靚在吳，於朝堂大會。孫皓問：卿字仲思，爲何所思？對曰：在家思孝，事君思忠，朋友思信，如斯而已。」又注引晉諸公贊曰：「靚以至孝發名。時嵇康亦被法，而康子紹死蕩陰之役。談者咸曰：觀紹、靚二人，然後知忠孝之道，區以別矣。」御覽卷三百六十三引晉中興書曰：「諸葛恢弱冠知名，避地江左。於時潁川荀顗字道明，陳留蔡謨字道明，俱有名譽，號中興三明。時人爲之歌曰：京都三明各有名，蔡氏儒雅荀、葛清。」

〔四〕胡三省曰：「言全其國之人民，止戮其君，所謂誅其君而弔其民也。」

〔五〕胡三省曰：「河南郡也。河東、河內，皆近京師。」

唐咨本利城人，黃初中，利城郡反，〔一〕殺太守徐箕，〔二〕推咨爲主。文帝遣諸軍討破之，咨走入海，遂亡至吳，官至左將軍，封侯、持節。誕、欽屠戮，咨亦生禽，三叛皆獲，〔三〕天下快焉。〔四〕

傅子曰：宋建椎牛禱賽，終自焚滅，文欽日祠祭事天，斬於人手。諸葛誕夫婦聚會神巫，淫祀求福，伏尸淮南，舉族誅夷。此天下所共見，足爲明鑒也。

拜咨安遠將軍，〔五〕其餘裨將咸假號位，吳衆悅服。江東感之，皆不誅其家。其淮南將吏士民，諸爲誕所脅略者，惟誅其首逆，餘皆赦之。聽鴦、虎收斂欽喪，給其車牛，致葬舊墓。〔六〕

習鑿齒曰：自是天下畏威懷德矣。君子謂司馬大將軍於是役也，可謂能以德懷矣。〔七〕夫建業者異矣，〔八〕各有所尚，而不能兼并也。故窮武之雄，斃於不仁；〔九〕存義之國，喪於懦退。〔一〇〕今一征而禽三叛，大虜吳衆，席卷淮浦，俘馘十萬，〔一一〕可謂壯矣。而未及安坐，喪王基之功，〔一二〕種惠吳人；結異類之情，〔一三〕寵鴦葬欽。忘疇昔之隙，不咎誕衆，使揚士懷愧。〔一四〕功高而人樂其成，業廣而敵懷其德，武昭既敷，〔一五〕文算又洽，推此道也，天下其孰能當之哉！〔一六〕喪王基語，在基傳。〔一七〕鴦一名俶。

晉諸公贊曰：俶後爲將軍，破涼州虜，名聞天下。太康中，爲東夷校尉，假節。當之職，入辭武帝，帝見

而惡之，託以他事免俶官。東安公繇，諸葛誕外孫，欲殺俶，因誅楊駿，誣俶謀逆，遂夷三族。〔一八〕

〔一〕利城縣，漢屬東海郡，魏武始分置利城郡。文紀：「黄初六年，作利成。」一統志：「利城故城，今江蘇海州贛榆縣西。」

〔二〕文紀作徐質。

〔三〕毛本「皆」作「既」。

〔四〕何焯曰：「唐咨本非巨猾，因其面縛，生致並張之以爲功耳。」

〔五〕洪飴孫曰：「安遠將軍一人，第三品。」

〔六〕胡三省曰：「文欽，譙人也，舊墓在焉。」

〔七〕宋本「懷」作「攻」。左傳：「晉文公城濮之勝，君子謂晉於是役也，能以德攻。」

〔八〕通鑑作「異道」。

〔九〕如夫差、智伯是也。

〔一〇〕如宋襄公是也。

〔一一〕生虜爲俘，截耳爲馘。古者戰勝，馘所格之左耳而獻之。

〔一二〕通鑑「喪」作「賞」。

〔一三〕書曰：「皋陶邁種德。」孔安國曰：「種，布也。」

〔一四〕宋本「士」作「土」。

〔一五〕何焯校改「昭」作「略」。

〔一六〕胡三省曰：「鑿齒晉人，其辭蓋有溢美者。」

〔一七〕「喪」應作「賞」。

〔一八〕姚範曰：「晉元康元年，賈后誅楊駿，以文鴦爲駿黨，誅之。胡三省以爲即此文鴦也。」

鄧艾〔一〕字士載，義陽棘陽人也。〔二〕少孤。太祖破荆州，徙汝南，爲農民養犢。〔三〕年十二，隨母至潁川，讀故太丘長陳寔碑文，〔四〕言「文爲世範，行爲士則」，艾遂自名範，字士則。後宗族有與同者，故改焉。爲都尉學士，以口吃不得作幹佐。〔五〕爲稻田守叢草吏。同郡吏父憐其家貧，資給甚厚，艾初不稱謝。每見高山大澤，輒規度指畫軍營處所，時人多笑焉。後爲典農綱紀，上計吏，〔六〕因使見太尉司馬宣王。宣王奇之，辟之爲掾，

世語曰：鄧艾少爲襄城典農部民，〔七〕與石苞皆年十二三。謁者陽翟郭玄信，武帝監軍郭誕元奕之子。〔八〕建安中，少府吉本起兵許都，〔九〕玄信坐被刑在家，從典農司馬求入御。〔一〇〕以艾、苞與御，行十餘里，與語，悦之；謂二人皆當遠至爲佐相。〔一一〕艾後爲典農功曹，奉使詣宣王，由此見知，遂被拔擢。

遷尚書郎。

〔一〕集古録云：「碑作乂，當讀若刈。」趙明誠金石録云：「魏、晉史皆名艾，而鄧艾碑作乂。古艾又通爲俊乂、芟乂、乂安之字，疑艾名其音如此，而今人讀如蕭艾之字，恐非是。」

〔二〕郡國志：「荆州南陽郡棘陽。」魏黄初中，分南陽置義陽郡，見水經淯水注及寰宇記。一統志：「棘陽故城，在今河南南陽府新野縣東北棘陽鎮。」通鑑作汝南鄧艾，蓋就其徙地言也。

〔三〕晉書段灼理艾疏曰：「艾本屯田掌犢人。」

〔四〕范書陳寔傳：「陳寔字仲弓，潁川許人，爲太丘長，修德清静，百姓以安。年八十四，卒於家，謚爲文範先生。」蔡邕碑云：「傳曰郁郁乎文哉。書曰洪範九疇，彝倫攸敘。文爲德表，範爲士則。」明統志：「陳寔碑在許州鄢縣西三十五里。」古今刀劍録曰：「鄧艾年十二，曾讀陳太丘碑，碑下掘得一刀，黑如漆，長三尺餘。刀上常有氣淒淒然，時人以爲神物。」

〔五〕「幹佐」解見司馬芝傳。惟艾既以口吃不得作幹佐，何以能爲都尉學士？案續漢志百官志：鄉三老掌教化，凡有孝子順孫、貞女義婦，讓財救患，及學士爲民法式者，皆扁表其門，以旌善行。又按本志裴潛傳：文帝踐（作）〔阼〕，潛出爲潁川典農中郎將，奏通貢舉，比之郡國。此傳所云都尉，當即潁川典農都尉，所云學士，當即鄉三老所舉之學士也。裴注引世語，艾爲襄城典農部民，可證襄城潁川屬縣也。世説曰：「艾口吃，語稱艾艾。晉文戲曰：卿云艾艾，定是幾艾？對曰：鳳兮鳳兮，故是一鳳。」

〔六〕郡綱紀，見劉放傳。續百官志：「歲盡遣吏上計。」趙一清曰：「綱紀，即注引世語功曹也。典農之官，詳此傳注。」

〔七〕郡國志：「豫州潁川郡襄城。」一統志：「襄城故城，今河南許州襄城縣治西。」

〔八〕趙一清曰：「郭嘉，潁川陽翟人，子奕字伯益。此云武帝監軍郭誕元奕之子，不可曉也。」弼按：郭嘉傳「子奕，爲太子文學，早薨」，未爲監軍，此當别爲一人。奉孝死時，年最少，尚在赤壁戰敗之前，不應建安中其孫即爲謁者也。

〔九〕趙一清曰：「依武紀，本當作平。」弼按：武紀作「本」不作「平」。

〔一〇〕入，古人字。

〔一一〕晉書石苞傳：「縣召爲吏，給農司馬。會謁者陽翟郭玄信奉使，求人爲御，司馬以苞及鄧艾給之。行十餘里，玄信謂二人曰：子後並當至卿相。」

時欲廣田畜穀，爲滅賊資，使艾行陳、項，已東至壽春。〔一〕艾以爲「田良水少，不足以盡地利，宜開河渠，可以引水澆溉，大積軍糧，又通運漕之道」。乃著濟河論，以喻其指。又以爲「昔破黃巾，因爲屯田，積穀於許都，以制四方。今三隅已定，事在淮南，每大軍征舉，〔二〕運兵過半，功費巨億，以爲大役。陳、蔡之閒，土下田良，〔三〕可省許昌左右諸稻田，并水東下。〔四〕令淮北屯二萬人，淮南三萬人，十二分休，常有四萬人，且田且守。〔五〕水豐常收三倍於西，〔六〕計除衆費，歲完五百萬斛，〔七〕以爲軍資。六七年閒，可積三千萬斛於淮上，〔八〕此則十萬之衆，五年食也。以此乘吳，無往而不克矣」。宣王善之，事皆施行。〔九〕正始二年，〔一〇〕乃開廣漕渠，〔一一〕每東南有事，大軍興衆，〔一二〕汎舟而下，達于江、淮，資食有儲而無水害，艾所建也。〔一三〕

〔一〕郡國志：「豫州陳國陳。」一統志：「陳縣故城，今河南陳州府淮寧縣治。」項縣見王淩傳。沈家本曰：「御覽〔三百三十三〕此下有小注：自今淮陽郡項城縣以東至今壽春郡也十六字，乃唐人語，非裴注也。淮陽、壽春，皆唐郡。」

〔二〕通鑑作「每大軍出征」。

〔三〕元本「土」作「上」。

〔四〕汝水、潁水、蒗蕩渠水、渦水皆經陳、蔡之閒，而東入淮。

〔五〕常有四萬人，官本作「常有四千人」。李龍官曰：「淮北二萬，淮南三萬，共五萬人。以十二分休計之，止應四千有奇，不得云四萬人也。」弼按：李説誤。胡三省曰：「五萬人分一萬番休迭戍，周而復始，是常有四萬人屯田。」身之之説是也。安有屯兵五萬，僅用四千且田且守，豈鄧艾寓兵於農、屯田積穀之意乎！十二分休者，十分之二分休也。沈家本曰：「下文云：計除衆費，歲完五百萬斛。使田者止四千人，是一人之所田，歲完一千二百五十斛，即曰土下田良，亦安所得此。」

〔六〕「水」疑作「歲」，御覽作「小」。

〔七〕元本「完」作「贏」。沈家本曰：「魏時屯田輸穀之制，於今無考。以四萬人計之，是一人之田，歲完一百二十五斛。通典言六朝量三升，當今一升，則一百二十五斛，當四十一斛有奇，此但以所完之穀而言，未及衆費也。嵇康養生論曰：夫田種者，一畝十斛謂之良田。康以魏人言魏事，則艾之所籌，當亦如是。計歲完之數，加之以衆費，每人所田，大約不能過二十畝。今日江南水田，一人之力，能種十畝而已。即有兼人之力，亦未有過二十畝者，與魏時情事，尚不甚殊也。晉書傅玄傳云：白田收至十餘斛，水田至數十斛，而今日收穫之最多，江、湘不過畝六石，即以一爲三，亦不過十八石，安得有數十斛之多哉！」

〔八〕晉書食貨志「上」作「北」。

〔九〕「事皆施行」，御覽三百三十三引魏志作「皆如艾計」，下有「遂北臨淮水，自鍾離西南，横石以西，盡沘水四百餘里，五里置一營，營六十人，且田且守，兼修廣淮陽、百尺二渠，上引河流，下通淮、潁，大治諸陂於潁南、潁北，穿渠三百餘里，溉田二萬頃，淮南、淮北，皆相連接。自壽春至京師，農官兵屯，雞犬之聲，阡陌相屬」。凡九十七字。下接「每東南有事」云云。何焯曰：「册府引此，亦曰鄧艾傳，則悉是承祚本書，後來所當刊正也。」嚴長明説同。李慈銘曰：「此晉書食貨志之文，承祚本書，務在簡絜，此傳首尾完善，文相承接，且事皆施行云云，文亦不同，所引必非本傳所脱落者。册府以爲鄧艾傳，不足信。」潘眉曰：「杜氏通典引此，一在漕運門，一在屯田門。一依晉書食貨志多九十三字，一依鄧艾傳，册府誤並爲鄧艾傳，何、嚴二氏以爲鄧艾傳之逸文，謬矣。」沈家本曰：「以晉食貨志核之，御覽此卷所引，乃晉志，非魏志也。故與八百二十二卷所引不同。以爲承祚本書者，非御覽既誤晉爲魏，册府並訛作鄧艾傳，不足爲據。」

〔一〇〕晉書宣帝紀在正始三、四年，本傳及通鑑編於正始二年。胡三省曰：「史究言鄧艾興屯田之利，蓋艾倡議於二年，興辦於三、四年也。」

〔一一〕晉書宣帝紀：「正始三年三月，奏穿廣漕渠，引河入汴，溉東南諸陂，始大佃於淮北。四年九月，大興屯守，廣開淮陽、百尺二渠，又修諸陂於潁之南北萬餘頃，自是淮北倉庾相望，壽陽至於京師，農官屯兵連屬焉。」水經渠水注：「沙水南與廣漕渠合，上承龐官陂，云鄧艾所開也。」趙一清曰：「寰宇記卷十：溉灌城在陳州商水縣東北二十里，隋圖經云鄧艾所築。西華縣西二十里有柳城，故老傳云：女媧氏之都，本名媧城。鄧艾營稻陂時，柳舒爲陂長，後人因名爲柳城。又卷二十四：陂在蔡州西平縣界，並鄧艾所置，磚城在潁州沈丘縣東北四十五里，司馬宣王使鄧艾於此置屯種稻，以備東南，築城圍倉廩。」

〔一二〕通鑑作「大興軍衆」，晉書食貨志作「大軍出征」。

〔一三〕農田水利，軍資兵謀，無一不操勝算，孤寒之子，有此壯猷，殊勛偉績，不減淮陰，真異才也。仲達一見稱奇，可謂知人。

出參征西軍事，〔一〕遷南安太守。〔二〕嘉平元年，與征西將軍郭淮〔三〕拒蜀偏將軍姜維。維退，〔四〕淮因西擊羌。艾曰：「賊去未遠，或能復還，宜分諸軍，以備不虞。」於是留艾屯白水北。〔五〕三日，維遣廖化自白水南，向艾結營。艾謂諸將曰：「維今卒還，吾軍人少，法當來渡，而不作橋，此維使化持吾，令不得還，維必自東襲取洮城。」洮城在水北，去艾屯六十里。艾即夜潛軍徑到，維果來渡，而艾先至據城，得以不敗。賜爵關內侯，加討寇將軍，後遷城陽太守。〔六〕

〔一〕正始四年，夏侯玄爲征西將軍。

〔二〕南安郡，漢末分漢陽郡置。

〔三〕淮繼玄後。

〔四〕通鑑：「漢衛將軍姜維寇雍州，依麴山築二城。郭淮使雍州刺史率討蜀護軍徐質、南安太守鄧艾圍麴城，斷其運道及城外流水。」

〔五〕水經注：「白水出隴西臨洮縣西南西傾山，東南流逕鄧至城，即艾所屯地。以鄧艾至此，故以名城。」謝鍾英曰：「鄧艾城在今甘肅階州文縣東七里。」趙一清曰：「寰宇記卷十六：鄧艾廟在白水陂上，去泗州臨淮縣南一百二十里，艾於此置屯田四十九所，其陂東西長三十五里，去縣一百里。方輿紀要卷二十二：高郵州寶應縣西八十五里，有白水塘，闊三十里，周二百五十里，赤曰白水陂。鄧艾所作，與盱眙破釜塘相連，開八水門，立屯溉田萬二千頃。」弼按：趙氏所引之白水陂，在今安徽、江蘇境，應注於上文開河渠之下。此乃屯兵於今甘肅境白水之北，兩不相涉也。

〔六〕胡三省曰：「前漢置城陽國，後漢省入琅邪國。魏武平青州，復置城陽郡。」吳增僅曰：「獻帝起居注建安十八年，省州併郡，詳載徐州八郡，其一城陽。通鑑胡注云置郡時屬徐州，後移屬青，與起居注合。」

是時并州右賢王劉豹并爲一部，〔一〕艾上言曰：「戎狄獸心，不以義親，彊則侵暴，弱則內附。故周宣有玁狁之寇，〔二〕漢祖有平城之困〔圍〕。〔三〕每匈奴一盛，爲前代重患。自單于在外，莫能牽制長卑，誘而致之，〔四〕使來入侍。由是羌夷失統，合散無主。以單于在內，萬里順軌。今單于之尊日疏，外土之威寖重，〔五〕則胡虜不可不深備也。聞劉豹部有叛胡，可因叛割爲二國，以分其勢。去卑功顯前朝，〔六〕而子不繼業，宜加其子顯號，使居鴈門。離國弱寇，〔七〕追録舊勳，此御邊長計也。」〔八〕又陳：「羌胡與民同處者，宜以漸出之，使居民表，〔九〕崇廉恥之教，塞姦宄之路。」大將軍司馬景王新輔政，多納用焉。〔一〇〕遷汝南太守，〔一一〕至則尋求昔所厚己吏父，久已死；遣吏祭之，重遺其母，舉其子與計吏。〔一二〕艾所在，荒野開闢，軍民並豐。

〔一〕通鑑「右」作「左」。通鑑：「嘉平三年初，南匈奴自謂其先本漢室之甥，因冒姓劉氏。太祖留單于呼廚泉於鄴，分其衆爲五部，居并州境内，左賢王豹，單于於扶羅之子也，爲左部帥，部族最强。」李賢曰：「於扶羅，即前趙劉元海之祖。元海爲亂晉之首，呼廚泉即元海之叔祖。」

〔二〕詩小雅六月之章。六月，宣王北伐也。玁狁孔熾，我是用急，王于出征，以匡王國。

〔三〕史記高祖紀：「七年，匈奴攻韓王信馬邑，信因與同謀反，高祖自往擊之。會天寒，士卒墮指者十二三。遂至平城，匈奴圍我平城七日，而後罷去。」范書南匈奴傳論曰：「高祖威加四海，而窘平城之圍。」章懷注引前書云：「高祖自將兵三十二萬擊韓王信，先至平城。冒頓縱兵三十萬騎，圍帝於白登七日，漢兵中外不得相救餉，故歌曰：平城之事甚大苦，七日不得食，不能彎弓弩。得陳平祕計，然後得免也。」

〔四〕沈家本曰：「長卑未詳。或去卑之訛。」弼按：下文去卑爲別一人。

〔五〕胡三省曰：「謂南單于留鄴，雖有尊名，日與部落疏；而左賢王豹居外，部族最彊，其威日重也。」

〔六〕去卑事見武紀建安二十一年。范書南匈奴傳：「建安元年，右賢王去卑侍衛天子，拒擊李傕、郭汜，車駕還洛陽，然後歸國。」章懷注：「留呼廚泉於鄴，而遣去卑歸平陽，監其五部國。」胡三省曰：「謂去卑侍衛漢獻帝東還也。」

〔七〕離國者，離匈奴劉豹之國爲二也。

〔八〕何焯曰：「江統、郭欽之前，輒已有此先覺遠猷。」

〔九〕表，外也。使居編民之外也。

〔一〇〕胡三省曰：「鄧艾所陳，先於徙戎論，司馬師既從之矣，然卒不能杜其亂華之漸，抑所謂漸出之者行之而不究邪？豈天將啟胡、羯、氐、羌，非人之所能爲也。」

〔一一〕趙一清曰：「方輿紀要卷二十一：博城在鳳陽潁州東北四十里，鄧艾於此屯田，以備東南，蓋倉城也。寰宇記卷十一：蔡州西平縣界有二十四陂，魏典農鄧艾所置也。」

〔一二〕「與」字疑誤。

諸葛恪圍合肥新城，不克，退歸。艾言景王曰：「孫權已没，大臣未附，吴名宗大族，皆有部曲，阻兵仗勢，足以建命。〔一〕恪新秉國政，而内無其主，不念撫恤上下，以立根基，競於外事，虐用其民，悉國之衆，頓於堅城，死者萬數，載禍而歸，此恪獲罪之日也。昔子胥、吴起、商鞅、樂毅，皆見任時君，主没而敗。〔二〕況恪才非四賢，而不慮大患，其亡可待也。」〔三〕恪歸，果見誅。〔四〕遷兗州刺史，〔五〕加振威將軍。上言曰：「國之所急，惟農與戰，國富則兵彊，兵彊則戰勝。然農者，勝之本也。孔子曰足食足兵，食在兵前也。上無設爵之勸，則下無財畜之功，今使考績之賞，在於積粟富民，則交游之路絶，浮華之原塞矣。」

〔一〕通鑑作「違命」。官本考證曰：「建疑作違。」

〔二〕通鑑「而」作「猶」。史記伍子胥傳：「吴王闔廬召伍員謀國事，吴以伍子胥、孫武之謀，西破彊楚，北威齊、晉，南服越人。闔廬死，吴王夫差不聽子胥之諫，乃使使賜子胥屬鏤之劍，曰：子以此死。」吴起傳：「吴起之楚，楚悼王聞起賢，至則相楚，南平百越，北并陳、蔡，卻三晉，西伐秦。諸侯患楚之彊，楚之貴戚盡欲加害吴起。及悼王死，宗室大臣作亂，而攻吴起，吴起走之王尸而伏之。擊起之徒，因射吴起，並中悼王。」商君傳：「商君相秦十年，秦孝公卒，秦發兵攻商君，殺之於鄭黽池，秦惠王車裂商君以徇，曰：莫如商鞅反者。遂滅商君之家。」樂毅傳：「燕昭王以樂毅爲亞卿，樂毅下齊七十餘城，皆爲郡縣以屬燕。會燕昭王死，子惠王自爲太子時，嘗不快於樂毅，樂毅遂西降趙。」

〔三〕胡三省曰：「張緝、鄧艾皆料諸葛恪必誅，緝死而艾存者，緝附李豐而艾爲師用也。然艾不死於師，而死於昭者，功名之際難居，重以鍾會之構閒也。」

〔四〕李光地曰：「料恪之審，與蜀人張嶷同。」何焯曰：「觀艾之料恪，則知王基之忠於司馬昭，所謂撫恤上下以立根基者，至言要略也。曹爽固豚犢，終於必敗，然不興駱谷之役，則民怨亦未起也。」

〔五〕正元元年，殺兗州刺史李翼。翼，李豐弟也。鄧艾繼李翼之後。

高貴鄉公即尊位，進封方城亭侯。〔一〕毌丘儉作亂，遣健步齎書，〔二〕欲疑惑大衆，艾斬之。兼道進軍，先趣樂嘉城，〔三〕作浮橋。司馬景王至，遂據之。文欽以後大軍〔四〕破敗於城下，艾追之至丘頭，〔五〕欽奔吴。吴大將軍孫峻等號十萬衆，將渡江，鎮東將軍諸葛誕遣艾據肥陽，〔六〕艾以與賊勢相遠，非要害之地，輒移屯附亭，〔七〕遣泰山太守諸葛緒等於黎漿拒戰，遂走之。〔八〕其年，徵拜長水校尉。〔九〕以破欽等功，進封方城鄉侯，行安西將軍。解雍州刺史王經圍於狄道，〔一〇〕姜維退駐鍾提，〔一一〕乃以艾爲安西將軍，假節，領護東羌校尉。〔一二〕議者多以爲維力已竭，未能更出。艾曰：「洮西之敗，非小失也。破軍殺將，〔一三〕倉廩空虛，百姓流離，幾於危亡。今以策言之，彼有乘勝之勢，我有虛弱之實，一也。彼上下相習，五兵犀利，〔一四〕我將易兵新，器杖未復，二也。〔一五〕彼以船行，吾以陸軍，〔一六〕勞逸不同，三也。〔一七〕狄道、隴西、南安、祁山，各當有守，彼專爲一，我分爲四，四也。從南安、隴西，因食羌穀，若趣祁山，熟麥千頃，爲之縣餌，〔一八〕五也。賊有黠數，〔一九〕其來必矣。」頃之，維果向祁山，聞艾已有備，乃回從董亭趣南安，〔二〇〕艾據武城山以相持。〔二一〕維與艾爭險，不克；其夜，渡渭東行，緣山趣上邽。艾與戰於段谷，〔二二〕大破之。甘露元年詔曰：「逆賊姜維，連年狡黠，民夷騷動，西土不寧。艾籌畫有方，忠勇奮發，斬將十數，馘首千計，國威震於巴、蜀，武聲揚於江、岷。今以艾爲鎮西將軍，都督隴右諸軍事，進封鄧侯。分五百户封子忠爲亭侯。」二年，拒姜維於長城，〔二三〕維退還。〔二四〕遷征西將軍，前後增邑凡六千六百户。景元三年，又破維於侯和，維卻保沓中。〔二五〕四年秋，詔諸軍征蜀，大將軍司馬文王皆指授節度，〔二六〕使艾與維相綴連，雍州刺史諸葛緒要維，令不得歸。〔二七〕艾遣天水太守王頎等直攻維營，〔二八〕隴西太守牽弘等邀其前，〔二九〕金城太守楊欣等詣甘松。〔三〇〕維聞鍾會諸軍已入漢中，引退，還。欣等追躡於彊川口，大戰，維敗走。〔三一〕聞雍州已塞道屯橋頭，〔三二〕從孔函谷入北道，〔三三〕欲出雍州後。諸葛緒聞之，卻還三十里。維入北道三十餘里，聞緒軍卻，尋還，從橋頭過；緒趣截維，較一日不及。〔三四〕維遂東引，還守劍閣。〔三五〕鍾會攻維未能克。艾上言：「今賊摧折，宜遂乘之，從陰平由邪徑經漢德陽亭〔三六〕趣涪，〔三七〕出劍閣西百里，〔三八〕去成都三百餘里，奇兵衝其腹心。劍閣之守，必還赴涪，則會方軌而進。劍閣之軍不還，則應涪之兵寡矣。軍志有之曰：攻其不備，出其不意。今掩其空虛，破之必矣！」

〔一〕趙一清曰：「水經河水注：鄄城縣故城，在河南十八里，王莽之鄄良也。沇州舊治，魏武創業，始自於此河上之邑，最爲峻固。城南有魏使持節征西將軍太尉方城侯鄧艾廟，廟南有艾碑。秦建元十二年，廣武將軍沇州刺史關内侯安定彭超立。」弼按：艾後封方城鄉侯，進封鄧侯，未封方城侯，與水經注少異。

〔二〕胡三省曰：「健步，能疾走者，今謂之急脚子，又謂之快行子。」

〔三〕樂嘉見毌丘儉傳。

〔四〕後，謂後至也。

〔五〕丘頭見王淩傳注。

〔六〕謝鍾英曰：「肥陽疑即肥水之北，今壽州南芍陂北。」

〔七〕毛本「移」作「以」。官本攷證曰：「附亭，元本作陽亭。」趙一清曰：「附亭即黎漿亭也。附，近也，移屯近此亭也。」謝鍾英曰：「附亭當與黎漿相近，黎漿亭見諸葛誕傳。」

〔八〕逐，疑作遂。

〔九〕續百官志：「長水校尉一人，比二千石，掌宿衛兵。」如淳曰：「長水，胡名也。」韋昭曰：「長水校尉，典胡騎。廄近長水，故以爲名。長水，蓋中小水名。」

〔一〇〕郡國志：「涼州隴西郡狄道。」一統志：「狄道故城，今甘肅蘭州府狄道州西南。」

〔一一〕蜀志後主傳作「鍾題」。胡三省曰：「鍾提當在羌中，蜀之涼州界也。」謝鍾英曰：「鍾提當在狄道州西洮水西。」

〔一二〕續百官志：「護羌校尉一人，比二千石。」洪飴孫曰：「護東羌校尉，魏所置，漢無此官。」

〔一三〕通鑑作「士卒彫殘」。

〔一四〕管子曰：「蚩尤受盧山之金，而坐五兵。」孔穎達曰：「步卒之五兵，謂弓矢一、殳二、矛三、戈四、戟五也。犀，堅也。古以犀兕爲甲，故謂堅爲犀。」

〔一五〕馮本「仗」作「杖」，誤。胡三省曰：「將易，艾自謂初代王經也；兵新，謂遣還洮西敗卒，更差軍守也。」

〔一六〕何焯校改「軍」作「運」。

〔一七〕胡三省曰：「言蜀船自涪戍白水，可以上沮水，由沮水入武都下辨，自此而西北，水路漸峻陋，小舟猶可入也。魏軍渡隴而西，皆陸行。」

〔一八〕通鑑作「爲之外倉」。

〔一九〕通鑑「數」作「計」。

〔二〇〕水經注：「董亭在南安郡西南，谷水歷其下，東北注於渭。」謝鍾英曰：「董亭在今甘肅鞏昌府寧遠縣西南。」

〔二一〕水經注：「渭水過獂道南，獂道，南安郡治也。又東逕武城縣西，武城川水入焉，蓋以山名縣也。」一統志：「在今寧遠縣西南。」

〔二二〕郡國志：「涼州漢陽郡上邽。」三國魏因，屬天水郡。錢坫曰：「上邽故城，今甘肅秦州東南四十里。」水經注：「上邽之南，有段溪水。」杜佑曰：「秦州上邽縣有段谷水。」一統志：「段谷在秦州東南。」

〔二三〕水經渭水注：「洛谷水出南山洛谷，北流經長城西。魏甘露三年（按本傳作「二年」。）蜀遣姜維出洛谷，圍長城，即斯地也。」一統志：「長城在今陝西西安府盩厔縣南。」謝鍾英曰：「其地在芒水西、駱谷水東。」

〔二四〕通鑑：「漢姜維率數萬人出駱谷，時長城積穀甚多，而守兵少。征西將軍司馬望、安西將軍鄧艾進兵據之以拒維。維壁於芒水，數挑戰，望、艾不應。」弼按：本傳艾時爲鎮西將軍。將軍制，征、鎮、安、平。艾已爲鎮西，不應降爲安西也。通鑑誤。

〔二五〕侯和，今甘肅洮洲廳南洮水之南，詳見陳留王紀景元三年、四年。

〔二六〕晉書文帝紀：「帝將伐蜀，乃謀衆曰：自定壽春已來，息役六年，治兵繕甲，以擬二虜，略計取吳，作戰船通水道，當用千餘萬功，此十萬人百數十日事也。又南土下溼，必生疾疫，今宜先取蜀。三年之後，因巴、蜀順流之勢，水陸並進，此滅虞定虢、吞韓并魏之勢也。計蜀戰士九萬，居守成都，及備他郡，不下四萬，然則餘衆不過五萬。今絆姜維於沓中，使不得東顧，直指駱谷，出其空虛之地，以襲漢中。彼若嬰城守險，兵勢必散，首尾離絶，舉大衆以屠城，散鋭卒以略野，劍閣不暇守險，關頭不能自存。以劉禪之闇，而邊城外破，士女内震，其亡可知也。征西將軍鄧艾以爲未有釁，屢陳異議。帝患之，使主簿師纂爲艾司馬以喻之，艾乃奉命。」

〔二七〕晉書文帝紀：「使鄧艾自狄道攻姜維於沓中，雍州刺史諸葛緒自祁山軍於武街，絶維歸路。」

〔二八〕前漢天水郡，後漢改曰漢陽郡，魏復曰天水郡。王頎見毌丘儉傳。

〔二九〕牽弘見牽招傳。

〔三〇〕晉書「楊欣」作「楊頎」。胡三省曰：「甘松本生羌之地，張駿置甘松護軍，乞伏國仁置甘松郡。後魏時，白水羌朝貢，置甘松縣。大和六年，改置扶州，隋改甘松爲嘉誠縣，屬同昌郡。唐武德初置松州，取甘松嶺爲名，且其地産甘松也。杜佑曰：甘松嶺，江水發源之地，甘松山在今交川郡境，今臨洮和政郡之南，及合川郡之地。新唐書曰：甘松山在洮水之西，吐谷渾居山之陽。」吴熙載曰：「甘松今甘肅鞏昌府岷州南徼州崇路土司南甘松嶺。此自狄道南循岷州洮州至甘松沓中也。」謝鍾英曰：「甘松今四川松潘廳西北三百里，舊洮州之西南江源處。」

〔三一〕胡三省曰：「彊川口在强臺山南，强臺山即臨洮之西傾山。闞駰曰：彊水出陰平西北彊山，一曰彊川。姜維之還也，鄧艾遣王頎追敗之於彊口，即是地也。」吴熙載曰：「彊川，今祥楚河，即白水源也。」謝鍾英曰：「彊川在舊洮州西南之西傾山，當和碩特前頭旗之東。」

〔三二〕蜀志姜維傳：「維表後主，宜並遣張翼、廖化督諸軍分護陽安關口、陰平橋頭。」即此地也。水經漾水注：「白水出臨洮縣西南西傾山東南，逕陰平道故城南，又東北逕橋頭。昔姜維之將還蜀也，雍州刺史諸葛緒邀之於此，後期不及，故維得保劍閣，而鍾會不能入也。」杜佑曰：「陰平橋頭在文州界。」通志：「橋頭在文縣東南一里，白水急流中有石二道，就石立柱成橋，長二十餘丈。」吴熙載曰：「橋頭在今甘肅階州文縣南白水上。」

〔三三〕孔函谷在今文縣西北。

〔三四〕胡三省曰：「言較遲一日，遂不及維也。」

〔三五〕華陽國志：「廣漢郡德陽縣有劍閣三十里，至險。有閣尉。」水經漾水注：「又東南逕小劍戍北，西去大劍三十里。連山絶險，飛閣通衢，故謂之劍閣也。張載銘曰：一人守險，萬夫趑趄，信然。故李特至劍閣而歎曰：劉氏有如此地，而面縛於人，豈不奴才也！」元和志：「大劍山亦曰梁山，姜維拒鍾會於此，又石新婦東北一里，千人巖之南，岸絶壁，高數千丈，即劍山之危峯，見數百里外，旁視衆嶺，猶平地也。巖下高百許丈，有石壁紅色，方如座席，即張載勒銘處也。」方輿勝覽、輿地廣記云：「山有小石門，即秦時所開石牛道，亦即鍾會伐蜀之路。大劍雖號天險，有阨塞可守，崇墉之閒，徑路頗夷。小劍鑿石架閣，有不容越者。」寰宇記：「諸葛武侯相蜀，於此立劍閣，以大劍山至此有隘束之路，故曰劍門。」吴熙載曰：「劍閣在今四川保寧府昭化縣南，劍州西北。」

〔三六〕御覽「陰平」下有「江」字，陰平今甘肅階州文縣治。胡三省曰：「前漢無德陽縣，後漢志廣漢郡始有德陽縣，蓋因漢故亭而置縣也。自蜀分廣漢置梓潼郡之後，劍閣縣屬梓潼，德陽縣屬廣漢。續漢志以爲德陽縣有劍閣，今姜維守劍閣拒鍾會，而鄧艾欲從德陽亭趣涪，則此時分爲兩縣明矣。然德陽亭亦非此時德陽縣治，蓋前漢德陽亭故處也。此道即所謂陰平景谷道。」謝鍾英曰：「胡氏謂德陽亭即德陽縣，非是。其地當在今四川緜州北江油之南，蜀漢涪縣地。」吴熙載曰：「德陽在今四川緜州梓潼縣西北。」一統志：「德陽故城，後漢初分梓潼縣置，在今緜州梓潼縣北，後移於今遂寧縣，故廣漢界而廢舊縣爲亭，即魏景元四年鄧艾所經之漢德陽亭也。蓋魏、晉時廣漢之德陽尚存，故謂此爲漢德陽也。」弼按：胡三省明言德陽亭非德陽縣治，謝氏殆未細審耳。德陽互見蜀志法正傳。

〔三七〕胡三省曰：「趣，七喻翻；涪，音浮。」

〔三八〕「百里」，御覽作「四百里」。郡國志：「益州廣漢郡涪。」三國蜀改屬梓潼郡。一統志：「涪縣故城，今緜州東北舊州城東北五里。」通鑑胡注引陳壽曰：「涪去成都三百六十里。」

冬十月，艾自陰平道行無人之地七百餘里，〔一〕鑿山通道，造作橋閣。〔二〕山高谷深，至爲艱險，又糧運將匱，頻於危殆。〔三〕艾以氈自裹，推轉而下。將士皆攀木緣崖，魚貫而進。〔四〕先登至江由，〔五〕蜀守將馬邈降。蜀衛將軍諸葛瞻自涪還緜竹，〔六〕列陳待艾。〔七〕艾遣子惠唐亭侯忠等出其右，司馬師纂等出其左。〔八〕忠、纂戰不利，並退還，曰：「賊未可擊。」艾怒曰：「存亡之分，在此一舉，何不可之有！」乃叱忠、纂出，將斬之。〔九〕忠、纂馳還更戰，大破之，斬瞻及尚書張遵等首，進軍到雒。〔一〇〕劉禪遣使奉皇帝璽綬，爲箋詣艾請降。

〔一〕李安溪曰：「蜀備之疎，乃至於此，雖欲不亡，不可得也。」

〔二〕胡三省曰：「今隆慶府陰平縣北六十里有馬閣山，峻峭崚嶒，極爲艱險。鄧艾軍行至此，路不得通，乃懸車束馬，造作棧閣，始通江油，因名馬閣。又自文州青塘嶺至龍州百五十里，自北而南者，右肩不得易所負，謂之左擔路，亦艾伐蜀路也。據鍾會傳，艾自漢德陽亭入江油左擔道，則德陽亭蓋當馬閣山之路。」方輿紀要：「馬閣山在廢陰平縣北六十里，廢陰平縣在龍安府東北五十里。」謝鍾英曰：「馬閣山在今四川龍安府城東北一百十里，西與摩天嶺接，當文縣東南。」

〔三〕通鑑「頻」作「瀕」。

〔四〕胡三省曰：「山崖險陿，單行相繼而進，如貫魚然。」弼按：承祚此傳敘艾履險前進，堅苦卓絶，情景如繪。

〔五〕通鑑「由」作「油」。胡注：「江油，今龍州江油縣地，南至緜州二百餘里。緜州，古涪城也。」一統志：「今四川龍安府江油縣城東。」

〔六〕胡三省曰：「緜竹縣屬廣漢郡，今緜竹縣東北至緜州百餘里。」一統志：「緜竹縣自古爲由涪至成都必經之要道，又爲涪江所經，當在緜州、德陽之間。」方輿紀要：「緜竹故城，今緜州德陽縣北三十五里。」蜀志諸葛瞻傳：「艾遣書誘瞻，瞻斬艾使。」

〔七〕何焯曰：「艾軍入死地，理無反顧，而瞻不知憑城持重何哉？」韓慕廬曰：「緜竹之師，宜堅守以挫其鋒。」
〔八〕胡三省曰：「姓譜：師，古者掌樂之官，因以爲氏。」
〔九〕宋本無「出」字，北宋本出作「等」。
〔一〇〕胡三省曰：「雒縣屬廣漢郡，西南至城都八十餘里。」鄒安鬯曰：「雒縣故城，今成都府漢州北。」

艾至成都，禪率太子諸王及羣臣六十餘人，面縛輿櫬詣軍門，〔一〕艾執節〔二〕解縛焚櫬，受而宥之。〔三〕檢御將士，無所虜略，〔四〕綏納降附，使復舊業，蜀人稱焉。〔五〕輒依鄧禹故事，承制拜禪行驃騎將軍，太子奉車，諸王駙馬都尉。蜀羣司各隨高下拜爲王官，或領艾官屬。〔六〕以師纂領益州刺史，隴西太守牽弘等領蜀中諸郡。使於緜竹築臺以爲京觀，〔七〕用彰戰功。士卒死事者，皆與蜀兵同共埋藏。艾深自矜伐，謂蜀士大夫曰：「諸軍賴遭某，〔八〕故得有今日耳。如遇吳漢之徒，已殄滅矣。」〔九〕又曰：「姜維自一時雄兒也，與某相值，故窮耳。」有識者笑之。

〔一〕胡三省曰：「杜預曰：面縛，縛手於後，唯見其面也。櫬，棺也；示將受死。後主時年四十八。」弼按：當作五十八。胡玉縉曰：「漢書項籍傳：馬童面之。如淳曰：面，謂不正視也。師古曰：如説非也。面，謂背之不面向也。面縛，亦謂反背而縛之。杜元凱以爲但見其面，非也。按：顔説是也。此乃相反爲詁之例。夏侯嬰傳面雍樹馳，張歐傳爲涕泣面而封之，皆是此義。舊注不得其説，顔俱正之。」
〔二〕通鑑「執」作「持」。
〔三〕通鑑作延請相見。

〔四〕通鑑「所」作「得」。

〔五〕承祚此傳，深致讚美之辭。

〔六〕胡三省曰：「依鄧禹承制授隗囂故事也。後艾由此得罪。」

〔七〕左傳宣公十二年：「潘黨曰：君盍築武庫而收晉尸，以爲京觀。」杜注：「積尸封土其上，謂之京觀。」觀，去聲。

〔八〕宋本「軍」作「君」，通鑑同。

〔九〕吴漢破成都，夷公孫述妻子，放兵大掠，焚述宫室。

十二月，詔曰：「艾曜威奮武，深入虜庭，斬將搴旗，梟其鯨鯢，使僭號之主，稽首係頸，歷世逋誅，一朝而平。兵不踰時，戰不終日，雲徹席卷，蕩定巴、蜀。雖白起破强楚，〔一〕韓信克勁趙，〔二〕吴漢禽子陽，〔三〕亞夫滅七國，〔四〕計功論美，不足比勳也。其以艾爲太尉，〔五〕增邑二萬户，〔六〕封子二人亭侯，各食邑千户。」

袁子曰：諸葛亮，重人也，而驟用蜀兵，此知小國弱民，難以久存也。今國家一舉而滅蜀，自征伐之功，未有如此之速者也。方鄧艾以萬人入江由之危險，鍾會以二十萬衆留劍閣而不得進，〔七〕三軍之士已飢，艾雖戰勝克將，使劉禪數日不降，則二將之軍難以反矣。故功業如此之難也。國家前有壽春之役，後有滅蜀之勞，百姓貧而倉廩虚，故小國之虜，在於時立功以自存，大國之慮，在於既勝而力竭。成功之後，戒懼之時也。

艾言司馬文王曰：「兵有先聲而後實者，〔八〕今因平蜀之執以乘吴，吴人震恐，席卷之時也。然大舉之後，將士疲勞，不可便用，且徐緩之；留隴右兵二萬人，蜀兵二萬人，煮鹽興冶，爲軍農要用，〔九〕並作舟船，豫順流之事。〔一〇〕然後發使，告以利害，吳必歸化，可不征而定也。今宜厚劉禪以致孫休，安士民以來遠人，若便送禪於京都，吳以爲流徙，則於向化之心不勸。宜權停留，須來年秋冬，比爾，吳亦足平。以爲可封禪爲扶風王，錫其資財，供其左右。郡有董卓塢，〔一一〕爲之宮舍。爵其子爲公侯，食郡内縣，以顯歸命之寵。〔一二〕開廣陵、城陽以待吳人，〔一三〕則畏威懷德，望風而從矣。」文王使監軍衛瓘喻艾：「事當須報，不宜輒行。」艾重言曰：「銜命征行，奉指授之策，元惡既服，至於承制拜假，以安初附，謂合權宜。今蜀舉衆歸命，地盡南海，〔一四〕東接吳會，宜早鎮定。若待國命，往復道途，延引日月。春秋之義，大夫出疆，有可以安社稷，利國家，專之可也。〔一五〕今吳未賓，勢與蜀連，不可拘常，以失事機。兵法：進不求名，退不避罪，〔一六〕艾雖無古人之節，終不自嫌，以損于國也。」〔一七〕鍾會、胡烈、師纂等皆白艾所作悖逆，變釁以結。〔一八〕詔書檻車徵艾。〔一九〕

魏氏春秋曰：艾仰天歎曰：「艾，忠臣也，一至此乎！白起之酷，復見於今日矣。」〔二〇〕

〔一〕史記白起傳：「白起，郿人，善用兵。事秦昭王。白起攻楚拔郢，燒夷陵，楚王亡去郢，秦以郢爲南郡，白起遷爲武安君。」

〔二〕史記淮陰侯傳：「韓信問計於廣武君，廣武君曰：成安君有百戰百勝之計，一日而失之，軍敗鄗下，身死泜上。今將軍一舉而下井陘，不終朝破趙二十萬衆，誅成安君，名聞海内，威震天下，此將軍之所長也。」

〔三〕吳漢事見前。公孫述，字子陽。

〔四〕漢書景帝紀：「三年，吳王濞等七國反，遣太尉周亞夫將兵擊之，破七國。」

〔五〕水經河水注：「鄄城城南有魏使持節征西將軍太尉方城侯鄧艾廟，廟南有艾碑。秦建元十二年，廣武將軍沇州刺史關内侯彭超立。」金石録曰：「鄧艾碑額題魏使持節征西將軍方城侯鄧公之碑。以詞考之，碑蓋晉初立。艾平蜀即軍中拜太尉，而碑但題爲征西將軍者，疑尋被禍，未嘗受命。艾始封方城侯，後改封鄧侯，碑尚云方城侯，何哉？」

〔六〕潘眉曰：「魏朝爵土，無封二萬户者，宗室諸王，惟任城王彰、陳思王植曾封萬户。正始中，曹爽封武安侯，邑萬二千户。羣臣惟張魯以客禮閬中侯，邑萬户；滿寵封昌邑侯，前後增邑至九千六百户。艾同時鍾會破蜀，進封縣侯，增邑亦不過萬户。艾獨增邑二萬户，若非傳寫之誤，則特典也。（司馬氏爵土，不在此例。）」沈家本曰：「艾先封鄧侯，邑六千六百户，會封亭侯，邑三百户。破蜀之功，艾多於會，會由亭侯超封縣侯，邑萬户；艾不過增邑稍多耳，未嘗厚於會，不得以此爲疑。」

〔七〕觀此數語，平蜀實爲鄧艾一人之功，當時尚有公論。

〔八〕漢初李左車以是説韓信，艾祖其説以言於昭。然左車之説用，艾則見疑，勢異故也。

〔九〕胡三省曰：「蜀有鹽井，朱提出銀，嚴道、卭都出銅，武陽、南安、臨卭、沔陽皆出鐵。漢置鹽官、鐵官，艾欲復其利。」弼按：艾隨時隨事，皆有經國遠猷，竟爲鍾、衛所忌，慘死毒手，千秋而下，惜此美才。

〔一〇〕元本「豫」下有「備」字，通鑑「豫」下有「爲」字。

〔一一〕董卓築塢於扶風郿縣。

〔一二〕何焯曰：「並封爵皆專自儗定，宜乎讒言之得入。」

〔一三〕胡三省曰：「開廣陵、城陽爲王國，以待孫休也。廣陵屬徐州，城陽屬青州，蓋魏廣陵郡治淮陰故城，城陽郡治莒，二郡壤界，實相接也。」弼按：二郡實不相接，胡氏説誤。謝鍾英曰：「據吴志徐盛傳：盛，琅邪莒人。則莒縣應屬琅邪，胡氏謂爲城陽郡治，誤。」

〔一四〕胡三省曰：「南中之地，東南帶海，接於交趾。」

〔一五〕春秋公羊傳之言。

〔一六〕孫子曰：「將之至任，不可不察也。進不求名，退不避罪，唯人是保，而利於主，國之寶也。」

〔一七〕或曰：「衛瓘之使，計已不行，且有見疑之心矣。艾專行自如，殊昧禍機。惟其氣驕，故不能審之耳。」李安溪曰：「艾驕甚矣，昭之殺機生矣，雖微會搆，艾其能反乎！」弼按：鍾會傳注引世語云：「會善效人書，於劍閣要艾章表白事，皆易其言。」是艾此書，是否鍾會改竄，不能無疑。

〔一八〕以、已古通。

〔一九〕事在景元五年正月，即咸熙元年，此真所謂敵國破，謀臣亡也。是時征西、鎮西兩路進兵，征西以萬人出奇平蜀，鎮西以十餘萬衆阻於姜維，留劍閣而不得進，故忌征西專有其功。師纂因戰不利，幾爲艾所殺，故同搆艾，與田續報江由之辱一也。

〔二〇〕史記白起傳：「秦王使使者賜白起劍自裁。武安君引劍將自剄曰：我何罪于天而至此哉！遂自殺。武安君死，非其罪，秦人憐之，鄉邑皆祭祀焉。」

艾父子既囚，鍾會至成都，先送艾，然後作亂。會已死，艾本營將士追出艾檻車，迎還。瓘遣田續等討艾，遇於緜竹西，斬之。子忠與艾俱死，〔一〕餘子在洛陽者悉誅，徙艾妻子及孫於西域。〔二〕

漢晉春秋曰：初，艾之下江由也，以續不進，欲斬，既而捨之。及瓘遣續，謂曰：「可以報江由之辱矣。」杜預言於衆曰：「伯玉其不免乎！〔三〕身爲名士，位望已高，既無德音，又不御下以正，〔四〕是小人而乘君子之器，將何以堪其責乎？」瓘聞之，不俟駕而謝。〔五〕

世語曰：師纂亦與艾俱死。纂性急，少恩；死之日，體無完皮。

〔一〕晉書衛瓘傳：「鄧艾、鍾會之伐蜀也，瓘持節監艾、會軍事，行鎮西軍司，給兵千人。蜀既平，艾輒承制封拜。會陰懷異志，因艾專擅，密與瓘俱奏其狀，詔使檻車徵之。會遣瓘先收艾。會以瓘兵少，欲令艾殺瓘，因加艾罪。瓘知欲危己，然不可得而拒，乃夜至成都，檄艾所統諸將，稱詔收艾，其餘一無所問。若來赴官軍，爵賞如先；敢有不出，誅及三族。比至雞鳴，悉來赴瓘，唯艾帳內在焉。平旦開門，瓘乘使者車徑入，至成都殿前，艾臥未起，父子俱被執。艾諸將圖欲刼艾，整仗趣瓘營，瓘輕出迎之，僞作表章，將申明艾事，諸將信之而止。」又曰：「鄧艾本營將士，復追破檻車出艾，還向成都。瓘自以與會共陷艾，懼爲變，又欲專誅會之功，乃遣護軍田續至緜竹，夜襲艾於三造亭，斬艾及其子忠。」

〔二〕餘子悉誅，「妻」下「子」字衍。下文段灼上疏云：「諸子並斬，宜紹封其孫。」可證。通鑑作徙其妻及孫於西城，與本傳作西域異。胡注云：「西城縣屬魏興郡。」一統志：「西城故城，今陝西興安府安康縣西北。」

〔三〕胡三省曰：「衛瓘行鎮西軍司，而杜預爲鎮西長史，則爲同僚，而軍事則瓘任之也。瓘字伯玉。」弼按：瓘爲監軍行鎮西軍司。

〔四〕謂激田續使報鄧艾，而行其私也。

〔五〕宋本「候」作「侯」。

初，艾當伐蜀，夢坐山上，而有流水，以問殄虜護軍爰邵。〔一〕邵曰：「按易卦，山上有水曰蹇。蹇繇曰：『蹇利西南，不利東北。』〔二〕孔子曰：『蹇利西南，往有功也；不利東北，其道窮也。』往必克蜀，殆不還乎！」艾憮然不樂。〔三〕

荀綽冀州記曰：邵起自幹吏，〔四〕位至衛尉。長子翰，河東太守；中子敞，大司農。少子倩，字君幼，寬厚有器局，勤於當世，歷位冀州刺史、太子右衛率。翰子俞，字世都，清貞貴素，辯於論議，採公孫龍之辭，以談微理。少有能名，辟太尉府，稍歷顯位至侍中、中書令，遷爲監。

臣松之按：蹇象辭云：「蹇利西南，往得中也。」不云「有功」；下云：「利見大人，往有功也。」

〔一〕諸護軍無定員，第六品。

〔二〕毛本「北」作「南」，誤。

〔三〕宋本、元本、監本、吴本「憮」作「撫」，誤。晉書劉寔傳：「鍾會、鄧艾之伐蜀也，有客問寔曰：二將其平蜀乎？寔曰：破蜀必矣，而皆不還。客問其故，笑而不答。竟如其言。」劉寔事見王肅傳評。

〔四〕幹吏見司馬芝傳。

泰始元年，晉室踐阼，詔曰：「昔太尉王淩，謀廢齊王，而王竟不足以守位。征西將軍鄧艾，矜功失節，實應大辟。然被書之日，罷遣人衆，束手受罪，比於求生遂爲惡者，誠復不同。今大赦得還，若無子孫者，聽使立後，令祭祀不絶。」〔一〕三年，議郎段灼上疏理艾曰：〔二〕「艾心懷至忠，而荷反逆之名；平定巴、蜀，而受夷滅之誅，臣竊悼之。惜哉！言艾之反也。艾性剛急，輕犯雅俗，不能協同朋類，故莫肯理之。臣敢言艾不反之狀。昔姜維有斷隴右之志，艾修治備守，積穀彊兵，值歲凶旱，艾爲區種，〔三〕身被烏衣，手執耒耜，以率將士。上下相感，莫不盡力。艾持節守邊，所統萬數，而不難僕虜之勞，士民之役，非執節忠勤，孰能若此？故落門、段谷之戰，以少擊多，摧破彊賊。先帝知其可任，委艾廟勝，授以長策。艾受命忘身，束馬縣車，〔四〕自投死地，勇氣陵雲，士衆乘勢，使劉禪君臣面縛，叉手屈膝。艾功名以成，當書之竹帛，傳祚萬世。七十老公，反欲何求？艾誠恃養育之恩，心不自疑，矯命承制，權安社稷，雖違常科，有合古義，原心定罪，本在可論。〔五〕鍾會忌艾威名，構成其事。忠而受誅，信而見疑，頭縣馬市，諸子并斬，見之者垂泣，聞之者歎息。陛下龍興，闡弘大度，釋諸嫌忌，受誅之家，不拘敘用。昔秦民憐白起之無罪，吳人傷子胥之寃酷，皆爲立祠。今天下民人，爲艾悼心痛恨，亦猶是也。臣以爲艾身首分離，捐棄草土，宜收尸喪，還其田宅。以平蜀之功，紹封其孫，使闔棺定謚，死無餘恨。赦寃魂於黄泉，收信義於後世，葬一人而天下慕其行，埋一魂而天下歸其義，〔六〕所爲者寡，而悦者衆矣。」〔七〕九年，詔曰：「艾有功勳，受罪不逃刑，而子孫爲民隸，〔八〕朕常愍之。其以嫡孫朗爲郎中。」

〔一〕寰宇記卷八十七：「遂州小溪縣，鄧艾死葬此郡，有祠存」。何焯曰：「王彦雲畏其爲厲，鄧士載憐其被寃，此襄鄭人立良止之智也。」

〔二〕趙一清曰：「晉書段灼傳：灼字休然，敦煌人。果直有才辯，少仕州郡，稍遷鄧艾鎮西司馬，從艾破蜀有功，封關内侯，累遷議郎。一清按：鎮西當作征西。」

〔三〕吴士鑑晉書斠注云：「孫玉庭區種五種氾勝之遺書序曰：世傳區田之法，始於伊尹。顧商、周之世，書多不傳，傳者見於氾勝之農書。漢藝文志農家氾勝之書十八篇，留心民事，講求實用，於農政言之特詳，故周禮草人疏稱漢時農書數家，氾勝爲上。隋、唐二志並著于録，其時尚有傳本。自唐以後，遂至散佚。蓋樹藝之術，不講久矣。」

〔四〕解見毌丘儉傳。

〔五〕此皆當日實録。

〔六〕何焯曰：「埋應作理。上云莫肯理之，是也。」

〔七〕段灼此疏，爲艾雪寃，文亦可傳。晉書灼傳載此疏，較此爲詳，然不如承祚刪節之簡絜。今全録於後：「灼上疏追理艾曰：故征西將軍鄧艾，心懷至忠，而荷反逆之名；平定巴蜀，而受三族之誅，臣竊悼之。惜哉！言艾之反也。以艾性剛急，矜功伐善，而不能協同朋類，輕犯雅俗，失君子之心，故莫肯理之。臣敢昧死言艾所以不反之狀。艾本屯田掌犢人，宣皇帝拔之於農吏之中，顯之於宰府之職，處内外之官，據文武之任，所在輒有名績，固足以明宣皇帝之知人矣。會值洮西之役，官兵失利，刺史王經，困於圍城之中，當爾之時，二州危懼，隴右懍懍，幾非國家之有也。先帝以爲深憂，重慮思惟，可以安邊殺敵，莫賢於艾，故受之以兵馬，解狄道之圍。圍解，留屯上邽。承官軍大敗之後，士卒破膽，將吏無氣，倉庫空虛，器械殫盡。艾欲積穀彊兵，以待有事，是歲少雨，又爲區種之法，手執耒耜，率先將士，所統萬數，而身不離僕虜之勞，親執士卒之役，故落門、段谷之戰，能以少擊多，摧破彊賊，斬首萬計。遂委艾以廟勝成圖，指授長策。艾受命忘身，龍驤麟振，前無堅敵。蜀地阻險，山高谷深，而艾步乘不滿二萬，束馬懸車，自投死地，勇氣陵雲，將士乘勢，故能使劉禪震怖，君臣面縛，軍不踰時，而巴、蜀蕩定，此又固足以彰先帝之善任矣。艾功名已成，亦當書之竹帛，傳祚萬世。七十老公，復何所求哉！艾以禪初降，遠郡未附，矯命承制，權安社稷，雖違常科，有合古義，原心定罪，事可詳論。故鎮西將軍鍾會，有吞天下之心，恐艾威名，知必不同，因其疑似，搆成其事。艾被詔書，即遣彊兵，束身就縛，不敢顧望。誠自知奉見先帝，必無當死之理也。會受誅之後，艾參佐官屬，部曲將吏，愚戇相聚，自共追艾，破壞檻車，解其囚執。艾在困地，是以狼狽失據。夫反非小事，若懷惡心，即當謀及豪傑，然後乃能興動大衆。不聞艾有腹心，一人臨死，口無惡言，獨受腹背之誅，豈不哀哉！故見之者垂涕，聞之者歎息。此賈誼所以慷慨於漢文，天下之事可爲痛哭者，良有以也。陛下龍興，闡弘大度，受誅之家，不拘敘用，聽艾立後，祭祀不絶。昔秦人憐白起之無罪，吳人傷子胥之寃酷，皆爲之立祠。天下之人，爲艾悼心痛恨，亦由是也。謂可聽艾門生故吏，收艾尸柩，歸葬舊墓，還其田宅。以平蜀之功，繼封其後，使艾闔棺定謚，死無所恨，赦寃魂於黄泉，收信義於後世，則天下徇名之士，思立功之臣，必投湯火，樂爲陛下死矣。」

〔八〕馮本「民」作「萌」。

艾在西時，修治障塞，築起城塢。泰始中，羌虜大叛，頻殺刺史，涼州道斷。吏民安全者，皆保艾所築塢焉。〔一〕

世語曰：咸寧中，積射將軍樊震爲西戎牙門，〔二〕得見辭，武帝問震所由進，震自陳曾爲鄧艾伐蜀時帳下將，帝遂尋問艾，震具申艾之忠，言之流涕。〔三〕先是以艾孫朗爲丹水令，由此遷爲定陵令。〔四〕次孫千秋有時望，光祿大夫王戎辟爲掾。永嘉中，朗爲新都太守，未之官，在襄陽失火，朗及母妻子舉室燒死，惟子韜、子行得免。千秋先卒，二子亦燒死。〔五〕

〔一〕何焯曰：「史家於艾有餘惜。」弼按：設艾不死，其所造於蜀必多，平吳之舉，亦不俟後人矣。

〔二〕趙一清曰：「宋百官志有積射將軍，不言建置之由，續志無之，當是魏、晉閒置。」

〔三〕蜀志諸葛亮傳注引漢晉春秋云：「給事中樊建對晉武帝曰：天下之論，皆謂鄧艾見枉。」

〔四〕晉書地理志：「荊州順陽郡丹水，豫州襄城郡定陵。」李兆洛曰：「丹水，今河南南陽府淅川縣西；定陵，今南陽府舞陽縣北十五里。」

〔五〕何焯曰：「信乎爲將者道家所忌。上云惟子韜、子行得免，下云二子亦燒死。艾之後人，罹於火禍，非一次矣。」錢儀吉曰：「二子，言千秋二子，與韜、行無涉。」趙一清曰：「艾以一朝而滅四百餘年之漢祚，其得此酷報，天道之昭彰也。」

艾州里時輩南陽州泰，亦好立功業，善用兵，官至征虜將軍、假節都督江南諸軍事。景

元二年，薨，追贈衛將軍，謚曰壯侯。〔一〕

世語曰：初，荆州刺史裴潛〔二〕以泰爲從事，司馬宣王鎮宛，潛數遣詣宣王，由此爲宣王所知。及征孟達，〔三〕泰又導軍，遂辟泰。泰頻喪考、妣、祖，九年居喪，宣王留缺待之，至三十六日，擢爲新城太守。〔四〕宣王爲泰會，使尚書鍾繇調泰：〔五〕「君釋褐登宰府，三十六日擁麾蓋，守兵馬郡。〔六〕乞兒乘小車，一何駛乎？」泰曰：「誠有此。君，名公之子，少有文采，故守吏職，獼猴騎土牛，又何遲也！」衆賓咸悦。後歷兗、豫州刺史，所在有籌算績效。〔七〕

〔一〕州泰事見王昶、王基傳。

〔二〕潛爲荆州刺史，在黄初時，見潛傳。

〔三〕司馬懿屯宛及征孟達，俱在太和元年。

〔四〕新城郡屬荆州。蜀志劉封傳：孟達降，魏文帝合房陵、上庸、西城三郡，以達領新城太守。又見文帝紀延康元年注。

〔五〕御覽「繇」作「毓」。陳浩曰：「鍾繇已卒於太和四年，疑調泰者當是鍾毓。」何焯曰：「檢毓傳，正元中乃爲尚書，齊王初方官黄門侍郎，世語當是稱其後來所歷之職。若當泰典郡時，毓已先踐八座，恐不得屈滯相嘲矣。世語所記，疑其不實。」錢大昕曰：「陳景雲云：宣王擢泰守新城，當在輔少帝筦朝政之時，鍾繇前卒已久，御覽作鍾毓亦非。毓，正元中爲尚書，泰典郡時，毓已先踐八座，不得以屈滯相嘲，當是尚書郎鍾會。會，正始中爲尚書郎，資名尚淺，故得以栖遲下仕排之也。」弼按：泰從司馬懿征孟達，在太和初，除去居喪九年，適在青龍之際，是泰典郡時，毓尚未踐八座也。作毓作會俱可通。

〔六〕御覽「郡」上有「典」字。

〔七〕州泰甘露四年鎮襄陽，見晉書文帝紀。

鍾會字士季，潁川長社人，〔一〕太傅繇小子也。〔二〕少敏慧夙成。

會爲其母傳曰：〔三〕「夫人張氏，字昌蒲，太原茲氏人，〔四〕太傅定陵成侯之命婦也。〔五〕世長吏二千石。夫人少喪父母，克成侯家，〔六〕修身正行，非禮不動，爲上下所稱述。貴妾孫氏，攝嫡專家，〔七〕心害其賢，數讒毀無所不至。孫氏辯博，有智巧，言足以飾非文過，〔八〕然竟不能傷也。及妊娠，愈更嫉妒，乃置藥食中。夫人中食，覺而吐之，瞑眩者數日。或曰：何不向公言之？答曰：嫡庶相害，破家危國，古今以爲鑒誡。假如公信我，衆誰能明其事？彼以心度我，謂我必言，固將先我；事由彼發，顧不快邪？遂稱疾不見。孫氏果謂成侯曰：妾欲其得男，故飲以得男之藥，反謂毒之。成侯曰：得男藥佳事，闇於食中與人，非人情也。遂訊侍者，具服。孫氏由是得罪出。〔九〕成侯問夫人何能不言，夫人言其故，成侯大驚，益以此賢之。黄初六年，生會，恩寵愈隆。成侯既出孫氏，更納正嫡賈氏。」

臣松之按：鍾繇于時老矣，而方納正室，蓋禮所云宗子雖七十無無主婦之義也。

魏氏春秋曰：會母見寵於繇，繇爲之出其夫人。卞太后以爲言，文帝詔繇復之。繇恚憤，將引鴆，弗獲；餐椒致噤，帝乃止。

中護軍蔣濟著論，謂「觀其眸子，足以知人」。會年五歲，繇遣見濟，濟甚異之，曰：「非常人也！」〔一〇〕及壯，有才數技藝，而博學〔一一〕精練名理，以夜續晝，由是獲聲譽。正始中，以爲祕書郎，遷尚書中書侍郎。

世語曰：司馬景王命中書令虞松作表，〔一二〕再呈輒不可意，命松更定。以經時，〔一三〕松思竭不能改，心苦之，〔一四〕形於顔色。會察其有憂，問松，〔一五〕松以實答。會取視，爲定五字。松悦服，以呈景王，王曰：「不當爾邪？誰所定也？」松曰：「鍾會。向亦欲啟之，會公見問，不敢饕其能。」王曰：「如此，可大用，可令來。」會問松王所能，松曰：「博學明識，無所不貫。」會乃絶賓客，精思十日，平旦入見，至鼓二乃出。出後，王獨拊手歎息曰：「此真王佐才也！」〔一六〕

松字叔茂，陳留人也，〔一七〕九江太守邊讓外孫。松弱冠有才，從司馬宣王征遼東，宣王命作檄，〔一八〕及破賊，作露布。松從還，宣王辟爲掾，時年二十四。遷中書郎，遂至太守。〔一九〕松子濬，字顯弘，晉廷尉。臣松之以爲：鍾會名公之子，聲譽夙著，弱冠登朝，已歷顯位。〔二〇〕景王爲相，〔二一〕何容不悉，而方於定虞松表，然後乃蒙接引乎？設使先不相識，但見五字而便知可大用，雖聖人其猶病諸，而況景王哉！

高貴鄉公即尊位，賜爵關内侯。

〔一〕長社見鍾繇傳。

〔二〕梁章鉅曰：「按注，黄初六年會始生，繇已老矣，小子當作少子。」弼按：黄初六年，繇年已七十五矣，尚納正嫡賈氏，會生母張夫人，時年二十六歲。繇死於太和四年，年八十，時會已五歲，繇猶及見之也。

〔三〕會母張夫人傳，當爲會集中之一篇。

〔四〕郡國志：「并州太原郡茲氏。」三國魏因，改屬西河，爲郡治。一統志：「茲氏故城，今山西汾州府汾陽縣治。」

〔五〕繇傳：「明帝即位，進封繇定陵侯，遷太傅。太和四年薨，謚曰成侯。」

〔六〕宋本、元本、馮本、監本「克」作「充」，吴本、毛本作「克」。

〔七〕趙一清曰：「會母，庶也；孫，夫人也。繇寵庶出嫡，而更納賈氏，乃以二母忿爭之故，斥孫氏爲貴妾，何妄誕邪？繇素有明德，而於倫理背繆如此，傳所爲深山大澤，必生龍蛇，果由會謀叛赤族，哀哉！晉書禮志：漢、魏故事，王公羣妾，見於夫人，夫人不答拜。嫡庶之分，其嚴如此。」

〔八〕宋本、元本、馮本、監本「文」作「成」，吳本、毛本作「文」，毛本「非」作「其」，誤。

〔九〕御覽四百五十七王朗與鍾繇書：「朗白。近聞室人孫氏歸，或曰大歸也。共經憂樂既久矣，曷爲一旦離析，以至于歸而不反乎？不得面談，裁書敘心。」

〔一〇〕御覽作「濟大奇之也」。下有「賜官郎中」四字。

〔一一〕書斷云：「會善書，有父書美，兼行草，尤工隸書。逸致飄然，有淩雲之志。」韋續九品書，鍾會八分在上下。弼按：會後僞爲全輝、全儀作書，又僞作鄧艾章表白事，皆由於善書。

〔一二〕虞松事見齊王紀嘉平五年注引漢晉春秋，又見高貴鄉公紀甘露元年注引魏氏春秋。

〔一三〕以、已通。

〔一四〕宋本「苦」作「存」。

〔一五〕宋本、元本「問松」下有「王所能」三字，各本均無之，當爲下文有此三字之誤。

〔一六〕宋本「才」作「材」。

〔一七〕宋本、元本無「也」字。

〔一八〕晉書宣帝紀有告公孫淵檄文，當爲松作。

〔一九〕侯康曰：「竇臮述書賦注曰：叔茂終魏中書令，大司農。」

〔二〇〕宋本「位」作「仕」。

〔二一〕局本「王」作「正」，誤。

毌丘儉作亂，大將軍司馬景王東征，會從，典知密事，衞將軍司馬文王爲大軍後繼。

景王薨於許昌，文王總統六軍，會謀謨帷幄。時中詔勑尚書傅嘏，〔一〕以東南新定，權留衛將軍屯許昌爲内外之援，令嘏率諸軍還。會與嘏謀，使嘏表上，輒與衛將軍俱發，還到雒水南屯住。於是朝廷拜文王爲大將軍，輔政。〔二〕會遷黄門侍郎，封東武亭侯，〔三〕邑三百户。

〔一〕胡三省曰：「詔自中出，上意也。是時詔命，皆以司馬氏之意行之。此詔出於禁中之意，故曰中詔。」

〔二〕晉書文帝紀：「毌丘儉、文欽之亂，大軍東征，帝兼中領軍，留鎮洛陽。及景帝疾篤，帝自京都省疾，拜衛將軍。景帝崩，天子命帝鎮許昌，尚書傅嘏帥六軍還京師，帝用嘏及鍾會策，自帥軍而還，至洛陽，進位大將軍，加侍中，都督中外諸軍，録尚書事，輔政。」弼按：傅嘏、鍾會之策，誠忠於司馬氏，兵權在握，居中扼要，篡奪之事成矣。又按本志傅嘏傳：「嘏與司馬文王徑還洛陽，文王遂以輔政。鍾會由是有自矜色，嘏戒之曰：子志大其量，而勳業難爲也，可不慎哉。」

〔三〕會父繇初亦封此。

甘露二年，徵諸葛誕爲司空，時會喪寧在家，策誕必不從命，馳白文王，文王以事已施行，不復追改。

會時遭所生母喪，其母傳曰：「夫人性矜嚴，明於教訓，會雖童稚，勤見規誨。年四歲，授孝經，七歲誦論語，八歲誦詩，十歲誦尚書，十一誦易，十二誦春秋左氏傳、國語，十三誦周禮、禮記，十四誦成侯易記，〔一〕十五使入太學，問四方奇文異訓。謂會曰：學猥則倦，倦則意怠，吾懼汝之意怠，故以漸訓汝，今可以獨學矣。雅好書籍，涉歷衆書，特好易、老子，〔二〕每讀易孔子説鳴鶴在陰、勞謙君子、籍用白茅、不出户庭之義，每使會反覆讀之，曰：易三百餘爻，仲尼特説此者，以謙恭慎密，樞機之發，行已至要，榮身所由故也。順斯術已往，足爲君子矣。正始八年，會爲尚書郎，〔三〕夫人執會手而誨之曰：汝弱冠見敍，人情不能不自足，則損在其中矣，勉思其戒！是時大將軍曹爽專朝政，日縱酒沈醉，會兄侍中毓〔四〕宴還，言其事。夫人曰：樂則樂矣，然難久也。居上不驕，制節謹度，然後乃無危溢之患。今奢僭若此，非長守富貴之道。嘉平元年，車駕朝高平陵，〔五〕會爲中書郎，從行。相國宣文侯始舉兵，〔六〕衆人恐懼，而夫人自若。中書令劉放、〔七〕侍郎衛瓘、夏侯和等家皆怪問：夫人一子在危難之中，何能無憂？答曰：大將軍奢僭無度，吾常疑其不安，太傅義不危國，必爲大將軍舉耳。吾兒在帝側，何憂？聞且出兵，〔八〕無他重器，其勢必不久戰。果如其言，一時稱明。會歷機密十餘年，頗豫政謀。夫人謂曰：昔范氏少子爲趙簡子設伐邾之計，〔九〕事從民悦，可謂功矣。然其母以爲乘僞作詐，末業鄙事，必不能久。其識本深遠，非近人所言，吾常樂其爲人。汝居心正，吾知免矣。〔一〇〕但當修所志，以輔益時化，不忝先人耳。常言人誰能皆體自然，但力行不倦，抑亦其次，雖接鄙賤，必以言信，取與之間，分畫分明。或問：此無乃小乎？答曰：君子之行，皆積小以致高大，若以小善爲無益而弗爲，此乃小人之事耳。希通慕大者，吾所不好。會自幼少，衣不過青紺，親營家事，自知恭儉；然見得思義，臨財必讓。會前後賜錢帛數百萬計，悉送供公家之用，一無所取。年五十有九，甘露二年二月，暴疾薨。比葬，天子有手詔，命大將軍高都侯厚加賵贈，〔一一〕喪事無巨細，一皆供給。議者以爲公侯有夫人，有世婦，有妻，有妾，所謂外命婦也。依春秋成風、定姒之義，〔一二〕宜崇典禮，不得總稱妾名。於是稱成侯命婦。殯葬之事，有取於古制，禮也。」

及誕反，車駕住項，文王至壽春，〔一三〕會復從行。

〔一〕此似漢、魏閒讀書分年課程。世說言語篇注：「鍾繇爲周易訓。」姚振宗曰：「易記，疑記爲說、訓、注等字之譌。」

〔二〕張夫人特好周易、老子，殆與鍾元常同好。

〔三〕時會年二十三歲。

〔四〕馮本「毓」作「統」，誤。

〔五〕水經注：「大石山在洛陽南，山阿有魏明帝高平陵。」

〔六〕相國宣文侯，司馬懿也。

〔七〕劉放，各本均作劉表，誤；官本已改正。

〔八〕「聞且」一作「且聞」。

〔九〕監本「趙」作「越」，誤。列女傳：「范獻子之三子遊於趙氏，趙簡子乘馬園中，園中多株。問三子曰：奈何？長者曰：明君不問不爲，亂君不問而爲。中者曰：愛馬足則無愛民力，愛民力則無愛馬足。少者曰：可以三德。使民設令伐株於山，將有馬爲也，已而開囿示之株。夫山遠而囿近，是民說，一矣。去險阻之山，而伐平林之株，民說，二矣。既畢而賤賣，民說，三矣。簡子從之，民果大說。少子伐其謀，歸以告母。母喟然歎曰：終滅范氏者，必是子也。夫伐功恃勞，鮮能布仁；乘僞行詐，莫而久長。其後智伯滅范氏。」弼按：據此，則「邾」當作「株」，作「邾」誤。

〔一〇〕監本「免」作「勉」，古亦通。

〔一一〕大將軍高都侯，司馬昭也。晉書文帝紀：「甘露二年，進封高都公。」

〔一二〕左傳文公四年：「冬，夫人風氏薨，五年春，王使榮叔歸含且賵，三月，葬我小君成風。」杜注：「成風，莊公妾，僖公母。風，姓也，成，謚也。天子以夫人禮賵之，明母以子貴也。」程子曰：「自成風以後妾母稱夫人，嫡妾亂矣。」又曰：「天子成妾母爲夫人，亂倫之甚。」左傳襄公四年：「秋七月，夫人姒氏薨。八月，葬我小君定姒。」杜注：「姒氏，成公妾，襄公母。姒，杞姓；定，謚也。赴同祔姑，反哭成喪，皆以正夫人。禮：母以子貴。」

〔一三〕項、壽春，均見諸葛誕傳。

初，吳大將全琮，孫權之婚親重臣也。〔一〕琮子懌，孫靜，從子端、翩、緝等，〔二〕皆將兵來救誕。懌兄子輝、儀留建業，與其家内爭訟，攜其母將部曲數十家渡江，自歸文王。會建策，密爲輝、儀作書，使輝、儀所親信齎入城告懌等，説吳中怒懌等不能拔壽春，〔三〕欲盡誅諸將家，故逃來歸命。懌等恐懼，遂將所領開東城門出降，皆蒙封寵，〔四〕城中由是乖離。壽春之破，會謀居多，親待日隆，時人謂之子房。軍還，遷爲太僕，固辭不就；以中郎在大將軍府管記室事，爲腹心之任。〔五〕以討諸葛誕功，進爵陳侯，屢讓不受。詔曰：「會典綜軍事，參同計策，料敵制勝，有謀謨之勳，而推寵固讓，辭指款實，前後累重，志不可奪。夫成功不處，古人所重，其聽會所執，以成其美。」遷司隸校尉。雖在外司，時政損益，當世與奪，無不綜典。〔六〕嵇康等見誅，皆會謀也。〔七〕

〔一〕吳志全琮傳：「黄龍元年，尚公主。」

〔二〕宋本、元本、吳本、毛本「緝」作「諿」，疑誤。胡玉縉曰：「詩巷伯緝緝翩翩，語非美詞。翩、緝未必取義於此。緝，宋、元各本作諿，恐或不誤。唐書宰相世系表有唐諿字衷潔，全氏命意，或亦同於唐歟？廣韻有諿字，訓和也。」趙一清曰：「端字當在懌字下。吳志全夫人傳，全懌、全端、全禕、全儀等降魏，諸葛誕傳亦作全懌、全端可證。下文懌兄子輝，即是全禕，晉書文帝紀亦作禕。又吳志，孫靜子姪無名翩、緝者，晉紀作孫彌、孫蔓二人，皆靜次子瑜之子，故以孫系祖。若其從子，則彼祖父自有名字，何緣稱靜也？晉書爲得。」弼按：趙説誤。此傳所言孫靜者，謂全琮之孫名靜也，從子端、翩、緝者，謂全琮之從子也。趙氏誤以孫靜之孫爲姓，遂穿鑿不可通。又誤以端爲琮子，遂謂端字當在懌字下，此皆未細閱上下文，遂有此誤。按吳志全琮傳，琮尚公主，子懌嗣。救諸葛誕於壽春，出城先降。懌兄子禕、儀、靜等亦降魏。是靜爲琮孫可證。又按晉書文帝紀，全懌母，孫權女也，得罪於吳，全端兄子禕及儀，奉其母來奔。儀兄靜時在壽春，用鍾會計，作禕、儀書以譎靜，靜兄弟五人帥其衆來降。此又可爲孫靜之孫非姓之證。錢儀吉亦謂東潛此說大誤，通鑑全懌兄子輝、儀在建業。胡注：輝、儀，懌兄全緒之二子。輝一作禕。此與吳志全夫人傳合。通鑑全靜作全靖，誤。三國志證聞全端作全湍，誤。

〔三〕胡三省曰：「言不能拔壽春之衆於重圍也。」

〔四〕詔拜懌平東將軍，封臨湘侯，端等封拜各有差。

〔五〕會固辭太僕而管記室，蓋籌畫幃幄，參與機要。厥後鄧艾被收，自謂洞悉底蘊，無所忌憚，而不料子上之自將兵十萬屯長安也。

〔六〕宋本「典」作「與」。

〔七〕嵇康被誅事，詳見王粲傳注。

文王以蜀大將姜維屢擾邊陲，料蜀國小民疲，資力單竭，欲大舉圖蜀。惟會亦以爲蜀可取，豫共籌度地形，考論事勢。景元三年冬，以會爲鎮西將軍，假節都督關中諸軍事。文王勅青、徐、兗、豫、荊、揚諸州，並使作船；又令唐咨作浮海大船，外爲將伐吳者。四年秋，乃下詔使鄧艾、諸葛緒各統諸軍三萬餘人，艾趣甘松、沓中〔一〕連綴維，緒趣武街、橋頭〔二〕絕維歸路。會統十餘萬衆，分從斜谷、駱谷入。〔三〕先命牙門將許儀在前治道，會在後行，而橋穿，馬足陷；於是斬儀。儀者，許褚之子，有功王室，猶不原貸。〔四〕諸軍聞之，莫不震竦。〔五〕蜀令諸圍皆不得戰，退還漢、樂二城守。〔六〕魏興太守劉欽趣子午谷，〔七〕諸軍數道平行，至漢中。蜀監軍王含守樂城，護軍蔣斌守漢城，兵各五千。會使護軍荀愷、前將軍李輔各統萬人，愷圍漢城，〔八〕輔圍樂城。會徑過，西出陽安口，〔九〕遣人祭諸葛亮之墓。〔一〇〕使護軍胡烈等行前，攻破關城，〔一一〕得庫藏積穀。姜維自沓中還，至陰平，合集士衆，欲赴關城。未到，聞其已破，退趣白水，〔一二〕與蜀將張翼、廖化等合守劍閣拒會。〔一三〕會移檄蜀將吏士民曰：

往者漢祚衰微，率土分崩，生民之命，幾於泯滅。太祖武皇帝神武聖哲，撥亂反正，拯其將墜，造我區夏。高祖文皇帝應天順民，受命踐阼。烈祖明皇帝，奕世重光，恢拓洪業。然江山之外，異政殊俗，率土齊民，未蒙皇化，此三祖所以顧懷遺恨也。〔一四〕今主上聖德欽明，紹隆前緒，宰輔忠肅明允，劬勞王室，〔一五〕布政垂惠而萬邦協和，施德百蠻而肅慎致貢。〔一六〕悼彼巴、蜀，獨爲匪民，愍此百姓，勞役未已。是以命授六師，龔行天罰，征西、雍州、鎮西諸軍，五道並進。〔一七〕古之行軍，以仁爲本，以義治之；王者之師，有征無戰。故虞舜舞干戚而服有苗，周武有散財、發廩、表閭之義。今鎮西奉辭銜命，攝統戎重，〔一八〕庶弘文告之訓，以濟元元之命，〔一九〕非欲窮武極戰，以快一朝之政，〔二〇〕故略陳安危之要，其敬聽話言。

益州先主〔二一〕以命世英才，興兵朔野，〔二二〕困躓冀、徐之郊，制命紹、布之手，〔二三〕太祖拯而濟之，與隆大好。〔二四〕中更背違，棄同即異。諸葛孔明仍規秦川，〔二五〕姜伯約屢出隴右，〔二六〕勞動我邊境，侵擾我氐、羌，方國家多故，未遑修九伐之征也。〔二七〕今邊境乂清，方内無事，蓄力待時，并兵一向，〔二八〕而巴、蜀一州之衆，分張守備，難以禦天下之師。段谷、侯和沮傷之氣，〔二九〕難以敵堂堂之陣。比年以來，曾無寧歲，征夫勤瘁，難以當子來之民。此（昔）〔皆〕諸賢所親見也。蜀相壯見禽於秦，〔三〇〕公孫述授首於漢，九州之險，是非一姓。此皆諸賢所備聞也。明者見危於無形，智者窺禍於未萌，〔三一〕是以微子去商，長爲周賓；陳平背項，立功於漢。豈晏安酖毒，〔三二〕懷禄而不變哉！今國朝隆天覆之恩，宰輔弘寛恕之德，先惠後誅，好生惡殺。往者吴將孫壹，舉衆内附，位爲上司，寵秩殊異。〔三三〕文欽、唐咨，爲國大害，叛主讎賊，還爲戎首。咨困逼禽獲，欽二子還降，皆將軍、封侯，咨與聞國事。〔三四〕壹等窮踧歸命，猶加盛寵，〔三五〕況巴、蜀賢知，見機而作者哉！誠能深鑒成敗，邈然高蹈，投跡微子之蹤，錯身陳平之軌，〔三六〕則福同古人，慶流來裔，百姓士民，安堵舊業，〔三七〕農不易畝，市不回肆，〔三八〕去累卵之危，就永安之福，〔三九〕豈不美與！若偷安旦夕，迷而不反，大兵一發，〔四〇〕玉石皆碎，雖欲悔之，亦無及已。其詳擇利害，自求多福，各具宣布，咸使聞知。

〔一〕甘松、沓中均見鄧艾傳。

〔二〕文選李善注引魏志作「趨武街高樓橋頭」，見鄧艾傳。吴熙載曰：「武街，今甘肅階州成縣。此自西和經成縣至文縣也。」洪亮吉曰：「武都郡下辯，漢舊縣，有武街橋。」謝鍾英曰：「司馬昭使諸葛緒出徑道由祁山自武街，即從武街西南走橋頭。武街，今成縣治；橋頭，今文縣治。東南跨白水上，是武街與橋頭劃然兩地，無所謂武街橋者，洪氏蓋誤。」

〔三〕一統志：「斜谷在陝西鳳翔府郿縣西南，駱谷在西安府盩厔縣西南。」史記貨殖傳：「巴、蜀四塞，然棧道千里，唯褒、斜綰轂其口。」宋李子文蜀鑑：「斜谷在郿縣南，谷中皆穴山架木而行。」郿縣志：「斜谷在縣西南三十里，入谷口二百二十里抵鳳縣界，出連雲棧復百五十里，出谷抵褒城，長四百七十里。」寰宇記：「駱谷道，漢、魏舊道也，南通蜀漢，近代廢塞。唐武德七年復開，東北自鄠縣界，西南徑盩厔縣，又西南入駱谷，出谷入洋州興勢縣界。」地理通釋：「駱谷在長安西南二百里，谷長四百二十里。」方輿紀要：「儻，駱道南口曰儻，在洋縣北三十里；北口曰駱，在盩厔縣西南百二十里。」斜谷見武紀建安二十四年，又見曹真傳；駱谷見陳留王紀景元四年，又見曹爽傳。

〔四〕趙一清曰：「斯時晉已有代魏之勢，曹氏子孫，且不足存，何況其功臣苗裔邪？會蓋借儀以立威耳。」

〔五〕毛本「涑」作「悚」。

〔六〕通鑑：「魏明帝太和三年，諸葛亮築漢城於沔陽，築樂城於城固。」胡三省曰：「沔陽、城固二縣，皆屬漢中郡。水經注：沔水逕白馬戍城南，城即陽平關也。又東逕武侯壘南，諸葛武侯所居也。又東逕沔陽故城南，城南對定軍山，又東過南鄭縣，又東過城固縣南。如此，則漢城在南鄭西，樂城在南鄭東也。」謝鍾英曰：「漢城今陝西漢中府沔縣東南，樂城今漢中府城固縣。」漢、樂二城，互見蜀志後主傳建興七年。

〔七〕三秦記：「長安正南山名秦嶺，谷名子午。」顏師古曰：「子，北方也；午，南方也。言通南北道相當，故謂之子午。今京城直南山有谷通梁漢，道名子午谷。」方輿紀要：「子午谷南口，在今漢中府洋縣東一百六十里，北口在西安府南百里，谷長六百六十里。」謝鍾英曰：「在今鎮安、寧陝間。」

〔八〕晉書文帝紀：「又使部將易愷攻蔣斌於漢城。」此作護軍荀愷，未知孰是。

〔九〕趙一清曰：「陽安口即陽平關，亦曰陽安關，水經沔水注謂之濜口城。以西帶濜水，故名。」弼按：一統志云：「古陽平關即白馬城，在沔縣界，今陽平關乃古陽安關地，在寧羌州西北一百里，關城東西徑二里，南倚雞公山，北傍嘉陵江。明統志以爲即古陽平關，誤。」案：據此，則趙説亦誤。陽平關見武紀建安二十年。謝鍾英曰：「法正傳：魚腹關頭，益州禍福之門。一名陽安關口，姜維傳：表請護陽安關口。又名關城，鍾會傳：使護軍胡烈攻破關城。亦名關，王平傳：賊若得關，使爲深禍。凡四易名，皆係一地。」弼按：謝説少誤，詳見法正傳。魚服與關頭本兩地。

〔一〇〕一統志：「漢諸葛武侯墓在漢中府沔縣南定軍山。」蜀志：「亮遺命葬定軍山。」弼按：鍾會至涪，祭蔣琬之墓，雖云景仰前賢，亦藉收攬人心。

〔一一〕關城即陽安關，見上。晉書文帝紀：「會直指陽安，護軍胡烈，攻陷關城。」

〔一二〕吴熙載曰：「此在階州者。」謝鍾英曰：「水經：白水出西傾山。今上源曰祥楚河，經階州文縣至昭化，會西漢水。維退趣白水，當在今四川保寧府昭化縣西南。」

〔一三〕劍閣見鄧艾傳。

〔一四〕文選「皇化」作「王化」，「遺恨」作「遺志」，宋本「皇」作「王」。

〔一五〕李善曰：「文帝爲魏高祖，明帝爲魏烈祖。主上，陳留王奂也，宰輔，司馬文王也。」

〔一六〕張銑曰：「肅慎，國名，致貢，謂貢楛矢石砮也。」

〔一七〕吕廷濟曰：「征西將軍鄧艾出甘松、沓中二道，雍州刺史諸葛緒出高樓、武街二道，鎮西將軍鍾會出駱谷二道，合成五道也。」弼按：鄧艾、諸葛緒統三萬餘衆，艾趣甘松、沓中爲一道，諸葛緒趣武街、橋頭爲一道，鍾會統十餘萬衆，分從斜谷、駱谷入爲二道，魏興太守劉興趣子午谷爲一道，合爲五道也。蓋經甘松、沓中者，本爲一道之兵，不得分爲二道；經武街、橋頭者亦然，吕説誤。

〔一八〕文選「重」作「車」。

〔一九〕毛本「命」作「美」，誤。

〔二〇〕文選「政」作「志」。

〔二一〕林國贊曰：「鍾會檄蜀時，必不稱先主，此陳承祚追改。」

〔二二〕文選「朔」作「新」，誤。

〔二三〕馮本「紹」作「維」，誤。

〔二四〕文選「與」作「興」。

〔二五〕胡三省曰：「關中之地，沃野千里，秦之故國，謂之秦川。」又曰：「秦地四塞以爲固，渭水貫其中。渭川左右，沃壤千里，世謂之秦川。」

〔二六〕姜維字伯約。

〔二七〕周禮：「以九伐之法正邦國。」

〔二八〕孫子兵法曰：「并敵一向，千里殺將。」

〔二九〕毛本「侯」作「候」，誤。段谷、侯和俱見鄧艾傳。

〔三〇〕宋本「壯」作「牡」，文選蜀相壯作蜀侯。潘眉曰：「牡當作壯。史記秦本紀有蜀相壯，徐廣曰，一作狀。」嚴可均曰：「史記索隱言蜀王開，此作相牡者，戰國策使陳莊相蜀。牡與莊形近，疑陳莊相蜀，遂據蜀，後見禽於秦也。史記及華陽國志皆不言，未知其審。」梁章鉅曰：「史記秦本紀：相壯殺蜀侯來降。姜皋曰：秦策云：起兵伐蜀，十月取之，遂定蜀。蜀主更號爲侯，而使陳莊相蜀。是莊之相，秦所使；而蜀侯更號，未嘗見禽也。華陽國志：陳莊反，殺蜀侯通國，秦遣甘茂、張儀、司馬錯伐蜀誅壯，是壯未嘗來，蜀侯且先見殺也。壯、莊古通，而皆與史記異。」

〔三一〕宋本「窺」作「規」，文選「窺禍」作「規福」。

〔三二〕文選「酖」作「鴆」。

〔三三〕孫壹爲江夏太守降魏，魏以壹爲車騎將軍，封吳侯。

〔三四〕文選「與」作「豫」。文欽、唐咨見諸葛誕傳。

〔三五〕文選「盛」作「上」。

〔三六〕錯，與措同。

〔三七〕文選「舊」作「樂」。

〔三八〕呂氏春秋曰：「桀爲無道，湯立爲天子，夏民大悅，農不去疇，商不變肆。」

〔三九〕文選「福」作「計」。

〔四〇〕文選「發」作「放」。

鄧艾追姜維到陰平，簡選精銳，欲從漢德陽入江由左儋道詣緜竹，〔一〕趣成都，與諸葛緒共行。緒以本受節度邀姜維，西行非本詔，遂進軍前向白水，〔二〕與會合。會遣將軍田章等從劍閣西徑出江由，未至百里，章先破蜀伏兵三校，艾使章先登，〔三〕遂長驅而前。會與緒軍向劍閣，〔四〕會欲專軍勢，密白緒畏懦不進，檻車徵還，軍悉屬會。

按百官名，緒入晉，爲太常崇禮衛尉。子沖，廷尉。

荀綽兗州記曰：沖子詮，〔五〕字德林，玫字仁林，並知名顯達。詮，兗州刺史；玫，侍中御史中丞。〔六〕

進攻劍閣，不克，引退。〔七〕蜀軍保險拒守，艾遂至緜竹大戰，斬諸葛瞻。維等聞瞻已破，率其衆東入于巴。〔八〕會乃進軍至涪，遣胡烈、田續、龐會等追維。艾進軍向成都，劉禪詣艾降，遣使敕維等令降于會。維至廣漢郪縣，〔九〕令兵悉放器仗，送節傳於胡烈，便從東道詣會降。

會上言曰：「賊姜維、張翼、廖化、董厥等，逃死遁走，欲趣成都。臣輒遣司馬夏侯咸、護軍胡烈等，經從劍閣，〔一〇〕出新都大渡截其前，〔一一〕參軍爰彭、〔一二〕將軍句安等躡其後，參軍皇甫闓、將軍王買等從涪南出衝其腹，臣據涪縣爲東西勢援。維等所統步騎四五萬人，擐甲厲兵，塞川填谷，數百里中首尾相繼，憑恃其衆，方軌而西。臣勑咸、闓等令分兵據勢，廣張羅罔，南杜走吴之道，西塞成都之路，北絶越逸之徑，四面雲集，首尾並進，蹊路斷絶，走伏無地。臣又手書申喻，開示生路，〔一三〕羣寇困逼，知命窮數，盡解甲投戈，面縛委質，〔一四〕印綬萬數，資器山積。昔舜舞干戚，有苗自服；牧野之師，商旅倒戈。有征無戰，帝王之盛業。全國爲上，破國次之；全軍爲上，破軍次之。用兵之令典。陛下聖德，侔蹤前代，翼輔忠明，齊軌公旦，仁育羣生，義征不譓，〔一五〕殊俗向化，無思不服，〔一六〕師不踰時，兵無血刃，萬里同風，九州共貫。臣輒奉宣詔命，導揚恩化，復其社稷，安其閭伍，舍其賦調，弛其征役，訓之德禮，以移其風；示之軌儀，以易其俗。百姓欣欣，人懷逸豫，后來其蘇，〔一七〕義無以過。」會於是禁檢士衆，不得鈔略，虚己誘納，以接蜀之羣司，與維情好歡甚。〔一八〕

世語曰：夏侯霸奔蜀，蜀朝問「司馬公如何德」？霸曰：「自當作家門。」「京師俊士」？〔一九〕曰：「有鍾士季。其人管朝政，吴、蜀之憂也。」

漢晉春秋曰：初，夏侯霸降蜀，姜維問之曰：「司馬懿既得彼政，當復有征伐之志不？」霸曰：「彼方營立家門，未遑外事。有鍾士季者，其人雖少，終爲吴、蜀之憂。然非非常之人，亦不能用也。」後十五年，而會果滅蜀。

按：習鑿齒此言，非出他書，故採用世語而附益也。

十二月，詔曰：「會所向摧弊，前無彊敵，緘制衆城，罔羅迸逸。蜀之豪帥，面縛歸命，謀無遺策，舉無廢功。凡所降誅，動以萬計，全勝獨克，有征無戰。拓平西夏，方隅清晏，其以會爲司徒，進封縣侯，增邑萬户。封子二人亭侯，邑各千户。」

〔一〕漢德陽、江由、緜竹、左擔道俱見鄧艾傳。方輿紀要七十三：「晉移德陽而南，因謂之曰漢德陽。」潘眉曰：「陽下當有亭字。鄧艾傳：經漢德陽亭趣涪。」趙一清曰：「漢德陽即漢德陽亭也，詳蜀志張裔傳。」方輿紀要卷七十三：「龍安府江油縣，漢爲陰平道，蜀漢置江油戍。左擔山在府東百八十里，鄧艾伐蜀，路經江油，因山高江險，脩鑿棧閣，以通擔負，今七里閣是也。」

〔二〕白水見前。

〔三〕官本「登」作「發」。

〔四〕吴本、毛本「緒」作「諸」。何焯曰：「如此，則會亦預有其功，但使瞻等不敗，艾行危地，必致飢疲，維拒劍閣，會莫能前，迄於無功耳。」

〔五〕宋本「佺」作「詮」，下同，官本作「銓」。

〔六〕晉書后妃傳諸葛夫人傳：「諸葛夫人名婉。父沖，字茂長，廷尉卿。婉以泰始九年春入宫。兄銓，字德林，散騎常侍。銓弟玫，字仁林，侍中御史中丞。玫婦弟周穆，清河王覃之舅也。永嘉初，穆與玫勸東海王越廢懷帝立覃，越怒，遂斬玫及穆。」

〔七〕蜀志姜維傳：「姜維、廖化、張翼、董厥合，皆還保劍閣以拒會。列營守險，會不能克，糧運縣遠，將議還歸。」

〔八〕胡三省曰：「巴即巴中也。」吴熙載曰：「巴，疑巴西。巴西，今四川保寧府閬中縣。」弼按：東字疑南字之誤。巴西郡在劍閣之南，蜀志姜維傳：「於是引軍由廣漢郪道以審虛實。」爲維向西南退兵之證。下文「從涪南出衝其腹」，又云「西塞成都之路」，爲會向西南進兵之證。

〔九〕郪縣故城，在今四川潼川府三臺縣南。胡三省曰：「郪縣屬廣漢郡。劉昫曰：梓州飛烏縣，漢郪縣地。隋取飛烏山以名縣，師古曰：郪，音妻；又音千私翻。」趙一清曰：「寰宇記卷八十二：漢郪道縣城在梓州郪縣西。方輿紀要卷七十一：中江縣在潼川州西百二十里，漢郪縣地屬廣漢郡，三國漢析置伍城縣。華陽國志：漢時立倉於此，發五萬人，尉部主之。」

〔一〇〕宋本「經」作「徑」。

〔一一〕郡國志：「益州廣漢郡新都。」方輿紀要：「故城今成都府新都縣東二里。」趙一清曰：「方輿紀要六十六：大渡河出雅州西北生羌界，一名沫水。水經注：南安縣有濛水，即大渡河。通釋云：大渡河一名羊山江，羊一作陽，流經嘉定州城東，南入大江。」謝鍾英曰：「時姜維已至郪縣，會恐維西向成都，故遣兵截新都，大渡疑即新都東中江渡處，非大渡河也。」馬與龍曰：「當即王忳傳之大度亭。」弼按：趙説誤。後漢書獨行傳：「王忳，廣漢新都人，縣署大度亭長。」沈欽韓云：「方輿勝覽：大度亭今金堂縣，屬成都府。」

〔一二〕錢大昭曰：「爰彭疑即爰劭之子倩。倩字君幼，見荀綽冀州記。」趙一清曰：「爰彭乃殄虜護軍爰邵之子，見鄧艾傳注引荀綽冀州記。」

〔一三〕此皆事後鋪張入告之辭。蜀志姜維傳：「會與維書，維不答。」

〔一四〕姜維未被後主勑令，未必遽降。蜀將士咸怒，拔刀斫石，豈甘心投戈放甲者？益徵士季奏報之誇。

〔一五〕漢書司馬相如傳：「陛下仁育羣生，義征不憓。」文穎曰：「憓，順也。」王先謙曰：「史記憓作憓。釋言：惠，順也。說文無憓、憓字。」

〔一六〕詩大雅文王有聲之章：「自西自東，自南自北，無思不服。」鄭箋云：「自四方來觀者，皆感化其德，心無不歸服者。」

〔一七〕尚書仲虺之誥曰：「徯予后，后來其蘇。」孔傳曰：「湯所往之民，皆喜曰：待我君來，其可蘇息。」

〔一八〕漢晉春秋曰：「會陰懷異圖，維見而知其心，謂可構成擾亂，以圖克復。乃詭說會，由是情好歡甚。」詳見姜維傳注。

〔一九〕「京師」上當有「問」字。

會內有異志，因鄧艾承制專事，密白艾有反狀，〔一〕

世語曰：會善效人書，於劍閣要艾章表白事，〔二〕皆易其言，〔三〕令辭旨悖慠，多自矜伐。又毀文王報書，手作以疑之也。〔四〕

於是詔書檻車徵艾。司馬文王懼艾或不從命，勑會並進軍成都，監軍衞瓘在會前行，以文王手筆令宣喻艾軍，艾軍皆釋仗，遂收艾入檻車。〔五〕會所憚惟艾，艾既禽而會尋至，獨統大衆，威震西土。自謂功名蓋世，不可復爲人下，加猛將鋭卒，皆在己手，遂謀反。欲使姜維等皆將蜀兵出斜谷，會自將大衆隨其後。既至長安，令騎士從陸道，步兵從水道順流浮渭入河，以爲五日可到孟津，與騎會洛陽，〔六〕一旦天下可定也。〔七〕會得文王書云：「恐鄧艾或不就徵，今遣中護軍賈充將步騎萬人徑入斜谷，屯樂城，〔八〕吾自將十萬屯長安，相見在近。」會得書，驚呼所親語之曰：「但取鄧艾，相國知我能獨辦之；〔九〕今來大重，必覺我異矣，〔一〇〕更當速發。事成，可得天下；不成，退保蜀漢，〔一一〕不失作劉備也。我自淮南以來，畫無遺策，〔一二〕四海所共知也。我欲持此安歸乎！」〔一三〕會以五年正月十五日至，〔一四〕其明日，悉請護軍、郡守、牙門騎督以上〔一五〕及蜀之故官，爲太后發喪於蜀朝堂。〔一六〕矯太后遺詔，使會起兵廢文王，〔一七〕皆班示坐上人，使下議訖，書版署置，更使所親信代領諸軍。所請羣官，悉閉著益州諸曹屋中，城門宫門皆閉，嚴兵圍守。會帳下督丘建，〔一八〕本屬胡烈，烈薦之文王，會請以自隨，任愛之。建愍烈獨坐，啓會，使聽内一親兵出取飲食，諸牙門隨例各内一人。烈紿語親兵及疏與其子曰：〔一九〕「丘建密説消息，會已作大坑，白棓〔二〇〕數千，欲悉呼外兵入，人賜白帢，〔二一〕拜爲散將，〔二二〕以次棓殺坑中。」〔二三〕諸牙門親兵亦咸説此語，一夜傳相告，皆徧。或謂會：「可盡殺牙門騎督以上。」會猶豫未決。十八日日中，〔二四〕烈軍兵與烈兒雷鼓出門，〔二五〕諸軍兵不期皆鼓譟出，曾無督促之者，而爭先赴城。時方給與姜維鎧仗，〔二六〕白外有匈匈聲，〔二七〕似失火。有頃，白兵走向城。會驚，謂維曰：「兵來似欲作惡，當云何？」維曰：「但當擊之耳。」會遣兵悉殺所閉諸牙門、郡守，内人共舉机以柱門。〔二八〕兵斫門，不能破。斯須，門外倚梯登城，〔二九〕或燒城屋，蟻附亂進，矢下如雨。牙門、郡守各緣屋出，與其卒兵相得。〔三〇〕姜維率會左右戰，手殺五六人。衆既格斬維，爭赴殺會。〔三一〕會時年四十，將士死者數百人。〔三二〕

晉諸公贊曰：胡烈兒名淵，字世元，遵之孫也。遵，安定人，〔三三〕以才兼文武，累居藩鎮，至車騎將軍。〔三四〕子奮，字玄威，亦歷方任。女爲晉武帝貴人，有寵。太康中，以奮爲尚書僕射，加鎮軍大將軍，開府。〔三五〕弟廣，字宣祖，少府。次烈，字玄武，〔三六〕秦州刺史。〔三七〕次岐，字玄嶷，并州刺史。廣子喜，涼州刺史。淵小字鷄鴟，時年十八，既殺會救父，名震遠近。後趙王倫簒位，三王興義，〔三八〕倫使淵與張泓將兵禦齊王，屢破齊軍。會成都戰克，〔三九〕淵乃歸降伏法。

〔一〕晉書荀勖傳：「鍾會謀反，審問未至，而外人先告之。帝待會素厚，未之信也。勖曰：會雖受恩，然其性未可許以見得思義，不可不速爲之備。帝即出鎮長安，主簿郭奕、參軍王深以勖是會從甥，少長舅氏，勸帝斥出之。帝不納，而使勖陪乘，待之如初。先是勖啓伐蜀宜以衛瓘爲監軍，及蜀中亂，賴瓘以濟。」

〔二〕胡三省曰：「要，一遥翻。章表上之魏朝，白事白之晉公。」

〔三〕世説注作「皆約其言」。

〔四〕胡三省曰：「既以怒昭，又以疑艾。」世語巧藝篇：「鍾會是荀濟北從舅，二人情好不協。荀有寶劍，可值百萬，常在母鍾夫人許。會善書，學荀手跡，作書與母取劍，仍竊去不還。荀勖知是鍾而無由得也。思所以報之。後鍾兄弟以千萬起一宅，始成，甚精麗，未得移住。荀極善畫，乃潛往畫鍾門堂作太傅形象，衣冠狀貌如平生。二鍾入門，便大感慟，宅遂空虛。」

〔五〕瓘收艾事，見艾傳注。

〔六〕通鑑「騎」下有「兵」字。

〔七〕胡三省曰：「談何容易。」

〔八〕樂城見前。胡三省曰：「諸葛亮所築成固之樂城也。」

〔九〕毛本「辦」作「辯」，誤。

〔一〇〕胡三省曰：「謂昭知會之足以辦取艾之事。大讀曰太，異，變也。或曰：會已破膽矣，故心手俱亂，先發制人如此。」

〔一一〕胡三省曰：「蜀漢，謂漢蜀郡、漢中郡之地。」

〔一二〕謂毌丘儉、諸葛誕之役。

〔一三〕此即姜伯約之言也。維詭説會曰：「聞君自淮南以來，算無遺策。今復定蜀，民高其功，主畏其謀，欲以此安歸乎！」

〔一四〕景元五年，至成都也。

〔一五〕胡三省曰：「此皆從會軍在成都者。」

〔一六〕胡三省曰：「明元郭太后去年殂，蜀都成都有朝堂。」

〔一七〕姜維傳：「會既搆鄧艾，因將維等詣成都，自稱益州牧以叛。」

〔一八〕胡三省曰：「風俗通：丘，魯丘明之後。又云：齊太公封於營丘，支孫以地爲氏。」

〔一九〕烈子名淵，詳見下。

〔二〇〕原注：「棓與棒同。」

〔二一〕原注：「苦洽反。」毛本「帢」作「幍」。胡三省曰：「幍，魏武帝所製，狀如弁，缺四角。」

〔二二〕監本、官本「將」作「騎」。

〔二三〕通鑑「坑」上有「內」字。

〔二四〕會於十六日閉圍羣官，與衛瓘謀議，經宿不眠，故遲至十八日，而諸軍鼓譟攻會也。

〔二五〕錢大昭曰：「烈兒名淵，字世元。胡遵之孫。晉書稱其字，避唐高祖諱，此不知何以稱爲烈兒。」

〔二六〕通鑑作「鎧杖」。胡注：「杖與仗同。」

〔二七〕毛晃曰：「匈匈，喧擾之聲。」

〔二八〕監本「机」作「機」，誤。何焯校改「柱」作「拄」。胡三省曰：「内人，謂會所閉在屋内者。机，舉綺翻，机案也。」

〔二九〕通鑑「門外」作「城外」。胡注：「斯，此也；須，待也。言其閒無多時，於此可待也。」

〔三〇〕通鑑「卒兵」作「軍士」。

〔三一〕通鑑「赴」作「前」。

〔三二〕通鑑考異曰：「衛瓘傳曰：會留瓘謀議，乃書版云欲殺胡烈等，舉以示瓘，不許，因相疑貳。瓘如廁，見胡烈故給使，使宣語三軍，言會反。會逼瓘定議，經宿不眠，各横刀膝上。在外諸軍已潛欲攻會，瓘既不出，未敢先發。會使瓘慰勞諸軍，瓘便下殿，會悔，遣之使呼瓘，瓘辭眩疾動，詐仆地。比出閣，數十信追之。瓘至外廨，服鹽湯大吐。會遣所親人及醫視之，皆言不起，會由是無所憚。及暮門閉，瓘作檄宣告諸軍，並已唱義陵旦共攻會，殺之。常璩華陽國志曰：會命諸將發喪，因欲誅之。諸將半入，而南安太守胡烈等知其謀，燒成都東門，以襲殺會及維。今從魏志。」

〔三三〕安定臨涇人。

〔三四〕趙一清曰：「晉書胡奮傳亦云魏車騎將軍、陰密侯遵。一清案：三少帝紀，遵由征東大將軍遷衛將軍，甘露元年七月薨。車騎豈贈官邪？時車騎將軍在衛將軍、四征、四鎮之上。」弼按：胡遵見明紀青龍元年。

〔三五〕晉書奮傳：「時楊駿以后父驕傲自得。奮謂駿曰：卿恃女更益豪邪？歷觀前代，與天家婚，未有不滅門者，但早晚事耳。觀卿舉措，適所以速禍。駿曰：卿女不在天家乎？奮曰：我女與卿女作婢耳，何能損益？時人皆爲之懼。駿雖銜之，而不能害。後卒於官，贈車騎將軍，謚曰壯。」

〔三六〕晉書作「字武玄」，誤。烈兄字玄威，弟字玄嶷，以作玄武爲是。

〔三七〕元本、監本「秦」作「泰」，誤。晉書奮傳：「烈爲秦州刺史。及涼州叛，烈屯於萬斛堆，爲虜所困，無援遇害。」御覽四百六十五引襄陽耆舊傳曰：「襄陽太守胡烈有惠化，百姓歌曰：美哉明后，雋哲惟嶷，陶廣乾坤，周、孔是則；

文武播暢，威振遐域。」

〔三八〕毛本「王」作「主」，誤。

〔三九〕何焯曰：「成都下當有王字。」

初，艾爲太尉，會爲司徒，皆持節都督諸軍如故，咸未受命而斃。會兄毓，以四年冬薨，會竟未知問。會兄子邕，隨會與俱死。會所養兄子毅及峻、辿〔一〕等下獄，〔二〕當伏誅。司馬文王表天子下詔曰：「峻等祖父繇，三祖之世，極位台司，佐命立勳，饗食廟庭。父毓，歷職內外，幹事有績。昔楚思子文之治，不滅鬬氏之祀；〔三〕晉錄成、宣之忠，用存趙氏之後。〔四〕以會、邕之罪，而絕繇、毓之類，吾有愍然。峻、辿兄弟特原，有官爵者如故。惟毅及邕息伏法。」或曰，毓曾密啓司馬文王，言會挾術難保，不可專任，故有峻等云。〔五〕

漢晉春秋曰：文王嘉其忠亮，笑答毓曰：「若如卿言，必不以及宗矣。」

〔一〕原注：「勑連反。」

〔二〕宋本「峻」作「逡」，下仍作「峻」。

〔三〕左傳宣公四年：「楚王思子文之治楚國也，曰：子文無後，何以勸善？使其孫箴尹克黃復其所，改命曰生。」

〔四〕左傳成公八年：「韓厥言於晉侯曰：成季之勳，宣孟之忠，而無後，爲善者其懼矣。乃立趙武而反其田焉。」杜注：「成季，趙衰也；宣孟，趙盾也。」

〔五〕晉書列女傳：「王渾妻鍾氏，魏太傅繇曾孫。父徽，黃門郎。」趙一清曰：「徽，不知誰之子。」

初，文王欲遣會伐蜀，西曹屬邵悌求見曰：〔一〕「今遣鍾會率十餘萬衆伐蜀，愚謂會單身無重任，〔二〕不若使餘人行。」文王笑曰：「我寧當復不知此邪？蜀爲天下作患，使民不得安息，我今伐之，如指掌耳，〔三〕而衆人皆言蜀不可伐。夫人心豫怯，則智勇並竭，智勇並竭，而彊使之，適爲敵禽耳。惟鍾會與人意同，今遣會伐蜀，必可滅蜀。〔四〕滅蜀之後，就如卿所慮，當何所能一辨邪？〔五〕凡敗軍之將，不可以語勇；亡國之大夫，不可與圖存。心膽以破故也。若蜀以破，〔六〕遺民震恐，不足與圖事；中國將士各自思歸，不肯與同也。〔七〕若作惡，〔八〕祇自族滅耳。卿不須憂，此慎莫使人聞也。」〔九〕及會白鄧艾不軌，文王將西，悌復曰：「鍾會所統，五六倍於鄧艾，但可勑會取艾，不足自行。」〔一〇〕文王曰：「卿忘前時所言邪？而更云可不須行乎！雖爾，此言不可宣也。我要自當以信意待人，〔一一〕但人不當負我，我豈可先人生心哉！〔一二〕近日賈護軍問我，〔一三〕言：頗疑鍾會不？〔一四〕我答言：如今遣卿行，寧可復疑卿邪？賈亦無以易我語也。我到長安，則自了矣。」〔一五〕軍至長安，會果已死，咸如所策。〔一六〕

按：咸熙元年百官名：〔一七〕邵悌字元伯，陽平人。

漢晉春秋曰：文王聞鍾會功曹向雄之收葬會也，召而責之，曰：「往者王經之死，卿哭於東市，而我不問；〔一八〕今鍾會躬爲叛逆，而又輒收葬，若復相容，其如王法何！」雄曰：「昔先王掩骼埋胔，仁流朽骨，〔一九〕當時豈先卜其功罪而後收葬哉？今王誅既加，於法已備，雄感義收葬，教亦無闕。法立於上，教弘於下，以此訓物，雄曰可矣！〔二〇〕何必使雄背死違生，以立於時。殿下讎對枯骨，〔二一〕捐之中野，百歲之後，爲臧獲所笑，豈仁賢所掩哉！」王悅，與宴談而遣之。〔二二〕

習鑿齒曰：向伯茂可謂勇於蹈義也。〔二三〕哭王經而哀感市人，葬鍾會而義動明主，彼皆忠烈奮勁，知死而往，非存生也。況使經、會處世，或身在急難而有不赴者乎？故尋其奉死之心，可以見事生之情；覽其忠貞之節，足以愧背義之士矣。王加禮而遣，可謂明達也。

〔一〕漢丞相有東西曹掾屬。

〔二〕通鑑作「單身無任」。胡注：「魏制，凡遣將帥，皆留其家以爲質任。會單身無子弟，故曰單身無任。」

〔三〕胡三省曰：「指掌，言易也。」

〔四〕通鑑作「蜀必可滅」。

〔五〕通鑑作「何憂其不能辦邪」？胡注：「言會若爲亂，自能辦之也。」

〔六〕「心膽以破」，「若蜀以破」，兩「以」字官本俱作「已」。

〔七〕何焯曰：「將士思歸，此即其婦翁策淮南事，比例得之。人但有智識，而稍更事，便不可當也。」弼按：司馬昭爲王肅之壻，司馬師征毌丘儉時，問計於肅。肅曰：淮南將士，父母妻子皆在州内，但急往禦衛，使不得前，必有土崩之勢。

〔八〕胡三省曰：「言作亂耳。」

〔九〕李安溪曰：「觀昭此席言語，真奸雄也。」

〔一〇〕通鑑「足」作「須」。

〔一一〕馮本「意」作「義」。

〔一二〕然則何以負曹氏？

〔一三〕賈護軍，賈充也，時爲中護軍。

〔一四〕胡三省曰：「不讀曰否。」

〔一五〕胡三省曰：「了，辨也，決也。」

〔一六〕御覽三百四十五引王隱晉書云：「衛瓘監軍，護軍鍾會素與瓘至厚，坐則同牀，行則同輿。會書板上，欲殺胡烈等，示瓘，瓘言不可。會自削棄，反問瓘何許聞消息，相疑益露。瓘廁上見烈，故給使令出語三軍。會逼瓘不能議定，經宿不眠，各橫刀膝上。」又四百二十四引干寶晉紀曰：「鍾會、鄧艾將伐蜀，與劉（寔）〔寔〕別。客謂寔曰：二將破蜀不？寔曰：必破蜀，但皆不還。客問其故，寔曰：治道在於克讓。」古今刀劍録曰：「鍾會克蜀，於成都土中得一刀，文曰太一。會死，入帳下王伯昇。伯昇後渡江，刀遂飛入水。」

〔一七〕沈家本曰：「隋、唐志不著録。」

〔一八〕本志卷九夏侯玄傳注引世語云：「王經爲司隸校尉，辟雄爲都官從事。經被誅，雄哭之，感動一市。」晉書雄傳云：「雄爲主簿，事太守王經，後爲司隸鍾會辟爲都官從事。」二者未知孰是。

〔一九〕禮記月令：「孟春之月，掩骼埋胔。」鄭玄注曰：「骨枯曰骼，肉腐曰胔。」陸德明曰：「露骨曰骼，有肉曰胔。」

〔二〇〕通鑑作「不亦可乎」。

〔二一〕監本「殿」作「吾」，誤。通鑑「殿下」作「明公」。胡三省曰：「言會已誅，晉公復以枯骨爲讎對，不令收葬。」

〔二二〕晉書向雄傳：「雄，河内山陽人。初仕郡爲主簿，太守劉毅嘗以非罪笞雄。及吴奮代毅爲太守，又以少譴繫雄於獄。司隸鍾會於獄中辟雄爲都官從事。會死，無人殯斂，雄迎喪而葬之。」

〔二三〕晉書雄傳作「字茂伯」，此作字伯茂，未詳孰是。

會嘗論易無互體，〔一〕才性同異。〔二〕及會死後，於會家得書二十篇，名曰道論，而實刑名家也，其文似會。〔三〕初，會弱冠與山陽王弼並知名。〔四〕弼好論儒道，辭才逸辯，注易及老子，爲尚書郎，年二十餘卒。〔五〕

弼字輔嗣，何劭爲其傳曰：〔六〕弼幼而察惠，年十餘，好老氏，通辯能言。父業，爲尚書郎。時裴徽爲吏部郎，〔七〕弼未弱冠，往造焉。徽一見而異之，問弼曰：「夫無者，誠萬物之所資也，然聖人莫肯致言，而老子申之無已者何？」弼曰：「聖人體无，〔八〕无又不可以訓，故不說也。老子是有者也，故恒言無所不足。」〔九〕尋亦爲傅嘏所知。於時何晏爲吏部尚書，甚奇弼，歎之曰：「仲尼稱後生可畏，若斯人者，可與言天人之際乎！」〔一〇〕正始中，黄門侍郎累缺，晏既用賈充、裴秀、朱整，又議用弼。時丁謐與晏爭衡，致高邑王黎於曹爽，爽用黎，於是以弼補臺郎。初除，覲爽，請閒。爽爲屏左右，而弼與論道，移時無所他及，爽以此嗤之。時爽專朝政，黨與共相進用，弼通儁不治名高。尋黎無幾時病亡，爽用王沈代黎，弼遂不得在門下，晏爲之歎恨。弼在臺既淺，事功亦雅非所長，益不留意焉。淮南人劉陶〔一一〕善論縱横，爲當時所推。每與弼語，常屈弼。弼天才卓出，當其所得，莫能奪也。性和理，樂游宴，解音律，善投壺。其論道附會文辭，〔一二〕不如何晏，自然有所拔得多晏也。〔一三〕頗以所長笑人，故時爲士君子所疾。弼與鍾會善，會論議以校練爲家，然每服弼之高致。何晏以爲聖人無喜怒哀樂，其論甚精，鍾會等述之。弼與不同，以爲聖人茂於人者，神明也；同於人者，五情也。神明茂，故能體沖和以通無，五情同，故不能無哀樂以應物。然則聖人之情，應物而無累於物者也。今以其無累，便謂不復應物，失之多矣。弼注易，潁川人荀融難弼大衍義。弼答其意，白書以戲之曰：「夫明足以尋極幽微，而不能去自然之性。顔子之量，孔父之所預在，然遇之不能無樂，喪之不能無哀。又常狹斯人，以爲未能以情從理者也，而今乃知自然之不可革。是足下之量，〔一四〕雖已定乎胸懷之内，然而隔踰旬朔，何其相思之多乎？故知尼父之於顔子，可以無大過矣。」弼注老子，爲之指略，致有理統。注道略論，〔一五〕注易，往往有高麗言。〔一六〕太原王濟好談，病老、莊，常云：「見弼易注，所悟者多。」然弼爲人淺而不識物情，初與王黎、荀融善，黎奪其黃門郎，於是恨黎，與融亦不終。正始十年，曹爽廢，以公事免。其秋遇癘疾，亡，時年二十四。〔一七〕無子，絕嗣。〔一八〕弼之卒也，晉景王聞之，嗟歎者累日。其爲高識所惜如此。

孫盛曰：易之爲書，窮神知化，非天下之至精，其孰能與於此？世之注解，殆皆妄也。況弼以附會之辨，〔一九〕而欲籠統玄旨者乎？故其敘浮義則麗辭溢目，造陰陽則妙賾無聞，至於六爻變化，羣象所效，日時歲月，五氣相推，弼皆擯落，多所不關。雖有可觀者焉，恐將泥夫大道。

博物記曰：初，王粲與族兄凱〔二〇〕俱避地荆州，劉表欲以女妻粲，而嫌其形陋而用率，〔二一〕以凱有風貌，乃以妻凱。凱生業，業即劉表外孫也。蔡邕有書近萬卷，末年載數車與粲。〔二二〕粲亡後，相國掾魏諷謀反，粲子與焉。〔二三〕既被誅，邕所與書，悉入業。業字長緒，位至謁者僕射。子宏〔二四〕字正宗，司隸校尉。〔二五〕宏，弼之兄也。〔二六〕

魏氏春秋曰：文帝既誅粲二子，以業嗣粲。〔二七〕

〔一〕隋書經籍志：「周易盡神論一卷，魏司空鍾會撰。梁有周易無互體論三卷，鍾會撰，亡。」唐經籍志：「周易四卷，鍾會撰。」藝文志：「鍾會周易論四卷。」晉書荀顗傳：「難鍾會易無互體，見稱於世。」姚振宗曰：「册府元龜作玄體，亦甚有義，似論王輔嗣之易也。然多作互體，不能定。」

〔二〕世說文學篇：「鍾會撰四本論始畢，甚欲使嵇公一見，置懷中。既定，畏其難懷，不敢出于户外，遥擲便回急走。」注引魏志曰：「會論才性同異傳于世。四本者，言才性同，才性異，才性合，才性離也。尚書傅嘏論同，中書令李豐論異，侍郎鍾會論合，屯騎校尉王廣論離。」本志傅嘏傳：「嘏常論才性同異，鍾會集而論之。」

〔三〕姚振宗曰：「道論疑即芻蕘論五卷。隋書經籍志：梁有芻蕘論五卷，鍾會撰，亡。唐經籍志：芻蕘論五卷，鍾會撰。通志藝文略諸子儒術類：芻蕘語論五卷，鍾會撰。」姚振宗曰：「宋刻全本意林有芻蕘論二卷。」釋文敘録：

「老子鍾會注二卷。」隋書經籍志：「老子道德經二卷，鍾會注。」姚振宗曰：「會父成侯有易説，有老子訓。會爲其母傳曰：雅好書籍，涉歷衆書，特好易、老子。則會於易、老固家學也。」文心雕龍檄移篇：「鍾會檄蜀，徵驗甚明，壯筆也。」隋書經籍志：「魏司徒鍾會集九卷，梁十卷，録一卷。」

〔四〕世説注引弼別傳云：「弼，山陽高平人。」

〔五〕釋文敘録：「王弼注易上下經六卷，其繫辭以下不注，相承以韓康伯注續之。」隋書經籍志：「魏尚書郎王弼注六十四卦六卷。」四庫提要曰：「弼之説易，源出費直，直易今不可見，然荀爽易即費氏學，李鼎祚書尚頗載其遺説。大抵究爻位之上下，辯卦德之剛柔，已與弼注略近。但弼全廢象數，又變本加厲耳。平心而論，闡明義理，使易不雜於術數者，弼深爲有功爾。尚虚無使易竟入老、莊者，弼亦不能無過。瑕瑜不掩，是其定評；諸儒偏好偏惡，皆門户之見，不足據也。」又曰：「易本卜筮之書，末派寖流於讖緯，王弼乘其極敝而攻之，遂能排擊漢儒，自標新學。」隋書經籍志：「論語釋疑三卷，王弼撰。」余蕭客古經解鉤沈曰：「釋文引王弼論語音。」馬國翰輯本序曰：「王弼釋疑今間見於釋文、正義，兹更從皇侃義疏采輯，共得四十節，合爲一卷。釋文敘録弼又注老子，又曰：其後談論者莫不宗尚玄言，唯王輔嗣妙得虚無之旨。又曰：老子王弼注二卷。」隋書經籍志：「老子道德經二卷，王弼注。」唐經籍志：「玄言新記道德二卷，王弼注。」藝文志：「王弼注新記玄言道德二卷。」宋藝文志：「王弼老子注二卷。」明白雲霽道藏目録曰：「道德真經四卷，山陽王弼注，言陰陽道德。」四庫簡明目録曰：「老子注二卷，魏王弼撰。弼以老、莊説易，論者互有異同，至於解老，則用其所長，故是注詞義簡遠，妙得微契，老子注本，此爲最古。」釋文敘録：「弼又作老子指略一卷。」唐書經籍志：「老子指例略二卷，不著撰人。」藝文志：「王弼老子指例略二卷。」宋藝文志：「王弼道德略歸一卷。」隋志：「梁又有王弼集五卷，録一卷，亡。」

〔六〕何劭見何夔傳注，又見荀彧傳注。劭爲荀粲作傳。

〔七〕永嘉流人名曰：「徽字文季，河東聞喜人，太常潛少弟也。仕至冀州刺史。」

〔八〕宋本「无」作「無」，下同。

〔九〕世說文學篇云：「弼曰：聖人體無，無又不可以訓，故言必及有。老、莊未免於有，恒訓其所不足。」

〔一〇〕世說文學篇：「何晏爲吏部尚書，有位望，時談客盈坐，王弼未弱冠，往見之。晏聞弼名，因條向者勝理語弼曰：此理僕以爲極，可得復難不？弼便作難，一坐人便以爲屈。於是弼自爲客主數番，皆一坐所不及。」又云：「何平叔注老子始成，詣王輔嗣，見王注精奇迺神，伏曰：若斯人可與論天人之際矣！因以所注爲道德二論。」又云：「何晏注老子未畢，見王弼自說注老子旨，何意多所短，不復得作聲，但應諾諾，遂不復注，因作道德論。」

〔一一〕陶爲劉曄少子，詳見曄傳及注。

〔一二〕宋本、馮本、吴本、毛本「附」作「賦」。

〔一三〕世說文學篇注引魏氏春秋曰：「弼論道約美不如晏，自然出拔過之。」

〔一四〕宋本無「是」字。

〔一五〕宋本「注」作「著」。

〔一六〕隋書經籍志：「梁有老子雜論一卷，何、王等注，亡。」晉書王衍傳：「正始中，何晏、王弼等祖述老、莊立論，以爲天地萬物，皆以無爲爲本，衍甚重之。」

〔一七〕正始十年，改元嘉平，是年爲己巳，當生於黄初七年丙午。

〔一八〕趙一清曰：「晉張湛列子序：輔嗣女婿趙季子。然則弼雖乏嗣，亦有女矣。」水經穀水注：「尸鄉，司馬彪郡國志以爲春秋之尸氏也。其澤野負原夾郭，多墳壠焉。陸機初入洛，次河南之偃師，時忽結陰，望道左若民居者，因往逗宿。見一少年，姿神端遠，與機言玄，機服其能，而無以酬折，前至一辯。機題緯古今，綜檢名實，此少年不甚欣解。將曉去，税駕逆旅，嫗曰：君何宿而來？自東數十里無村落，止有山陽王家墓。機乃怪悵，還睇昨路，空野霾雲，攢木蔽日，知所遇者，審王弼也。」

〔一九〕宋本、馮本「附」作「賦」，何焯校改作「傳」。

〔二〇〕吴本、毛本「凱」作「覬」，誤。

〔二一〕王粲傳：「粲容狀短小，劉表以粲貌寢而體弱通侻，不甚重也。」連江葉氏本博物志云：「表嫌其形陋周率，乃謂曰：君才過人，而體兒非女聟才。」

〔二二〕粲傳：「蔡邕曰：吾家書籍文章，盡當與之。」

〔二三〕粲傳：「粲二子，爲魏諷所引誅，後絶。」

〔二四〕宋本、元本、吴本、毛本「宏」作「玄」，誤。

〔二五〕晉書良吏傳：「王宏字正宗，高平人，魏侍中粲之從孫也。泰始初爲汲郡太守，在郡有殊績。司隸校尉石鑒上其政術，武帝下詔稱之，遷衛尉、河南尹、大司農。太康中代劉毅爲司隸校尉。」晉張湛注列子序云：「正宗、輔嗣皆好集文籍，先並得仲宣家書幾將萬卷。」

〔二六〕王弼年甫弱冠，即爲經學大師，當時名公巨卿，驚歎弗及，竊疑何以早慧若是？蓋緣伯喈藏書萬卷，盡入仲宣，展轉而歸輔嗣，博覽閎通，淵源授受，有自來矣。

〔二七〕潘眉曰：「王粲傳云後絶，注亦不言業爲粲嗣。據博物志及魏氏春秋二條，當引入王粲傳。」

評曰：王淩風節格尚，毌丘儉才識拔幹，諸葛誕嚴毅威重，鍾會精練策數，咸以顯名，致茲榮任。而皆心大志迂，不慮禍難，變如發機，宗族塗地，豈不謬惑邪！鄧艾矯然彊壯，立功立事，然闇於防患，咎敗旋至，豈遠知乎諸葛恪而不能近自見，此蓋古人所謂目論者也。

史記曰：越王無彊與中國爭彊，當楚威王時，越北伐齊，齊威王使人説越王，越王不納。齊使者曰：

幸也，越之不亡也。〔一〕吾不貴其用智之如目，目見毫毛而不自見其睫也。〔二〕今王知晉之失計，不自知越之過，〔三〕是目論也。」〔四〕

〔一〕吳本、毛本「越」作「楚」。

〔二〕史記無下「目」字。

〔三〕宋本、馮本與史記同，各本「計」作「而」，「過」作「失」，均誤。

〔四〕司馬貞曰：「言越王知晉之失，不自覺越之過，猶人眼能見毫毛，而不自見其睫，故謂之目論也。」

魏書二十九

方伎傳第二十九〔一〕

〔一〕馮本伎作技。

華佗〔二〕字元化，沛國譙人也。〔二〕一名旉。〔三〕

臣松之按：古「敷」字與「旉」相似，寫書者多不能别。尋佗字元化，其名宜爲「旉」也。〔四〕

游學徐土，兼通數經。沛相陳珪舉孝廉，太尉黄琬辟，皆不就。曉養性之術，時人以爲年且百歲，而貌有壯容。〔五〕又精方藥，其療疾，合湯不過數種，〔六〕心解分劑，〔七〕不復稱量，〔八〕煮熟便飲，語其節度，舍去輒愈。若當灸，不過一兩處，每處〔九〕七八壯，〔一〇〕病亦應除。若當鍼，亦不過一兩處，〔一一〕下鍼言「當引某許，〔一二〕若至，語人」。病者言「已到」，應便拔針，病亦行差。若病結積在内，針藥所不能及，當須刳割者，便飲其麻沸散，〔一三〕須臾，便如醉死，無所知，因破取。病若在腸中，便斷腸湔洗，縫腹膏摩，四五日差，不痛；人亦不自寤。一月之

閒，即平復矣。〔一四〕

〔一〕李賢曰：「佗，音徒何反。」

〔二〕沛國譙見武紀卷首。張華博物志稱譙郡華佗，見武紀建安二十五年注。

〔三〕李賢曰：「旉，音孚。」

〔四〕毛本「旉」作「孚」。

〔五〕册府「以爲」下有「仙」字。范書華佗傳亦作「時人以爲仙」。周壽昌曰：「無仙字是。蓋時人不知其確歲，約略計之，當有百歲，而以有壯容爲異也。」

〔六〕惠棟曰：「王勃八十一難經序云：岐伯以授黄帝，黄帝歷九師以授伊尹，伊尹以授湯，湯歷九師以授太公，太公以授文王，文王歷九師以授醫和，醫和歷六師以授秦越人，秦越人定立章句，歷九師以授華佗。」

〔七〕范書佗傳作「心識分銖」。沈欽韓曰：「陶隱居名醫别録云：古秤惟有銖兩，而無分名。今則以十黍爲一銖，六銖爲一分，四分成一兩。」

〔八〕范書佗傳「復」作「假」。

〔九〕宋本「每處」下有「不過」二字。

〔一〇〕内經素問卷十四鍼解篇：「手如握虎者，欲其壯也。」注云：「壯爲持鍼堅定也。廣雅釋詁二：壯，箴也。又釋詁四：壯，傷也。方言：凡草木刺人者，北燕、朝鮮之閒謂之壯。馬融、虞翻注易大壯並云：壯，傷也。郭璞曰：淮南呼壯爲傷。又醫用艾灸，一灼謂之壯。」弼按：壯專就灸言，見下引王氏説。

〔一一〕范書佗傳作「鍼灸不過數處」。王先謙曰：「魏志佗傳，每處七八壯，壯乃專就灸言。范史鍼灸合言，止言其處，略去灸數鍼候。」

〔一二〕沈欽韓曰：「某許，猶言某處。世説文學篇云：孫安國往殷中軍許，又康僧淵忽往殷深源許，又支道林殷深源俱在相王許。」

〔一三〕即今之麻醉藥。「其」疑當作「以」。或曰：「當是押不蘆草，草出回回國。」

〔一四〕此即今之解剖術也。范書佗傳：「若疾發結於內，鍼藥所不能及者，乃令先以酒服麻沸散，既醉，無所覺；因刳破腹背，抽割積聚。若有腸胃，則斷截湔洗，除去疾穢。既而縫合，傅以神膏，四五日創愈，一月之閒皆平復。」杭世駿曰：「玉㵎雜書云：華佗固神醫，然范曄、陳壽記其治疾之法，此決無之理。人之所以爲人者，以形；而形之所以生者，以氣也。佗之藥能使人醉無所覺，可以受其刳割，與能完養使毀者復合，則吾所不能知。然腹背腸胃，既以破裂斷壞，則氣何由含，安有如是而復生者乎？審佗能此，則凡受支解之刑者，皆可使生，王者亦無所復施矣。」弼按：此說誤。由於不知人體生理狀態，故有此疑。解剖治療，與受刑者之支解，絕然兩事：一爲斷其生命，一爲延其生命，二者不能相提並論。今日醫學昌明，已視爲平平無奇矣。胡玉縉曰：「漢書王莽傳：翟義黨王孫慶捕得莽，使太醫尚方與巧屠共刳剝之，量度五藏，以竹筳導其脈，知所終，始云可以治病。」據此，則解剖之術，其來已久。近世有解剖死屍以求醫理者，人死則血脈停滯，顏色變異，恐所得祇在影響閒。醫學之進步，其惟愛克斯光鏡乎！」弼按：此爲專家之學，一日千里，有非古人所能夢見者。雖起華佗於今日，亦當望而卻步矣。

故甘陵相夫人，有娠六月，〔一〕腹痛不安。佗視脈曰：「胎已死矣。」使人手摸知所在，在左則男，在右則女。人云「在左」。〔二〕於是爲湯下之，果下男形，即愈。

〔一〕各本皆每事空格，馮本不空格。

〔二〕吳本、毛本「云」作「爲」，誤。

縣吏尹世苦四支煩，口中乾，不欲聞人聲，小便不利。佗曰：「試作熱食，得汗則愈；不汗，後三日死。」即作熱食，而不汗出。佗曰：「藏氣已絶於内，當啼泣而絶。」果如佗言。

府吏兒尋、李延共止，〔一〕俱頭痛身熱，所苦正同。佗曰：「尋當下之，延當發汗。」或難其異。佗曰：「尋外實，延内實，故治之宜殊。」即各與藥，明旦並起。

〔一〕「兒」同「倪」，李賢注作「倪」。

鹽瀆嚴昕〔一〕與數人共候佗，適至，佗謂昕曰：「君身中佳否？」昕曰：「自如常。」佗曰：「君有急病見於面，莫多飲酒。」坐畢歸，行數里，昕卒頭眩墮車，〔二〕人扶將還，載歸家，中宿死。

〔一〕郡國志：「徐州廣陵郡鹽瀆。」吴志：「孫堅爲鹽瀆丞。」一統志：「故城今江蘇淮安府鹽城縣西北。」

〔二〕宋本、元本、毛本「墮」作「憧」。

故督郵頓子獻得病已差，詣佗視脈，曰：「尚虚，未得復，〔一〕勿爲勞事，御内即死。臨死，當吐舌數寸。」其妻聞其病除，從百餘里來省之，止宿交接，中間三日發病，一如佗言。

〔一〕馮本作「未復復」，誤。

督郵徐毅得病，佗往省之，毅謂佗曰：「昨使醫曹吏劉租鍼胃管訖，〔一〕便苦欬嗽，欲臥不安。」佗曰：「刺不得胃管，誤中肝也。食當日減，五日不救。」遂如佗言。

〔一〕官本攷證：「北宋本作劉祖。」御覽七百七十二引亦作劉祖。

東陽陳叔山小男，二歲〔一〕得疾，下利常先啼，日以羸困。問佗，佗曰：「其母懷軀，陽氣内養，乳中虛冷，兒得母寒，故令不時愈。」佗與四物女宛丸，〔二〕十日即除。

〔一〕郡國志：「廣陵郡東陽。」一統志：「故城今安徽泗州天長縣西北。」

〔二〕或曰：「宛丸疑作紫苑。」元本、吴本「丸」作「九」。

彭城夫人夜之廁，蠆螫其手，〔一〕呻呼無賴。〔二〕佗令温湯近熱，漬手其中，卒可得寐。但傍人數爲易湯，湯令煖之，其旦即愈。

〔一〕左傳僖公二十二年：「臧文仲曰：君其無謂邾小，蠭蠆有毒，而況國乎！」杜注：「蠆，敕邁反。」通俗文云：「蠆長尾謂之蠍。」班固西京賦：「流大漢之愷悌，盪亡秦之毒螫。」説文：「螫，行毒也。」舒亦切，音釋。

〔二〕漢書高帝紀「九年，上曰：始大人常以臣亡賴」。應劭曰：「賴，恃也。」周壽昌曰：「亡賴，無所恃以資生，如今游手白徒也。」弼按：此傳蓋言病痛呻呼無所恃也。

軍吏梅平得病，除名還家，家居廣陵，未至二百里，止親人舍。有頃，佗偶至主人許，主人令佗視平，佗謂平曰：「君早見我，可不至此。今疾已結，促去可得與家相見，五日卒。」應時歸，如佗所刻。

佗行道，見一人病咽塞，嗜食而不得下，家人車載欲往就醫。佗聞其呻吟，駐車往視，語之曰：「向來道邊有賣餅家蒜齏大酢，〔一〕從取三升飲之，病自當去。」即如佗言，立吐蛇一枚，縣車邊，欲造佗。佗尚未還，小兒戲門前，逆見，自相謂曰：「似逢我公，車邊病是也。」〔二〕疾者前入坐，見佗北壁縣此蛇輩，約以十數。〔三〕

〔一〕范書佗傳作「蓱齏甚酸」。沈欽韓曰：「陶宏景藥總訣云：䴵店蒜齏乃下蛇之藥，即是指此，云蓱齏，誤。」

〔二〕「似逢我公」九字，范書佗傳作「客車邊有物，必是逢我翁也」。

〔三〕此即今之陳列標本也。

又有一郡守病，〔一〕佗以爲其人盛怒則差，乃多受其貨而不加治，無何棄去，留書罵之。郡守果大怒，令人追捉殺佗。郡守子知之，屬使勿逐。守瞋恚既甚，吐黑血數升而愈。〔二〕

〔一〕范書佗傳作「又有一郡守篤病久」。

〔二〕何焯曰：「郡守事似依託呂氏春秋文摯、齊王語爲之。」弼按：呂氏春秋卷十一仲冬紀至忠篇：「齊王疾痏，使人之宋，迎文摯。文摯至，視王之疾，謂太子曰：王之疾，必可已也。雖然，王之疾已，則必殺摯也。太子曰：何故？文摯對曰：非怒，王則疾不可治；怒王，則摯必死。」云云。謂其事與此相類，則可似無所謂依託也。

又有一士大夫不快，佗云：「君病深，〔一〕當破腹取。然君壽亦不過十年，病不能殺君，忍病十歲，〔二〕壽俱當盡，不足故自刳裂。」〔三〕士大夫不耐痛癢，必欲除之。〔四〕佗遂下手，所患尋差，十年竟死。

〔一〕監本、官本「深」作「甚」。

〔二〕御覽作「君忍痛十年」。
〔三〕御覽「裂」下有「也」字。
〔四〕御覽作「士大夫曰：余不耐痛，必欲除之」。

廣陵太守陳登得病，胸中煩懣，面赤不食。佗脈之曰：「府君胃中有蟲數升，欲成內疽，食腥物所爲也。」即作湯二升，先服一升，斯須盡服之。食頃，吐出三升許蟲，赤頭皆動，半身是生魚膾也。〔一〕所苦便愈。佗曰：「此病後三期當發，遇良醫乃可濟救。」依期果發動，時佗不在，如言而死。〔二〕太祖聞而召佗，佗常在左右。太祖苦頭風，每發，心亂目眩。佗鍼鬲，隨手而差。

佗別傳曰：有人病兩脚躄不能行，轝詣佗，佗望見云：「已飽鍼灸服藥矣，不復須看脈。」便使解衣，點背數十處，相去或一寸，或五寸，縱邪不相當。言灸此各十壯，〔三〕灸創愈即行。後灸處夾脊一寸，上下行端直均調，如引繩也。

〔一〕御覽「是」上有「猶」字，范史同此奪。
〔二〕本志呂布傳注引先賢行狀云：「陳登由廣陵太守遷東城太守，廣陵吏民拔郡隨登。」登病發，當在去廣陵之後，故華佗不在其地也。何焯曰：「此孟德之所以果於殺佗也。陳元龍三期當發，竟不爲除此根源，亦所謂養吾病以自重者耳。然常人多可療之疾，不遇良醫，則罹夭枉，此佗所爲可惜。仁恕之人，必忍此小忿，爲萬民全之也。」
〔三〕范書佗傳「十」作「七」。

李將軍妻病甚，〔一〕呼佗視脈，曰：「傷娠而胎不去。」將軍言：「聞實傷娠，胎已去矣。」佗曰：「案脈，胎未去也。」將軍以爲不然。佗舍去，婦稍小差。百餘日復動，更呼佗，佗曰：「此脈故事有胎。前當生兩兒。一兒先出，血出甚多；後兒不及生，母不自覺，旁人亦不寤；不復迎，遂不得生。胎死，血脈不復歸，必燥著母脊，故使多脊痛。今當與湯，并鍼一處，此死胎必出。」湯鍼既加，婦痛急如欲生者。佗曰：「此死胎久枯，不能自出，宜使人探之。」果得一死男，手足完具，色黑，長可尺所。〔一〕

〔一〕馮本「所」作「許」，古文許、所同音通假。詩「伐木許許」，説文引作「伐木所所」，史、漢言在「某所」嘗曰「某許」。

佗之絶技，凡類此也。〔一〕然本作士人，以醫見業，意常自悔。〔二〕後太祖親理，得病篤重，使佗專視。佗曰：「此近難濟，恒事攻治，可延歲月。」佗久遠家思歸，因曰：「當得家書，方欲暫還耳。」〔三〕到家，辭以妻病，數乞期不反。〔四〕太祖累書呼，又敕郡縣發遣。佗恃能厭食事，〔五〕猶不上道。太祖大怒，使人往檢。若妻信病，賜小豆四十斛，寬假限日；若其虚詐，便收送之。於是傳付許獄，考驗首服。荀彧請曰：「佗術實工，人命所縣，宜含宥之。」太祖曰：「不憂，天下當無此鼠輩邪？」遂考竟佗。佗臨死，出一卷書，與獄吏曰：「此可以活人。」〔六〕吏畏法不受，佗亦不彊，索火燒之。佗死〔七〕後，太祖頭風未除。太祖曰：「佗能愈此。小人養吾病，欲以自重，然吾不殺此子，亦終當不爲我斷此根原耳。」及後愛子倉舒病困，太祖歎曰：「吾悔殺華佗，令此兒彊死也。」

〔一〕沈欽韓曰：「抱朴子説此事云是李通。」

〔一〕馮本作「凡此類也」。
〔二〕韓慕廬曰：「元化胸中似有所不可於操者。」
〔三〕范書佗傳：「乃就操求還取方。」
〔四〕范書無「乞」字。
〔五〕官本攷證曰：「食字疑衍。范書佗傳無食字。」周壽昌曰：「食字非衍。蓋食事即食功，言厭以事取食。厭者，厭爲人役也。」
〔六〕惠棟曰：「佗別傳云：佗以線爲書袠，袠中有祕要之方。」
〔七〕杭世駿曰：「冢記云：華佗墓在項城。」柳從辰曰：「一統志：佗墓在今銅山縣南，有碑，題曰：後漢名醫華佗墓。志又載佗墓在今項城縣東六十里，與河南通志同，不知孰是真墓也。」

初，軍吏李成苦欬嗽，晝夜不寤，〔一〕時吐膿血，以問佗。佗言：「君病腸臃，欬之所吐，非從肺來也。與君散兩錢，當吐二升餘膿血訖，快自養，一月可小起。好自將愛，一年便健。十八歲當一小發，服此散，亦行復差。若不得此藥，故當死。」復與兩錢散。成得藥，去五六歲。親中人有病如成者，謂成曰：「卿今彊健，我欲死，何忍無急去藥，

臣松之按：古語以「藏」爲「去」。〔二〕

以待不祥？先持貸我，我差，爲卿從華佗更索。」成與之。已故到譙，〔三〕適值佗見收，怱怱不忍從求。後十八歲，成病竟發，無藥可服，以至於死。〔四〕

佗別傳曰：〔五〕人有在青龍中見山陽太守廣陵劉景宗，景宗說中平日〔六〕數見華佗，其治病手脈之

候，〔七〕其驗若神。琅邪劉勳爲河内太守，有女年幾二十，左腳膝裏上有瘡，癢而不痛。瘡愈數十日復發，〔八〕如此七八年，迎佗使視。佗曰：「是易治之，當得稻糠黄色犬一頭，〔九〕好馬二匹。」以繩繫犬頸，使走馬牽犬，馬極輒易，計馬走三十餘里，犬不能行，復令步人拖曳，計向五十里。乃以藥飲女，女即安卧不知人。因取大刀斷犬腹近後腳之前，以所斷之處向瘡口，令去二三寸，停之須臾，有若蛇者從瘡中而出，便以鐵椎横貫蛇頭。蛇在皮中動揺良久，須臾不動，乃牽出，長三尺許，〔一〇〕純是蛇，但有眼處而無童子，〔一一〕又逆鱗耳。以膏散著瘡中，七日愈。〔一二〕又有人苦頭眩，頭不能舉，目不能視，〔一三〕積年。佗使悉解衣倒懸，令頭去地一二寸，濡布拭身體，令周帀，〔一四〕候視諸脈，盡出五色。佗令弟子數人以鈹刀決脈，五色血盡，視赤血，〔一五〕乃下。以膏摩被覆。汗自出周帀，飲以亭歷犬血散，立愈。又有婦人長病經年，世謂寒熱注病者。冬十一月中，佗令坐石槽中，平旦，〔一六〕用寒水汲灌，云當滿百。始七八灌，會戰欲死，〔一七〕灌者懼，欲止。佗令滿數。將至八十灌，熱氣乃蒸出，囂囂高二三尺。滿百灌，佗乃使然火温牀，厚覆，良久汗洽出，著粉，汗燥便愈。〔一八〕又有人病腹中半切痛，十餘日中，鬚眉墮落。〔一九〕佗曰：「是脾半腐，可刳腹養治也。」使飲藥令卧，破腹就視，脾果半腐壞。以刀斷之，刮去惡肉，以膏傅瘡，飲之以藥，百日平復。

〔一〕范書佗傳「痦」作「寐」。

〔二〕漢書陳遵傳：「遵善書，與人尺牘，主皆藏去以爲榮。」師古曰：「去以藏也，音丘吕反；又音舉。」周壽昌曰：「去即弆字。」王文彬曰：訓去爲藏，本反言以見意，猶治之言亂、香之言臭也。左傳昭十九年傳：以度而去之。疏：去亦藏也。」

〔三〕范書佗傳作「乃故往譙」。

〔四〕湖廣通志方伎傳：「張機字仲景，棘陽人。著傷寒論。華佗讀而喜曰：此真活人書也。」

〔五〕華佗別傳，隋、唐志不著録。

〔六〕顧炎武曰：「古人日月之日皆作曰，似曰字；惟以上曰日爲別耳。此曰字乃日字也。即中平年之義。」弼按：范書佗傳注引此作「有人見山陽太守廣陵劉景宗説」，無「青龍中」及「中平曰」數字。

〔七〕范書佗傳注「手」作「平」，於義爲長。

〔八〕范書佗傳注作「創發數十日愈，愈已，復發」。

〔九〕馮本「糠」作「穅」。

〔一〇〕范書佗傳注「許」作「所」，説見前。

〔一一〕范書佗傳注「童」作「瞳」。

〔一二〕趙一清曰：「獨異志：魏國有女子極美麗，踰時不嫁，以右膝上常患一瘡，膿水不絶。遇華佗過，其父問之。佗曰：使人乘馬，牽一栗色犬，走三十里，歸而截犬右足挂之。俄傾，一赤蛇從瘡而出，入犬足中，其疾遂愈。御覽卷七百四十三引志怪云：有人得瘕病，腹晝夜切痛。臨終，敕其子曰：吾氣絶後，可剖視之。其子不忍違，割之，得一銅酒鎗，容數合。後華佗聞其病而解之，便出巾箱中藥以投鎗，鎗即成酒。」

〔一三〕兩「能」字宋本均作「得」。

〔一四〕馮本「巿」作「市」，誤。

〔一五〕范書佗傳注作「視赤血出」。

〔一六〕范書佗傳注「平旦」作「且」。

〔一七〕御覽「會」作「冷」。

〔一八〕范書佗傳注「燥」作「㷧」。黃山曰：「㷧同燥。官本作糝，誤。」何焯曰：「南史中有一事，又依託於此。」姚範曰：「此與南史所載徐嗣伯治房伯玉事相類。」弼按：南史卷三十二張邵傳：「直閤將軍房伯玉服五石散十許劑，無益，更患冷，夏日常複衣。徐嗣伯爲診之，曰：卿伏熱，應須以水發之，非冬月不可。至十一月，冰雪大盛，令二人夾捉伯玉，解衣坐石，取冷水從頭澆之，盡二十斛。伯玉口噤氣絕，家人啼哭，請止。嗣伯又盡水百斛，伯玉始能動，而見背上彭彭有氣，俄而起坐，曰：熱不可忍，乞冷飲。嗣伯以水與之，一飲一升，病都差。自爾恆發熱，冬月猶單褌衫，體更肥壯。」

〔一九〕元本、吳本、毛本「鬚」作「鬢」，馮本「墮」作「憜」。

廣陵吳普、彭城樊阿皆從佗學。普依準佗治，〔一〕多所全濟。佗語普曰：「人體欲得勞動，但不當使極爾。動搖則穀氣得消，血脈流通，病不得生，譬猶戶樞不朽是也。是以古之僊者，〔二〕爲導引之事，熊頸鴟顧，〔三〕引輓腰體，動諸關節，以求難老。吾有一術，名五禽之戲：〔四〕一曰虎，二曰鹿，三曰熊，四曰猨，五曰鳥，〔五〕亦以除疾，並利蹏足，〔六〕以當導引。體中不快，起作一禽之戲，沾濡汗出，因上著粉，〔七〕身體輕便，腹中欲食。」普施行之，年九十餘，耳目聰明，齒牙完堅。〔八〕阿善鍼術，凡醫咸言背及匈藏之閒不可妄鍼，鍼之不過四分，〔九〕而阿鍼背入一二寸，巨闕匈藏鍼下五六寸，〔一〇〕而病輒皆瘳。阿從佗求可服食益於人者，〔一一〕佗授以漆葉青黏散，〔一二〕漆葉屑一升，〔一三〕青黏屑十四兩，以是爲率，言久服去三蟲，利五藏，輕體，使人頭不白。阿從其言，壽百餘歲。漆葉處所而有，青黏生於豐、沛、彭城及朝歌云。

佗別傳曰：青黏者，一名地節，一名黃芝，主理五藏，〔一四〕益精氣。本出於迷入山者，〔一五〕見仙人服之，以告佗。佗以爲佳，輒語阿，阿又祕之。近者人見阿之壽而氣力彊盛，怪之，遂責阿所服。因醉亂誤道之，法一施，人多服者，皆有大驗。〔一六〕

文帝典論論郤儉等事曰：〔一七〕「潁川郤儉能辟穀，餌伏苓。〔一八〕甘陵甘始，亦善行氣，〔一九〕老有少容。〔二〇〕廬江左慈，知補導之術，並爲軍吏。〔二一〕初，儉之至，市伏苓價暴數倍。議郎安平李覃學其辟穀，餐伏苓，飲寒水，中泄利，〔二二〕殆至隕命。後始來，衆人無不鴟視狼顧，呼吸吐納。軍謀祭酒弘農董芬爲之過差，氣閉不通，〔二三〕良久乃蘇。左慈到，又競受其補導之術，至寺人嚴峻，往從問受，閹豎真無事於斯術也。人之逐聲，乃至於是。〔二四〕光和中，北海王和平亦好道術，自以當仙。濟南孫邕少事之，〔二五〕從至京師。會和平病死，邕因葬之東陶，〔二六〕有書百餘卷，藥數囊，悉以送之。後弟子夏榮，言其尸解。〔二七〕邕至今恨不取其寶書仙藥。劉向惑於鴻寶之説，〔二八〕君游眩於子政之言，古今愚謬，豈惟一人哉！」

東阿王作辨道論曰：〔二九〕「世有方士，吾王悉所招致，甘陵有甘始，廬江有左慈，陽城有郤儉。始能行氣導引，慈曉房中之術，儉善辟穀，悉號三百歲。卒所以集之於魏國者，〔三〇〕誠恐斯人之徒，接姦宄以欺衆，行妖慝以惑民，〔三一〕豈復欲觀神仙於瀛洲，求安期於海島，〔三二〕釋金輅而履雲輿，棄六驥而美飛龍哉？〔三三〕自家王與太子及余兄弟咸以爲調笑，不信之矣。然始等知上遇之有恆，奉不過於員吏，賞不加於無功，海島難得而游，六黻難得而佩，終不敢進虛誕之言，出非常之語。余嘗試郤儉絶穀百日，躬與之寢處，行步起居自若也。夫人不食七日則死，而儉乃如是。然不必益壽，可以療疾而不憚饑饉焉。左慈善修房内之術，差可終命，然自非有志至精，莫能行也。〔三四〕甘始者，老而有少容，自諸術士咸共歸之。然始辭繁寡實，頗有怪言。余常辟左右，獨與之談，問其所行，温顔以誘之，美辭以導之。始語余：吾本師姓韓，字世雄。〔三五〕嘗與師於南海作金，前後數四，投數萬斤金於海。又云：諸梁時，西域胡來獻香罽、腰帶、割玉刀，時悔不取也。〔三六〕又言：車師之西國，兒生，擘背出脾，欲其食少而努行也。又言：取鯉魚五寸一雙，合其一煮藥，〔三七〕俱投沸膏中。有藥者奮尾鼓鰓，游行沈浮，有若處淵，其一者已熟而可噉。余時問：言率可試不？〔三八〕言：是藥去此逾萬里，當出塞；始不自行不能得也。〔三九〕言不盡於此，頗難悉載，故粗舉其巨怪者。始若遭秦始皇、漢武帝，則復爲徐市、欒大之徒也。〔四〇〕

〔一〕范書佗傳「治」皆作「療」，此章懷避唐諱所易。劉攽曰：「案文當有一病字。」

〔二〕宋本「僊」作「仙」。

〔三〕范書佗傳「頸」作「經」。李賢曰：「熊經，若熊之攀枝自懸也。鴟顧身不動而迴顧也。莊子曰：吐故納新，熊經鳥申。此導引之士，養形之人也。」

〔四〕蔣超伯南漘楛語卷六曰：「崔實政論云：熊經鳥伸，雖延歷之術，非傷寒之理；呼吸吐納，雖度紀之道，非續骨之膏。然蒙莊之書，已稱導引，華佗之伎，尤重五禽。倘能習之，亦攝生一法也。近人仿隋志導引圖例採易筋經韋馱獻杵等勢，分十二圖，一稱十二段錦云。」

〔五〕李賢曰：「佗别傳云：吴普從佗學，微得其方。魏明帝呼之，使爲禽戲。普以年老，手足不能相及，粗以其法語諸醫。普今年將九十，耳不聾，目不冥，牙齒完堅，飲食無損。」

〔六〕宋本「蹏」作「蹄」。

〔七〕范書佗傳作「怡而汗出，因以著粉」。

〔八〕隋經籍志：「梁有華佗弟子吴普本草六卷，又華佗方十卷，吴普撰。佗，後漢人。又華佗觀形察色並三部脈經一卷，又華佗枕中灸刺經一卷，又梁有華佗内事五卷，亡。」唐經籍志：「華氏藥方十卷。」注云：「華佗方，吴普撰。」藝文志：「吴普集華氏藥方十卷。」注云：「華佗。」宋史藝文志道家：「華佗老子五禽六氣訣一卷。」陳振孫書録解題曰：「中藏經一卷，漢譙郡華佗元化撰。」姚振宗曰：「華元化一卷，書已自焚於獄中。隋志所載四種及五禽訣，大抵皆其弟子吴普、樊阿、李譡之等所撰録，中藏經則又以後人綜録其書爲一裒者。」趙一清曰：「困學紀聞：唐六典注崔實正論云：熊經鳥伸，延年之術。故華佗有六禽之戲，魏文有五搥之鍛。一清案：五禽、六禽固異，五搥之鍛亦未聞。」

〔九〕范書佗傳「不」下有「可」字。

〔一〇〕范書佗傳作「乃五六寸」。

〔一一〕范書佗傳「求」下有「方」字。

〔一二〕范書佗傳「黏」作「黇」，下同。李賢曰：「字書無黇字，相傳音女廉反，然今人無識此者，甚可恨惜。」惠棟曰：「抱朴子作蓁，云漆葉青蓁凡弊之草，樊阿服之，得壽二百歲，而耳目聰明。」

〔一三〕范書佗傳「升」作「斗」。錢大昕曰：「當依魏志作升，漢隸斗作斤，與升字相似，故易混耳。」

〔一四〕吴本、毛本「主」作「大」。

〔一五〕御覽「迷」下有「人」字。

〔一六〕沈欽韓曰：「本草圓經陳藏器云：青黏一名黄芝，一名地節，此即萎蕤，（别録：「萎蕤一名地節。」）極似偏精，（黄精葉偏生不對生者，名偏精，功用不如正精。正精、葉對生。）主聰明，調氣血，令人强壯。即漆葉爲散，主五藏，服益精，去三蟲，輕身不老，惟有熱不可服。（廣東新語：「葳蕤補益之功逾黄精，方家稱黄芝亦曰青黏，以漆葉同爲散，可以延壽。」）」

〔一七〕趙一清曰：「博物志：魏王所集方士，名上黨王真、隴西封君達、甘陵甘始、魯王生、譙國華佗、東郭延年、唐雲、泠壽光、河南卜式、張貂、薊子訓、汝南費長房、解奴辜、魏國軍吏河南麴聖卿、陽城郤儉字孟節、廬江左慈字元放，右十六人。魏文帝、東阿王、仲長統所説皆能斷穀不食，分形隱沒，出入不由門户。左慈能變形，幻人視聽，厭刻鬼魅，皆此類也。」一清案：十六人皆見後漢書方術傳。」弼按：「方術傳唐雲作唐虞，無卜式、麴聖卿，有郝孟節。」惠棟曰：「即郤儉，傳寫訛爲郝耳。」博物志云：「陽城郤儉字孟節，是也。」

〔一八〕范書方術傳：「孟節能含棗核不食，可至五年、十年，又能結氣不息，身不動摇，狀若死人，可至百日、半年。亦有室家，爲人質謹，不妄言，似士君子，曹操使領諸方士焉。」漢武内傳云：「魏武帝爲第舍，使領諸方士，晉懷、惠之際，人故有見孟節在長安市中者。」

〔一九〕范書注亦作名。

〔二〇〕范書方術傳：「甘始、東郭延年、封君達，三人皆方士也。率能行容成御婦人術，或飲小便，或自倒懸，愛嗇精氣，不極視大言。甘始、元放、延年皆爲操所録，問其術而行之。君達號青牛師。凡此數人，皆百餘歲，及二百歲也。」藝文志云：「容成陰道二十六卷。」神仙傳云：「甘始依容成元素之法，更演益之，爲十卷。」

〔二一〕范書方術傳：「左慈字元放，廬江人。少有神道，嘗在司空曹操坐，操從容顧衆賓曰：今日高會，珍羞略備，所少吴松江鱸魚耳。元放於下坐應曰：此可得也。因求銅盤貯水，以竹竿餌釣於盤中，須臾引一鱸魚出。操大拊掌笑，會者皆驚。後操出近郊，士大夫從者百許人，慈乃爲齎酒一升，脯一斤，手自斟酌，百官莫不醉飽。操怪之，使尋其故，行視諸罏，悉亡其酒脯矣。操懷不喜，因坐上欲收殺之。慈乃卻入壁中，霍然不知所在。或見於市者，又捕之，而市人皆變形與慈同，莫知誰是。後有人逢慈於陽城山頭，因復逐之，遂走入羊羣。」劉知幾史通云：「范氏增損東（觀）〔漢〕一代，自謂無慚良直。而王喬鳧履，出於風俗通；左慈羊鳴，傳於抱朴子。朱紫不別，穢莫大焉。」蔣超伯南漘楛語卷一云：「神仙傳：東吴徐墮有道術，居丹徒。左慈過之，墮門下。有賓客車牛六七乘，欺慈云：「徐公不在。」慈知客欺之，便去。客即見牛在楊樹杪行，適上樹，即不見；下，即復見行樹上。客報徐公，有一老翁眇目，吾見其不急之人，因欺之云云。公不在後，須臾牛皆如此，不知何等意。公曰：「咄咄！此是左公過我，汝曹那得欺之！」又云：「葛元字孝先。從左元放受九丹金液仙經。」章懷於慈傳注未引此二條，特爲録出。」

〔二二〕范書方術傳左慈傳注引典論作「初，儉至之所，伏苓賈暴貴數倍」。又「寒水」下有「水寒」二字，博物志作「飲水中寒」。

〔二三〕宋本「悶」作「閉」，范書方術傳注同。

〔二四〕何焯曰：「寺人受房術，殆魏公恐爲人所窺，欲轉從嚴峻學之，子桓乃未喻耳。」

〔二五〕此與管寧傳中之孫邕當别爲一人。

〔二六〕東陶未詳。

〔二七〕李賢曰：「尸解者，言將登仙，假託爲尸，以解化也。」

〔二八〕漢書劉向傳：「向字子政，本名更生。淮南有枕中鴻寶苑祕書，書言神僊使鬼物爲金之術。更生父德，武帝時治淮南獄，得其書。更生幼而讀誦，以爲奇，獻之，言黄金可成。上令典尚方鑄作事，費甚多，方不驗。」

〔二九〕本志陳思王傳：「太和三年，徙封東阿。」子建此文中有云自家王與太子，當在爲臨菑侯時作。范書方術傳甘始傳注引此作曹植辯道論，不稱東阿王，爲是。

〔三〇〕藝文類聚七十八「三百」作「數百」，無「卒」字，宋本曹子建文集同。

〔三一〕元本、吴本、毛本「慝」作「隱」，宋本子建集「宄」作「詭」，「慝」作「惡」。

〔三二〕漢書郊祀志：「李少君曰：『臣嘗游海上，見安期生。安期生食巨棗，大如瓜。安期生仙者，通蓬萊中，合則見，不合則隱。』」

〔三三〕宋本子建集「仙」作「山」，「海島」作「邊海」，「履」作「顧」，「六」作「文」，「美」作「求」。嚴可均全三國文「美」作「羨」。

〔三四〕曹植釋疑論曰：「初謂道術，直呼愚民，詐僞空言定矣。及見武皇帝試閉左慈等，令斷穀近一月，而顔色不減，氣力自若。常云：可五十年不食。正爾，復何疑哉！」

〔三五〕范書方術傳注「雄」作「雅」，無「世」字。

〔三六〕范書方術傳注「擘」作「劈」，「努」作「怒」。

〔三七〕官本「合」作「令」，范書同。

〔三八〕范書注「率」作「寧」。

〔三九〕曹植釋疑論曰：「令甘始以藥含生魚而煑之于沸脂中，其無藥者熟而可食，其銜藥者游戲終日，如在水中也。又以藥粉桑以飼蠶，蠶乃到十月不老。又以往年藥食雞雛及新生犬子，皆止不復長。以還白藥食白犬，百日毛盡黑。乃知天下之事，不可盡知，而以臆斷之，不可任也。但恨不能絶聲色，專心以學長生之道耳。」此論見抱朴子內篇論仙。

〔四〇〕史記秦始皇本紀：「三十七年，方士徐市等入海求神藥，數歲不得。」漢書武帝紀：「元鼎四年，封方士欒大爲樂通侯。五年，樂通侯欒大坐誣罔要斬。」嚴可均全三國文卷十八載此論，此下有數百字，今録於下。云「桀、紂殊世而齊惡，姦人異代而等僞，乃如此邪！又世虚然有仙人之説，仙人者，儻猱猨之屬，與世人得道化爲仙人乎？夫雉入海爲蛤，鷰入海爲蜃，當其徘徊其翼，差池其羽，猶自識也。忽然自投，神化體變，乃更與黿鼈爲羣，豈復自識翔林薄巢垣屋之娱乎？牛哀病而爲虎，逢其兄而噬之。若此者何貴于變化邪？夫帝者位殊萬國，富有天下，威尊彰明，齊光日月。宫殿闕庭，焜燿紫微，何顧乎王母之宫，崑崙之域哉！夫三鳥被致，不如百官之美也；素女常娥，不若椒房之麗也；雲衣雨裳，不若黼黻之飾也；駕螭載霓，不若乘輿之盛也；瓊蕊玉華，不若玉圭之潔也。而顧爲匹夫所罔，納虚妄之辭，信眩惑之説，隆禮以招弗臣，傾産以供虚求，散王爵以榮之，清閑館以居之，經年累稔，終無一驗，或没于沙丘，或崩于五柞，臨時雖復誅其身、滅其族，紛然足爲天下一笑矣。若夫玄黄所以娱目，鏗鏘所以聳耳，媛妃所以紹先，芻豢所以悅口也，何必甘無味之味，聽無聲之樂，觀無采之色也？然壽命長短，骨體强劣，各有人焉。善養者終之，勞擾者半之，虛用者夭之，其斯之謂矣。」

杜夔字公良，河南人也。以知音爲雅樂郎，〔一〕中平五年，疾去官。州郡司徒禮辟，以世亂奔荆州。荆州牧劉表令與孟曜爲漢主合雅樂，〔二〕樂備，表欲庭觀之。夔諫曰：「今將軍號不爲天子，〔三〕合樂而庭作之，無乃不可乎！」表納其言而止。後表子琮降太祖，太祖以夔爲軍謀祭酒，參太樂事，〔四〕因令創制雅樂。

〔一〕何焯曰：「杜公良當與王仲宣同傳，不宜與方技伍也。」

〔二〕胡三省曰：「蔡邕曰：漢樂四品，一曰(太子)〔大予〕樂，典郊廟上陵殿舉之樂；二曰周頌雅樂，典辟雍饗射六宗社稷之樂；三曰黄門鼓吹，天子所以宴羣臣；四曰短簫鐃歌，軍樂也。」

〔三〕何焯曰：「不字衍。」弼按：有不字亦可通。

〔四〕宋書百官志：「太樂令一人，丞一人，掌凡諸樂事。漢西京曰太樂令，漢東京曰太予樂令，魏復爲太樂令。」晉書樂志：「魏武削平劉表，始獲杜夔，揚鼙摠干，式遵前記。是以王粲等各造新詩，抽其藻思。」又云：「魏武平荆州，獲漢雅樂郎河南杜夔，能識舊法，以爲軍謀祭酒，使創定雅樂。」

夔善鐘律，聰思過人，〔一〕絲竹八音，〔二〕靡所不能，〔三〕惟歌舞非所長。時散郎鄧静、尹齊，善詠雅樂。〔四〕歌師尹胡，能歌宗廟郊祀之曲，舞師馮肅、服養，曉知先代諸舞。夔總統研精，遠考諸經，近采故事，教習講肄，備作樂器，紹復先代古樂，皆自夔始也。

〔一〕册府「聰思」作「聰慧」。

〔二〕漢書禮樂志云：「習六舞五聲八音之和。」師古曰：「八音，金、石、絲、竹、匏、土、革、木也。」宋書樂志云：「一曰金，金，鐘也，鎛也，錞也，鐲也，鐃也，鐸也。二曰石，石，磬也。三曰土，土，塤也。四曰革，革，鼓也，鞉也，節也。五曰絲，絲，琴瑟也，筑也，箏，琵琶，空侯也。六曰木，木，柷也，敔也。七曰匏，匏，笙也，竽也。八曰竹，竹，律也，吕也，簫也，管也，篪也，籥也，笛也。」

〔三〕潘眉曰：「荀勗以杜夔所制律吕，檢校太樂總章鼓吹八音與律乖錯。始知後漢至魏，尺度漸長於古四分有奇。夔依爲律吕，故致失韻。然則夔之所制，未臻至當，本傳過稱，殊爲失實。」

〔四〕晉書樂志云：「散騎侍郎鄧静、尹商，善訓雅樂。」宋志同。此作尹齊，疑誤。

黄初中，爲太樂令、協律都尉。〔一〕漢鑄鐘工柴玉，巧有意思，形器之中，多所造作，亦爲時貴人見知。夔令玉鑄銅鐘，其聲均清濁〔二〕多不如法，數毁改作。玉甚厭之，謂夔清濁任意，頗拒捍夔。夔、玉更相白於太祖，太祖取所鑄鐘，雜錯更試，然知夔爲精而玉之妄也，於是罪玉及諸子，皆爲養馬士。〔三〕文帝愛待玉，又嘗令夔與左願等〔四〕於賓客之中吹笙鼓琴，夔有難色，由是帝意不悦。後因他事繫夔，使願等就學。夔自謂所習者雅，仕宦有本，意猶不滿，遂黜免以卒。〔五〕

〔一〕晉書職官志：「魏杜夔爲協律都尉，晉改爲協律校尉。」

〔二〕宋、元本、馮本、吴本「均」作「鈞」，監本作「韵」，毛本作「均」，官本作「韻」。梁章鉅曰：「均即古韻字，宋志無均字。」

〔三〕宋書卷十一律志序作「然後知夔爲精，於是罪玉及諸子，皆爲養馬主」。潘眉曰：「當從宋志作然後。」

〔四〕陳景雲曰：「左願當作左騏，見繁欽與魏文帝牋。文選李善、吕向注引夔傳，並與牋合。善又云：騏與顛同音。由善注觀之，夔傳此字本作騏，當是後來傳録者易爲顛，而作願者，又顛之轉訛也。」趙一清説同。

〔五〕或曰：藝事乃能守正如此，學道君子，未免愧之。

弟子河南邵登、張泰、桑馥，各至太樂丞，〔一〕下邳陳頏，司律中郎將。自左延年等雖妙於音，咸善鄭聲，其好古存正莫及夔。〔二〕

時有扶風馬鈞，巧思絶世。傅玄序之曰：〔三〕馬先生，〔四〕天下之名巧也。少而游豫，不自知其爲巧也。當此之時，言不及巧，焉可以言知乎？爲博士居貧，乃思綾機之變，〔五〕不言而世人知其巧矣。舊綾機五十綜者五十躡，〔六〕六十綜者六十躡。先生患其喪功費日，〔七〕乃皆易以十二躡。其奇文異變，因感而作者，猶自然之成形，陰陽之無窮，此輪、扁之封不可以言言者，又焉可以言校也。先生爲給事中，〔八〕與常侍高堂隆、驍騎將軍秦朗爭論於朝，言及指南車，〔九〕二子謂古無指南車，記言之虚也。先生曰：古有之，未之思耳，夫何遠之有！二子哂之曰：「先生名鈞，字德衡。鈞者，器之模；而衡者，所以定物之輕重。輕重無準，而莫不模哉！」先生曰：「空爭虚言，〔一〇〕不如試之易效也。」於是二子遂以白明帝，詔先生作之，而指南車成。此一異也，又不可以言者也，從是天下服其巧矣。居京都，城内有地，可以爲園，〔一一〕患無水以灌之。〔一二〕乃作翻車，〔一三〕令兒童轉之，〔一四〕而灌水自覆，更入更出，其巧百倍於常。〔一五〕此二異也。其後人有上百戲者，能設而不能動也。帝以問先生：「可動否？」對曰：「可動。」帝曰：其巧可益否？對曰：可益。受詔作之。以大木彫構，〔一六〕使其形若輪，平地施之，潛以水發焉。

設爲歌樂舞象,〔一七〕至令木人擊鼓吹簫。作山嶽,使木人跳丸擲劍,〔一八〕緣絙倒立,出入自在。〔一九〕百官行署,春磨鬬雞,變巧百端。此三異也。先生見諸葛亮連弩,曰:「巧則巧矣,未盡善也。」言作之,可令加五倍。〔二〇〕又患發石車,敵人之於樓邊縣溼牛皮,〔二一〕中之則墮,石不能連屬而至。欲作一輪,縣大石數十,以機鼓輪爲常,則以斷縣石飛擊敵城,〔二二〕使首尾電至。嘗試以車輪縣瓴甓數十,飛之數百步矣。有裴子者,上國之士也,精通見理,聞而哂之。乃難先生,先生口屈不對。〔二三〕裴子自以爲難得其要,言之不已。傅子謂裴子曰:子所長者,言也;所短者,巧也。馬氏所長者,巧也;所短者,言也。以子所長,擊彼所短,則不得不屈;以子所短,難彼所長,則必有所不解者矣。夫巧,天下之微事也,有所不解而難之不已,其相擊刺,必已遠矣。心乖於內,口屈於外,此馬氏所以不對也。傅子見安鄉侯,言及裴子之論,安鄉侯又與裴子同。傅子曰:聖人具體備物,取人不以一揆也。有以神取之者,有以言取之者,有以事取之者。有以神取之者,不言而誠心先達,德行顏淵之倫是也;以言取之者,以變辯是非,言語宰我、子貢是也;〔二四〕以事取之者,若政事冉有、季路,文學子游、子夏,雖聖人之明盡物,如有所用,必有所試,然則試冉、季以政,游、夏以學矣。游、夏猶然,況自此而降者乎!何者?懸言物理,不可以言盡也;施之於事,言之難盡,而試之易知也。今若馬氏所欲作者,國之精器,軍之要用也。費十尋之木,勞二人之力,不經時而是非定。難試易驗之事,而輕以言抑人異能,此猶以己智任天下之事,不易其道以御難盡之物,〔二五〕此所以多廢也。馬氏所作,因變而得是,則初所言者不皆是矣。其不皆是,因不用之,是不世之巧無由出也。夫同情者相妒,同事者相害,中人所不能免也。故君子不以人害人,必以考試爲衡石。廢衡石而不用,此美玉所以見誣爲石,荊和所以抱璞而哭之也。於是安鄉侯悟，遂言之武安侯，武安侯忽之，不果試也。此既易試之事，又馬氏巧名已定，猶忽而不察，況幽深之才，無名之樸乎？〔二六〕後之君子其鑒之哉！馬先生之巧，雖古公輸、墨翟、王爾，〔二七〕近漢世張平子，〔二八〕不能過也。公輸般、墨翟，皆見用於時，乃有益於世。〔二九〕平子雖爲侍中，馬先生雖給事省中，俱不典工官，巧無益於世。用人不當其才，聞賢不試以事，良可恨也。裴子者，裴秀；〔三〇〕安鄉侯者，曹義；〔三一〕武安侯者，曹爽也。

〔一〕太樂丞注見前。

〔二〕侯康曰：「晉書卷二十二樂志云：杜夔傳舊雅樂四曲，一曰鹿鳴，二曰騶虞，三曰伐檀，四曰文王，皆古聲辭。及太和中，左延年改夔騶虞、伐檀、文王三曲，更自作聲節，其名雖存，而聲實異。唯因夔鹿鳴，全不改易。每正旦大會，太尉奉璧，羣后行禮，東廂雅樂常作者是也。後又改三篇之行禮詩，第一曰於赫篇，詠武帝，聲節與古鹿鳴同。第二曰巍巍篇，詠文帝，用延年所改騶虞聲。第三曰洋洋篇，詠明帝，用延年所作文王聲。第四曰復用鹿鳴，鹿鳴之聲重用，而除古伐檀。」趙一清曰：「世說術解篇注引晉後略曰：鐘律之器自周之末廢，而漢成、哀之閒，諸儒修而治之，至後漢末復隳矣。魏氏使協律知音者杜夔造之，不能考之典禮，徒依於時絲管之聲、時之尺寸而制之。（謹案：疑有脫誤。）甚乖失禮度。又引干寶晉紀曰：後漢至魏，尺長於古四分有餘，而夔據之，是以失韻。晉書卷十六律曆志：漢末天下大亂，樂工散亡，器法堙滅。魏武始獲杜夔，使定樂器聲調。夔依當時尺度，權備典章。」

〔三〕沈家本曰：「傅玄序馬鈞，隋、唐志不著録。」弼按：當在玄集中。太平御覽經史圖書綱目有馬鈞別傳。

〔四〕意林此句下有「鈞字德衡」四字。

〔五〕今之織錦有文采，似始於此。

〔六〕白孔六帖卷八「綜」作「絲」，「者」作「爲」，意林「躡」作「簫」，下均同。
〔七〕御覽八百二十五作「遺日喪功」。
〔八〕趙一清曰：「寰宇記卷十六，馬給事祠在泗州臨淮縣東一里臺子山。」
〔九〕嚴可均曰：「意林此下有見周官、亦見鬼谷子八字，當是裴有删節也。案：周官無此語，鬼谷子謀篇曰：鄭人之取玉也，必載司南之車，爲其不惑也。北堂書鈔一百四十引鬼谷子注曰：肅慎氏獻白雉，還恐迷路，周公作指南車以送之也。案：此不知何人注，御覽七百七十五直以爲鬼谷子正文，非也。」
〔一〇〕宋本作「虚爭空言」。
〔一一〕宋本、元本、馮本、監本均同，吴本、毛本作「城内有坡可爲囿」。
〔一二〕傅子「灌」作「溉」。
〔一三〕傅子此句上有「先生」二字。
〔一四〕翻車，即桔橰也。范書宦官傳：「又作翻車渴烏，施於橋西，用灑南北郊路。」章懷注：「翻車，設機車以引水；渴烏，爲曲筒以氣引水上也。」
〔一五〕傅子「巧」作「功」。
〔一六〕吴本、毛本「構」作「搆」。
〔一七〕宋本「歌」作「女」。
〔一八〕宋本「瓦」作「丸」。
〔一九〕御覽作「自出自入」。
〔二〇〕御覽無「五」字。
〔二一〕宋本「淫」作「濕」，御覽「發」下有「鈞」字，「人」下無「之」字，「樓」作「樹」。

〔二二〕御覽無「以斷」二字。
〔二三〕傳子「不」下有「能」字。
〔二四〕馮本「貢」作「夏」，誤。
〔二五〕毛本、官本「御」作「遇」，各本皆作「御」，册府同。
〔二六〕官本攷證曰：「樸，宋本作璞。」張照曰：「無名之樸，語本老子，宋本作璞，非。」
〔二七〕呂氏春秋云：「公輸般爲高雲梯，欲以攻宋。墨子聞之，自魯往。裂裳裹足，日夜不休，十日十夜，而至於郢。見荆王曰：臣，北方之鄙人也，聞大王將攻宋，信有之乎？王曰：然。墨子曰：必得宋乃攻之乎？亡其不得宋且不義，猶攻之乎？王曰：必不得宋，且有不義，則曷爲攻之？墨子曰：甚善。臣以宋必不可得。王曰：公輸般，天下之巧工也，已爲攻宋之械矣。墨子曰：請令公輸般試攻之，臣請試守之。於是公輸般設攻宋之械，墨子設守宋之備。九攻之，墨子九却之，不能入。故荆輟不攻宋。墨子能以術禦荆，免宋之難者，此之謂也。」（互見戰國策及墨子。）墨子云：「公輸子削竹木以爲鵲，成而飛之，三日不下。公輸子自以爲至巧。子墨子謂公輸子曰：子之爲鵲也，不如翟之爲車轄，須臾留三寸之木，而任五十石之重。故所爲巧，利於人謂之巧，不利於人謂之拙。」梁玉繩清白士集古今人表考卷五云：「公輸般始見檀弓下、戰國宋策，般又作班，（列子湯問、孟子注。）又作斑，（隸釋郙閣頌。）又作盤，（墨子第五十。）公輸是號，（宋策、呂氏春秋愛類、淮南修務本經各注。）而本書敘傳師古注以爲氏也。）名般，（檀弓疏、荀子法行注。）魯之巧人。或以爲魯昭公子，（孟子注。）故曰公輸，（墨子、荀子、淮南。）亦曰公輸子，（孟子。）亦曰輸子（鹽鐵論刺復。）亦曰魯般（淮南齊俗及呂愛類、淮修務注，又孟子、宋策、淮本經注並作魯班。）亦曰班輸，（列子湯問、本書敘傳、文選曹植七啟。）亦曰輸班，（易林乾之既濟。）亦曰公班。（潛夫論讚學。）案：山海海內經言少皞生般，始爲弓矢。是公輸取古人命名也。而郭茂倩樂府古豔歌行云：誰能刻鏤此，公輸與魯班。唐上官昭容游長寧公主流杯池詩：公輸與班、爾，從此遂韜聲。（王爾，古巧匠，見韓子姦劫弑臣、淮南本經、劉晝新論知人。故漢劉歆西京雜記下載鄒陽几賦，王爾、公輸之徒。中山王文木器賦：乃命班、爾。而昭容詩以班、爾對公輸，似割截檀弓語用之。）下一與字，分作二人。師古敘傳注載或説，亦引樂府作二人解。（日知録二十三讖樂府不通，殆未之考。）李善七發注據檀弓公輸若及若之族般當之，但不聞若亦有巧名。又檀弓稱般請以機封季康子母，國策諸子稱班輸、墨翟攻守事，墨翟在孔子後，不並康子時，般何以如是長年？是可疑者。」人表考卷四云：「墨翟始見孟子、戰國齊策，宋之大夫，（史孟荀傳。）魯人，（呂氏春秋當染、慎大注，而神仙傳以爲宋人。）姓墨，（廣韻注）本墨台氏所改，（通志氏族略四。）名翟，（漢書藝文志，呂氏當染、慎大，淮南修務注。）亦曰墨氏，（孟子。）亦曰墨子，（孟子、宋策，墨子書。）亦曰子墨子，（墨子書，呂覽高義。）亦曰翟子。（文選齊孔稚圭北山移文。）案：孟子楊、墨並言，諸子每云孔、墨，抱朴子名實篇稱班、墨，則墨其姓也。墨子耕柱、貴義、公孟、魯問及呂覽高義，多自稱翟，則翟其名也。乃元伊世珍瑯嬛記引賈子説林（失名。）謂墨子姓翟名烏，其母夢日中赤烏入室，驚覺生烏，遂名之，誕不足信。」

〔二八〕范書張衡傳：「衡字平子，南陽西鄂人。衡少善屬文，通五經，貫六藝，才高於世，而無驕尚之情。擬班固兩都作二京賦，善機巧，尤致思於天文、陰陽、曆算。常耽好玄經。安帝雅聞衡善術學，公車特徵，拜郎中，再遷爲太史令。遂乃研覈陰陽，妙盡琁璣之正。作渾天儀，著靈憲算罔論，言甚詳明。陽嘉元年，復造候風地動儀，以精銅鑄成，圓徑八尺，合蓋隆起，形似酒尊。飾以篆文、山龜、鳥獸之形，中有都柱，傍行八道，施關發機，外有八龍，首銜銅丸，下有蟾蜍，張口承之。其牙機巧制，皆隱在尊中，覆蓋周密無際。如有地動，尊則振龍，機發吐丸，而蟾蜍銜之。振聲激揚，伺者因此覺知，雖一龍發機，而七首不動，尋其方面，乃知震之所在。驗之以事，合契若神，自書典所記，未之有也。嘗一龍發機，而地不覺動，京師學者，咸怪其無徵。後數日驛至，果地震隴西，於是皆服其妙。」

〔二九〕何焯校改「乃」作「巧」。

〔三〇〕劉家立曰：「秀下應有也字。」

〔三二〕馮本「羲」下有「也」字。

朱建平，沛國人也。〔一〕善相術，於閭巷之間，效驗非一。太祖爲魏公，聞之，召爲郎。文帝爲五官將，坐上會客三十餘人，文帝問己年壽，又令徧相衆賓。建平曰：「將軍當壽八十，至四十時當有小厄，願謹護之。」〔二〕謂夏侯威曰：「君四十九位爲州牧，〔三〕而當有厄。厄若得過，可年至七十，致位公輔。」謂應璩曰：「君六十二，位爲常伯，〔四〕而當有厄。先此一年，當獨見一白狗，而旁人不見也。」謂曹彪曰：「君據藩國，至五十七當厄於兵，宜善防之。」

〔一〕潘眉曰：「三國列傳，雙名者惟建平一人。然建平傳不書字，當以字行耳。」王肇和曰：「荀彧傳戲志才，司馬朗傳趙威孫，裴潛傳注王惠陽、鄭文信，劉廙傳劉望之，董卓傳注楊整修，劉先主傳劉德然、張世平之類，皆字也。又劉先主傳劉元起，後但書起；董卓傳注胡文才，傳但稱才；管輅傳王宏直，後單稱直；疑皆有衍文。他若諸葛亮傳之石廣元、孟公威，則名韜名建矣。秦宓傳之任定祖，則名安矣。翁歸、倉舒，則小字也；陶丘一、周生烈，則複姓也；嚴白虎、劉雄鳴，則賊號也。惟管輅傳注引別傳有徐季龍，吳妃嬪傳注引吳書王夫人父名盧九，是雙名；然非正史，不足據。」弼按：董昭傳有袁元長、袁春卿，管輅傳有劉奉林、劉長仁、趙孔曜、管孝國、管季儒，又注引輅別傳有單子春、鮑子春、蔡元才、翟文耀、紀玄龍、陳承祐，又齊王芳紀有孔晏乂，（倉慈傳作「乂」。）華佗傳注有劉景宗，劉先主傳有劉子平，均雙名。

〔二〕建平所言，與高元呂相同，見文紀卷首注引魏略。

〔三〕夏侯威官兖州刺史，見夏侯淵傳。

〔四〕應璩爲侍中，見王粲傳。

初，潁川荀攸、鍾繇相與親善，攸先亡，子幼。〔一〕繇經紀其門户，欲嫁其妾。與人書曰：「吾與公達曾共使朱建平相，建平曰：荀君雖少，然當以後事付鍾君。吾時啁之曰：惟當嫁卿阿騖耳。何意此子竟早隕没，戲言遂驗乎！今欲嫁阿騖，使得善處。追思建平之妙，雖唐舉、許負，何以復加也！」〔二〕

〔一〕荀攸傳：「攸從征孫權，道薨。」注引魏書云：「時建安十九年，攸年五十八。」

〔二〕御覽「也」作「邪」。唐舉相李兌、蔡澤，見史記蔡澤傳。荀子非相篇：「今之世，梁有唐舉，相人之形狀顏色，而知其吉凶妖祥。世俗稱之，古之人無有也。」史記絳侯世家：「周亞夫自未侯爲河内守，時許負相之，曰：君後三歲而侯，侯八歲爲將相，持國秉，貴重矣，於人臣無兩。其後九歲，而君餓死。後均如其言。」又許負相薄姬當生天子，見外戚世家。又游俠傳「郭解善相人者，許負外孫也」。懷慶府志：「負，河内溫人。善相人。負所著有德器歌、五官雜論、聽聲相形等篇。」御覽三百七十一相書許負曰：「乳間闊尺，富貴足壽；乳黑如墨，公侯之相。」劉知幾史通：「許負相經，當時所聖，見傳流俗。」

文帝黄初七年，年四十，病困。謂左右曰：「建平所言八十，謂晝夜也，吾其決矣。」頃之，果崩。夏侯威爲兖州刺史，年四十九，十二月上旬得疾，念建平之言，自分必死，豫作遺令及送喪之備，咸使素辦。至下旬轉差，垂以平復。三十日日昃，請紀綱大吏設酒，曰：「吾所苦漸平，明日雞鳴，年便五十，建平之戒，真必過矣。」威罷客之後，合瞑疾動，夜半遂卒。

璩六十一爲侍中，直省内，欻見白狗，問之衆人，悉無見者。於是數聚會，并急游觀田里，飲宴自娱。過期一年，六十三卒。曹彪封楚王，年五十七，坐與王淩通謀，賜死。凡説此輩，無不如言，不能具詳，故粗記數事。惟相司空王昶、征北將軍程喜、中領軍王肅有蹉跌云。肅年六十二，疾篤，衆醫並以爲不愈。肅夫人問以遺言，肅云：「建平相我踰七十，位至三公，今皆未也，將何慮乎！」而肅竟卒。〔一〕

〔一〕肅傳：甘露元年薨。

建平又善相馬。文帝將出，取馬外入，建平道遇之，語曰：「此馬之相，今日死矣。」帝將乘馬，馬惡衣香，驚，齧文帝膝。〔一〕帝大怒，即便殺之。建平黄初中卒。〔二〕

〔一〕馮本「齧」作「囓」。

〔二〕文選注所引羣書，有朱建平相書。

周宣字孔和，樂安人也。〔一〕爲郡吏。太守楊沛夢人曰：「八月一日，曹公當至，必與君杖，飲以藥酒。」使宣占之。是時黄巾賊起，宣對曰：「夫杖起弱者，藥治人病。八月一日，賊必除滅。」至期，賊果破。

〔一〕郡國志：「青州樂安國樂安。」一統志：「樂安故城，今山東青州府博興縣北。」

後東平劉楨夢虵生四足，穴居門中，使宣占之。宣曰：「此爲國夢，非君家之事也。當殺女子而作賊者。」頃之，女賊鄭、姜遂俱夷討。以虵，女子之祥，足非虵之所宜故也。〔一〕

〔一〕白孔六帖：「魏劉楨字公幹，嘗夢蛇生四足，以不敬伏誅。」

文帝問宣曰：「吾夢殿屋兩瓦墮地，化爲雙鴛鴦，此何謂也？」宣對曰：「後宮當有暴死者。」帝曰：「吾詐卿耳。」宣對曰：「夫夢者，意耳。苟以形言，便占吉凶。」言未畢，而黃門令奏宮人相殺。無幾，帝復問曰：「我昨夜夢青氣自地屬天。」宣對曰：「天下當有貴女子寃死。」是時，帝已遣使賜甄后璽書，聞宣言而悔之，遣人追使者不及。帝復問曰：「吾夢摩錢文，〔一〕欲令滅而更愈明，此何謂邪？」宣悵然不對。帝重問之，宣對曰：「此自陛下家事，雖意欲爾，而太后不聽，是以文欲滅而明耳。」時帝欲治弟植之罪，偪於太后，但加貶爵，以宣爲中郎，屬太史。〔二〕

〔一〕卞后傳注作「磨錢文」。
〔二〕太史與中郎同爲六百石。中郎屬太史，可疑；太史令屬官，亦無中郎也。「屬」字或爲「兼」字之誤。

嘗有問宣曰：「吾昨夜夢見芻狗，其占何也？」宣答曰：「君欲得美食耳。」有頃，出行，果遇豐膳。後又問宣曰：「昨夜復夢見芻狗，何也？」宣曰：「君欲墮車折腳，宜戒慎之。」頃之，果如宣言。後又問宣：「昨夜復夢見芻狗，何也？」宣曰：「君家欲失火，當善護之。」俄遂火起。語宣曰：「前後三時，皆不夢也，聊試卿耳，何以皆驗邪？」宣對曰：「此神靈動君使言，故與真夢無異也。」又問宣曰：「三夢芻狗，而其占不同，何也？」宣曰：「芻狗者，祭神之物。故君始夢，當得飲食也。祭祀既訖，則芻狗爲車所轢，故中夢當墮車折腳也。芻狗既車轢之後，必載以爲樵，故後夢憂失火也。」〔一〕宣之敘夢，凡此類也。十中八九，世以比建平之相矣。其餘效故不次列。明帝末卒。〔二〕

〔一〕雖小術，亦不能執一方之見。

〔二〕隋志五行家：「占夢書一卷，周宣等撰。」唐經籍志：「占夢書，周宣撰。」

管輅字公明，平原人也。〔一〕容貌粗醜，〔二〕無威儀，而嗜酒。飲食言戲，不擇非類，故人多愛之而不敬也。

輅別傳曰：〔三〕輅年八九歲，便喜仰視星辰，得人輒問其名，夜不肯寐。父母常禁之，猶不可止。自言「我年雖小，然眼中喜視天文」。嘗云：「家雞野鵠，猶尚知時，況於人乎！」與鄰比兒共戲土壤中，輒畫地作天文及日月星辰。每答言說事，語皆不常，宿學耆人，不能折之，皆知其當有大異之才。〔四〕及成人，果明周易，仰觀風角、占相之道，〔五〕無不精微。體性寬大，多所含受，憎己不讎，愛己不褒。每欲以德報怨。嘗謂「忠孝信義，人之根本，不可不厚；廉介細直，士之浮飾，不足爲務也」。〔六〕自言：「知我者稀，則我貴矣，安能斷江、漢之流，爲激石之清？樂與季主論道，〔七〕不欲與漁父同舟，此吾志也。」其事父母孝，篤兄弟，順愛士友，皆仁和發中，終無所闕。臧否之士，晚亦服焉。父爲琅邪即丘長，〔八〕時年十五，來至官舍讀書。始讀詩、論語及易本，便開淵布筆，〔九〕辭義斐然。于時黌上〔一〇〕有遠方及國内諸生四百餘人，〔一一〕皆服其才也。琅邪太守單子春，〔一二〕雅有材度，聞輅一黌之儁，欲得見，輅父即遣輅造之。大會賓客百餘人，坐上有能言之士，輅問子春：「府君名士，加有雄貴之姿，輅既年少，膽未堅剛，若欲相觀，懼失精神，請先飲三升清酒，然後而言之。」〔一三〕子春大喜，便酌三升清酒，獨使飲之。酒盡之後，問子春「今欲與輅爲對者，若府君四坐之士邪？」子春曰：「吾欲自與卿旗鼓相當。」輅言「始讀詩、論、易本，〔一四〕學問微淺，未能上引聖人之道，陳秦、漢之事，但欲論金、木、水、火、土、鬼神之情耳」。子春言：「此最難者，而卿以爲易邪！」於是唱大論之端，遂經於陰陽，文采葩流，枝葉横生，少引聖籍，多發天然。子春及衆士互共攻劫，〔一五〕論難鋒起，而輅人人答對，言皆有餘。至日向暮，酒食不行。子春語衆人曰：「此年少盛有才器，〔一六〕聽其言論，正似司馬犬子游獵之賦，〔一七〕何其磊落雄壯，英神以茂，必能明天文、地理、變化之數，不徒有言也。」於是發聲徐州，〔一八〕號之神童。

〔一〕梁章鉅曰：「此是平原郡之平原縣，漢中興後作國，建安中國除。魏黄初三年復作國，七年除爲郡。」

〔二〕宋本、元本「貌」作「皃」。

〔三〕沈家本曰：「隋志：管輅傳三卷，管辰撰。二唐志作二卷。辰，輅之弟。裴氏引之甚詳，並録其序。又稱近有閻續伯者，名纘。補綴遺脱，敢以所聞，列于篇左。則又補辰之所未詳者。」

〔四〕元本「大」作「人」，誤。

〔五〕隋書經籍志：「風角集要占十二卷，風角要占三卷，梁八卷，京房撰。」范書郎顗傳：「顗父宗，字仲綏，學京氏易，善風角星算，六日七分。」章懷注：「風角，謂候四方四隅之風，以占吉凶也。」

〔六〕何焯曰：「語似小偏，然長者自如是。」

〔七〕史記日者列傳：「司馬季主者，楚人也。卜於長安東市。」索隱云：「季主見列仙傳。」

〔八〕郡國志：「徐州琅邪國即丘。」一統志：「即丘故城，今山東沂州府蘭山縣東南。」

〔九〕官本攷證云：「冊府淵作胸，元本作紙。」

〔一〇〕毛本「釁」作「譽」，誤。

〔一一〕國內，謂琅邪國內也。

〔一二〕琅邪國，漢末建安二十一年爲郡，魏太和六年復爲國。子春爲太守，蓋在太和六年前也。

〔一三〕「而」字疑衍。

〔一四〕「論」下似奪「語」字。

〔一五〕冊府「劫」作「詰」。

〔一六〕馮本「才器」作「材氣」。

〔一七〕元本「犬」作「太」，監本作「大」，均誤。史記司馬相如傳：「相如字長卿，少時好讀書擊劍，故其親名之曰犬子。（孟康曰：「愛而字之也。」）相如既學，慕藺相如之爲人，更名相如。上讀子虛賦而善之，乃召問相如。相如曰：請爲天子游獵賦。賦成，奏之。」

〔一八〕琅邪太守屬徐州。

父爲利漕，〔一〕利漕民郭恩兄弟三人，皆得躄疾，〔二〕使輅筮其所由。輅曰：「卦中有君本墓，墓中有女鬼，非君伯母，當叔母也。昔饑荒之世，當有利其數升米者，〔三〕排著井中，嘖嘖有聲，推一大石，下破其頭。孤魂冤痛，自訴於天。」於是恩涕泣服罪。

輅別傳曰：利漕民郭恩，字義博，有才學，善周易春秋，又能仰觀。輅就義博讀易，數十日中，意便開發，言難踰師。於此分著下卦，用思精妙，占黌上諸生疾病、死亡、貧富、喪衰，初無差錯，莫不驚怪，謂之神人也。又從義博學仰觀，三十日中，通夜不臥，語義博：「君但相語墟落處所耳，至於推運會，論災異，自當出吾天分。」學未一年，義博反從輅問易及天文事要。義博每聽輅語，未嘗不推机慷慨。〔四〕自言「登聞君至論之時，忘我篤疾，明闇之不相逮，何其遠也！」義博設主人，獨請輅，具告辛苦。自說「兄弟三人，俱得躄疾，不知何故？試相爲作卦，知其所由。若有咎殃者，天道赦人，當爲吾祈福於神明，勿有所愛。兄弟俱行，此爲更生」。輅便作卦，思之未詳。會日夕，因留宿；至中夜，語義博曰：「吾以此得之。」既言其事，義博悲涕沾衣，曰：「皇漢之末，實有斯事，君不名主，諱也；我不得言，禮也。兄弟躄來，三十餘載，脚如棘子，不可復治，但願不及子孫耳。」輅言火形不絕，水形無餘，不及後也。

〔一〕水經淇水注：「白溝又東北逕羅勒城東，又東北漳水注之，謂之利漕口。」又濁漳水注：「漢獻帝建安十八年，魏太祖鑿渠引漳水東入清洹，以通河漕，名曰利漕渠。」弼按：即武紀建安十八年鑿渠引漳水入白溝以通河也。利漕渠在今直隸廣平府肥鄉縣東、大名府元城縣之西北。謝鍾英曰：「在廣平府曲周縣東。」

〔二〕御覽此下有「不知何故」四字，注引輅別傳有此四字。

〔三〕御覽卷七百二十七「升」作「斗」。周壽昌曰：「升與斗，古文相近。」

〔四〕宋本「推」作「椎」，毛本「机」作「機」。

廣平劉奉林婦病困，已買棺器，時正月也，使輅占曰：「命在八月辛卯日日中之時。」林謂必不然，而婦漸差；至秋發動，一如輅言。

輅別傳曰：鮑子春爲列人令，〔一〕有明思才理，與輅相見，曰：「聞君爲劉奉林卜婦死亡日，何其詳妙，試爲論其意義。」輅論爻象之旨，說變化之義，若規員矩方，無不合也。子春自言：「吾少好譚易，又喜分蓍，可謂盲者欲視白黑，聾者欲聽清濁，苦而無功也。聽君語後，自視體中，真爲憒憒者也。」

〔一〕郡國志：「冀州鉅鹿郡列人。」三國魏黄初二年，以魏郡西部置廣平郡，列人移屬廣平。一統志：「列人故城，今直隸廣平府肥鄉縣東北。」

輅往見安平太守王基，基令作卦。輅曰：「當有賤婦人，生一男兒，墮地〔一〕便走入竈中死。又牀上當有一大蛇銜筆，小大共視，須臾去之也。〔二〕又烏來入室中，與鷰共鬭；鷰死，烏去。有此三怪。」基大驚，問其吉凶。輅曰：「直官舍久遠，〔三〕魑魅魍魎爲怪耳。兒生便走，非能自走，直宋無忌之妖，〔四〕將其入竈也；大蛇銜筆，直老書佐耳。烏與鷰鬭，直老鈴下耳。〔五〕今卦中見象，〔六〕而不見其凶，知非妖咎之徵，自無所憂也。」後卒無患。〔七〕

輅別傳曰：基與輅共論易，數日中，大以爲喜樂。語輅言：「俱相聞善卜，定共清論。君一時異才，當上竹帛也。」輅爲基出卦，知其無咎，因謂基曰：「昔高宗之鼎，非雉所雊；殷之階庭，非木所生，而野鳥一鴝，武丁爲高宗；〔八〕桑穀暫生，太戊以興。〔九〕焉知三事，不爲吉祥？願府君安身養德，從容光大，勿以知神姦汙累天真。」〔一〇〕

〔一〕各本「墮」作「墯」。

〔二〕御覽「去之」作「便去」。

〔三〕馮本「官」作「客」。

〔四〕何焯曰：「急就篇注：古有仙人宋無忌，此云妖，未詳。宋無忌見封禪書，索隱引白澤圖云：火之精曰宋無忌，蓋其人火仙也。以入竈，故指爲火之妖。」周壽昌説同。俞正燮癸巳存稿卷十三有竈神説，詞繁不録。

〔五〕「鈴下」解見吴志吴範傳。何焯曰：「御覽引此語，下更有公府閤有繩鈴以傳呼，鈴下有吏者也。當亦是裴注。」

〔六〕御覽「見」下有「其」字。

〔七〕御覽「患」作「恙」。

〔八〕史記殷本紀：「帝武丁祭成湯，明日有飛雉登鼎耳而呴。（正義曰：「呴，音構，雉鳴也。」）武丁懼。祖己曰：王勿憂，先修政事。武丁修政行德，天下咸驩，殷道復興。帝武丁崩，祖己嘉武丁之以祥雉爲德，立其廟爲高宗。」

〔九〕史記殷本紀：「亳有祥桑穀，共生於朝，一暮大拱。帝太戊懼，問伊陟。伊陟曰：臣聞妖不勝德，帝其修德。太戊從之，而祥桑枯死而去。」

〔一〇〕此爲正論。

時信都令家，〔一〕婦女驚恐，更互疾病，使輅筮之。輅曰：「君此堂西頭，〔二〕有兩死男子，一男持矛，一男持弓箭，頭在壁内，脚在壁外。持矛者，主刺頭，故頭重痛不得舉也；持弓箭者，主射胷腹，故心中縣痛不得飲食也。晝則浮游，夜來病人，故使驚恐也。」於是掘徙骸骨，家中皆愈。

輅别傳曰：王基即遣信都令遷掘其室中，入地八尺，果得二棺。一棺中有矛，一棺中有角弓及箭，〔三〕箭久遠，木皆消爛，但有鐵及角完耳。及徙骸骨，去城一十里埋之，無復疾病。基曰：「吾少好讀易，玩之以久，不謂神明之數，其妙如此。」便從輅學易，推論天文。輅每開變化之象，演吉凶之兆，未嘗不纖微委曲，盡其精神。基曰：「始聞君言，如何可得，〔四〕終以皆亂，〔五〕此自天授，非人力也。」於是藏周易，絶思慮，不復學卜筮之事。輅鄉里乃太原，〔六〕問輅：「君往者爲王府君論怪，云老書佐爲蛇，老鈴下爲烏，此本皆人，何化之微賤乎？爲見於爻象，出君意乎？」輅言：「苟非性與天道，何由背爻象而任胷心者乎？〔七〕夫萬物之化，無有常形，人之變異，無有常體，或大爲小，或小爲大，固無優劣。夫萬物之化，一例之道也。是以夏鯀，天子之父，趙王如意，漢祖之子，而鯀爲黃熊，〔八〕如意爲蒼狗，〔九〕斯亦至尊之位，而爲黔喙之類也。況蛇者，協辰巳之位；烏者，棲太陽之精。此乃騰黑之明象，白日之流景，如書佐、鈴下，各以微軀化爲蛇、烏，不亦過乎！」

〔一〕郡國志：「冀州安平國，治信都。」寰宇記：「魏黃初中，冀州刺史自鄴移治此縣。」一統志：「信都故城，今直隸冀州治。」

〔二〕宋本、馮本「此」作「北」。

〔三〕詩小雅「騂騂角弓」正義曰：「冬官：弓人以六材爲弓，謂幹、角、筋、膠、絲、漆也。此言角弓，蓋別有角弓，如今北狄所用者，於古亦應有之。」

〔四〕何焯曰：「李安溪以意改何字作將字。」

〔五〕「皆」，疑作「瞀」。

〔六〕趙一清曰：「乃太原三字未詳，或疑是人姓名，而其字誤耳。」錢儀吉曰：「乃姓，太原名。」弼按：趙說是，錢說不足據。

〔七〕馮本「胷心」作「心胷」。

〔八〕「熊」，馮本作「能」。史記夏本紀：「舜殛鯀於羽山。」正義云：「鯀於羽山化爲黃熊，入於羽淵。」

〔九〕史記呂后本紀：「見物如蒼犬，據高后掖，忽弗復見。卜之，云：趙王如意爲祟。高后遂病掖傷。」

清河王經去官還家，輅與相見。經曰：「近有一怪，大不喜之，欲煩作卦。」卦成，輅曰：「爻吉，不爲怪也。君夜在堂戶前，有一流光如燕爵者，〔一〕入居懷中，〔二〕殷殷有聲，内神不安，解衣彷徉，招呼婦人，覓索餘光。」經大笑曰：「實如君言。」輅曰：「吉，遷官之徵也。其應行至。」頃之，經爲江夏太守。

輅別傳曰：經欲使輅卜，而有疑難之言。輅笑而答之，曰：「君備州里達人，〔三〕何言之鄙！昔司馬季主有言，〔四〕夫卜者，必法天地，象四時，順仁義。伏羲作八卦，周文王三百八十四爻，而天下治。病者或以愈，且死或以生，患或以免，事或以成，嫁女娶妻或以生長，豈直數千錢哉？〔五〕以此推之，急務也。苟道之明，聖賢不讓，況吾小人，敢以爲難！」彥緯斂手謝輅：〔六〕「前言戲之耳。」於是輅爲作卦，其言皆驗。經每論輅，以爲得龍雲之精，能養和通幽者，非徒合會之才也。

〔一〕孟子：「爲叢敺爵者，鸇也。」疏云：「鸇能食鳥雀。」
〔二〕宋本、馮本「居」作「君」。
〔三〕元本「備」作「侯」。
〔四〕毛本「昔」作「皆」，誤。司馬季主見前。
〔五〕以上季主語，見史記日者列傳。
〔六〕王經字彥緯。夏侯玄傳注引世語作彥偉，當以緯爲是。

輅又至郭恩家，有飛鳩來在梁頭，鳴甚悲。輅曰：「當有老公從東方來，〔一〕攜豚一頭，酒一壺。主人雖喜，當有小故。」明日果有客，如所占。恩使客節酒、戒肉、慎火，而射鷄作食，〔二〕箭從樹閒激中數歲女子手，流血驚怖。

輅別傳曰：義博從輅學鳥鳴之候，〔三〕輅言「君雖好道，天才既少，又不解音律恐難爲師也」。輅爲説八風之變，〔四〕五音之數，〔五〕以律呂爲衆鳥之商，〔六〕六甲爲時日之端，〔七〕反覆譴曲，〔八〕出入無窮。義博靜然沈思，馳精數日，卒無所得。義博言：「才不出位，難以追徵。」遂於此止。〔九〕

〔一〕北宋本「公」作「翁」。

〔二〕「鷄」或作「鳩」。

〔三〕郭恩字義博，見前注。

〔四〕禮記樂記云：「八風從律而不姦。」疏云：「八風，八方之風也。」

〔五〕孟子：「師曠之聰，不以六律，不能正五音。」五音，宫、商、角、徵、羽也。

〔六〕漢書律歷志：「律十有二，陽六爲律，陰六爲呂。律以統氣類物，一曰黄鐘，二曰太族，三曰姑洗，四曰蕤賓，五曰夷則，六曰亡射。呂以旅陽宣氣，一曰林鐘，二曰南呂，三曰應鐘，四曰大呂，五曰夾鐘，六曰中呂。制十二筩，以聽鳳之鳴，其雄鳴爲六，雌鳴亦六，比黄鐘之宫，而皆可以生之，是爲律本。」

〔七〕漢書律歷志：「故日有六甲，辰有五子。」孟康曰：「六甲之中，唯甲寅無子，故有五子。」漢書藝文志：「風鼓六甲二十四卷。」范書方術傳注：「遁甲，推六甲之陰而隱遁也。」

〔八〕何焯校改「譴」作「繾」。

〔九〕宋本作「於此遂止」。

輅至安德令劉長仁家，〔一〕有鳴鵲來在閤屋上，其聲甚急。輅曰：「鵲言東北有婦昨殺夫，牽引西家人夫離婁，〔二〕候不過日在虞淵之際，〔三〕告者至矣。」到時，果有東北同伍民來告，鄰婦手殺其夫，詐言西家人與夫有嫌，來殺我壻。

輅別傳曰：勃海劉長仁有辯才，初雖聞輅能曉鳥鳴，後每見難輅曰：「夫生民之音曰言，鳥獸之音曰鳴，故言者，則有知之貴靈；鳴者，則無知之賤名，何由以鳥鳴爲語，亂神明之所異也？孔子曰：吾不與鳥獸同羣，明其賤也。」輅答曰：「夫天雖有大象而不能言，故運星精於上，流神明於下，驗風雲以表異，役鳥獸以通靈。表異者，必有浮沈之候；通靈者，必有宮商之應。是以宋襄失德，六鷁並退，〔四〕伯姬將焚，鳥唱其災，〔五〕四國未火，融風已發，〔六〕赤鳥夾日，殃在荆楚。〔七〕此乃上天之所使，自然之明符。考之律呂，則音聲有本；求之人事，則吉凶不失。昔在秦祖，以功受封，〔八〕葛盧聽音，著在春秋。〔九〕斯皆典謨之實，非聖賢之虛名也。商之將興，由一燕卵也；〔一〇〕文王受命，丹鳥銜書。〔一一〕此乃聖人之靈祥，周室之休祚，何賤之有乎！夫鳥鳴之聽，〔一二〕精在鶉火，妙在入神，自非斯倫，猶子路之於死生也。」長仁言：「君辭雖茂，華而不實，未之故信。」〔一三〕須臾，有鳴鵲之驗，長仁乃服。

〔一〕郡國志：「平原郡安德。」一統志：「安德故城，今山東濟南府陵縣治。」

〔二〕人夫離婁，字疑有誤。

〔三〕楚辭九歎遠逝云：「囚靈玄於虞淵。」注：「虞淵，日所入也。」淮南子天文訓：至于虞淵，是謂黃昏。」

〔四〕左傳僖公十六年：「六鷁退飛過宋都。」

〔五〕左傳襄公三十年：「或叫於宋太廟，曰：譆譆，出出。鳥鳴于亳社，如曰譆譆。甲午，宋火災，宋伯姬卒。」

〔六〕左傳昭公十七年：「冬，有星孛於大辰，西及漢。申須曰：諸侯其有火災乎？梓慎曰：若火作，其四國當之，在宋、衛、陳、鄭乎！」十八年：「夏五月，火始昏見。丙子，風。梓慎曰：是謂融風，火之始也；七日，其火作乎！戊寅，風甚。壬午，宋、衛、陳、鄭皆火。梓慎登大庭氏之庫以望之，曰：宋、衛、陳、鄭也。數日，皆來告火。」注云：「東北曰融風。融風，木也。木，火母，故曰火之始。大庭氏，古國名，在魯城内。魯於其處作庫，高顯，故登以望氣。」

〔七〕左傳哀公六年：「有雲如衆赤鳥，夾日以飛三日。楚子使問諸周太史。周太史曰：其當王身乎！」

〔八〕史記秦本紀：「大廉玄孫曰孟戲中衍，鳥身人言。仲衍之後，遂世有功，以佐殷國。故嬴姓多顯，遂爲諸侯。」

〔九〕左傳僖公二十九年：「介葛盧聞牛鳴，曰：是生三犧，皆用之矣，其音云。問之而信。」

〔一〇〕史記殷本紀：「殷契母曰簡狄，有娀氏之女，爲帝嚳次妃。三人行浴，見玄鳥墮其卵，簡狄取吞之，因孕，生契。契長，佐禹治水，有功，封於商。」

〔一一〕吕氏春秋：「文王之時，天先見火，赤烏銜丹書，集於周社。」

〔一二〕「鳥鳴」，宋本作「鳴鳥」。

〔一三〕宋本作「未敢之信」，成都局本作「未之敢信」。何焯曰：「按别傳實皆然，但陳氏所引用者，不外此；削去其迂蔓耳。」

輅至列人典農王弘直許，〔一〕有飄風高三尺餘，從申上來，在庭中幢幢回轉，〔二〕息以復起，良久乃止。直以問輅，輅曰：「東方當有馬吏至，恐父哭子，如何！」明日，膠東吏到，直子果亡。直問其故，輅曰：「其日乙卯，則長子之候也。〔三〕木落於申，斗建申，申破寅死，喪之候也。日加午而風發，則馬之候也；離爲文章，則吏之候也；申未爲虎，〔四〕虎爲大人，則父之候也。」有雄雉飛來，登直内鈴柱頭，〔五〕直大以不安，令輅作卦。輅曰：「到五月，必遷。」時三月也。至期，直果爲渤海太守。

輅別傳曰：輅又曰：「夫風以時動，又以象應。〔六〕時者，神之驅使；象者，神之形表。〔七〕一時其道，不足爲難。」王弘直亦大學問，有道術，皆不能精。問輅：「風之推變，乃可爾乎？」輅言：「此但風之毛髮，何足爲異？若夫列宿不守，衆神亂行，八風横起，怒氣電飛，山崩石飛，樹木摧傾，揚塵萬里，仰不見天，鳥獸藏竄，兆民駭驚，於是使梓慎之徒，登高臺，望風氣，〔八〕分災異，刻期日，然後知神思遐幽，靈風可懼。」

〔一〕列人見前。郡縣有屯田者，置典農。錢大昕曰：「此宏直二字名，而下名單稱直。蜀先主傳先書同宗劉德然父元起，而後書起；孫策傳先書吴人嚴白虎，而後書虎，皆非史例，疑傳寫脱去。」弼按：二字名詳見朱建平傳注。
〔二〕張平子東京賦「樹羽幢幢」薛注：「幢幢，羽貌。」
〔三〕錢大昕曰：「於卦位卯，屬東方震，震爲長男。」
〔四〕錢大昕曰：「虞仲翔説坤爲虎，坤位西南，在未申之閒也。於天文參爲白虎，位亦在申。」
〔五〕吴本「鈴」作「鈐」。
〔六〕馮本「又」作「爻」。
〔七〕宋本「神」作「時」。
〔八〕梓慎登高望氣事，見前「融風」注。

館陶令諸葛原遷新興大守，〔一〕輅往祖餞之，賓客並會。原自起取燕卵、蠭窠、鼅鼄著器中，使射覆。〔二〕卦成，輅曰：「第一物，含氣須變，依乎宇堂，〔三〕雄雉以形，〔四〕翅翼舒張，〔五〕此燕卵也。第二物，家室倒縣，門戶衆多，藏精育毒，得秋乃化，此蠭窠也。第三物，觳觫長

足，〔六〕吐絲成羅，尋綱求食，利在昏夜，此鼅鼄也。」舉坐驚喜。〔七〕

輅別傳曰：諸葛原，字景春，亦學士。好卜筮，數與輅共射覆，不能窮之。景春與輅有榮辱之分，因輅餞之，大有高譚之客。諸人多聞其善卜、〔八〕仰觀，不知其有大異之才，於是先與輅共論聖人著作之源，〔九〕又敘五帝、三王受命之符。輅解景春微旨，遂開張戰地，示以不固，藏匿孤虛，以待來攻。景春奔北，軍師摧衄，自言吾覩卿旌旗，城池已壞也。其欲戰之士，於此鳴鼓角，舉雲梯，弓弩大起，牙旗雨集。然後登城曜威，開門受敵，上論五帝，如江如漢，下論三王，如翮如翰。其英者，若春華之俱發；其攻者，若秋風之落葉。〔一〇〕聽者眩惑，不達其義，言者收聲，莫不心服，雖白起之坑趙卒，〔一一〕項羽之塞濉水，〔一二〕無以尚之。于時客皆欲面縛銜璧，求束手於軍鼓之下。輅猶總干山立，〔一三〕未便許之。至明日，離別之際，然後有腹心始終。一時海內俊士，八九人矣。蔡元才在朋友中最有清才，在衆人中言：「本聞卿作狗，何意爲龍？」輅言：「潛陽未變，非卿所知，焉有狗耳，得聞龍聲乎！」景春言：「今當遠別，後會何期，且復共一射覆。」輅占既皆中，景春大笑：「卿爲我論此卦意，紓我心懷。」輅爲開爻散理，分賦形象，言徵辭合，妙不可述。〔一四〕景春及衆客莫不言「聽後論之美，勝於射覆之樂」。景春與輅別，戒以二事，言「卿性樂酒，量雖温克，然不可保，寧當節之。卿有水鏡之才，所見者妙，仰觀雖神，禍如膏火，不可不慎。持卿叡才，游於雲漢之間，不憂不富貴也」。輅言：「酒不可極，才不可盡，吾欲持酒以禮，持才以愚，何患之有也！」

〔一〕郡國志：「冀州魏郡館陶。」三國魏黃初二年，以魏郡東部置陽平郡，館陶改屬陽平。李兆洛曰：「館陶故城，今山東東昌府館陶縣西南。」錢坫曰：「今館陶縣治。」洪亮吉曰：「新興郡，漢建安二十年省雲中、定襄、朔方、五原四郡，各置一縣統其民。凡領縣六。」謝鍾英曰：「按武帝紀：建安二十年，省雲中、定襄、五原、朔方郡，郡置一縣，領其民，合以爲新興郡。是新興祇領四縣，洪氏從元和志録平城、馬邑，非也。今據移雁門。」吴增僅曰：「新興初置，但有四縣，平城、馬邑，蓋在置郡之後。」

〔二〕漢書東方朔傳：「上嘗使諸數家射覆。」師古曰：「數家，術數之家也。於覆器之下，而置諸物，令闇射之，故云射覆。覆，音芳目反。」

〔三〕御覽「乎」作「于」。

〔四〕以、已古通。

〔五〕御覽「翅翼」作「分翅」。

〔六〕觳，音斛，觫，音速。觳觫，恐懼貌。孟子：「吾不忍其觳觫。」

〔七〕御覽「喜」作「歎」。

〔八〕宋本、元本、吴本、監本「諸」作「知」，誤。

〔九〕吴本、毛本「先」作「有」。

〔一〇〕北宋本「攻」作「坑」。

〔一一〕史記白起傳：「趙卒降者數十萬人，詐而盡坑之。」

〔一二〕史記項羽本紀：「楚追擊至睢水上，多殺漢卒十餘萬人，皆入睢水，睢水爲之不流。」

〔一三〕禮記樂記：「總干而山立，武王之事也。」鄭注：「總干，持盾也；山立，猶正立也。象武王持盾正立，待諸侯也。」

〔一四〕宋本「述」作「過」。

輅族兄孝國，居在斥丘，〔一〕輅往從之，與二客會。客去後，輅謂孝國曰：「此二人天庭及

口耳之間〔二〕同有凶氣，異變俱起，雙魂無宅，

輅別傳曰：輅又曰：「厚味腊毒，天精幽夕，〔三〕坎爲棺槨，兑爲喪車。」

流魂于海，骨歸于家，少許時當並死也。」復數十日，二人飲酒醉，夜共載車，牛驚下道入漳河中，〔四〕皆即溺死也。

〔一〕官本「厈」作「斥」。惠棟曰：「斥，音尺，一音昌夜反。闞駰云：在魏郡東八十里。前漢志及劉寬碑陰皆作庍。」郡國志：「冀州魏郡斥丘。」一統志：「斥丘故城，今直隸廣平府成安縣東南。」

〔二〕神相全編六神異賦云：「天庭高聳，少年富貴可期。」注云：「天庭位印堂之上，髮際之下，以其處於至高之位，故曰天庭。」又云：「南方貴宦清高，多主天庭豐闊。」注云：「南方以天庭爲主，天庭爲額，乃火星也。」見古今圖書集成藝術典第六百三十六卷。又管輅有人倫淵奥賦，專論相術，見圖書集成藝術典第六百三十九卷。

〔三〕宋本「天」作「夭」。

〔四〕御覽「驚」作「渴」。

當此之時，輅之鄰里，外户不閉，無相偷竊者。清河太守華表，召輅爲文學掾。〔一〕安平趙孔曜薦輅於冀州刺史裴徽曰：〔二〕「輅雅性寬大，與世無忌，仰觀天文，則同妙甘公、石申，〔三〕俯覽周易，則齊思季主。〔四〕今明使君方垂神幽藪，留精九皐，輅宜蒙陰和之應，得及羽儀之時。」徽於是辟爲文學從事，引與相見，大善友之。〔五〕徙部鉅鹿，〔六〕遷治中別駕。〔七〕

〔一〕本志華歆傳云：「子表，咸熙中爲尚書。」晉書華表傳云：「表年二十，拜散騎黄門郎，累遷侍中。」不言爲清河太守

也。當爲史失載。

〔二〕徽字文季，見裴潛傳注。

〔三〕史記張耳陳餘列傳：「甘公曰：『漢王入關，五星聚東井。東井者，秦分也，先至必霸。楚雖彊，後必屬漢。』故張耳走漢。」文穎曰：「善説星者，甘氏也。」天官書云「齊甘公」，藝文志云「楚有甘公」，劉歆七略云「公一名德」。石申未詳。

〔四〕司馬季主，見前。

〔五〕元本「善」作「喜」。

〔六〕續百官志：「諸州常以八月巡行所部郡國。」徙部鉅鹿，當即巡行所部，至鉅鹿也。又按：冀州刺史初治鄴，黄初中徙治信都，無徙治鉅鹿之事。徙部當作行部解。宋書百官志：「前漢世，刺史乘傳，周行郡國，無適所治。後漢世，所治始有定處，止八月行部。官屬有別駕從事史一人，從刺史行部；治中從事史一人，主財穀簿書。」此傳言冀州刺史裴徽行部至鉅鹿郡，遷管輅爲治中別駕，即從刺史行部也。

〔七〕杜佑曰：「從行部，别乘傳車，故曰別駕。」

初應州召，與弟季儒共載，至武城西，〔一〕自卦吉凶，語儒云：「當在故城中見三貍，爾者乃顯。」前到河西故城角，正見三貍，共踞城側，兄弟並喜。正始九年，舉秀才。

輅別傳曰：輅爲華清河所召，爲北黌文學，一時士友無不歎慕。安平趙孔曜，明敏有思識，與輅有管、鮑之分，〔二〕故從發干來，就郡黌上〔三〕與輅相見，言「卿腹中汪汪，〔四〕故時死人半，今生人無雙，當去俗騰飛，翱翔昊蒼，云何在此？聞卿消息，使吾食不甘味也。冀州裴使君才理清明，能釋玄虚，每論易及老、莊之道，未嘗不注精於嚴、瞿之徒也。〔五〕又眷吾意重，能相明信者。今當故往，爲卿陳感虎開石之誠」。輅言：「吾非四淵之龍，安能使白日晝陰？卿若能動東風，興朝雲，吾志所不讓也。」於是遂至冀州，見裴使君。使君言：「君顔色何以消滅於故邪？」〔六〕孔曜言：「體中無藥石之疾，然見清河郡内，有一騏驥，拘縶後廐歷年，去王良、伯樂百八十里，〔七〕不得騁天骨，起風塵，以此憔悴耳。」〔八〕使君言：「騏驥今何在也？」孔曜言：「平原管輅，字公明，年三十六，〔九〕雅性寬大，與世無忌，可爲士雄。仰觀天文，則能同妙甘公、石申；俯覽周易，則能思齊季主。游步道術，開神無窮，可爲士英。抱荆山之璞，懷夜光之寶，而爲清河郡所録北黌文學，可爲痛心疾首也。使君方欲流精九皐，垂神幽藪，欲令明主不獨治，逸才不久滯，高風遐被，莫不草靡。宜使輅特蒙陰和之應，得及羽儀之時，必能翼宣隆化，揚聲九圍也。」裴使君聞言，則忼慨曰：「何乃爾邪？雖在大州，未見異才，可用釋人鬱悶者。思還京師，得共論道耳。況草閒自有清妙之才乎？如此，便相爲取之，莫使騏驥更爲凡馬，〔一〇〕荆山反成凡石。」即檄召輅爲文學從事。一相見，清論終日，不覺罷倦。天時大熱，移牀在庭前樹下，乃至雞向晨，然後出。再相見，便轉爲鉅鹿從事；三見，轉治中；四見，轉爲别駕；至十月，舉爲秀才。輅辭裴使君，使君言：「丁、鄧二尚書，有經國才略，於物理不精也。〔一一〕何尚書神明精微，〔一二〕言皆巧妙；巧妙之志，〔一三〕殆破秋毫，君當慎之。自言不解易九事，必當以相問。〔一四〕比至洛，宜善精其理也。」輅言：「何若巧妙，以攻難之才，游形之表，未入於神。夫入神者，當步天元，推陰陽，探玄虚，極幽明，然後覽道無窮，未暇細言。若欲差次老、莊而參爻、象，愛微辯而興浮藻，可謂射侯之巧，非能破秋毫之妙也。若九事皆至義者，不足勞思也。若陰陽者，精之以久。輅去之後，歲朝當有時刑大風，風必摧破樹木。若發於乾者，必有天威，不足共清譚者。」

〔一〕趙一清曰：「郡國志：魏郡鄴縣有武城。水經濁漳水注以爲即梁期城，當在今彰德府臨漳縣境。」

〔二〕史記管晏列傳：「小白立爲桓公，鮑叔遂進管仲。管仲曰：生我者父母，知我者鮑子也。天下不多管仲之賢能，多鮑叔能知人也。」

〔三〕郡國志：「兗州東郡發干。」洪亮吉曰：「發干，建安十七年移屬魏郡。」謝鍾英曰：「吳志：潘璋，東郡發干人。是縣還屬東郡，晉志屬陽平郡。」弼按：下文冀州裴使君云云，自以屬魏郡隸冀州爲是。一統志：「發干故城，今山東東昌府堂邑縣西南。」

〔四〕范書黄憲傳：「叔度汪汪若千頃波，澄之不清，淆之不濁，不可量也。」

〔五〕嚴君平卜筮於成都，見漢書王貢兩龔鮑傳序。商瞿，魯人，字子木。孔子傳易於瞿，見史記孔子弟子列傳。裴徽所注精之嚴、瞿，未知所指。若嚴君平與商瞿，一名一姓，疑爲不類，姑存疑於此。

〔六〕元本、馮本、吳本、監本「減」作「滅」，誤。

〔七〕孟子：「昔者，趙簡子使王良與嬖奚乘。」趙注云：「王良，善御者也。」列子説符篇：「秦穆公謂伯樂曰：子之年長矣，子姓有可使求馬者乎？」張湛注：「伯樂，善相馬者。」

〔八〕孔曜以騏驥比管輅，以王良、伯樂比裴徽也。

〔九〕輅死於甘露元年，年四十八，正始九年，爲年四十。此言年三十六，不知何故。若謂趙孔曜之薦輅，在裴徽舉輅爲秀才前數年，然按下文再見、三見、四見，至十月舉爲秀才，直爲一年事耳。別傳與陳志互異，裴注亦云不相應，殊可異也。

〔一〇〕毛本「馬」作「鳥」，誤。

〔一一〕世説新語規箴篇注引輅別傳作「何、鄧二尚書，有經國才略，於物理無不精也」。「丁」作「何」，多一「無」字，於上下文均合，當從之。

〔一二〕世説注「精微」作「清徹」，無下二句。

〔一三〕「志」，疑作「至」。

〔一四〕趙一清曰：「南齊書張緒傳云：平叔所不解易七事，諸卦中所有時義，是其一也。此云九事，二書互異。」梁章鉅曰：「南齊書張緒傳及南史何晏傳（弼按：何晏，魏人，何至南史有傳？梁氏説誤。）並以爲七事，誤也。梁書伏曼容傳及世説文學篇（弼按：見規箴篇。）皆作九事，與此同。」

十二月二十八日，吏部尚書何晏請之，鄧颺在晏許。晏謂輅曰：「聞君著爻神妙，〔一〕試爲作一卦，知位當至三公不。」〔二〕又問「連夢見青蠅數十頭，來在鼻上，〔三〕驅之不肯去，有何意故？」輅曰：「夫飛鴞，天下賤鳥，及其在林食椹，則懷我好音。〔四〕況輅心非草木，敢不盡忠？〔五〕昔元、凱之弼重華，〔六〕宣慈惠和；周公之翼成王，坐而待旦。〔七〕故能流光六合，萬國咸寧。〔八〕此乃履道休應，〔九〕非卜筮之所明也。今君侯位重山岳，〔一〇〕執若雷電，〔一一〕而懷德者鮮，畏威者衆，殆非小心翼翼多福之仁。〔一二〕又鼻者艮，〔一三〕此天中之山，

臣松之案：相書〔一四〕謂鼻之所在爲天中。鼻有山象，故曰「天中之山」也。〔一五〕

高而不危，所以長守貴。〔一六〕今青蠅臭惡，〔一七〕而集之焉，位峻者顛，輕豪者亡，不可不思害盈之數，〔一八〕盛衰之期。〔一九〕是故山在地中曰謙，雷在天上曰壯。〔二〇〕謙則裒多益寡，〔二一〕壯則非禮不履。未有損己而不光大，行非而不傷敗。願君侯上追文王六爻之旨，下思尼父彖象之義，然後三公可決，青蠅可驅也。」颺曰：「此老生之常譚。」輅答曰：「夫老生者見不生，常譚者見不譚。」〔二二〕晏曰：「過歲，更當相見。」

輅别傳曰：輅爲何晏所請，果共論易九事，九事皆明。晏曰：「君論陰陽，此世無雙。」時鄧颺與晏共

坐，颺言：「君見謂善易，〔二三〕而語初不及易中辭義，何故也？」輅尋聲答之曰：「夫善易者，不論易也。」晏含笑而讚之：「可謂要言不煩也。」因請輅爲卦，輅既稱引鑒誡，〔二四〕晏謝之曰：「知機其神乎，古人以爲難；交疏而吐其誠，〔二五〕今人以爲難。君今一面而盡二難之道，可謂明德惟馨。詩不云乎，中心藏之，何日忘之！」〔二六〕

輅還邑舍，〔二七〕具以此言語舅氏，舅氏責輅言太切至。輅曰：「與死人語，何所畏邪！」舅大怒，謂輅狂悖。歲朝，西北大風，〔二八〕塵埃蔽天。十餘日，聞晏、颺皆誅，然後舅氏乃服。〔二九〕

輅別傳曰：舅夏大夫問輅：「前見何、鄧之日，爲已有凶氣未也？」輅言：「與禍人共會，然後知神明交錯；與吉人相近，又知聖賢求精之妙。夫鄧之行步，則筋不束骨，脈不制肉，起立傾倚，若無手足，謂之鬼躁。何之視候，則魂不守宅，血不華色，精爽煙浮，容若槁木，謂之鬼幽。故鬼躁者，爲風所收；鬼幽者，爲火所燒。自然之符，不可以蔽也。」〔三〇〕輅後因得休，裴使君問：「何平叔一代才名，其實何如？」輅曰：「其才若盆盎之水，所見者清，所不見者濁。〔三一〕神在廣博，志不務學，弗能成才。欲以盆盎之水，求一山之形，形不可得，則智由此惑。故説老、莊則巧而多華，説易生義則美而多僞。華則道浮，僞則神虛。得上才則淺而流絶，得中才則游精而獨出，輅以爲少功之才也。」裴使君曰：「誠如來論。吾數與平叔共説老、莊及易，常覺其辭妙於理，不能折之。又時人吸習，〔三二〕皆歸服之焉，益令不了。相見得清言，然後灼灼耳。」〔三三〕

〔一〕「著」當作「蓍」。世説規箴篇注引輅別傳云：「聞君非徒善論易，至於分蓍思爻，亦爲神妙。」

〔二〕胡三省曰：「不讀曰否。」

〔三〕通鑑「在」作「集」。

〔四〕詩魯頌泮水之章：「翩彼飛鴞，集于泮林，食我桑黮，懷我好音。」毛傳云：「翩，飛貌；鴞，惡聲之鳥也；黮，桑實也。」鄭箋云：「言鴞恒惡鳴，今來止于泮水之木上，食其桑黮，爲此之故，故改其鳴，歸就我以善音，喻人感於恩則化也。」

〔五〕世説注云：「况輅心過草木，注情葵藿，敢不盡忠，唯察之耳。」

〔六〕左傳文公十八年：「昔高陽氏有才子八人，謂之八愷；高辛氏有才子八人，謂之八元。舜臣堯，舉八愷，使主后土，以揆百事，莫不時序，地平天成。舉八元，使布五教于四方，父義、母慈、兄友、弟共、子孝，内平外成。」史記五帝本紀云：「虞舜者，名曰重華。」

〔七〕世説注此句下有「敬慎之至也」。

〔八〕世説注此句下有「然後據鼎足而登金鉉，調陰陽而濟兆民」二語。

〔九〕御覽「道」下有「之」字，世説注同。

〔一〇〕晏賜爵爲列侯，見曹爽傳注引魏略，故管輅稱晏爲君侯。

〔一一〕世説注「雹」作「霆」，此句下有「望雲赴景，萬里馳風」二語。

〔一二〕御覽「仁」作「人」，世説注作「士」。

〔一三〕世説注「艮」下有「也」字。

〔一四〕漢書藝文志：「相人二十四卷。」隋書經籍志：「相書四十六卷。」荀子非相篇楊注：「相，視也。視其骨狀，以知吉凶貴賤。」

〔一五〕胡三省曰：「相書以鼻爲天中，自唇以上爲人中。」

〔一六〕馮本「貴」下有「也」字，世説注同，各本均無之。孝經諸侯章：「高而不危，所以長守貴也。」

〔一七〕世説注「惡」下有「之物」二字。

〔一八〕册府「害」作「虚」。

〔一九〕世説注「輕豪者亡」下有「必至之分也。夫變化雖相生，極則有害；虚滿雖相受，溢則有竭。聖人見陰陽之性，明存亡之理，損益以爲衰，抑進以爲退」數語，無「不可不思害盈之數、盛衰之期」十二字。

〔二〇〕世説注作「曰大壯」，下同。

〔二一〕胡三省曰：「哀，蒲侯翻，與掊同，取也。此言晏據權勢，掊分爲多，當思自減省也。」

〔二二〕胡三省曰：「言必見其死也。」

〔二三〕通鑑「見」作「自」。

〔二四〕馮本「誡」作「戒」。

〔二五〕馮本無「其」字。

〔二六〕世説注引名士傳曰：「是時，曹爽輔政，識者慮有危機，晏有重名，與魏姻戚，内雖懷憂，而無復退也。著五言詩以言志曰：鴻鵠比翼遊，羣飛戲太清，常畏大網羅，憂禍一旦并。豈若集五湖，從流唼浮萍，承寧曠中懷，何爲怵惕驚。蓋因輅言懼而賦詩。」或曰，平叔自是大雅之士，惜溺於富貴耳。

〔二七〕胡三省曰：「邑舍，平原邑舍也。」

〔二八〕監本作「風大」。

〔二九〕晉書五行志下：「嘉平元年正月壬辰朔，西北大風，發屋折樹木，昏塵蔽天。案：管輅説此，爲時刑大臣執政之憂也。是時曹爽區霿自專，驕僭過度，天戒數見，終不改革，此思心不睿恆風之罰也。後踰旬而爽等誅滅。」

〔三〇〕胡三省曰：「管輅之與何、鄧言也，其陳義近於古人。至答其舅論何、鄧之所以敗，則相者之説耳，何前後之相戾也！」

〔三一〕毛本無「所」字。

〔三二〕「吸」，疑作「翕」。

〔三三〕世說文學篇注引管輅傳曰：「裴使君有高才逸度，善言玄妙也。」

始輅過魏郡太守鍾毓，〔一〕共論易義。輅因言「卜可知君生死之日」。毓使筮其生日月，如言無蹉跌。毓大愕然曰：「君可畏也！死以付天，〔二〕不以付君。」遂不復筮。毓問輅：「天下當太平否？」輅曰：「方今四九天飛，利見大人，神武升建，王道大明，〔三〕何憂不平？」毓未解輅言。無幾，曹爽等誅，乃覺寤云。

輅別傳曰：魏郡太守鍾毓，清逸有才，難輅易二十餘事，自以爲難之至精也。輅尋聲投響，言無留滯。分張爻象，義皆殊妙，毓即謝輅。輅卜知毓生日月，毓愕然曰：「聖人運神通化，連屬事物，何聰明乃爾！」輅言：「幽明同化，死生一道，悠悠太極，終而復始。文王損命，不以爲憂；〔四〕仲尼曳杖，不以爲懼。〔五〕緒煩蓍筮，宜盡其意。」毓曰：「生者好事，死者惡事，哀樂之分，吾所不能齊，且以付天，不以付君也。」石苞爲鄴典農，〔六〕與輅相見，問曰：「聞君鄉里翟文耀能隱形，其事可信乎？」輅言：「此但陰陽蔽匿之數，苟得其數，則四岳可藏，河海可逃，況以七尺之形，游變化之內，散雲霧以幽身，布金水以滅迹，術足數成，不足爲難。」苞曰：「欲聞其妙，君且善論其數也。」輅言：「夫物，不精不爲神，數，不妙不爲術。故精者，神之所合，妙者，智之所遇。合之幾微，可以性通，難以言論。是故魯班不能說其手，〔七〕離朱不能說其目，〔八〕非言之難。孔子曰：書不盡言，言之細也；言不盡意，意之微也。斯皆神妙之謂也。請舉其大體以驗之。夫白日登天，運景萬里，無物不照，及其入地，一炭之光，不可得見。三五盈月，清耀燭夜，可以遠望，及其在晝，明不如鏡。今逃日月者必陰陽之數，陰陽之數通於萬類，鳥獸猶化，況於人乎！夫得數者妙，得神者靈，非徒生者有驗，死亦有徵。是以杜伯乘火氣以流精，〔九〕彭生託水變以立形。〔一〇〕是故生者能出亦能入，死者能顯亦能幽，此物之精氣，化之游魂，人鬼相感，數使之然也。」范曰：「自見陰陽之理，〔一一〕不過於君，君何以不隱？」輅曰：「夫陵虛之鳥，愛其清高，不願江、漢之魚；淵沼之魚，樂其濡濕，不易騰風之鳥：由性異而分不同也。僕自欲正身以明道，直己以親義，見數不以爲異，知術不以爲奇，夙夜研機，〔一二〕孳孳温故，而素隱行怪，未暇斯務也。」〔一三〕

〔一〕毓以諫曹爽增兵，失爽意，出爲魏郡太守，見毓傳。

〔二〕御覽作「君可畏人也，命以付天」。

〔三〕宋本、元本、馮本「大」作「文」。

〔四〕吕氏春秋：「周文王寢疾而地動，羣臣皆恐，請移之。文王曰：若何其移之也？對曰：興事動衆，以增國城，其可以移之乎？文王曰：不可。夫天之見妖也，以罰有罪也；我必有罪，故天以此罰我也。今故興事動衆，以增國城，是重吾罪也，不可。文王曰：昌也，請改行重善以移之，其可以免乎！無幾何，疾乃止。」

〔五〕史記孔子世家：「孔子病，子貢請見。孔子方負杖逍遥於門，曰：賜，汝來何其晚也？孔子因歎，歌曰：太山壞乎，梁柱摧乎，哲人萎乎！因以涕下。」

〔六〕晉書石苞傳：「苞字仲容，渤海南皮人，縣召爲吏，給農司馬，既而又被使到鄴，從鄴典農中郎將。」

〔七〕魯班詳見前杜夔傳注引傅玄馬鈞序。

〔八〕梁玉繩古今人名表考云：「離朱始見列子湯問，莊子駢拇、天地，朱又作珠。離氏即離婁，亦曰離子，黄帝時明目人，察箴末於百步之外。」

〔九〕竹書紀年：「周宣王四十三年，王殺大夫杜伯。」墨子明鬼篇：「周宣王殺杜伯而不辜，後三年，宣王會諸侯，田于圃，杜伯乘白馬素車，朱衣冠，執朱弓，挾朱矢，射宣王中心折脊，殪車中伏弢。」漢書地理志：「杜陵故杜伯國。」管輅所云杜伯乘火氣，是否杜伯朱衣冠、朱弓矢之事，不敢臆斷。

〔一〇〕胡玉縉曰：「左傳莊八年：齊侯田于貝丘，見大豕。從者曰：公子彭生也。公怒，曰：彭生敢見，射之，豕人立而啼。公懼，隊于車。易說卦傳：坎爲豕。又曰：坎爲水。故曰：託水變以立形也。」

〔一一〕宋本「自」作「目」。

〔一二〕官本「機」作「幾」。

〔一三〕李安溪曰：「輅之議論，此爲最善。」

平原太守劉邠，取印囊及山雞毛著器中，使筮。輅曰：「內方外員，五色成文，〔一〕含寶守信，出則有章，此印囊也。高嶽巖巖，有鳥朱身，羽翼玄黃，鳴不失晨，此山雞毛也。」邠曰：「此郡官舍，連有變怪，使人恐怖，其理何由？」輅曰：「或因漢末之亂，兵馬擾攘，軍尸流血，汙染丘山，故因昏夕，多有怪形也。明府道德高妙，自天祐之，願安百祿，以光休寵。」

輅別傳曰：故郡將劉邠，字令元，清和有思理，好易而不能精。與輅相見，意甚喜歡，自說注易向訖也。輅言：「今明府欲勞不世之神，經緯大道，誠富美之秋。然輅以爲注易之急，急於水火；水火之難，登時之驗，易之清濁，延於萬代，不可不先定其神而後垂明思也。自旦至今，聽採聖論，〔二〕未有易之一分，易安可注也！輅不解古之聖人，何以處乾位於西北，坤位於東南。〔三〕夫乾坤者，天地之象，然天地至大，爲神明君父，覆載萬物，生長撫育，〔四〕何以安處二位與六卦同列？乾之彖象曰：大哉乾元，萬物資始，乃統天。夫統者，屬也，尊莫大焉，何由有別位也？」邠依易繫辭諸爲之理以爲注，不得其要。輅尋聲下難，事皆窮析。曰：「夫乾坤者，易之祖宗，變化之根源。今明府論清濁者有疑，疑則無神，恐非注易之符也。」輅於此爲論八卦、八卦之道，〔五〕及爻象之精，大論開廓，衆化相連。邠所解者，皆以爲妙；所不解者，皆以爲神。自説「欲注易八年，用思勤苦，歷載靡寧，定相得至論，〔六〕此才不及易，不愛久勞，喜承雅言如此，相爲高枕偃息矣」。欲從輅學射覆。輅言：「今明府以虛神於注易，亦宜絶思於靈蓍。靈蓍者，二儀之明數，陰陽之幽契，施之於道則定天下吉凶，用之於術則收天下豪纖。纖微，未可以爲易也。」邠曰：「以爲術者易之近數，欲求其端耳。若如來論，何事於斯？」留輅五日，不遑恤官，但共清譚。邠自言：「數與何平叔論易及老、莊之道，至於精神遐流，與化周旋，清若金水，鬱若山林，非君侶也」。邠又曰：「此郡官舍，連有變怪，變怪多形，使人怖恐。君似當達此數者，其理何由也？」輅言：「此郡所以名平原者，本有原，山無木石，與地自然。含陰不能吐雲，含陽不能激風，陰陽雖弱，猶有微神。微神不真，〔七〕多聚凶姧；以類相求，魍魎成羣。或因漢末兵馬擾攘，軍尸流血，汙染丘岳，彊魂相感，變化無常，故因昏夕之時，多有怪形也。昔夏禹文明，不怪於黃龍；〔八〕周武信時，不惑於暴風。〔九〕今明府道德高妙，神不懼妖，自天祐之，〔一〇〕吉無不利，願安百禄，以光休寵也。」邠曰：「聽雅論爲近其理，每有變怪，輒聞鼓角聲音，或見弓劍形象。夫以土山之精，伯有之魂，〔一一〕實能合會，干犯明靈也。」邠問輅：「易言剛健篤實，輝光日新，斯爲同不也？」輅曰：「不同之名，朝旦爲輝，日中爲光。」晉諸公讚曰：邠本名炎，犯晉太子諱，改爲邠。位至太子僕。子粹，字純嘏，侍中；次宏，字終嘏，太常；次漢，字仲嘏，光禄大夫。〔一二〕漢清沖有貴識，名亞樂廣。宏子咸，徐州刺史；次耽，晉陵内史。耽子（恢）〔惔〕，〔一三〕字真長，尹丹陽，爲中興名士也。〔一四〕

〔一〕錢大昕曰：「文與章非韻，疑成文二字當爲文成。」

〔二〕元本「採」作「探」。

〔三〕宋本「東」作「西」。

〔四〕宋本、元本、馮本「撫育」作「無首」。

〔五〕官本考證云：「監本爲論八卦下，又重八卦二字，衍文，今去。」

〔六〕寧、定二字，疑有一衍。

〔七〕元本「真」作「貞」。

〔八〕淮南子：「禹南省方濟于江，黄龍負舟，舟中之人，五色無主。禹乃熙然而稱曰：我受命於天，竭力而勞萬民。生，寄也；死，歸也。何足以滑和。視龍猶蝘蜓，顔色不變。龍乃弭耳掉尾而逃。」楚辭注：「禹治水時，有神龍以尾畫導水徑，所當決之，因而治之。」拾遺記：「禹導川夷岳，黄龍曳尾于前，玄龜負青泥于後。龜頷下有印文，禹所穿鑿，以青泥封記，使龜印其上。」

〔九〕史記齊太公世家：「武王將伐紂，卜龜兆，不吉。風雨暴至，而羣公盡懼。唯太公彊之勸武王，武王於是遂行。」

〔一〇〕馮本「祐」作「佑」。

〔一一〕左傳昭公七年：「鄭人相驚以伯有，曰：伯有至矣，則皆走，不知所往。」杜注：「襄公三十年，鄭殺伯有，言其鬼至。」

〔一二〕晉書劉惔傳：「劉潢字沖嘏，吏部尚書。」潢與漢，沖與仲，字俱相近也。

〔一三〕晉書「恢」作「惔」。

〔一四〕晉書劉惔傳：「惔字真長，沛國相人也。祖宏，字終嘏，光禄勳。宏兄粹，字純嘏，侍中；宏弟潢，字沖嘏，吏部尚書。並有名中朝，時人語曰：洛中雅雅有三嘏。父耽，晉陵太守，亦知名。惔少清遠有標奇，王導深器之。尚明帝女盧陵公主，累遷丹陽尹。爲政清整，與王羲之雅相友善。惔每奇桓温才，而知其有不臣之迹，勸帝抑之，不納。後竟如其言。年三十六，卒官。」

清河令徐季龍，〔一〕使人行獵，令輅筮其所得。輅曰：「當獲小獸，復非食禽。雖有爪牙，微而不彊；雖有文章，蔚而不明；非虎非雉，其名曰狸。」獵人暮歸，果如輅言。季龍取十三種物，著大篋中，使輅射。云：「器中藉藉，有十三種物。」先說雞子，後道蠶蛹，〔二〕遂一一名之，惟以梳爲枇耳。

輅別傳曰：清河令徐季龍，字開明，有才機。與輅相見，共論龍動則景雲起，虎嘯則谷風至。以爲火星者龍，參星者虎，火出則雲應，參出則風到，此乃陰陽之感化，非龍虎之所致也。輅言：「夫論難當先審其本，然後求其理，理失則機謬，機謬則榮辱之主。若以參星爲虎，則谷風更爲寒霜之風，寒霜之風非東風之名。是以龍者陽精，以潛爲陰，幽靈上通，和氣感神，二物相扶，故能興雲。夫虎者陰精，而居於陽，依木長嘯，動於巽林，二氣相感，故能運風。若磁石之取鐵，不見其神而金自來，有徵應以相感也。況龍有潛飛之化，虎有文明之變，招雲召風，何足爲疑？」季龍言：「夫龍之在淵，不過一井之底，虎之悲嘯，不過百步之中。形氣淺弱，所通者近，何能瀏景雲而馳東風？」輅言：「君不見陰陽燧在掌握之中，形不出手，乃上引太陽之火，下引太陰之水，噓吸之閒，煙景以集。苟精氣相感，縣象應乎二燧；苟不相感，則二女同居，志不相得。自然之道，無有遠近。」季龍言：「世有軍事，則感雞雉先鳴，其道何由？復有他占，惟在雞雉而已？」輅言：「貴人有事，其應在天，在天則日月星辰也；〔三〕兵動民憂，其應在物，在物則山林鳥獸也。夫雞者，兌之畜，金者，兵之精，雉者，離之鳥，獸者，武之神。故太白揚輝則雞鳴，熒惑流行則雉驚，各感數而動。又兵之神道，布在六甲，六甲推移，其占無常。是以晉柩牛呴，果有西軍；〔四〕鴻嘉石鼓，鳴則有兵。〔五〕不專近在於雞雉也。」季龍言：「魯昭公八年，有石言於晉。師曠以爲作事不時，怨讟動於民，則有非言之物而言，於理爲合不？」輅言：「晉平奢泰，崇飾宮室，斬伐林木，殘破金石，民力既盡，怨及山澤。神痛人感，二精並作，金石同氣，則兑爲口舌，口舌之妖，動于靈石。傳曰：輕百姓、飾城廓，〔六〕則金不從革，此之謂也。」季龍欽嘉，留輅經數日。輅占獵既驗，季龍曰：「君雖神妙，但不多藏物耳，何能皆得之？」輅言：「吾與天地參神，蓍龜通靈，抱日月而游杳冥，極變化而覽未然，況茲近物，能蔽聰明？」季龍大笑：「君既不謙，又念窮在近矣。」輅言：「君尚未識謙言，焉能論道？夫天地者，則乾坤之卦；蓍龜者，則卜筮之數；日月者，離坎之象；變化者，陰陽之爻；杳冥者，神化之源；未然者，則幽冥之先。〔七〕此皆周易之紀綱，何僕之不謙？」季龍於是取十三種物，欲以窮之。輅射之皆中。季龍乃歎曰：「作者之謂聖，述者之謂明，豈此之謂乎！」

〔一〕沈家本曰：「季龍是雙名，東漢時罕見。」弼案：東漢時雙名甚多，見朱建平傳注。
〔二〕宋本「蛃」作「蛹」。
〔三〕吳本、毛本無下「在天」二字，誤。監本此數句皆有誤字。
〔四〕左傳僖公三十二年：「冬，晉文公卒。庚辰，將殯于曲沃，出絳，柩有聲如牛。（注云：「如牛呴聲。呴，呼口反。」）卜偃使大夫拜曰：君命大事，將有西師過軼我，擊之必大捷焉。」漢書五行志云：「劉向以爲近鼓妖也。喪凶事聲如牛，怒象也，將有急怒之謀，以生兵革之禍。」
〔五〕漢書五行志云：「成帝鴻嘉三年五月乙亥，天水冀南山大石鳴，聲隆隆如雷。有頃，止。聞平襄二百四十里，壄雞皆鳴。石長丈三尺，廣厚略等，旁著岸脅，去地二百餘丈。民俗名曰石鼓，石鼓鳴有兵。是歲，廣漢鉗子謀攻牢。」

〔六〕官本「廓」作「郭」。

〔七〕「則」字衍。

輅隨軍西行，過毌丘儉墓下，倚樹哀吟，精神不樂。人問其故，輅曰：「林木雖茂，無形可久，碑誄雖美，無後可守。玄武藏頭，蒼龍無足，白虎銜尸，朱雀悲哭，四危以備，法當滅族。不過二載，其應至矣。」卒如其言。〔一〕後得休，過清河倪太守。時天旱，倪問輅雨期，輅曰：「今夕當雨。」是日暘燥，晝無形似，府丞及令在坐，咸謂不然。到鼓一中，星月皆沒，風雲並起，竟成快雨。於是倪盛修主人禮，共爲歡樂。〔二〕

輅別傳曰：輅與倪清河相見，既刻雨期，倪猶未信。輅曰：「夫造化之所以爲神，不疾而速，不行而至。十六日壬子，直滿；畢星中已有水氣，水氣之發，動於卯辰，此必至之應也。又天昨檄召五星，〔三〕宣布星符，刺下東井，告命南箕，使召雷公、電父、風伯、雨師，羣岳吐陰，衆川激精，雲漢垂澤，蛟龍含靈，燁爗朱電，吐咀杳冥，殷殷雷聲，噓吸雨靈，習習谷風，六合皆同，欬唾之間，品物流形。天有常期，道有自然，不足爲難也。」倪曰：「譚高信寡，相爲憂之。」於是便留輅，往請府丞及清河令。〔四〕若夜雨者，當爲啖二百斤犢肉；若不雨，當住十日。輅曰：「言念費損！」至日向暮，了無雲氣，衆人並嗤輅。輅言：「樹上已有少女微風，樹間又有陰鳥和鳴。〔五〕又少男風起，衆鳥和翔，其應至矣。」須臾，果有艮風鳴鳥。日未入，東南有山雲樓起。黃昏之後，雷聲動天。到鼓一中，星月皆沒，風雲並興，玄氣四合，大雨河傾。倪調輅言：「誤中耳，不爲神也。」輅曰：「誤中與天期，不亦工乎！」

〔一〕趙一清曰：「儉下當有父字。」周壽昌曰：「墓上疑脱一先字。」弼按：毌丘儉死於正元二年，管輅死於正元三年，儉死數月，安有林木之茂？三族誅夷，安有碑誄之美？且儉死族滅，事已顯著，有何豫言之驗？本傳卒如其言，殊爲不經。如作過儉父墓下，則得之矣。水經穀水注作「過毌丘興墓」。興，儉父也。

〔二〕宋本「歡」作「懽」。

〔三〕宋本、元本「天」作「夫」，誤。

〔四〕「往」疑作「住」，屬上句。下文有「當住十日」之語，可證。

〔五〕毛本「又」作「丈」，誤。

正元二年，弟辰謂輅曰：「大將軍待君意厚，〔一〕冀當富貴乎？」輅長歎曰：「吾自知有分直耳，然天與我才明，不與我年壽，恐四十七八間，不見女嫁兒娶婦也。若得免此，欲作洛陽令，可使路不拾遺，枹鼓不鳴。但恐至太山治鬼，不得治生人，如何！」〔二〕辰問其故。輅曰：「吾額上無生骨，〔三〕眼中無守精，鼻無梁柱，腳無天根，背無三甲，腹無三壬，此皆不壽之驗。又吾本命在寅，加月食夜生。天有常數，不可得諱，但人不知耳。吾前後相當死者過百人，略無錯也。」是歲八月，爲少府丞。〔四〕明年二月卒，年四十八。〔五〕

輅別傳曰：既有明才，〔六〕遭朱陽之運，于時名勢赫奕，若火猛風疾。當塗之士，莫不枝附葉連。賓客如雲，無多少皆爲設食；賓無貴賤，候之以禮。京城紛紛，非徒歸其名勢而已，然亦懷其德焉。向不夭命，輅之榮華，非世所測也。弟辰，嘗欲從輅學卜及仰觀事。輅言：「卿不可教耳。夫卜，非至精不能見其數，非至妙不能覩其道。孝經、詩、論，足爲三公，無用知之也。」於是遂止。子弟無能傳其術者。

辰敘曰：「夫晉、魏之士，見輅道術神妙，占候無錯，以爲有隱書及象甲之數。辰每觀輅書傳，惟有易林、風角及鳥鳴、仰觀星書三十餘卷，世所共有。〔七〕然輅獨在少府官舍，無家人子弟隨之，其亡没之際，好奇不哀喪者盜輅書，惟餘易林、風角及鳥鳴書還耳。夫術數有百數十家，其書有數千卷，書不少也。然而世鮮名人，皆由無才，不由無書也。裴冀州、何、鄧二尚書及鄉里劉太常、潁川兄弟，以輅稟受天才，明陰陽之道，吉凶之情，一得其源，遂涉其流，亦不爲難，常歸服之。輅自言與此五君共語，使人精神清發，昏不暇寐。〔八〕自此以下，殆白日欲寢矣。又自言當世無所願，欲得與魯梓慎、鄭裨竈、晉卜偃、宋子韋、楚甘公、魏石申共登靈臺，披神圖，步三光，明災異，運蓍龜，決狐疑，無所復恨也。辰不以闇淺，得因孔懷之親，〔九〕數與輅有所諮論。至於辨人物，析臧否，説近義，彈曲直，拙而不功也。〔一〇〕若敷皇、羲之典，揚文、孔之辭，周流五曜，經緯三度，口滿聲溢，微言風集，若仰眺飛鴻，漂漂兮景没；若俯臨深溪，杳杳兮精絶。偪以攻難，而失其端，欲受學求道，尋以迷昏，無不扼腕椎指，追響長歎也。昔京房雖善卜及風律之占，卒不免禍，〔一一〕而輅自知四十八當亡，可謂明哲相殊。又京房目見遘讒之黨，耳聽青蠅之聲，面諫不從，而猶道路紛紜。輅處魏、晉之際，藏智以朴，卷舒有時，妙不見求，愚不見遺，可謂知幾相邈也。〔一二〕京房上不量萬乘之主，下不避佞諂之徒。欲以天文、洪範利國利身，困不能用，卒陷大刑，可謂枯龜之餘智，膏燭之末景，〔一三〕豈不哀哉！世人多以輅疇之京房，〔一四〕辰不敢許也。至於仰察星辰，俯定吉凶，遠期不失年歲，近期不失日月，辰以甘、石之妙不先也。射覆名物，見術流速，東方朔不過也。觀骨形而審貴賤，覽形色而知生死，許負、唐舉不超也。若夫疏風氣而探微候，聽鳥鳴而識神機，亦一代之奇也。向使輅官達，爲宰相大臣，膏腴流於明世，華曜列乎竹帛，使幽驗皆舉，祕言不遺，千載之後，有道者必信而貴之，無道者必疑而怪之；信者以妙過真，夫妙與神合者，得神則無所惑也。恨輅才長命短，道貴時賤，親賢遐潛，不宣於良史，而爲鄙弟所見追述。既自闇濁，又從來久遠，所載卜占事，雖不識本卦，捃拾殘餘，十得二焉。至於仰觀靈曜，説魏、晉興衰，及五運浮沈，兵革災異，十不收一。無源何以成河？無根何以垂榮？雖秋菊可採，不及春英，臨文慷慨，〔一五〕伏用哀慚。將來君子，幸以高明求其義焉。往孟荆州爲列人典農，嘗問亡兄，昔東方朔射覆，得何卦正知守宫、蜥蜴二物者。〔一六〕亡兄於此爲安卦生象，辭喻交錯，微義豪起，變化相推，會於辰巳，分别龍虵，各使有理。言絶之後，孟荆州長歎息曰：吾聞君論，精神騰躍，殆欲飛散，何其汪汪、乃至於斯邪！」

臣松之案：辰所稱鄉里劉太常者，謂劉寔也。辰撰輅傳，寔時爲太常，潁川則寔弟智也。寔、智並以儒學爲名，無能言之。〔一七〕世語稱寔博辯，猶不足以並裴、何之流也。〔一八〕又按：輅自説云「本命在寅」，則建安十五年生也，至正始九年，應三十九，而傳云三十六；〔一九〕以正元三年卒，應四十七，傳云四十八，皆爲不相應也。近有閻續伯者，名纉，該微通物，有良史風。〔二〇〕爲天下補綴遺脱，敢以所聞列于篇左，皆從受之於大人先哲，足以取信者，冀免虚誣之譏云爾。嘗受辰傳所謂劉太常者曰：「輅始見聞，由於爲鄰婦卜亡牛，云當在西面窮牆中，縣頭上向。教婦人令視諸丘冢中，果得牛。婦人因以爲藏已牛，告官案驗，乃知以術知。故裴冀州遂聞焉。」又云：「路中小人失妻者，〔二一〕輅爲卜，教使明旦於東陽城門中〔二二〕伺擔豚人牽與共鬬。具如其言，豚逸走，即共追之。豚入人舍，突破主人甕，婦從甕中出。」〔二三〕劉侯云甚多此類，辰所載纔十一二耳。劉侯云：「辰，孝廉才也。」中書令史紀玄龍，輅鄉里人，云：「輅在田舍，嘗候遠鄰，主人患數失火。輅卜，教使明日於南陌上伺，當有一角巾諸生，駕黑牛故車，必引留，爲設賓主，此能消之。即從輅戒。諸生有急求去，不聽。遂留當宿，意大不安，以爲圖己。主人罷入，生乃把刀出門，倚兩薪積閒，側立假寐。欻有一小物，直來過前，如獸；手中持火，以口吹之。生驚，舉刀斫，正斷腰，視之則狐。自此主人不復有災。」前長廣太守陳承祐〔二四〕口授城門校尉華長駿語云：「昔其父爲清河太守時，召輅作吏。駿與少小，後以鄉里，遂加恩意。常與同載周旋，具知其事。云諸要驗，三倍於傳。辰既短才，又年縣小，又多在田舍，故益不詳。辰仕宦至州主簿、部從事，太康之初物故。」駿又云：「輅卜亦不悉中，十得七八。駿問其故。輅云：理無差錯，來卜者或言不足以宣事實，故使爾。華城門夫人者，魏故司空涿郡盧公女也。〔二五〕得疾，連年不差。華家時居西城下南纏里中，三廐在其東南。輅卜當有師從東方來，自言能治，便聽使之，必得其力。後無何，有南征廐騶，當充甲卒，來詣盧公，占能治女郎。〔二六〕公即表請留之，專使其子，將詣華氏療疾。初用散藥，後復用丸治，尋有效，即奏除騶名，以補太醫。」又云：「輅隨父在利漕時，有治下屯民捕鹿者，其晨行還，見毛血，人取鹿處〔二七〕來詣廐告輅。輅爲卦語云：此有盜者，是汝東巷中第三家也。汝徑往門前，伺無人時，取一瓦子，密發其碓屋東頭第七椽，以瓦著下，不過明日食時，自送還汝。其夜，盜者父病頭痛，壯熱煩疼，然亦來詣輅卜。輅爲發祟，盜者具服。輅令擔皮肉藏還著故處，病當自愈。乃密教鹿主往取，又語使復往如前，舉椽棄瓦。盜父病差。又都尉治內史有失物者，輅使明晨於寺門外看，當逢一人，使指天畫地，舉手四向，自當得之。暮果獲於故處矣。」

〔一〕時司馬昭爲大將軍。

〔二〕顧炎武曰：「博物志所云泰山，一爲天孫，主召人魂魄，知生命之長短者。其見於史者，後漢書方術傳：許峻自云嘗篤病，三年不愈，乃謁泰山請命。烏桓傳：死者神靈歸赤山，赤山在遼東西北數千里，如中國人死者，魂神歸泰山也。」

〔三〕何焯校改「生」作「主」。

〔四〕續漢志百官志：「少府丞一人，比千石。」

〔五〕玉海藝文引中興書目曰：「管輅易傳一卷，訓解名義，不盡流於卜筮。」宋史藝文志蓍龜類：「管輅易傳一卷。」唐書經籍志：「周易林四卷，管輅撰。」藝文志：「管輅周易林四卷。」隋書經籍志：「周易通靈決二卷，魏少府丞管輅撰。周易通靈要決一卷，管輅撰。梁有管公明算占書一卷。」崇文總目卜筮類：「管公明隔山照一卷。」通志藝文略五行雜占家：「破躁經一卷，管輅撰。」唐書經籍志：「鳥情逆占一卷，管輅撰。」藝文志：「管輅鳥情逆占一卷。」

〔六〕郝經續後漢書「明才」作「才名」。

〔七〕隋書經籍志：「易林十六卷，焦贛撰。易林變占十六卷，焦贛撰。易林二卷，黄直撰。」風角書見前，鳥情及占星書甚多，不勝舉。又按：隋志所載天文書六百七十五卷，歷數書二百六十三卷，五行書一千二十二卷，知魏、晉時存者頗多。觀公明所稱引，多見於左、國、史、漢，所謂世鮮名人，皆由無才，不由無書也。

〔八〕「暇」疑作「假」。晉書劉寔傳作「使人神思清發，昏不假寐」。

〔九〕詩小雅棠棣之章：「死喪之威，兄弟孔懷。」毛傳云：「威，畏；懷，思也。」鄭箋云：「死喪可畏怖之事，維兄弟之親，甚相思念。」

〔一〇〕何焯校改「功」作「工」，官本作「工」。趙一清曰：「功與工，古通。」

〔一一〕漢書京房傳：「京房字君明，東郡頓丘人。治易，事梁人焦延壽，延壽字贛。贛常曰：得我道以亡身者，京生也。其説長於災變，分六十卦更直日用事，以風雨寒温爲候，各有占驗。房用之尤精。初元四年，以孝廉爲郎，房奏考功課吏法，石顯、五鹿充宗皆疾房，欲遠之，建言宜以房爲郡守。元帝於是以房爲魏郡太守。顯告房與張博通謀，非謗政治，歸惡天子，詿誤諸侯。房、博皆棄市。房本姓李，推律自定爲京氏，死時年四十一。」

〔一二〕宋本「幾」作「機」。

〔一三〕馮本「景」作「光」。

〔一四〕「疇」與「儔」通。

〔一五〕馮本「慷」作「忼」。

〔一六〕漢書東方朔傳：「上嘗使諸數家射覆，置守宮盂下，射之皆不能中。朔自贊曰：臣嘗受易，請射之。迺别蓍布卦而對曰：臣以爲龍，又無角，謂之爲虵，又有足。跂跂脈脈善緣壁，是非守宮即蜥蜴。上曰：善。賜帛十匹。」師古曰：「守宮，蟲名也。術家云：以器養之，食以丹砂，滿七斤，擣治萬杵，以點女人體，終身不滅。若有房室之事，則滅矣。言可以防閑淫逸，故謂之守宮也。今呼俗爲辟宮，辟亦禦扞之義耳。盂，食器也，若盋而大，今之所謂盋盂也。盋，音撥。」又曰：「跂跂，行貌也；脈脈，視貌也。爾雅云：蠑螈，蜥蜴。蜥蜴，蝘蜓，守宮，是則一類耳。揚雄方言云：其在澤中者謂之蜥蜴，故朔曰是非守宮則蜥蜴也。蜥，音歷反；蜴，音余赤反。蠑，音榮；螈，音原；蝘，音烏典反；蜓，音殄。」劉攽曰：「守宮生屋壁，如守宮然，故名之，何在防淫逸也？一蟲之微，何能食丹砂七斤，人亦安肯捐七斤丹砂以餌一蟲也？」劉敞曰：「守宮即人家屋壁中蝘蜓，俗呼爲蝎虎者是也。此物唯在屋壁窗户閒，夜亦出，蓋用此得名耳。術家之説，安有此理，師古乃信之，何哉？」沈欽韓曰：「東方朔有靈棊經，見藝文志。」案：管輅射覆，亦以易卦，其卦辭蓋如焦氏易林，有立成法也。

〔一七〕「之」下脱一字。

〔一八〕晉書劉寔傳：「寔字子真，平原高唐人。少貧苦，賣牛衣以自給。然好學，手約繩，口誦書，博通古今。清身潔己，行無瑕玷。参文帝相國軍事，封循陽子。以廉遜道闕，著崇讓論以矯之。咸寧中爲太常，元康初進爵爲侯。累遷太保，轉太傅，薨。年九十一，謚曰元。位望通顯，每崇儉約，嘗詣石崇家，如廁，見有絳紋帳、茵褥甚麗，兩婢持香囊。寔便退，笑謂崇曰：誤入卿內。尤精三傳，又撰春秋條例二十卷。弟智，字子房，貞素有兄風。出爲潁川太守，著喪服釋疑論。」寔事又見王肅傳評。

〔一九〕毛本「三」作「二」，誤。

〔二〇〕晉書閻纘傳：「纘字續伯，巴西安漢人。博覽墳典，該通物理。父卒，繼母不慈，纘無怨色，孝謹不怠。愍懷太子之廢，纘輿棺詣闕上書，理太子之冤。」

〔二一〕御覽七百二十五「路」作「洛」，「妻」作「婢」。

〔二二〕漢書地理志：「清河郡東陽。」王先謙曰：「續志：後漢省。」一統志：「東陽故城，今山東東昌府恩縣西北六十里，衛河南岸。」

〔二三〕御覽「婦」作「婢」。

〔二四〕晉書地理志：「青州長廣郡，咸寧三年置。」李兆洛曰：「今山東登州府萊陽縣東。」

〔二五〕盧毓之女。晉書華廙傳：「廙字長駿，妻父盧毓典選，難舉姻親。故廙年三十五，不得調。後拜城門校尉。」互見本志華歆傳注。

〔二六〕郝經續後漢書「占」作「言」。

〔二七〕疑有脫字。或云，「處」疑作「去」。

評曰：華佗之醫診，杜夔之聲樂，朱建平之相術，周宣之相夢，管輅之術筮，誠皆玄妙之殊巧，非常之絕技矣。昔史遷著扁鵲、倉公日者之傳，所以廣異聞而表奇事也。故存録云爾。〔一〕

〔二〕史記有扁鵲倉公傳。司馬遷曰：「扁鵲以其伎見殃，倉公乃匿迹自隱而當刑。老子曰：美好者，不祥之器，豈謂扁鵲等邪？若倉公者，可謂近之矣。」弼按：華佗與扁鵲相似，而以伎見殃亦相同。管輅則類司馬季主，不可以卜筮盡之也。

魏書三十

烏丸鮮卑東夷傳第三十

書載「蠻夷猾夏」，〔一〕詩稱「玁狁孔熾」，〔二〕久矣，其爲中國患也。秦、漢以來，匈奴久爲邊害。孝武雖外事四夷，東平兩越、朝鮮，〔三〕西討貳師、大宛，〔四〕開邛莋、夜郎之道，〔五〕然皆在荒服之外，〔六〕不能爲中國輕重。而匈奴最逼於諸夏，〔七〕胡騎南侵，則三邊受敵，是以屢遣衞、霍之將，〔八〕深入北伐，窮追單于，奪其饒衍之地。後遂保塞稱藩，世以衰弱。建安中，呼廚泉南單于入朝，遂留内侍，使右賢王撫其國，〔九〕而匈奴折節，過於漢舊。然烏丸、鮮卑稍更彊盛，亦因漢末之亂，中國多事，不遑外討，故得擅漢南之地，〔一〇〕寇暴城邑，殺略人民，北邊仍受其困。會袁紹兼河北，乃撫有三郡烏丸，〔一一〕寵其名王，而收其精騎。其後尚、熙又逃於蹋頓，蹋頓又驍武，邊長老皆比之冒頓。〔一二〕恃其阻遠，敢受亡命，以控百蠻。〔一三〕太祖潛師北伐，出其不意，一戰而定之。夷狄懾服，威振朔土。遂引烏丸之衆，〔一四〕服從征討，而邊民得用安息。後鮮卑大人軻比能復制御羣狄，盡收匈奴故地，自雲中、五原以東抵遼水，皆爲鮮卑庭。數犯塞寇邊，幽、并苦之。田豫有馬城之圍，畢軌有陘北之敗。青龍中，帝乃聽王雄，遣劍客刺之。然後種落離散，互相侵伐，彊者遠遯，弱者請服。由是邊陲差安，漢南少事。〔一五〕雖時頗鈔盜，不能復相扇動矣。〔一六〕烏丸、鮮卑，即古所謂東胡也。其習俗前事，撰漢記者已録而載之矣。故但舉漢末魏初以來，以備四夷之變云。

魏書曰：〔一七〕烏丸者，東胡也。〔一八〕漢初，匈奴冒頓滅其國，〔一九〕餘類保烏丸山，因以爲號焉。〔二〇〕俗善騎射，隨水草放牧，居無常處，以穹廬爲宅，〔二一〕皆東向。日弋獵禽獸，食肉飲酪，〔二二〕以毛毳爲衣。〔二三〕貴少賤老，其性悍驁，〔二四〕怒則殺父兄，〔二五〕而終不害其母，以母有族類，父兄以己爲種，無復報者故也。常推募勇健、能理決鬭訟相侵犯者爲大人，邑落各有小帥，不世繼也。數百千落，自爲一部。大人有所召呼，刻木爲信，邑落傳行。無文字，而部衆莫敢違犯。氏姓無常，以大人健者名字爲姓。〔二六〕大人以下，各自畜牧治産，不相徭役。其嫁娶皆先私通，略將女去。〔二七〕或半歲百日，然後遣媒人送馬、牛、羊以爲聘娶之禮。壻隨妻歸，見妻家無尊卑，旦起皆拜，而不自拜其父母。〔二八〕爲妻家僕役二年，〔二九〕妻家乃厚遣送女，居處財物，一出妻家。〔三〇〕故其俗從婦人計，至戰鬭時，〔三一〕乃自決之。父子男女，相對蹲踞，〔三二〕悉髡頭以爲輕便。〔三三〕婦人至嫁時，乃養髮，分爲髻，著句決，飾以金碧，猶中國有冠步摇也。〔三四〕父兄死，妻後母執嫂；〔三五〕若無執嫂者，則已子以親之次妻伯叔焉，死則歸其故夫。俗識鳥獸孕乳，時以四節，耕種常用布穀鳴爲候。〔三六〕地宜青穄東牆，東牆似蓬草，〔三七〕實如葵子，〔三八〕至十月熟，能作白酒，而不知作麴糵，米常仰中國。大人能作弓矢鞍勒，〔三九〕鍛金鐵爲兵器，能刺韋作文繡，織縷氈毼。〔四〇〕有病知以艾灸，或燒石自熨，燒地臥上；或隨痛病處，以刀決脈出血，及祝天地山川之神，無鍼藥。貴兵死，斂屍有棺。始死則哭，葬則歌舞相送。肥養犬，以采繩嬰牽，〔四一〕并取亡者所乘馬、衣物、生時服飾，皆燒以送之。特屬累犬，〔四二〕使護死者神靈歸乎赤山。赤山在遼東西北數千里，〔四三〕如中國人以死之魂神歸泰山也。〔四四〕至葬日，夜聚親舊員坐，牽犬馬歷位，或歌哭者，擲肉與之，使二人口誦呪文，〔四五〕使死者魂神徑至，歷險阻，勿令橫鬼遮護，達其赤山，然後殺犬馬衣服燒之。敬鬼神，祠天地、日月、星辰、山川，及先大人有健名者，亦同祠以牛羊，祠畢皆燒之。飲食必先祭。其約法，違大人言死，盜不止死。其相殘殺，令部落自相報，相報不止，詣大人平之。有罪者出牛羊以贖死命，乃止。自殺其父兄無罪。其亡叛爲大人所捕者，諸邑落不肯受，皆逐使至雍狂地。地無山，〔四六〕有沙漠、流水、草木，多蝮虵，在丁令之西南，烏孫之東北，以窮困之。〔四七〕自其先爲匈奴所破之後，人衆孤弱，爲匈奴臣服。常歲輸牛馬羊，過時不具，輒虜其妻子。至匈奴壹衍鞮單于時，〔四八〕烏丸轉彊，發掘匈奴單于冢，將以報冒頓所破之恥。〔四九〕壹衍鞮單于大怒，發二萬騎以擊烏丸。大將軍霍光聞之，遣度遼將軍范明友將三萬騎出遼東追擊匈奴。比明友兵至，匈奴已引去。烏丸新被匈奴兵，乘其衰弊，遂進擊烏丸，斬首六千餘級，獲三王首還。後數復犯塞，明友輒征破之。〔五〇〕至王莽末，並與匈奴爲寇。〔五一〕光武定天下，遣伏波將軍馬援將三千騎，從五原關出塞征之。〔五二〕無利，而殺馬千餘匹。烏丸遂盛，鈔擊匈奴，匈奴轉徙千里，漢南地空。〔五三〕建武二十五年，烏丸大人郝且等九千餘人，〔五四〕率衆詣闕，〔五五〕封其渠帥爲侯王者八十餘人，〔五六〕使居塞內，布列遼東屬國、遼西、右北平、漁陽、廣陽、上谷、代郡、鴈門、太原、朔方諸郡界，招來種人，給其衣食，置校尉以領護之，遂爲漢偵備，〔五七〕擊匈奴、鮮卑。〔五八〕至永平中，漁陽烏丸大人欽志賁〔五九〕帥種人叛，鮮卑還爲寇害，遼東太守祭彤募殺志賁，遂破其衆。〔六〇〕至安帝時，漁陽、右北平、雁門烏丸率衆王無何等〔六一〕復與鮮卑、匈奴合，鈔略代郡、上谷、涿郡、五原，乃以大司農何熙〔六二〕行車騎將軍，左右羽林五營士，〔六三〕發緣邊七郡黎陽營兵合二萬人擊之。〔六四〕匈奴降，鮮卑、烏丸各還塞外。是後烏丸稍復親附，拜其大人戎末廆爲都尉。〔六五〕至順帝時，戎末廆〔六六〕率將王侯咄歸、去延等，從烏丸校尉耿曄出塞擊鮮卑有功，還皆拜爲率衆王，賜束帛。〔六七〕

〔一〕尚書舜典「蠻夷猾夏」孔傳云：「猾，亂也。」

〔二〕詩小雅「玁狁孔熾」毛傳云：「玁狁，北狄也；熾，盛也。」鄭箋云：「北狄，今匈奴也。言北狄來侵甚熾也。」

〔三〕史記南越傳：「漢高帝十一年，立尉佗爲南越王。武帝元鼎六年，平之。自尉佗初王後五世，九十三歲而國亡。」東越傳：「漢高帝五年立無諸爲閩越王，武帝建元六年閩越王郢擊南越，其弟餘善殺郢，漢因立餘善爲東越王。元封元年，越衍侯吳陽殺餘善降漢，於是天子曰：東越狹，多阻；閩越悍，素反覆，詔軍吏皆將其民徙處江、淮閒，東越地遂虛。」朝鮮傳：「武帝元封三年，定朝鮮爲真番、臨屯、樂浪、玄菟四郡。」

〔四〕史記大宛傳：「武帝太初元年，拜李廣利爲貳師將軍，往伐宛，期至貳師城取善馬，故號貳師將軍。」

〔五〕史記西南夷列傳：「西南夷君長以什數，夜郎最大；其西靡莫之屬以什數，滇最大；自滇以北，君長以什數，邛都最大；自嶲以東北君長以什數，徙筰都最大。」吳熙載曰：「邛，四川邛州；筰，四川寧遠府鹽源縣；夜郎，四川敘州府慶符縣及瀘州界。」王先謙曰：「邛，今邛州治；筰都，後爲沈黎郡，沈黎，今雅州府清溪縣東南；夜郎，今遵義府桐梓縣東二十里。」丁謙曰：「漢西南夷爲今四川南、貴州西南、及雲南全省地；夜郎國在今曲靖府境。水經注：溫水出牂柯夜郎縣，溫水即今八達江，乃南盤江之上游，源出曲靖西北，知曲靖爲故夜郎縣。」

〔六〕尚書禹貢：「五百里荒服。」孔傳云：「要服外之五百里，言荒，又簡略。」蔡傳云：「以其荒野，故謂之荒服。」

〔七〕史記匈奴列傳：「匈奴其先祖，夏后氏之苗裔也。曰淳維。」漢書音義曰：「匈奴始祖名。」晉灼曰：「堯時曰葷粥，周曰獫狁，秦曰匈奴。」

〔八〕衛青、霍去病也。

〔九〕史記匈奴傳：「置左、右賢王。」

〔一〇〕陳浩曰：「漢南，疑當作漠南。蓋就彼言之，漠以南也。下文漢南少事，誤同。」

〔一一〕姚範曰：「三郡，疑三部之訛。余疑三郡魏書所云漁陽、右北平、雁門三郡也。」朱邦衡曰：「鮮卑有東、西、中三部之稱，此三郡烏丸，似指下文遼西、上谷、右北平三郡言。王□□云：按下烏丸傳内皆以郡名分别種類，仍當以郡爲是。」弼按：武紀建安十一年三郡烏丸承天下亂云云，亦作三郡。代郡烏丸，不在三郡之内。

〔一二〕史記匈奴傳：「匈奴單于曰頭曼，有太子名冒頓。後有所愛閼氏生少子，欲廢冒頓而立少子。冒頓射殺單于頭曼，自立爲單于。然至冒頓而匈奴最彊大，盡服從北夷，而南與中國爲敵國。」索隱云：「冒，音墨，又如字。」宋祁曰：「冒，音墨；頓，音毒。」

〔一三〕宋本、馮本「控」作「雄」。

〔一四〕馮本「烏」作「鳥」，誤。

〔一五〕「漢」當作「漠」，説見前。

〔一六〕何焯曰：「自冒頓倔强一時，其後如檀石槐、蹋頓、軻比能之興，皆僅雄長北邊，中國無釁，人才向用，彼固不能有加也。劉淵以還，皆中國先自敗，而後乘之耳。謀國之士，聞一部新盛，即智勇豫怯，是又與兒童之見無異。」

〔一七〕各本裴注多連接正文，吴本、毛本忽於此處裴注提行，自亂其例。吴本於裴注前一行加烏丸二字，竟似以注語爲傳文矣。

〔一八〕元本、吴本「胡」下有「人」字。史記匈奴傳：「燕北有東胡山戎。」服虔曰：「東胡，烏丸之先，後爲鮮卑。在匈奴東，故曰東胡。」

〔一九〕史記匈奴傳：「冒頓東襲擊東胡，東胡初輕冒頓，不爲備。及冒頓以兵至，擊，大破滅東胡王。」

〔二〇〕索隱云：「案續漢書曰：漢初匈奴冒頓滅其國，餘類保烏桓山以爲號。俗隨水草，居無常處，桓以之名，烏號爲姓，父子男女，悉髡頭爲輕便也。」丁謙曰：「烏桓因山得名。烏桓者，烏蘭之轉音也。蒙古語紅曰烏蘭，故傳中又稱爲赤山。考游牧記，阿噜科爾沁旗北至烏蘭峯，與烏珠穆秦旗接界。又云西北有烏遼山，即烏丸山，知烏桓、烏蘭、烏遼、烏丸，名雖小異，實即一山。此山高大，爲内興安嶺南行正幹，所以部人東走時，得據山以自保。用是尊之爲神，故有人死靈歸是山之語。又遼史地理志：烏州本烏丸地，有遼河、夜河、烏丸川、烏丸山。遼河即錫喇木倫河，夜河即哈喜爾河，烏丸川即烏爾渾河，（烏爾渾亦烏丸轉音。）而烏丸山居於三水之閒，凡此皆烏桓部地，在今阿噜科爾沁之明證。」弼按：一統志云：「阿禄科爾沁西北有烏聊山，或曰，即烏桓山」。

〔二一〕漢書匈奴傳云：「匈奴父子同穹廬臥。」師古曰：「穹廬，旃帳也。其形穹隆，故曰穹廬。」

〔二二〕史記匈奴傳云：「得漢食物，皆去之，以示不如湩酪之便也。」集解云：「湩，乳汁也。」

〔二三〕鄭玄注周禮曰：「毛之縟細者爲毳。」

〔二四〕范書烏桓傳作「悍塞」。説文云：「悍，勇也。」

〔二五〕冒頓弒父，習俗成風，東胡、北狄，大致相同。

〔二六〕惠棟曰：「續漢書云：以父名字爲姓。」弼按：史記匈奴傳云：「其俗有名不諱，而無姓字。」漢書匈奴傳云：「其俗有名不諱而無字。」又云：「單于姓攣鞮氏，是匈奴有姓，班詳於馬也。」

〔二七〕范書烏桓傳作「其嫁娶則先略女通情」。杜預注左傳曰：「不以道取爲略。」

〔二八〕范書作「旦旦拜之，而不拜其父母」。

〔二九〕范書作「一二年閒」。

〔三〇〕范書作「一皆爲辨」。

〔三一〕范書作「唯戰鬭之事」。

〔三二〕范書作「踞蹲」。

〔三三〕宋本、馮本「禿」作「髠」，范書同。説文云：「大人曰髠，小人曰鬀。」

〔三四〕范書作「簂步摇」。章懷注云：「簂，音吉悔反，字或爲幗，婦人首飾也。續漢輿服志曰：公卿列侯夫人紺繒幗。釋名云：皇后首飾上有垂珠，步則摇之也。」

〔三五〕范書作「其俗妻後母，報寡嫂」。弼按：史記匈奴傳云：「貴壯健，賤老弱。父死，妻其後母；兄弟死，皆取其妻妻之。」其風俗亦相同也。

〔三六〕毛本「候」作「侯」，誤。范書作「見鳥獸孕乳，以別四節」。爾雅釋鳥：「鳲鳩，鴶鵴」郭璞注：「今之布穀也。江東呼爲穫穀。」廣雅釋鳥：「鴶鵴，布穀也；尸鳩，戴勝也。」埤雅釋鳥云：「戴勝，頭上有毛花成勝，故曰戴勝也。三月飛在桑閒，月令所謂戴勝降於桑是也。方言曰鳲鳩自關而東謂之戴鵀，似誤。蓋鳲鳩，布穀也。按：今男事興而布穀鳴，女功興而戴鵀鳴，則鳲鳩與戴勝異。雄之言非。唐王建戴勝詞：聲聲催我急種穀，人家向田不歸宿。可憐白鷺滿緑池，不如戴勝知天時。」弼按：以戴勝爲趣織之鳥，（從鄭玄説。）以布穀爲催耕之鳥，説較近是。戴鵀、戴紝、戴勝、戴南，四名皆一鳥也。

〔三七〕元本、吴本無下「東牆」二字，毛本無下「東」字，范書作「其土地宜穄及東牆」。

〔三八〕范書作「實如穄子」。惠棟曰：「郭義恭廣志云：東牆子色青黑，似蓬草，粒如葵子。十一月熟，出涼、并烏丸地。河西語曰：貸我東牆，償我白粱也。説文：穄，穈也。从禾，祭聲。又云：穈，穄也。是一物。」趙一清曰：「牆，一作蘠。」

〔三九〕范書作「男子能作弓矢鞍勒」。李賢曰：「勒，馬銜也。」

〔四〇〕范書作「婦人能刺韋作文繡，織氀毼」。廣雅曰：「氀毼，罽也。」氀，音力于反；毼，音胡達反。

〔四一〕范書「嬰」作「纓」。

〔四二〕范書作「言以屬累犬」。李賢曰：「屬累，乃付託也。屬，音之欲反；累，音力瑞反。」惠棟曰：「爾雅釋言：諈諉，累也。郭璞云：以事相屬累爲諈諉。」

〔四三〕范書祭肜傳：「匈奴、鮮卑及赤山烏桓，連和强盛，數入塞，殺略吏人。建武十七年，拜肜遼東太守，數破走之。」又云：「赤山烏桓數犯上谷，爲邊害。永平元年，肜使偏何擊破赤山，斬其魁帥。肜之威聲，暢於北方，西自武威，東盡玄菟及樂浪胡夷，皆來内附。」方輿紀要卷十八：「赤山在泰寧衛境。」弼按：王沈魏書、范蔚宗後漢書皆言赤山在遼東西北數千里，方輿紀要言在泰寧衛境，似誤，當以丁謙所引游牧記及遼史地理志爲可據，丁説見前。

〔四四〕范書作「如中國人死者魂神歸岱山也」。章懷注引博物志云：「泰山，天帝孫也，主召人魂。東方萬物始，故知人生命。」

〔四五〕馮本「誦」作「頌」。

〔四六〕元本、吴本無下「地」字。

〔四七〕章懷注：「前書音義曰：丁令，匈奴别種也。令，音零。」丁謙曰：「丁零，一作丁令，部地在今貝加爾湖（古稱北海。）東南。蘇武傳武居北海丁零，盜其牛羊，以地相鄰接，故烏孫地在今伊犂河南，特克斯河濱，前人謂即伊犂，未確也。」

〔四八〕漢書匈奴傳「壹」作「壺」。壺衍鞮單于之立，在漢昭帝始元二年。

〔四九〕范書烏桓傳：「烏桓自爲冒頓所破，衆遂孤弱，常臣伏匈奴，歲輸牛馬羊皮。過時不具，輒没其妻子。及武帝遣驃騎將軍霍去病擊破匈奴左地，因徙烏桓於上谷、漁陽、右北平、遼東五郡（錢大昕曰：「案文止有四郡，蓋脱遼西二字。」)塞外，爲漢偵察匈奴動静。其大人歲一朝見，於是始置烏桓校尉，秩二千石，擁節監領之，使不得與匈奴交通。昭帝時，烏桓漸强，乃發匈奴單于冢墓，以報冒頓之怨。」何焯曰：「烏丸大人不世繼，然必報破國之恥於百年之久，此知報讎之道者也。恥在一家，則一家之子姓報之；恥在一國，則一國之人民報之。豈獨齊襄之復九世已哉。」

〔五〇〕漢書匈奴傳：「匈奴方發二萬騎擊烏桓，大將軍霍光欲發兵邀擊之，以問護軍都尉趙充國。充國以爲烏桓閒數犯塞，今匈奴擊之，於漢便。又匈奴希寇盜，北邊幸無事，蠻夷自相攻擊，而發兵要之，招寇生事，非計也。光更問中郎將范明友，明友言可擊。於是拜明友爲度遼將軍，將二萬騎出遼東。匈奴聞漢兵至，引去。初，光誡明友，兵不空出。即後匈奴，遂擊烏桓。烏桓時新中匈奴兵，明友即後匈奴，因乘烏桓敝，擊之，斬首六千餘級，獲三王首還。封爲平陵侯。」師古曰：「後匈奴者，言兵遲後，邀匈奴不及。」

〔五一〕范書烏桓傳：「王莽篡位，欲擊匈奴，興十二部軍，使東域將嚴尤領烏桓、丁令兵屯代郡，皆質其妻子於郡縣。烏桓不便水土，懼久屯不休，數求謁去。莽不肯遣，遂自亡畔，還爲抄盜，而諸郡盡殺其質，由是結怨於莽。匈奴因誘其豪帥以爲吏，餘者皆羈縻屬之。光武初，烏桓與匈奴連兵爲寇，代郡以東，尤被其害。」

〔五二〕范書烏桓傳：「其在上谷塞外白山者，最爲强富。建武二十一年，遣伏波將軍馬援，將三千騎出五阮關掩擊之。」章懷注：「關在代郡。」惠棟曰：「説文云：阮，代郡五阮關也。按：關在代郡廣昌縣。高誘云：即陽原也。」趙一清曰：「五原關今紫荆關，後漢書作五阮。案：阮、原音同。」丁謙曰：「上谷白山，即今張家口北察罕陀羅海山。察罕，譯言白；陀羅海，譯言頭，猶言白頭山，亦稱白山。五阮關，章懷原注在代郡，漢代郡在今宣化府南，則是關當設於懷安北境。」弼按：范書馬援傳：援將三千騎出高柳，行雁門、代郡、上谷障塞。烏桓候者見漢軍至，虜遂散去，援無所得而還。此傳言援出高柳，歷雁門、代郡、上谷各郡，由西而東，至右北平郡，(見東觀記。)皆按前漢地理敘次。當時之高柳，在今大同府東南，蓋出五原關北至高柳，逐虜東行，與烏桓傳相合。又按：前漢書成帝紀陽朔二年詔，流民欲入函谷、天井、壺口、五阮關者，勿苛留。地理志：代郡有五原關。齊召南謂五阮疑即五原，音之轉耳。是五原、五阮實一地也。沈欽韓曰：「淮南氾論：北至飛狐陽原。注：或曰：陽原、代郡、廣昌、東五阮關是也。方輿紀要：紫荆關在保定府易州西八十里，代州廣昌縣東北百里，或曰即古之五阮關。愚按：五阮蓋在飛狐、倒馬閒，非紫荆關也。」

〔五三〕范書烏桓傳：「烏桓尾擊援後，援遂晨夜奔歸。比入塞，馬死者千餘匹。二十二年，匈奴國亂，烏桓乘弱擊破之。匈奴轉北徙數千里，漢南地空。帝乃以幣帛賂烏桓。」

〔五四〕范書作「郝旦等九百二十二人」，此作「九千餘人」，誤。觀下文有「率衆」之語自明。官本攷證云：「且，北宋本、後漢書俱作旦。」

〔五五〕毛本「闕」作「關」，誤。范書云：「率衆向化，詣闕朝貢，獻奴婢、牛、馬及弓、虎、豹、貂、皮。」

〔五六〕范書「餘」作「一」。

〔五七〕范書「備」作「候」，下有「助」字。

〔五八〕范書烏桓傳：「司徒掾班彪上言：烏桓天性輕黠，好爲寇賊，若久放縱，而無總領者，必復侵掠居人。但委主降掾吏，恐非所能制。於是復置烏桓校尉於上谷甯城，開營府，并領鮮卑，賞賜質子，歲時互市焉。」

〔五九〕范書「欽」作「歆」。

〔六〇〕范書鮮卑傳：「漁陽赤山烏桓歆志賁等，數寇上谷。永平元年，祭肜賂偏何擊歆志賁，破斬之。明、章二世，保塞無事。」烏桓傳亦云：「明、章、和三世，保塞無事。」

〔六一〕范書作「無何允」。劉攽曰：「魏志名無何，無允字。」

〔六二〕宋本、馮本、官本作「大司農」，元本、吴本、毛本作「大司馬」。弼按：范書梁慬傳作「大司農何熙」。又按續百官志云：「世祖即位，爲大司馬。建武二十七年，改爲太尉。」蓋東漢自建武時，吴漢、劉隆爲大司馬，後改爲太尉，以後無是官。至獻帝時，劉虞、李傕、張揚爲大司馬，始復有之。自以作大司農爲是。

〔六三〕范書梁慬傳作「羽林五校營士」。續百官志：「北軍中候，掌監五營。」

〔六四〕范書梁慬傳云：「發緣邊十郡兵二十餘萬人。」章懷注：「緣邊十郡，謂五原、雲中、定襄、雁門、朔方、代郡、上谷、漁陽、遼西、右北平，與此言七郡二萬人異。」

〔六五〕范書烏桓傳：「安帝永初三年夏，漁陽烏桓與右北平胡千餘寇代郡、上谷。秋，雁門烏桓率衆王無何允與鮮卑大人丘倫等及南匈奴骨都侯，合七千騎，寇五原，與太守戰於九原高渠谷。漢兵大敗，殺郡長吏，乃遣車騎將軍何熙、度遼將軍梁慬等擊，大破之。無何乞降，鮮卑走還塞外。是後烏桓稍復親附，拜其大人戎朱廆爲親漢都尉。」梁慬傳：「何熙字孟孫，陳國人。及在軍，臨歿遺言薄葬。」互見本志卷十二何夔傳。

〔六六〕范書「未」作「朱」。

〔六七〕范書鮮卑傳：「陽嘉元年冬，耿曄遣烏桓親漢都尉戎朱廆率衆王侯咄歸等出塞，抄擊鮮卑，大斬獲而還。賜咄歸等已下爲率衆王侯長，賜綵繒各有差。」又烏桓傳云：「順帝陽嘉四年冬，烏桓寇雲中，遮截道上商賈車、牛千餘兩。度遼將軍耿曄率二千餘人追擊，不利；又戰於沙南，斬首五百級。烏桓遂圍曄於蘭池城，於是發積射士二千人，度遼營千人配上郡屯，以討烏桓，烏桓乃退。永和五年，烏桓大人阿堅、羌渠等與南匈奴左部句龍吾斯反畔，中郎將張耽擊破斬之。桓帝永壽中，朔方烏桓畔，中郎將張奂擊平之。延熹九年夏，烏桓復寇緣邊九郡，張奂討之，皆出塞去。」

漢末，遼西烏丸大人丘力居，衆五千餘落；上谷烏丸大人難樓，衆九千餘落；各稱王。而遼東屬國烏丸大人蘇僕延，〔一〕衆千餘落，自稱峭王；右北平烏丸大人烏延，衆八百餘落；自稱汗魯王；皆有計策勇健。中山太守張純叛入丘力居衆中，自號彌天安定王，爲三郡烏丸元帥，〔二〕寇略青、徐、幽、冀四州，殺略吏民。靈帝末，以劉虞爲幽州牧，募胡斬純首，北州乃定。〔三〕後丘力居死，〔四〕子樓班年小，從子蹋頓有武略，代立，總攝三王部，衆皆從其教令。〔五〕袁紹與公孫瓚連戰不決，蹋頓遣使詣紹求和親，助紹擊瓚，破之。紹矯制賜蹋頓、難峭王、汗魯王印綬，皆以爲單于。〔六〕

英雄記曰：紹遣使即拜烏丸三王爲單于，〔七〕皆安車、華蓋、〔八〕羽旄、黄屋、左纛。〔九〕版文曰：「使持節大將軍督幽、青、并領冀州牧阮鄉侯紹〔一〇〕承制詔遼東屬國率衆王頒下、烏丸遼西率衆王蹋頓、右北平率衆王汗盧：〔一一〕維乃祖慕義遷善，〔一二〕款塞内附，北捍玁狁，東拒濊貊，世守北陲，爲百姓保障。雖時侵犯王略，命將徂征厥罪，率不旋時，悔愆變改；方之外夷，最又聰惠者也。〔一三〕始有千夫長、百夫長以相統領，用能悉乃心，克有勳力於國家，稍受王侯之命。自我王室多故，公孫瓚作難，殘夷厥土之君，以侮天慢主。是以四海之内，〔一四〕並執干戈，以衛社稷。三王奮氣裔土，忿姦憂國，控弦與漢兵爲表裏，誠甚忠孝，朝所嘉焉。然而虎兕長蛇，相隨塞路，王官爵命，否而無聞。夫有勳不賞，俾勤者怠。今遣行謁者楊林，齎單于璽綬車服，以對爾勞。其各綏静部落，〔一五〕教以謹慎，無使作凶作惡。〔一六〕世復爾祀位，長爲百蠻長。厥有咎有不臧者，泯於爾禄，而喪於乃庸，可不勉乎！烏丸單于都護部衆，左右單于受其節度，他如故事。」

〔一〕范書烏丸傳作「遼東蘇僕延」，無「屬國」二字。

〔二〕「三郡」，范書作「諸郡」，事在靈帝中平四年。

〔三〕互見本志公孫瓚傳。通鑑：「中平四年，張温發幽州烏桓突騎三千，以討涼州，故中山相漁陽張純請將之，温不聽，軍到薊中，烏桓以牢稟逋縣，多叛還本國。張純忿不得將，乃與同郡故泰山太守張舉及烏桓大人丘力居等，連盟劫略薊中，殺護烏桓校尉公綦稠、右北平太守劉政、遼東太守陽終等，衆至十餘萬，屯肥如。舉稱天子，純稱彌天將軍安定王。五年，詔發南匈奴兵，配劉虞討張純；六年，虞遣使至鮮卑，責使送張舉、張純首，厚加購賞。三月，張純客王政殺純，送首詣虞。」

〔四〕在獻帝初平中，見范書。

〔五〕范書作「總攝三郡，衆皆從號令」。

〔六〕范書烏桓傳：「建安初，冀州牧袁紹與前將軍公孫瓚相持不決，蹋頓遣使詣紹求和親，遂遣兵助擊瓚，破之。紹矯制賜蹋頓、難樓、蘇僕延、烏桓烏延等皆以單于印綬。」弼按：本傳文「難」下少一「樓」字，范書傳文「蘇僕延」下多「烏桓」二字。蓋蹋頓、難樓、蘇僕延、烏延皆烏桓也，不得獨於「烏延」上加此二字。潘眉曰：「前列四大人，當作蹋頓、難樓、峭王、汗魯王。」

〔七〕沈家本曰：「烏丸三王，下文所稱遼東率衆王頒下、遼西率衆王蹋頓、右北平率衆王汗魯也。遼東率衆王未書名，即峭王也。惟正文尚有上谷烏丸大人難樓，英雄記未之及，似傳文難爲衍文，且難樓亦不得但稱難也。後文亦但稱三郡烏丸，其不及上谷明矣。」

〔八〕毛本「車」作「居」，誤。

〔九〕宋本、元本、馮本、監本「旄」作「覆」。

〔一〇〕紹傳「封邟鄉侯」，阮字誤。

〔一一〕沈家本曰：「傳作汗魯，注作汗盧，魯、盧聲相近，蓋塞外譯音，本無正字也。」

〔一二〕吳本「祖」作「相」，毛本「祖慕」作「相慕」，均誤。

〔一三〕郝經續後漢書「又」作「爲」。弼按：「惠」疑作「慧」。

〔一四〕宋本「海」作「方」。
〔一五〕元本「綏靜」作「緩靜」，誤。
〔一六〕宋本「惡」作「慝」。

後樓班大，峭王率其部衆〔一〕奉樓班爲單于，蹋頓爲王。然蹋頓多畫計策。〔二〕廣陽閻柔，〔三〕少没烏丸、鮮卑中，爲其種所歸信。〔四〕柔乃因鮮卑衆，殺烏丸校尉邢舉，代之。〔五〕紹因寵尉，〔六〕以安北邊。後袁尚敗，奔蹋頓，憑其埶，復圖冀州。〔七〕會太祖平河北，柔帥鮮卑、烏丸歸附，遂因以柔爲校尉，猶持漢使節，治廣寧如舊。〔八〕建安十一年，〔九〕太祖自征蹋頓於柳城，〔一〇〕潛軍詭道，未至百餘里，虜乃覺。尚與蹋頓將衆逆戰於凡城，〔一一〕兵馬甚盛。太祖登高望虜陣，〔一二〕柳軍未進，〔一三〕觀其小動，乃擊破其衆。臨陣斬蹋頓首，死者被野。〔一四〕速附丸、樓班、烏延等走遼東，〔一五〕遼東悉斬，傳送其首。其餘遺迸皆降。及幽州、并州柔所統烏丸萬餘落，悉徙其族居中國，帥從其侯王大人種衆與征伐。由是三郡烏丸爲天下名騎。〔一六〕

魏略曰：景初元年秋，遣幽州刺史毌丘儉率衆軍討遼東。右北平烏丸單于寇婁敦、〔一七〕遼西烏丸都督率衆王護留葉，昔隨袁尚奔遼西，聞儉軍至，率衆五千餘人降。寇婁敦遣弟阿羅獎等，〔一八〕詣闕朝貢，封其渠帥三十餘爲王，〔一九〕賜輿馬、繒采各有差。〔二〇〕

〔一〕「樓班大」，元本作「難樓及」。潘眉曰：「樓班大，絶句；謂樓班年既長也。」弼按：范書烏桓傳作「後難樓、蘇僕延率其部衆」，與元本作「後難樓及峭王率其部衆」合。蓋蘇僕延即峭王也。難樓、蘇僕延均率部衆奉樓班爲單于，有公推之意。

〔二〕范書作「蹋頓猶秉計策」。

〔三〕郡國志：「幽州廣陽郡廣陽。」一統志：「廣陽故城，今順天府良鄉縣東北十里。」弼按：廣陽郡，前漢爲燕國。後國除作郡。三國魏復爲燕國。故本志卷八公孫瓚傳作燕國閻柔也。柔事互見瓚傳。

〔四〕范書「種」下有「人」字。

〔五〕本志公孫瓚傳：「柔素有恩信，共推柔爲烏丸司馬。蓋爲司馬在先，代校尉在後。」

〔六〕范書「尉」作「慰」。

〔七〕官本考證云：「元本作借兵欲復圖冀州，范書作尚欲憑其兵力，復圖中國。」

〔八〕郡國志：「幽州上谷郡廣甯。」一統志：「廣甯故城，在今直隸宣化府宣化縣西北。」潘眉曰：「上谷郡有甯縣，又有廣甯縣。（前書地理志甯並作寧。章懷云：寧，甯字通。）漢置烏桓校尉於上谷甯城，則甯縣而非廣甯縣也。下鮮卑傳注亦云止烏丸校尉所治甯下，（後漢書作「甯城下」。）此廣字疑衍文。」惲毓鼎曰：「後漢書烏桓傳：光武始復置烏桓校尉於上谷甯城，是閻柔所治乃甯縣，非廣甯也。疑國志衍廣字。」謝鍾英曰：「廣甯稱大甯城，甯稱小甯城。後漢書甯城，其爲大小，均不可知。國志烏丸傳既云治廣甯如舊，是後書甯城係指廣甯而言，則廣非衍字。」弼按：漢書地理志：上谷郡寧縣，西部都尉治。魏土地記云：大甯城西二十里有小甯城，是小甯爲西部都尉治。烏桓校尉當治大甯，范書之甯城，當指廣甯，故本傳有治廣甯如舊之文。又惠棟於郡國志甯縣下引應劭漢官云：「永平八年，初置烏桓校尉屯此。」弼按：復置烏桓校尉在建武末年，不始於永平。惟大、小甯城相距僅二十里，校尉往來屯駐，或亦事所恒有也。楊桂森考辨云：「大甯城今張家口」，則廣甯自古爲重鎮矣。

〔九〕本志武紀在建安十二年夏，此作十一年，誤。

〔一〇〕漢書地理志：「遼西郡柳城，西部都尉治。」續志、後漢省。一統志：「柳城故城，即後魏及唐之營州，遼、金之興中府，在今錦州邊界。」丁謙曰：「柳城，漢縣，屬遼西。昔慕容皝建都於黃龍城，實在柳城北，黃龍城爲今熱河朝陽縣治，則柳城在朝陽南境無疑。」謝鍾英曰：「柳城今建昌縣北、哈喇沁右翼界。」馬與龍曰：「當在建昌縣東北。」弼按：一統志又云：「柳城故城，在土默特右翼旗西。」十六國春秋：「慕容皝以柳城之北、龍山之南福德之地，使陽裕築龍城，搆宮廟，改柳城爲龍城縣。」據此，則漢之柳城在今錦州之西，朝陽之南，土默特右翼旗之東南。丁說是，謝、馬二說均誤。蓋魏武進兵，東追柳城，當在白狼、平岡之東，不在今建昌之北也。互見武紀建安十二年。

〔一一〕趙一清曰：「方輿紀要卷十七：凡城在營州西南。水經濡水注：盧龍東越青徑至凡城二百里許，自凡城東北出趣平岡故城可百八十里，向黃龍則五百里。承德府志：今平泉州東南。」謝鍾英曰：「按地望宜在州西北境。」丁謙曰：「凡城無考，疑丸城之誤。以破烏丸於此，故名；實漢之白狼縣。蓋曹公登白狼山，猝遇虜即擊破之，其戰地必在山下，正漢白狼縣地。」弼按：凡城見水經注，丁云無考，誤也。承德府志云「在平泉州東南」是，謝說誤。馬與龍曰：「據酈注平岡在凡城東北百八十里，時曹公已歷平岡，虜軍不應逆於凡城，蓋當時虜聞魏軍至，倉卒未審所由，遂至相左也。」弼按：凡城互見武紀建安十二年白狼山注。

〔一二〕武紀云登白狼山。

〔一三〕官本考證云：「柳疑作抑。」

〔一四〕范書作「首虜二十餘萬人」。

〔一五〕武紀作「速僕丸」。胡三省曰：「速僕丸即蘇僕延，語有輕重耳。」

〔一六〕姜云：「一時權變，貽禍中原。」

〔一七〕元本「寇」作「怨」，誤；下仍作寇。

〔一八〕元本「遣」作「遺」，誤。毌丘儉傳作「阿羅槃」。

〔一九〕「餘」下應有「人」字。

〔二〇〕互見明紀景初元年及毌丘儉傳。又案：烏丸王骨進桀黠不恭，見田豫傳。

鮮卑

魏書曰：鮮卑，亦東胡之餘也，別保鮮卑山，因號焉。〔一〕其言語習俗，與烏丸同。其地東接遼西，〔二〕西當西城。〔三〕常以季春大會，作樂水上，〔四〕嫁女娶婦，髡頭飲宴。〔五〕其獸異於中國者，野馬、羱羊、端牛。端牛角爲弓，世謂之角端者也。〔六〕又有貂、豽、鼲子，皮毛柔蠕，〔七〕故天下以爲名裘。鮮卑自爲冒頓所破，遠竄遼東塞外，不與餘國爭衡，未有名通於漢，而猶自與烏丸相接。〔八〕至光武時，南北單于更相攻伐，匈奴損耗，而鮮卑遂盛。建武三十年，鮮卑大人於仇賁率衆人詣闕朝貢，封於仇賁爲王。永平中，祭肜爲遼東太守，誘賂鮮卑，使斬叛烏丸欽志賁等首，〔九〕於是鮮卑自燉煌、酒泉以東邑落大人，皆詣遼東受賞賜，青、徐二州，給錢歲二億七千萬以爲常。〔一〇〕和帝時，鮮卑大都護校尉廆帥部衆從烏丸校尉任賞擊叛者，〔一一〕封校尉廆爲率衆王。〔一二〕殤帝延平中，鮮卑乃東入塞，殺漁陽太守張顯。〔一三〕安帝時，鮮卑大人燕荔陽入朝，漢賜鮮卑王印綬，赤車參駕，〔一四〕止烏丸校尉所治甯下。〔一五〕通胡市，築南北兩部質宫，受邑落質者二十部。〔一六〕是後或反或降，或與匈奴、烏丸相攻擊。〔一七〕安帝末，發緣邊步騎二萬餘人，屯列衝要。後鮮卑八九千騎穿代郡及馬城塞入害長吏，〔一八〕漢遣度遼將軍鄧遵、中郎將馬續出塞追破之。鮮卑大人烏倫、其至鞬等七千餘人詣遵降，〔一九〕封烏倫爲王，其至鞬爲侯，賜采帛。遵去後，其至鞬復反，圍烏丸校尉於馬城，度遼將軍耿夔及幽州刺史救解之。〔二〇〕其至鞬遂盛，控弦數萬騎，數道入塞，趣五原寧貊，〔二一〕攻匈奴南單于，殺左奥鞬日逐王。〔二二〕順帝時，復入塞，殺代郡太守。漢遣黎陽營兵屯中山，〔二三〕緣邊郡兵屯塞下，調五營弩帥令教戰射，南單于將步騎萬餘人助漢，擊卻之。後烏丸校尉耿曄將率衆王出塞擊鮮卑，多斬首虜，於是鮮卑三萬餘落，詣遼東降。〔二四〕匈奴及北單于遁逃後，餘種十餘萬落，詣遼東雜處，皆自號鮮卑兵。〔二五〕投鹿侯從匈奴軍三年，〔二六〕其妻在家，有子。〔二七〕投鹿侯歸，怪欲殺之。妻言：「嘗晝行聞雷震，仰天視而雹入其口，因吞之，遂妊身。十月而産此子，必有奇異，且長之。」〔二八〕投鹿侯固不信。〔二九〕妻乃語家，〔三〇〕令收養焉，號檀石槐。〔三一〕長大勇健，智略絕衆。年十四五，異部大人卜賁邑鈔取其外家牛羊，檀石槐策騎追擊，所向無前，悉還得所亡。由是部落畏服，施法禁曲直，〔三二〕莫敢犯者，遂推以爲大人。檀石槐既立，乃爲庭於高柳北三百餘里彈汗山啜仇水上，〔三三〕東西部大人皆歸焉。兵馬甚盛，南鈔漢邊，北拒丁令，〔三四〕東卻扶餘，〔三五〕西擊烏孫，〔三六〕盡據匈奴故地，東西萬二千餘里，〔三七〕南北七千餘里，罔羅山川、水澤、鹽池甚廣。〔三八〕漢患之。桓帝時，使匈奴中郎將張奐征之，不克；乃更遣使者齎印綬，〔三九〕即封檀石槐爲王，欲與和親。檀石槐拒不肯受，寇鈔滋甚。〔四〇〕乃分其地，〔四一〕爲中、東、西三部，從右北平以東至遼，東接扶餘、貊爲東部，〔四二〕二十餘邑，其大人曰彌加、闕機、素利、槐頭。從右北平以西至上谷爲中部，十餘邑，其大人曰柯最、闕居、慕容等，爲大帥。〔四三〕從上谷以西至敦煌，西接烏孫爲西部，二十餘邑，其大人曰置鞬落羅、日律推演、宴荔游等，皆爲大帥，而制屬檀石槐。〔四四〕至靈帝時，大鈔略幽、并二州，緣邊諸郡，〔四五〕無歲不被其毒。嘉平六年，〔四六〕遣護烏丸校尉夏育、破鮮卑中郎將田晏、匈奴中郎將臧旻與南單于出鴈門塞，三道並進，徑二千餘里征之。〔四七〕檀石槐率部衆逆擊，旻等敗走；兵馬還者，什一而已。〔四八〕鮮卑衆日多，田畜射獵，不足給食。後檀石槐乃按行烏侯秦水，〔四九〕廣袤數百里，〔五〇〕渟不流，中有魚而不能得。聞汗人善捕魚，於是檀石槐東擊汗國，〔五一〕得千餘家，徙置烏侯秦水上，使捕魚以助糧。至于今，烏侯秦水上有汗人數百户。檀石槐年四十五死，〔五二〕子和連代立。和連材力不及父，而貪淫，斷法不平，衆叛者半。靈帝末年，數爲寇鈔，攻北地，北地庶人善弩射者〔五三〕射中和連，和連即死。其子騫曼小，〔五四〕兄子魁頭代立。魁頭既立後，騫曼長大，與魁頭爭國，衆遂離散。魁頭死，弟步度根代立。自檀石槐死後，諸大人遂世相襲也。

步度根既立，〔五五〕衆稍衰弱，中兄扶羅韓亦別擁衆數萬爲大人。建安中，太祖定幽州，步度根與軻比能等因烏丸校尉閻柔上貢獻。〔五六〕後代郡烏丸能臣氐等叛，〔五七〕求屬扶羅韓，扶羅韓將萬餘騎迎之。到桑乾，〔五八〕氐等議，以爲扶羅韓部威禁寬緩，恐不見濟，更遣人呼軻比能。比能即將萬餘騎到，當共盟誓。比能便於會上殺扶羅韓，扶羅韓子泄歸泥及部衆悉屬比能。比能自以殺歸泥父，特又善遇之。步度根由是怨比能。文帝踐阼，田豫爲烏丸校尉，持節并護鮮卑，屯昌平。〔五九〕步度根遣使獻馬，帝拜爲王。後數與軻比能更相攻擊，步度根部衆稍寡弱，將其衆萬餘落保太原鴈門郡。步度根乃使人招呼泄歸泥曰：「汝父爲比能所殺，不念報仇，反屬怨家。今雖厚待汝，是欲殺汝計也。不如還我，我與汝是骨肉至親，豈與仇等？」由是歸泥將其部落逃歸步度根。比能追之弗及。〔六〇〕至黄初五年，步度根詣闕貢獻，厚加賞賜，是後一心守邊，不爲寇害，而軻比能衆遂彊盛。明帝即位，務欲綏和戎狄，以息征伐，羈縻兩部而已。至青龍元年，比能誘步度根深結和親，於是步度根將泄歸泥及部衆悉保比能，〔六一〕

寇鈔并州，殺略吏民。帝遣驍騎將軍秦朗征之，〔六二〕歸泥叛比能，將其部衆降，拜歸義王，賜幢麾、曲蓋、鼓吹，居并州如故。〔六三〕步度根爲比能所殺。

〔一〕晉書載記第八云：「慕容廆，昌黎棘城鮮卑人，其先有熊氏之苗裔，世居北夷，邑於紫蒙之野，號曰東胡。其後與匈奴並盛，控弦之士二十餘萬，風俗官號，與匈奴略同。秦、漢之際，爲匈奴所敗，分保鮮卑山，因以爲號。」魏收魏書一序紀云：「昔黃帝有子二十五人，或內列諸華，或外分荒服。昌意少子，受封北土，國有大鮮卑山，因以爲號。」惠棟曰：「應奉云：秦築長城，徒役之士，亡出塞外，依鮮卑山，因以爲名。隋圖經云：山在柳城東南二百里。」丁謙曰：「鮮卑與烏桓皆出東胡，自東胡爲冒頓所破，種人遁走，分爲兩部。後漢書烏桓傳謂東胡餘種，保烏桓山，因以爲號，是矣。但鮮卑傳亦謂東胡之支，別依鮮卑山，故因號焉。則不免臆說無據。蓋遼東塞外，別無鮮卑之山，鮮卑實東胡氏族之名，魏書本紀卷一言北國有大鮮卑山，因以爲號，此鮮卑之種類所由來也。鮮卑爲塞北三大種族之一，族派繁衍，部落極多，東胡僅其一支而已。大鮮卑山在俄屬伊爾古斯克省，北通姑斯河南。今外蒙古以北之地，西人皆稱爲悉比利亞。悉比即鮮卑轉音，以其地皆鮮卑人種所分布故也。西儒談人種學者，以悉比利亞及東三省人爲通姑斯種，通姑斯河即大鮮卑山所在，一以河爲標識，一以山爲標識，中西所攷，若合符節。然則鮮卑之名，源出大鮮卑山，而非由後來之更改，彰彰明矣。惟拓跋氏爲彼種貴族，世爲君長，其南遷也，亦較後。後漢書鮮卑傳不過彼種中散姓，分徙最早，因其但有氏族，不立部名，故中國混以東胡目之。自爲匈奴破後，生息百年，復成部落，至前漢末，方與中國有交涉，此鮮卑入史之始。」弼按：丁說蓋就鮮卑全部立論，漢、魏之際，鮮卑所部，實無如是之廣。此傳所云自雲中、五原以東抵遼水，皆爲鮮卑庭。又田豫傳自高柳以東，濊貊以西，鮮卑數十部，即當時鮮卑所部。一統志云：後漢書鮮卑傳：以季春月大會於饒樂水上。注：水在今營州北。遼史地理志：中京大定府當饒樂河水之南，溫渝河水之北，故大定在喀喇沁右翼南百里。老河北則古鮮卑山，當相去不遠。姚範曰：「大招：小腰秀頸，若鮮卑只。則鮮卑之名久矣。」

〔二〕宋本「西」作「水」。

〔三〕元本「城」作「域」。

〔四〕范書作「饒樂水」。方輿紀要卷十八：「饒樂河在大寧衛北，源出馬盂山，其下流東北入於潢河。魏武北征烏桓之後，庫莫奚建牙於此。」丁謙曰：「饒樂水，魏書作弱洛水，十六國春秋作澆洛水，五代史契丹傳則作臬羅箇没里。臬羅即饒樂，没里即木連轉音，譯言河也。金史則省稱樂河，後轉老河，今名老哈河。張氏游牧記指爲英金河，殊無據。」弼按：一統志：潢河即遼水之西一源，古名饒樂水。

〔五〕范書作「惟婚姻先髡頭」。

〔六〕范書作「又禽獸異於中國者，野馬、原羊、角端牛。以角爲弓，俗謂之角端弓者」。爾雅釋獸「羱如羊」注：「羱羊似吴羊而大角，角橢，出西方。」前書音義曰：「角端似牛角，可爲弓。」惠棟曰：「説文云：角端狀如豕，角善爲弓，出胡多休國。陸璣毛詩疏云：李陵曾以此弓遺蘇武。郭璞注爾雅云：角䚡似猪，角在鼻上。」弼按：爾雅釋畜「野馬」注云：「如馬而小，出塞外。」

〔七〕范書「蠕」作「蝡」。章懷注：「豽，音女滑反；鼲，音胡昆反。貂鼲並鼠屬，豽，猴屬也。」黄山曰：「説文：蝡，動也。於義欠合，疑煗之誤。」

〔八〕宋本「猶」作「由」。官本考證曰：「由字宜衍。」丁謙曰：「遼東塞外，即今奉天以北科爾沁、郭爾羅斯諸部境。鮮卑因避匈奴之鋒，遁居於此。時烏桓所部在其西北，故曰相接。」

〔九〕范書「欽」作「歆」。

〔一〇〕范書鮮卑傳：「光武初，匈奴强盛，率鮮卑與烏桓寇抄北邊，殺掠吏人，無有寧歲。建武二十一年，鮮卑與匈奴入遼東，遼東太守擊破之，斬獲殆盡，由是震怖。及南單于附漢，北虜孤弱。二十五年，鮮卑始通驛使，其後都護偏何等詣祭肜求自效功，因令擊北匈奴左伊育訾部，斬首二千餘級。其後連歲擊北虜，詣遼東受賞賜。三十年，帝封於仇賁爲王，滿頭爲侯。」祭肜傳：「肜字次孫，潁陽人。建武十七年，拜遼東太守。二十一年秋，鮮卑萬餘騎寇遼東，肜率數千人迎擊之，斬首三千餘級，獲馬數千匹。鮮卑畏肜，不復闚塞。肜以三虜連和，（注：「三虜，謂匈奴、鮮卑及赤山烏桓也。」）卒爲邊害。二十五年，乃使招呼鮮卑，示以財利。其大都護偏何遣使奉獻，肜慰納賞賜。其異種滿離、高句驪之屬，遂駱驛款塞，上貂裘好馬，帝輒倍其賞賜。」

〔一〕宋本「賞」作「常」。李慈銘曰：「當作尚。」弼按：任尚事，見下注。

〔二〕范書和帝紀：「永元六年，南單于安國從弟子逢侯率叛胡亡出塞，護烏桓校尉任尚率烏桓、鮮卑大破逢侯。」闞駰十三州志曰：「護烏桓擁節，秩比二千石。武帝置，以護内附烏桓，既而并於匈奴中郎將。中興初，班彪上言，宜復此官，以招附東胡，乃復更置焉。」范書鮮卑傳：「和帝永元中，大將軍竇憲遣右校尉耿夔擊破匈奴，北單于逃走，鮮卑因此轉徙據其地，匈奴餘種留者尚有十餘萬落，皆自號鮮卑，鮮卑由此漸盛。」

〔三〕范書殤帝紀：「延平元年，鮮卑寇漁陽，漁陽太守張顯追擊戰没。」

〔四〕胡三省曰：「赤車者，帷裳衡軛皆赤；參駕者，駕三馬。」

〔五〕范書鮮卑傳作「甯城下」。甯城見前廣甯注。

〔六〕范書作「築南北兩部質館，鮮卑邑落百二十部，各遣入質。」

〔七〕范書安帝紀：「永初三年九月，鴈門烏桓及鮮卑叛，敗五原郡兵於高渠谷。元初二年八月，遼東鮮卑圍無慮縣；九月，又攻夫犁營，殺縣令。四年四月，鮮卑寇遼西，遼西郡兵與烏桓擊破之。五年八月，鮮卑寇代郡，殺長吏；十月，鮮卑寇上谷。」

〔八〕馬城見田豫傳。章懷注：「馬城，縣名，屬代郡。」丁謙曰：「水經注：于延水又東逕馬城縣北。于延水今南洋河。馬城故址，據十三州志在高柳東二百四十里，蓋在今懷安縣西北，南洋河北，東洋河南。」

〔一九〕范書鮮卑傳：「永寧元年，遼西鮮卑大人烏倫、其至鞬率衆詣鄧遵降，奉貢獻。」惠棟曰：「史炤釋文：烏倫、其至鞬，鮮卑種名。胡氏辨誤云，烏倫、其至鞬乃鮮卑種帥二人之名，非種名也。」弼按：下文封二人爲王侯可證。

〔二〇〕范書鮮卑傳：「建光元年秋，其至鞬復叛，寇居庸，雲中太守成嚴擊之，兵敗散。功曹楊穆以身捍嚴，與俱戰歿。鮮卑於是圍烏桓校尉徐常於馬城，度遼將軍耿夔與幽州刺史龐參，發廣陽、漁陽、涿郡甲卒，分爲兩道救之。常夜得潛出，與夔等并力並進，攻賊圍，解之。」

〔二一〕趙一清曰：「寧貊當作蔓柏。兩漢志曼柏縣屬五原郡。」惠棟曰：「漢官儀云：永平八年，初置度遼將軍，屯此。」馬與龍曰：「據河水注漢五原郡地在漢朔方郡之東，雲中郡之西，今套北黄河東流處兩岸境也。漢置度遼營，以防南北二虜交通，是曼柏縣去郡不遠，故城當在今烏喇特旗北境。章懷注：曼柏，今勝州銀城縣。李兆洛謂在今榆林府府谷縣北，鄂爾多斯黄河西岸，皆誤。」

〔二二〕范書鮮卑傳：「延光元年冬，復寇雁門、定襄，遂攻太原，掠殺百姓。二年冬，其至鞬攻南匈奴於蔓柏，薁鞬日逐王戰死。三年秋，復寇高柳，擊破南匈奴，殺漸將王。」

〔二三〕冀州中山國與代郡相接。漢官儀曰：「光武以幽、冀、并州兵克定天下，故於黎陽立營，以謁者監領，兵騎千人。」

〔二四〕范書鮮卑傳：「順帝永建元年秋，鮮卑其至鞬寇代郡，太守李超戰死。明年春，中郎將張國遣從事將南單于兵擊破之。烏桓校尉耿曄發沿邊諸郡兵及烏桓率衆王出塞擊之，鮮卑乃率種衆三萬人詣遼東乞降。三年、四年，鮮卑頻寇漁陽、朔方。六年，烏桓豪人扶漱官勇健每與鮮卑戰，輒陷敵，詔賜號率衆君。陽嘉元年冬，耿曄遣烏桓親漢都尉戎朱廆率衆王侯咄歸等出塞，抄擊鮮卑，大斬獲而還。賜咄歸已下爲率衆王侯長。鮮卑後寇遼東屬國，耿曄移屯遼東無慮城拒之。後其至鞬死，鮮卑抄寇差稀。」

〔二五〕李慈銘曰：「匈奴上有脱文。此追敘和帝初竇憲、耿夔破北匈奴，北單于遠遁事也。」弼按：此事已見前注。

〔二六〕趙一清曰：「投鹿侯上有脱文。後漢書云：桓帝時，鮮卑檀石槐父投鹿侯，初從匈奴軍三年。」

〔二七〕范書「有」作「生」。

〔二八〕范書作「且宜長視」。

〔二九〕范書作「投鹿侯不聽，遂棄之」。

〔三〇〕范書「乃」作「私」。

〔三一〕范書「號」作「名」。

〔三二〕范書作「乃施法禁，平曲直」。

〔三三〕范書「汙」作「汗」，「啜」作「歠」。郡國志：「幽州代郡高柳。」後漢代郡由桑乾縣徙治於此。一統志：「高柳故城，今大同府陽高縣西北。」方輿紀要卷四十四：「高柳城在大同府東南九十里，彈汗山在大同府東北。」吳熙載曰：「彈汗山疑今察哈爾鑲黄旗諸山，歠仇水疑今張家口外哈柳台河。」丁謙曰：「檀石槐建庭處在高柳北三百餘里，以地望核之，所謂彈汗山必即昭哈嶺，歠仇水必即昭哈河也。」弼按：水經灅水注：「山海經曰：雁門之水，出於雁門山。雁出其門，在高柳北，高柳在代中。其山重巒疊巘，霞舉雲高，連山隱隱，東出遼塞。其水東南流逕高柳縣，故城北舊代郡治，城在平城東南六七十里，於代爲西北。」又云：「地理志有于延水而無雁門、脩水之名；山海經有雁門之目，而無于延河，自下亦通謂之于延水矣。」丁氏所指之昭哈河，即東洋河上源；水經灅水注之雁門水，即南洋河，通謂之于延水，亦即桑乾河上源也。水道提綱云：「東洋河即古于延水，南洋河即古雁門水，桑乾河舊名渾河，今名永定河。」

〔三四〕「丁令」，范書作「丁零」。

〔三五〕宋本「扶」作「夫」，下同。

〔三六〕丁令、烏孫，注俱見前。

〔三七〕范書「二」作「四」，通鑑同。

〔三八〕官本「罔」作「網」。

〔三九〕元本「更」作「便」。

〔四〇〕范書鮮卑傳：「永壽二年秋，檀石槐遂將三四千騎寇雲中。延熹元年，鮮卑寇北邊；冬，使匈奴中郎將張奐率南單于出塞擊之。九年夏，分騎數萬人入緣邊九郡，復遣張奐擊之，鮮卑乃出塞去。」張奐傳：「延熹九年，鮮卑招結南匈奴、烏桓數道入塞。匈奴、烏桓聞奐至，相率還降，凡二十萬口；唯鮮卑出塞去。」

〔四一〕范書「乃」下有「自」字。

〔四二〕「遼東」，各本均作「遼遼」，范書、通鑑作「遼東」。「貊」，范書、通鑑均作「濊貊」。

〔四三〕官本「等」作「寺」，毛本「帥」作「人」，均誤。

〔四四〕范書「制」作「皆」。胡三省曰：「觀此，則夷狄亦有邑居矣。檀石槐蓋盡有匈奴故地。」

〔四五〕范書作「幽、并、涼三州，緣邊諸部」。

〔四六〕范書作「熹平」，是；各本均誤作「嘉平」。

〔四七〕范書鮮卑傳：「遣夏育出高柳，田晏出雲中，臧旻率南單于出鴈門，各將萬騎，三道出塞，二千餘里。」

〔四八〕范書鮮卑傳：「檀石槐命三部大人各率衆逆戰，育等大敗，喪其節傳、輜重，各將數千騎奔還，死者十七八。」通鑑云：「育等大敗，各將數十騎奔還。」黄山曰：「范書鮮卑傳上言各將萬騎，下言死者十七八，則育等所餘，固應各有二三千騎。續漢書但云三將無功，還者少半。少半，仍數千騎也。即魏書謂旻等敗走，兵馬還者什一而已。亦應不止數十騎。且果萬騎而止餘數十騎，當書悉爲所没，餘者不必書又數十騎，亦不得尚言將。通志仍作數千騎，則通鑑之説非也。」

〔四九〕范書作「烏集秦水」。官本考證云：「後漢書作烏柔。」丁謙曰：「烏侯、烏集，譯音之轉。其水隋書作託紇臣水，唐書作土護真水，即今熱河東北圖爾根河。」

〔五〇〕范書「衺」作「從」。

〔五一〕范書「汗」作「倭」。惠棟曰：「汗當作汙，與倭同音。魏志云：倭人好捕魚鰒，水無淺深，皆沈没取之。」丁謙曰：「汗人國指朝鮮南境馬韓、辰韓、弁韓等部。范氏改爲倭人，謬甚。倭，今日本，遠隔重洋，石槐雖强，非所能至，安得伐之？」弼按：丁氏謂汗人非倭人，誠是。然指汗國爲朝鮮南境，亦無據。

〔五二〕范書云：「光和中，檀石槐死。」

〔五三〕范書「庶」作「廉」。章懷注：「廉，縣名，屬北地郡。」郡國志：「涼州北地郡廉。」一統志：「廉縣故城，今寧夏府寧夏縣北。」

〔五四〕范書「小」上有「年」字。

〔五五〕胡三省曰：「步度根，檀石槐之孫也。」

〔五六〕軻比能因柔上貢獻，素利彌加厥機亦因柔上貢獻通市。

〔五七〕通鑑：「建安二十三年夏四月，代郡、上谷烏桓無臣氐等反。」本志梁習傳注引魏略云：「并州刺史梁習斬鮮卑大人育延，又射死太原烏丸王魯昔。」（在建安二十二年。）

〔五八〕郡國志：「幽州代郡桑乾。」一統志：「桑乾故城，今宣化府蔚州東北。」丁謙曰：「今直隸西寧縣地。」

〔五九〕昌平見牽招傳注。

〔六〇〕牽招傳：「步度根、泄歸泥等，殺比能弟苴羅侯。」

〔六一〕「保」疑作「從」。

〔六二〕明紀作「將中軍討之」。胡三省曰：「晉職官志：驍騎將軍、游擊將軍並漢雜號將軍也。魏置爲中軍。」

〔六三〕步度根部落大人戴胡阿狼泥等詣并州降，見明紀青龍元年。

軻比能本小種鮮卑，〔一〕以勇健，斷法平端，不貪財物，衆推以爲大人。〔二〕部落近塞，自袁紹據河北，中國人多亡叛歸之，教作兵器鎧楯，頗學文字。故其勒御部衆，擬則中國，出入弋獵，建立旌旄，〔三〕以鼓節爲進退。建安中，因閻柔上貢獻。太祖西征關中，田銀反河間，比能將三千餘騎隨柔擊破銀。後代郡烏丸反，比能復助爲寇害。太祖以鄢陵侯彰爲驍騎將軍，北征，大破之。比能走出塞，後復通貢獻。延康初，比能遣使獻馬，文帝亦立比能爲附義王。黄初二年，比能出諸魏人在鮮卑者五百餘家，還居代郡。明年，比能帥部落大人小子代郡烏丸脩武盧等三千餘騎，驅牛馬七萬餘口交市，遣魏人千餘家居上谷。後與東部鮮卑大人素利及步度根三部爭鬭，更相攻擊。田豫和合，使不得相侵。五年，比能復擊素利，豫帥輕騎徑進掎其後。比能使别小帥瑣奴拒豫，豫進討，破走之，由是懷貳。〔四〕乃與輔國將軍鮮于輔書曰：「夷狄不識文字，故校尉閻柔保我於天子。我與素利爲讐，往年攻擊之，而田校尉助素利，我臨陣使瑣奴往，聞使君來，即便引軍退。步度根數數鈔盜，又殺我弟，〔五〕而誣我以鈔盜。我夷狄雖不知禮義，兄弟子孫，受天子印綬，牛馬尚知美水草，況我有人心邪！將軍當保明我於天子。」輔得書，以聞帝，帝〔六〕復使豫招納安慰。比能衆遂彊盛，控弦十餘萬騎。每鈔略得財物，均平分付，一決目前，終無所私，故得衆死力，餘部大人皆敬憚之，然猶未能及檀石槐也。〔七〕

〔一〕宋本、元本「軻比能」前者「軻比能傳」四字一行。按：步度根、軻比能俱包括於鮮卑傳中，非專爲軻比能立傳也，不應有此四字。且軻比能亦不應提行。趙一清曰：「據晉書，軻比能之後即契丹也。」

〔二〕胡三省曰：「徒勇健而不廉平，未必能制諸部也。」

〔三〕宋本「旄」作「髦」。

〔四〕詳見田豫傳。

〔五〕殺比能弟苴羅侯，見前。

〔六〕「帝」字衍。

〔七〕文紀：「黃初元年，并州刺史梁習討鮮卑軻比能，大破之。」此傳及梁習傳均不載。

太和二年，豫遣譯夏舍詣比能女婿鬱築鞬部，舍爲鞬所殺。其秋，豫將西部鮮卑蒲頭、泄歸泥出塞討鬱築鞬，大破之。還至馬城，〔一〕比能自將三萬騎，圍豫七日。上谷太守閻志，柔之弟也，素爲鮮卑所信。〔二〕志往解喻，即解圍去。〔三〕後幽州刺史王雄〔四〕并領校尉，撫以恩信。比能數款塞，詣州奉貢獻。〔五〕至青龍元年，比能誘納步度根，使叛并州，與結和親，自勒萬騎迎其累重於陘北。〔六〕并州刺史畢軌遣將軍蘇尚、董弼等擊之，〔七〕比能遣子將騎〔八〕與尚等會戰於樓煩，〔九〕臨陣害尚、弼。至三年中，雄遣勇士韓龍刺殺比能，〔一〇〕更立其弟。〔一一〕素利、彌加、厥機〔一二〕皆爲大人，在遼西、右北平、漁陽塞外，道遠初不爲邊患，然其種衆多於比能。建安中，因閻柔上貢獻、通市，〔一三〕太祖皆表寵以爲王。厥機死，又立其子沙末汗爲親漢王。延康初，又各遣使獻馬。文帝立素利、彌加爲歸義王，素利與比能更相攻擊。〔一四〕太和二年，素利死，子小，以弟成律歸爲王，代攝其衆。〔一五〕

〔一〕馬城見前，又見田豫傳注。

〔二〕胡三省曰：「自漢建安時，閻柔已護烏桓，故其兄弟爲二虜所信。」

〔三〕互見劉放傳注引魏氏春秋。

〔四〕王雄見崔林傳。

〔五〕明紀：「太和五年，比能率其種人及丁零大人兒禪詣幽州，貢名馬。」

〔六〕胡三省曰：「陘，音刑。陘北，陘嶺之北也。唐代州雁門縣有東陘關、西徑山。」丁謙曰：「陘北者，井陘之北。」

〔七〕互見明紀青龍元年。

〔八〕明紀作「將千餘騎」。

〔九〕郡國志：「并州雁門郡樓煩。」一統志：「古樓煩國及漢所置樓煩縣，俱在今雁門關北。」胡三省曰：「樓煩屬雁門，晉志無之，蓋已棄之荒外矣。」

〔一〇〕姜宸英曰：「王雄刺殺比能，功在陳湯之上。」

〔一一〕或曰：「其弟下當另起。」李慈銘曰：「其弟下有脫文。素利死於太和二年，厥機死於漢時，皆在刺殺比能之前。」

〔一二〕前注引魏書作闕機。

〔一三〕胡三省曰：「以其土物與中國互市也。」

〔一四〕事見田豫傳。

〔一五〕齊王紀：「正始五年，鮮卑内附，置遼東屬國，立昌黎縣以居之。」

書稱「東漸于海，西被于流沙」。〔一〕其九服之制，可得而言也。〔二〕然荒域之外，重譯而至，非足跡車軌所及，未有知其國俗殊方者也。自虞暨周，西戎有白環之獻，〔三〕東夷有肅慎之貢，〔四〕皆曠世而至，其遐遠也如此。及漢氏遣張騫使西域，〔五〕窮河源，〔六〕經歷諸國，遂置都護以總領之，〔七〕然後西域之事具存，故史官得詳載焉。魏興，西域雖不能盡至，其大國龜茲、〔八〕于寘、〔九〕康居、〔一〇〕烏孫、〔一一〕疏勒、〔一二〕月氏、〔一三〕鄯善、〔一四〕車師〔一五〕之屬，無歲不奉朝貢，略如漢氏故事。而公孫淵仍父祖三世有遼東，〔一六〕天子爲其絶域，委以海外之事，遂隔斷東夷，不得通於諸夏。景初中，大興師旅，誅淵；〔一七〕又潛軍浮海，收樂浪、帶方之郡，而後海表謐然，東夷屈服。其後高句麗背叛，又遣偏師致討，窮追極遠，踰烏丸、骨都，過沃沮，踐肅慎之庭，〔一八〕東臨大海。長老説有異面之人，〔一九〕近日之所出，遂周觀諸國，采其法俗，小大區別，各有名號，可得詳紀。雖夷狄之邦，而俎豆之象存。中國失禮，求之四夷，猶信。故撰次其國，列其同異，以接前史之所未備焉。

〔一〕書禹貢之辭。孔傳云：「漸，入也；被，及也。」疏云：「流沙當是西境最遠者，而地理志以流沙爲張掖居延澤是也。計三危在居延之西，大遠矣，志言非也。」史記五帝本紀：顓頊北至于幽陵，南至于交阯，西至于流沙，東至于蟠木。漢書地理志：張掖郡居延，居延澤在東北，古文以爲流沙。王先謙曰：「禹貢山水澤地篇：流沙地在居延縣東北，注云：澤在縣故城東北，尚書所謂流沙者也。形如月生五日，弱水入流沙，沙與水流行也。」一統志：流沙在今安西府沙州衛。陳澧云今蒙古額濟納舊土爾扈特索博鄂模。郡國志：「涼州張掖居延屬國，居延有居延澤，古流沙。」章懷注：「獻帝末，立爲西海郡。」惠棟曰：「郭義恭廣志云流沙在玉門關外，有居延澤、居延城。高誘呂覽注：流沙在敦煌西八百里。」元和志：「居延海在張掖縣西北一千七百里。」方輿紀要：「居延故城，在甘肅鎮西北一千二百里，居延海在故城東北。」李兆洛云：「今甘肅甘州府張掖縣東北一千五百里。」禹貢錐指云：「流沙一在張掖，漢志所云是也。一在燉煌，通典云燉煌即古流沙地，其沙風吹流行，在郡西八十里是也。禹貢言西被于流沙，而居延澤乃在張掖之東北，則固當主燉煌矣。獨王制所謂流沙去西河千里而遥，其地甚近，蓋又與禹貢、漢志所言者異。」五代史晉天福三年，高居誨使于闐還，記其山川云：「沙州南十里鳴沙山，冬夏殷殷有聲如雷，云禹貢流沙也。」元和志云：「鳴沙縣東北至靈州一百二十里，王制所謂流沙當在鳴沙廢縣界中，其地東距西河適千里而遥也。」水道提綱云：「色爾騰海西即古流沙，西北沙中有蒲昌海。」又云：「黄木倫河在河套西北角，陰山之西北。此水西南有自内地北流出邊至沙漠爲巨澤者，曰休屠澤，又西曰沙拉池，又西最大曰居延海，又西爲安西府西流之布勒几隆河，又西爲流沙。」又云：「涼州永昌甘肅西至河西廳、沙州衛，古武威、張掖、酒泉、敦煌四郡地。水或東北流，或西北流，或西南流，皆至沙漠中匯爲一池而止。」弼按：綜合諸説，遠近懸絶，蓋流沙東西數千里，逾西則沙磧逾廣，所謂西不盡流沙，未可强指爲一地也。

〔二〕周禮夏官職方氏：「辨九服之邦國，方千里曰王畿，其外方五百里曰侯服，又其外方五百里曰甸服，又其外方五百里曰男服，又其外方五百里曰采服，又其外方五百里曰衛服，又其外方五百里曰蠻服，又其外方五百里曰夷服，又其外方五百里曰鎮服，又其外方五百里曰藩服。」鄭注：「服，服事天子也。」

〔三〕世本：「舜時，西王母獻白環及玦。」

〔四〕肅慎詳見明紀青龍四年注。史記：「肅慎氏貢楛矢石砮，長尺有咫。武王欲令德致遠，銘其括曰肅慎氏之矢，以示後世。」

〔五〕徐松曰：「史記大宛傳：匈奴奇兵，時時遮擊使西國者。古時國讀如域。廣雅釋詁：域，國也。後書烏桓傳有東域，西南夷傳有南域，此城郭國界中國之西，故曰西域。」

〔六〕漢書西域傳：「西域以孝武時通，本三十六國，其後稍分至五十餘，皆在匈奴之西，烏孫之南，南北有大山，中央有河，東西六千餘里，南北千餘里。東則接漢，阸以玉門、陽關，西則限以葱嶺，其南山東出金城，與漢南山屬焉。其河有兩源，一出葱嶺山，一出于闐，于闐在南山下。其河北流，與葱嶺河合，東注蒲昌海。蒲昌海一名鹽澤者也，去玉門、陽關三百餘里，廣袤三百里。其水亭居，冬夏不增減，皆以爲潛行地下，南出於積石，爲中國河云。」丁謙曰：「中國内地諸山，皆發脈於崑崙，崑崙東西行，今和闐南山是也。塞北諸山，皆發脈於葱嶺，葱嶺南北行，今喀喇闊魯穆山是也。二山體勢相聯，形如曲尺，由崑崙迤而東北爲阿勒騰塔格山，阿斯騰塔格山即班氏所謂南山。由葱嶺迤而東北爲騰格里山、博克達山，即班氏所謂北山。漢西域在南北山之間，故疊嶂外環，平原中敞。但平原内戈壁居其大半，惟沿北山及南山近西處一帶，溪流交匯，土脈膏腴，爲當時城郭諸國所錯處。其山間瘠壤不能耕植者，始以游牧資其生焉。河之大源二，其一出葱嶺，凡合水三支，即今葉爾羌河、喀什噶爾河及烏什河；其一出于闐南山，凡合水二支，即今哈喇哈什河、玉龍哈什河，二源相會，名塔里木河。東流迤南，入蒲昌海。蒲昌海一名鹽澤，水經注作泑澤，今曰羅布泊。水經注云：泑澤去玉門、陽關千三百里，此云三百餘里，其上當脫千字。此泊近年已分爲二，東名羅布淖爾，西名喀喇布朗湖，兩泊相距約三十里。羅布泊横約一百五十餘里，縱約四十餘里，喀喇布朗湖縱與相等，横則半之。然覈以水經注情形，喀喇布朗湖古時當爲注賓河河身，蓋河水東會阿耨達大水，又東逕且末北，通稱爲注賓河，而注賓河又東逕鄯善北，始入於泊，酈氏所以稱水積鄯善東北也。由此觀之，古時泊水必東南北三面，視今泊各溢出百餘里，故廣袤皆三百里云。泊水潛行，復出積石，古説相傳已久，惟西人不之信，謂用實測法測得羅布泊高於海平綫二千六百尺，鄂淩泊高一萬四千尺，至潛源重出之，噶達素齊老更高至一萬四千七百尺，水即能潛流千五百里之遠，豈能上湧千數百丈之高？此亦古今一大問題矣。」弼按：探尋河源，以河源紀略爲最精覈，有圖有表，考證詳明。然自丁氏引西人之實測，則潛源重出之説，竟不可信，誠爲古今之一大疑問。又按：近日國立編譯館新刊黄河志第一篇云：黄河發源於青海，其地拔海高度在四千米以上，是乃西藏高原之一部，入甘肅地形稍低，降至二千米以下，然山西、陝西與甘肅東部均爲一千米以上之黄土高原云。據此，則與丁氏所云西人實測之説相反。

〔七〕漢書西域傳：「都護治烏壘城，去陽關二千七百三十八里，與渠犂田官相近。土地肥饒，於西域爲中，故都護治焉。」

〔八〕今庫車。

〔九〕今和闐州。

〔一〇〕今哈薩克。

〔一一〕徐松曰：「今伊犂。」丁謙曰：「在今伊犂河南特克斯河濱。前人謂即伊犂，未確。」

〔一二〕今喀什噶爾。

〔一三〕漢書西域傳：「大月氏本行國也，隨畜移徙，與匈奴同俗。控弦十餘萬，故强，輕匈奴。本居敦煌祁連閒，至冒頓單于攻破月氏，而老上單于殺月氏，以其頭爲飲器。月氏乃遠去，過大宛西擊大夏而臣之，都嬀水北，爲王庭；其餘小衆不能去者，保南山羌號小月氏。」

〔一四〕在今敦煌縣西。

〔一五〕車師前國，今土爾番地；車師後國，今烏魯木齊東。

〔一六〕謂公孫度、度子康、康子淵也。

〔一七〕本志公孫度傳：「景初二年，遣太尉司馬宣王征淵，八月，斬淵父子，遼東、帶方、樂浪、玄菟悉平。」

〔一八〕丁謙曰：「按本志毌丘儉傳：儉討高句麗，束馬縣車，以登丸都，屠句麗所都。攷丸都，山名，在高句麗都夫餘城北，今陳氏衍丸都爲烏丸、骨都，謬甚。蓋烏丸乃北狄部名，骨都乃匈奴官名，與高句麗何涉？又儉傳言儉遣王頎追之，過沃沮千有餘里，至肅慎南界，則未入肅慎國境可知。此云踐其庭，亦失實。」

〔一九〕何焯云：「異當作累。後云項中復有面也。」

夫餘在長城之北，去玄菟千里，〔一〕南與高句麗、東與挹婁、西與鮮卑接。〔二〕北有弱水，〔三〕方可二千里，〔四〕户八萬。其民土著，有宫室、倉庫、牢獄，多山陵、廣澤，於東夷之域最平敞。土地宜五穀，不生五果。其人麤大，性强勇謹厚，不寇鈔。國有君王，皆以六畜名官，有馬加、牛加、豬加、狗加、〔五〕犬使、犬使者、〔六〕使者。邑落有豪民，民下户皆爲奴僕。〔七〕諸加別主四出道，大者主數千家，小者數百家。〔八〕食飲皆用俎豆，會同、拜爵、洗爵、揖讓、升降。以殷正月祭天，〔九〕國中大會，連日飲食歌舞，名曰迎鼓。〔一〇〕於是時斷刑獄，解囚徒。在國衣尚白，白布大袂，袍、袴，〔一一〕履革鞜。出國則尚繒繡錦罽，〔一二〕大人加狐狸、狖白、黑貂之裘，〔一三〕以金銀飾冒。〔一四〕譯人傳辭，皆跪；手據地竊語。用刑嚴急，殺人者死，没其家人爲奴婢。竊盜一，責十二。男女淫，〔一五〕婦人妒，〔一六〕皆殺之。尤憎妒，〔一七〕已殺，尸之國南山上，〔一八〕至腐爛。女家欲得，輸牛馬乃與之。兄死妻嫂，與匈奴同俗。其國善養牲，出名馬、赤玉、貂狖、美珠。〔一九〕珠大者如酸棗。〔二〇〕以弓矢刀矛爲兵，家家自有鎧仗。國之耆老自説古之亡人，〔二一〕作城柵皆員，〔二二〕有似牢獄。行道，晝夜無老幼皆歌，通日聲不絶。有軍事亦祭天，殺牛觀蹏，以占吉凶：蹏解者爲凶，合者爲吉。有敵，諸加自戰，下户俱擔糧飲食之。其死，夏月皆用冰，殺人徇葬，〔二三〕多者百數。厚葬，有棺無槨。〔二四〕

魏略曰：其俗：停喪五月，以久爲榮。其祭亡者，有生有熟。喪主不欲速而他人强之，常諍引以此爲節。其居喪，男女皆純白，婦人着布面衣，〔二五〕去環珮，〔二六〕大體與中國相彷彿也。〔二七〕

〔一〕沈欽韓曰：「一統志：奉天府開原縣，扶餘國地。」丁謙曰：「夫餘部地，在今吉林以西，凡長春府雙城、五常、賓州諸廳及伯都訥、阿勒楚克等城，皆是。新唐書渤海傳以扶餘故地爲扶餘府，遼史：太祖平渤海，次扶餘府，有黃龍見城上，更名黃龍府。金史：太祖克黃龍改濟州利涉軍。（弼按：滿洲源流考作「隆州利涉軍」。）貞祐初，爲隆安府，即今吉林農安縣地。遼志：通州本扶餘王城，是也。」又曰：「史記蒙恬傳：秦築長城，起臨洮至遼東，知今奉天北境之柳條邊，皆秦長城故址。夫餘國在今吉林長春府地，正古長城北也。」

〔二〕丁謙曰：「南之高句麗，乃古高句麗，非西漢之末新立於朝鮮北境之高句麗也。古高句麗即在玄菟郡內，見漢地理志及水經注。」

〔三〕沈欽韓曰：「通典營州柳城縣東南有饒樂水，即弱水也。」丁謙曰：「弱水今稱哈湯，東三省樹木叢雜處曰烏稽，烏稽之地，必有哈湯。蓋落葉層積，雨水釀之，遂爲極深之泥淖，人行輒陷，萬無生理，故曰弱水。非別有一河名弱水也。其著名者有紅眼哈湯。黑龍江外紀：齊齊哈爾東北山中，隔紅眼哈丹，人不敢過。齊齊哈爾爲黑龍江省城，其東北正夫餘北境。傳中弱水，指此。」弼按：通典營州柳城縣在今奉天錦西廳，見吳廷燮東三省沿革表。沈云弱水在此，與地望不合，丁說近是。

〔四〕范書東夷傳作「地方二千里，本濊地也」。

〔五〕范書無「豬加」二字。滿洲源流考御製夫餘國傳訂訛云：「魏志夫餘傳以六畜名官，有馬加、牛加、豬加、狗加，諸加別主四出道，有敵諸加自戰，下戶擔糧飲食之。信如其言，則所謂加者，何所取義乎？史稱夫餘善養牲，則畜牧必蕃盛，當各有官以主之，猶今蒙古謂典羊之官曰和尼齊，和尼者，羊也；典馬者曰摩哩齊，摩哩者，馬也；典駝者曰特默齊，特默者，駝也。皆因所牧之物以名其職，特百官中之一二。誌夫餘者，必當時有知夫餘語之人，譯其司馬、司牛者爲馬家、牛家，遂訛爲馬加、牛加，正如周禮之有羊人、犬人，漢之有狗監耳。若必以六畜名官，寓相貶，則郯子所對少皞氏鳥名官爲鳥師，而鳥名又何以稱乎？史既訛家爲加，又求其說而不得，乃強爲之辭。總由晉、宋間人與外域道里遼阻，於一切音譯，素所不通，率憑耳食爲傅會，甚至借惡詞醜字以曲肆其詆毀之私耳。」

〔六〕宋本「犬」皆作「大」，官本下「犬」字作「大」。何焯曰：「犬使二字疑衍。」姚範曰：「犬使疑作大使。後言共立麻余牛加兄子爲大使也。」

〔七〕宋本、元本、馮本、官本下「民」字作「名」。

〔八〕范書無「犬使」以下數語，但云「其邑落皆主屬諸加」。

〔九〕范書作「臘月」。何焯曰：「用殷正月，衣尚白，猶箕子之遺教也。」

〔一〇〕沈欽韓曰：「天中記謝承書云：東夷三韓，俗以臘日家家祭祀。俗云臘鼓鳴，春草生也。荆楚歲時記：十二月八日爲臘日。」

〔一一〕官本「袴」作「褲」。

〔一二〕宋本「罽」作「罽」。

〔一三〕官本「（狖）〔犺〕」作「狖」，解見後。

〔一四〕宋本「冒」作「帽」。

〔一五〕朱邦衡曰：「女疑作子。」

〔一六〕范書無此三字，宋本「妒」作「妬」，下同。

〔一七〕范書作「尤治惡妒婦」，通志作「尤憎妒婦」。則「妬」下當有「婦」字。元本、監本「憎」作「增」，誤。

〔一八〕范書作「既殺，復尸於山上」。沈欽韓曰：「北史：豆莫婁國在勿吉北千里，舊北夫餘也。俗尤惡妒者，殺之尸於國南山上。至腐，女家輸牛馬，乃與之。」

〔一九〕范書作「出名馬、赤玉、貂狖」。章懷注：「狖似豹，無前足，音奴八反。」洪頤煊曰：「釋獸：貀無前足。釋文：字本作貀。字林云：獸無前足，似虎而黑。此貂、狖連稱，當言其皮可爲裘者，非狖獸也。說文：狖，鼠屬，善旋。從豸，穴聲。篆文作貁，與豽字相類而譌，注誤證。」沈家本曰：「說文無狖、貁二文。豸部：貁，鼠屬。段桂並云，从宂散之宂，从穴者，誤。玉篇：狖，黑猿，狖，猨屬。尋繹此傳，狖與貂並言，上文亦言大人加狐狸、狖白、黑貂之裘，若猨屬之狖，未聞有以其皮爲衣者。後漢書班固傳注、文選西都賦注並引倉頡篇云：狖似貍。據此，則狖，貍屬；非猨狖之狖也。」沈說極詳，文繁不録。黄山曰：「章懷以豽爲貀，誠屬誤注。漢律：能捕豺貀，購百錢。貀出奇獸，不必重於海外也。洪以爲是貁字，而引許書鼠屬以明之，以貂亦鼠屬，取從其類。據魏志則本作貂、貁。又曰貁白、黑貂。貁，猿類。楚辭九歌猿啾啾兮狖夜鳴是也。狖一作蜼，从虫；如說文猿之作蝯。然說文無狖、蜼二字，段玉裁以爲即貁字，鼠屬，善旋，當改云禺屬，善倒縣。以蝯固禺屬，又謂字當从宂散之宂，不从穴，以鼠部有鼦，後多譌从穴，而讀同鼬，故定貁亦譌字。此不盡然。蓋貁訓鼠屬，誠爲禺屬之偶誤，善旋即蜼能倒縣之義，本非有誤。鼦自从宂，貁自从穴，均不必改也。（今魏志貁从宂，仍即穴字。通志文依魏志，而字从宂，蓋轉寫之失。）貁色本蒼黄，而夫餘所産毛有白處，可俱爲裘，故足珍而與貂並言之，非以同爲鼠屬也。」

〔二〇〕沈欽韓曰：「東夷考略：長白山在開原城東南四百里，其巔有潭，流水下成湖陂，湖中出東珠，貴者且千金。」

〔二一〕劉家立曰：「東明自橐離國逃至夫餘爲主，故曰亡人。」

〔二二〕范書作「以員柵爲城」。

〔二三〕官本「徇」作「殉」，范書同。

〔二四〕范書作「有椁無棺」。

〔二五〕或曰：「面衣，如俗白兜之類。」

〔二六〕御覽七百八十引作「婦人著布衣，而去環珮」。

〔二七〕宋本、馮本「彷」作「徼」。

夫餘本屬玄菟。漢末，公孫度雄張海東，威服外夷，夫餘王尉仇台更屬遼東。時句麗鮮卑强，度以夫餘在二虜之間，妻以宗女。尉仇台死，〔一〕簡位居立。〔二〕無適子，有孽子麻余。位居死，〔三〕諸加共立麻余。牛加兄子名位居，爲大使，輕財善施，國人附之，歲歲遣使詣京都貢獻。正始中，幽州刺史毌丘儉討句麗，遣玄菟太守王頎詣夫餘，位居遣犬加郊迎，供軍糧。季父牛加有二心，位居殺季父父子，籍没財物，遣使簿斂送官。〔四〕舊夫餘俗，水旱不調，五穀不熟，輒歸咎於王，或言當易，或言當殺。麻余死，其子依慮年六歲，立以爲王。漢時，夫餘王葬用玉匣，常豫以付玄菟郡，王死則迎取以葬。公孫淵伏誅，玄菟庫猶有玉匣一具。今夫餘庫有玉璧、珪、瓚數代之物，傳世以爲寶，耆老言先代之所賜也。

魏略曰：其國殷富，自先世以來，未嘗破壞。

其印文言「濊王之印」。國有故城名濊城，蓋本濊貊之地，〔五〕而夫餘王其中，自謂「亡人」，抑有似也。〔六〕

魏略曰：舊志又言，昔北方有豪離之國者，〔七〕其王者侍婢有身，王欲殺之。婢云：「有氣如雞子來下，我故有身。」後生子，王捐之於溷中，豬以喙噓之；徙至馬閑，〔八〕馬以氣噓之；不死。王疑以爲天子也，〔九〕乃令其母收畜之，名曰東明，常令牧馬。東明善射，王恐奪其國也，欲殺之。東明走，南至施掩水，〔一〇〕以弓擊水，魚鼈浮爲橋，東明得度，魚鼈乃解散。追兵不得渡，東明因都王夫餘之地。〔一一〕

〔一〕范書：「建武中，東夷諸國皆來獻見。二十五年，夫餘王遣使奉貢，光武厚答報之，於是使命歲通。至安帝永初五年，夫餘王始將步騎七八千人，寇鈔樂浪，後復歸附。永寧元年，遣嗣子尉仇台詣闕貢獻。順帝永和元年，其王來朝京師；桓帝延熹四年，遣使朝貢；永康元年，王夫台將二萬餘人寇玄菟，太守公孫域擊破之。靈帝熹平三年，復貢獻。夫餘本屬玄菟，獻帝時，其王求屬遼東云。」

〔二〕太平寰宇記卷二百七十四作「至孫位居嗣立」。

〔三〕姚範曰：「簡位居立，位居死七字疑衍。」

〔四〕馮本、官本「簿」作「薄」。

〔五〕晉書：「夫餘在玄菟北千餘里，其王印文稱穢王之印。國中有古濊城。」魏書：「豆莫婁國在勿吉國北千里，去洛六千里，舊北夫餘也。在室韋之東，或言本濊地。」

〔六〕何焯曰：「似當作以。」

〔七〕「豪」，宋本作高，元本、馮本作「稾」，范書作「索」。章懷注：「索或作槖，音度洛反。」御覽作「膏」。

〔八〕「閑」，范書作「蘭」。章懷注：「蘭即欄也。」

〔九〕御覽「子」作「生」。

〔一〇〕范書作「南至掩淲水」。章懷注：「今高麗中有蓋斯水，疑此水是也。」惠棟曰：「北史作掩滯水。」沈欽韓曰：「隋百濟傳作掩水，此乃前志西蓋馬之馬訾水，今鴨淥江也。」丁謙曰：「施掩水，後漢書作掩淲水，疑刊刻倒誤。梁書作掩滯水，當即水經注馬訾水。新唐書：馬訾水出靺鞨長白山，色若鴨淥，號鴨淥江。夫餘國最平敞，與今松花江左右情形甚合。」

〔一一〕范書東夷傳：「初，北夷索離國王出行，其侍兒於後姙身。王還，欲殺之。侍兒曰：前見天上有氣，大如雞子，來降我；因以有身。王因之，後遂生男。王令置於豕牢，豕以口氣噓之，不死；復徙於馬蘭，馬亦如之。王以爲神，乃聽母收養，名曰東明。東明長而善射，王忌其猛，復欲殺之。東明奔走，南至掩淲水，以弓擊水，魚鼈皆聚浮水上，東明乘之得度，因至夫餘而王之焉。」隋書：「夫餘王嘗得河伯女，閉於室內，爲日光隨而照之。感而遂孕，生一大卵，有一男子破殼而出，名曰朱蒙。夫餘之臣咸請殺之，其母以告朱蒙，朱蒙東南走，遇一大水。朱蒙曰：我是河伯外孫，日之子也，今有難而追兵且及，如何得渡？於是魚鼈積而成橋，朱蒙遂渡。朱蒙建國，號高句麗。」又云：「百濟之先，出自高麗，其王有侍婢生東明，及長，王忌之。東明懼，逃至淹水。夫餘人共奉之。東明之後，有仇台者，篤於仁信，始立其國於帶方故地。漢遼東太守公孫度以女妻之，漸以昌盛，爲强國。初以百家濟海，因號百濟。」北史：「朱蒙者，其俗言善射也。夫餘王狩於田，以朱蒙善射，給一矢，殪獸甚多。夫餘之臣謀殺之，朱蒙乃與焉違等二人走至紇升骨城居焉，號曰高句麗。」滿洲源流考云：「高麗出自夫餘，夫餘出自索離，索讀如櫜，故又轉爲櫜，與高麗實二國也。夫餘在高麗北，櫜離又在夫餘北，故東明南走而至夫餘，朱蒙亦南走而至高麗，其事彷彿相同，或傳聞之有一誤。隋書謂夫餘王尉仇台始立國於帶方，自後遂稱百濟。後魏時，百濟所上書亦云先與高麗源出夫餘，自晉以後百濟王之姓名有夫餘腆、夫餘豐、夫餘隆，蓋直以夫餘爲姓矣。」丁謙曰：「北方有櫜離國一段，實紀朝鮮高句驪開國之事，自裴松之誤採魏略舊文，繫於夫餘傳末，而范蔚宗遽纂入正傳，誤而又誤矣。然其所以致誤，由不知至夫餘而王之。夫餘，乃城名，非國名也。攷夫餘在漢北境，至於弱水，安得復有櫜離國在於其北？況櫜離即高句驪合音，傳首明言南與高句驪接，何得又指爲北夷？今查東國通鑑（朝鮮史東藩紀要及新出好大王碑所載略同。）言太祖朱蒙（即傳中東明。）避害南行，度掩淲水，至卒本夫餘沸流川上都焉，國號高句驪。按沸流國名卒本，川在其境內，故亦稱沸流川。卒本夫餘，猶言卒本川上之扶餘城，與北方扶餘國毫不相涉。此城遺址，即今朝鮮平安道成川郡中。此段事須删去，移入後文高句驪傳方合。」

高句麗在遼東之東千里，南與朝鮮、濊貊，東與沃沮，北與夫餘接。都於丸都之下，〔一〕方可二千里，户三萬。多大山深谷，無原澤。隨山谷以爲居，食澗水。無良田，雖力佃作，不足以實口腹。其俗節食，好治宮室，於所居之左右立大屋，祭鬼神，又祀靈星、社稷。〔二〕其人性凶急，喜寇鈔。其國有王，其官有相加、對盧、沛者、古雛加、〔三〕主簿、優台丞、使者、皁衣先人，〔四〕尊卑各有等級。〔五〕東夷舊語以爲夫餘别種，言語諸事，多與夫餘同，其性氣衣服有異。本有五族，有涓奴部、〔六〕絶奴部、順奴部、灌奴部、桂婁部。〔七〕本涓奴部爲王，稍微弱，今桂婁部代之。漢時賜鼓吹技人，常從玄菟郡受朝服衣幘，高句麗令主其名籍。〔八〕後稍驕恣，不復詣郡，〔九〕於東界築小城，置朝服衣幘其中，歲時來取之，今胡猶名此城爲幘溝漊。溝漊者，句麗名城也。其置官，有對盧則不置沛者，有沛者則不置對盧。王之宗族，其大加皆稱古雛加。涓奴部本國主，今雖不爲王，適統大人，得稱古雛加，亦得立宗廟，祠靈星、社稷。絶奴部世與王婚，加古雛之號。諸大加亦自置使者、皁衣先人，名皆達於王，如卿大夫之家臣，會同坐起，不得與王家使者、皁衣先人同列。其國中大家不佃作，坐食者萬餘口，下户遠擔米糧魚鹽供給之。其民喜歌舞，國中邑落，暮夜男女羣聚，相就歌戲。無大倉庫，家家自有小倉，名之爲桴京。〔一〇〕其人潔清自喜，善藏釀。跪拜申一脚，〔一一〕與夫餘異，行步皆走。以十月祭天，國中大會，名曰東盟。其公會，衣服皆錦繡，金銀以自飾。〔一二〕大加主簿頭著幘，如幘而無後；〔一三〕其小加著折風，形如弁。其國東有大穴，名隧穴。〔一四〕十月國中大會，迎隧神，還於國東上祭之。置木隧於神坐。無牢獄，有罪，諸加評議，便殺之，没入妻子爲奴婢。其俗作婚姻，言語已定，女家作小屋於大屋後，名壻屋。壻暮至女家户外，自名跪拜，乞得就女宿，如是者再三，女父母乃聽使就小屋中宿，傍頓錢帛。至生子已長大，乃將婦歸家。其俗淫。男女已嫁娶，便稍作送終之衣。厚葬，金銀財幣，盡於送死，積石爲封，列種松柏。其馬皆小，便登山。國人有氣力，習戰鬬，沃沮、東濊皆屬焉。又有小水貊。〔一五〕句麗作國，依大水而居，西安平縣北有小水，南流入海，句麗別種依小水作國，因名之爲小水貊。出好弓，所謂貊弓是也。〔一六〕

〔一〕毛本、局本「於」作「與」，誤。丁謙曰：「高句麗國有二，一古高句麗，在今奉天省城東北英額邊門外渾河發源處，渾河即地理志及水經注小遼河。一新高句麗，在今朝鮮北境平安道成川郡地。陳氏未悉兩國源流，牽混爲一。如傳首在遼東之東千里，及南接朝鮮、濊貊等語，乃古高句麗國境；都於丸都之下，則新高句麗國境。此書既誤，范蔚宗後漢書因之。但范氏又將本傳後半分爲小水貊傳，並將王莽後高句麗與中國交涉諸事，盡入小水貊傳中，則誤而又誤矣。」弼按：丁說誠辨，然以都於丸都之下爲新高句麗國境，新高句麗在今朝鮮北境平安道成川郡地，似尚有誤。胡三省云：「唐志，自鴨渌江口舟行百餘里，乃小舫泝流東北行凡五百三十里，而至丸都城。」據此，則丸都城在鴨渌江邊，其在平安道成川郡省，爲平壤城，在大同江之北，非鴨渌江也。近人王國維觀堂集林卷（十六）（二十）魏毌丘儉丸都山紀功刻石跋云：「魏毌丘儉丸都山紀功殘石，光緒丙午署奉天輯安縣事吴大令光國於縣西北九十里之板石嶺開道得之。吴大令跋：扳石嶺高六百餘丈，車馬不通，疑即古之丸都山。」又近人吴其昌丸都山紀功刊石跋尾（見北平圖書館月刊第三卷第三號。）云：「此刻出輯安縣扳石嶺，扳石嶺即丸都山，句驪之都丸都城即在丸都山下，輯安縣正在鴨渌江上流北岸。漢、魏西安平州在今安東少北，玄菟郡治在今鐵嶺左右。位宫率步騎二萬進軍沸流水上，是從丸都城沸流水上流順流而下，以寇西安平州也。從今輯安至今安東，正從鴨渌江順流而下，則沸水之地位正當鴨渌江之地位。儉從玄菟直趨丸都，是斷其後路，位宫回師與戰，儉遂乘勢越丸都山，屠丸都城，後人誤以沸流水爲大同江，則諸史東夷傳不可解矣。」又云：「劉宋以前，高句驪國都在今輯安附近，不在今朝鮮之平壤，前人以浿水當朝鮮之大同江，故以丸都、王險諸城當今之平壤，（以今之平壤正南臨大同江。）一若自衛滿、朱蒙以來，即奠居平壤者。今考浿水當爲今鴨淥江，故王險、忽本、丸都諸城當在今奉天之輯安、懷仁附近，直至北魏太武帝末葉，始南遷平壤，此可以漢書、魏志、魏書、北史、唐書、好大王碑、丸都山紀功石刻證之也。」

〔二〕范書作「好祠鬼神、社稷、零星」。章懷注：「前書音義：龍星左角曰天田，則農祥也。辰日祀以牛，號曰零星。風俗通曰：辰之神爲零星，故以辰日祠於東南也。」柳從辰曰：「零星，前書及風俗通皆作靈。靈、霝、零，古本通。吳仲山碑神零有知，靈已作零。」

〔三〕范書作「古鄒大加」。章懷注：「古鄒大加，高驪掌賓客之官，如鴻臚也。」

〔四〕范書作「優台使者帛衣先人」。沈欽韓曰：「唐志：帛衣頭大兄，所謂帛衣者此字，衍先人也。通典作皁衣秉國成三歲一易。」

〔五〕趙一清曰：「寰宇記卷一百七十三，高麗建官有九等，其一曰吐捽，舊名大對盧，總知國事；次曰太大兄；次鬱折，華言主簿；次太大夫使者；次皁衣頭大兄，東夷相傳所謂皁衣先人者也。以前五官，掌機密，謀政事，徵發兵馬，選授官爵。次大使者，次大兄，次收位使者，次上位使者，次小兄，次諸兄，次過節，次不過節，次先人。又有狀古雛加，掌賓客，比鴻臚卿，以大夫使者爲之。又有國子博士、太學博士、舍人通事，典書客，皆小兄以上爲之。又其諸大城置傉薩，比都督，諸城置處閭近支，比刺史，亦謂之道使。其武官曰大模達，比衛將軍，以皁衣頭大兄以上爲之。次末客，比中郎將，以大兄以上爲之。其次領千人以下，各有差等。一清案：此所說與唐書稍異。」弼按：宋徐兢宣和奉使高麗圖經卷七冠服類所載高麗建官，唐武德間有九等，與寰宇記所載略同。

〔六〕范書「涓」作「消」，下同。

〔七〕章懷注：「案：今高驪五部，一曰内部，一名黄部，即桂婁部也；二曰北部，一名後部，即絶奴部也；三曰東部，一名左部，即順奴部也；四曰南部，一名前部，即灌奴部也；五曰西部，一名右部，即消奴部也。」

〔八〕元本「令主」作「令王」，誤。

〔九〕元本「詣」作「諸」，誤。

〔一〇〕何焯校改「桴」作「稃」。弼按：郝經續後漢書作「稃郁」。松年曰：「説文：桴，棟名；稃，稽也；稽，穅也。稃京，小倉名，字當从禾。」

〔一一〕范書「申」作「曳」。

〔一二〕趙一清曰：「酉陽雜俎：魏時有高句麗客，善用針。取寸髮，斬爲十餘段，以針貫取之，言髮中空也。其妙如此。」

〔一三〕宋本「後」作「餘」。

〔一四〕范書「隧」作「襚」。

〔一五〕毛本「貊」作「貊」。

〔一六〕范書作「句驪一名貊耳，有別種依小水爲居，因名曰小水貊」。章懷注引魏氏春秋曰：「遼東郡西安平縣北有小水，南流入海，句驪別種，因名之曰小水貊。」丁謙曰：「西安平爲馬訾水入海處，（馬訾水即鴨緑江。）乃今九連城東北安平河濱地。小水發源縣北，則即靉陽河無疑。因中國往高句驪，道必經此，故陳壽魏志高句驪傳附載其名。此部微末，除出好弓外，別無他事可紀。其下所書，仍是高句驪事。范蔚宗既本陳志爲高句驪傳，又截取小水貊別爲一傳，大誤。」丁氏又云：「中國與朝鮮通道，今由九連城渡鴨緑江入義州，古時則在西安平渡江，即賈耽所謂泊汋口也。」弼按：兩漢志西安平屬遼東郡。何焯曰：「涿縣有安平，故此加西。」王先謙曰：「孫權遣謝宏、陸悔封高句驪王宫爲單于，悔等到安平口，即此縣海口也。據唐書地理志當在鴨緑江北近海處。新唐志：安東府南至鴨緑江北泊汋城七百里，故西安平縣也。」

王莽初，發高句麗兵以伐胡，〔一〕不欲行，彊迫遣之，皆亡出塞，爲寇盜。遼西大尹田譚追擊之，爲所殺。州郡縣歸咎於句麗侯騊，〔二〕嚴尤奏言：「貊人犯法，罪不起於騊，且宜安慰，今猥被之大罪，〔三〕恐其遂反。」〔四〕莽不聽，詔尤擊之。尤誘期句麗侯騊，至而斬之，〔五〕傳送其首詣長安。莽大悅，布告天下，更名高句麗爲下句麗。〔六〕當此時爲侯國，漢光武帝八年，高句麗王遣使朝貢，始見稱王。〔七〕

〔一〕范書作「伐匈奴」。

〔二〕范書「騊」作「騶」。前書王莽傳亦作「騶」，下同。

〔三〕師古曰：「猥，多也，厚也，被加也。」王先謙曰：「猥，猶猝也。」

〔四〕前書王莽傳此句下云「夫餘之屬必有和者。匈奴未克，夫餘、濊貊復起，此大憂也」。

〔五〕「期」之疑誤。范書作「誘句驪侯騶入塞，斬之」。

〔六〕莽傳云：「莽下書曰：迺者，命遣猛將，共行天罰，誅滅虜知，分爲十二部。或斷其右臂，或斬其左腋，或潰其胸腹，或紬其兩脅。今年刑在東方，誅貉之部先縱焉。捕斬虜騶，平定東域，虜知殄滅，在于漏刻。此乃天地、羣神、社稷、宗廟佑助之福，公卿、大夫、士、民同心，將率虓虎之力也。予甚嘉之，其更名高句驪爲下句驪，布告天下，令咸知焉。於是貉人愈犯邊東北，與西南夷皆亂云。」丁謙曰：「攷朝鮮史，此爲高句驪太祖東明王子琉璃王時事。史云：初，漢王莽徵兵於高句麗，琉璃王不應，降於鮮卑，而侵犯漢邊。然則姑先應徵，旋亡出塞者，正用其聯合鮮卑之計乎？惟嚴尤誘斬之句麗侯騶，當是統兵之員。」

〔七〕范書光武紀：「建武八年十二月，高句驪王遣使奉貢。」

至殤、安之間，句麗王宮數寇遼東，更屬玄菟。遼東太守蔡風、〔一〕玄菟太守姚光以宮爲二郡害，興師伐之。宫詐降請和，二郡不進。宫密遣軍攻玄菟，焚燒候城，入遼隧，〔二〕殺吏民。後宫復犯遼東，蔡風輕將吏士追討之，軍敗没。〔三〕

〔一〕范書「風」作「諷」，下同。

〔二〕丁謙曰：「候城、遼隧均漢縣，屬遼東郡。」漢地理志候城爲中部都尉所治，惟不知爲今何地。遼隧，地理志作遼隊。水經注：遼水入塞，經襄平縣西，又逕遼隧縣西入大遼水，乃由安市入海。襄平故城，在今奉天省城西南，遼隧當在其西南濱遼河處，故公孫淵遣兵拒司馬懿於此，蓋阻水以自固也。錢坫曰：「今奉天府海城縣西之牛莊。」

〔三〕范書東夷傳：「建武八年，高句驪遣使朝貢，光武復其王號。二十三年冬，句驪蠶支落大加戴升等萬餘口，詣樂浪内屬。二十五年春，句驪寇右北平、漁陽、上谷、太原，而遼東太守祭肜以恩信招之，皆復款塞。後句驪王宫，生而開目能視，國人懷之。及長，勇壯，數犯邊境。和帝元興元年春，復入遼東，寇略六縣。太守耿夔擊破之，斬其渠帥。安帝永初五年，宫遣使貢獻，求屬玄菟。元初五年，復與濊貊寇玄菟，攻華麗城。建光元年春，幽州刺史馮焕、玄菟太守姚光、遼東太守蔡諷等將兵出塞擊之，捕斬濊貊渠帥，獲兵馬財物，宫乃遣嗣子遂成將二千餘人逆光等，遣使詐降，光等信之，遂成因據險阸，以遮大軍，而潛遣三千人攻玄菟、遼東，焚城郭，殺傷一千餘人。於是發廣陽、漁陽、右北平、涿郡屬國三千餘騎同救之，而貊人已去。夏，復與遼東鮮卑八千餘人攻遼隊，殺掠吏人。蔡諷等追擊於新昌，戰没。功曹耿耗、兵曹掾龍端、兵馬掾公孫酺以身扞諷，俱没於陳，死者百餘人。秋，宫遂率馬韓、濊貊數千騎圍玄菟，夫餘王遣子尉仇台將二萬餘人，與州郡并力討破之，斬首五百餘級。」

宫死，子伯固立。〔一〕順、桓之間，復犯遼東，寇新安、居鄉，〔二〕又攻西安平，於道上殺帶方令，略得樂浪太守妻子。〔三〕靈帝建寧二年，玄菟太守耿臨討之，斬首虜數百級，伯固降，屬遼東。嘉平中，〔四〕伯固乞屬玄菟。公孫度之雄海東也，伯固遣大加優居、主簿然人等〔五〕助度擊富山賊，破之。

〔一〕范書：「宮死，子遂成立；遂成死，子伯固立。」丁謙曰：「朝鮮史載宮年老，讓位於弟遂成，稱次大王，以暴戾爲國人所弑，因立其弟伯國，稱新大王，即傳中伯固。傳言宮死子伯固立，不獨脱卻遂成，而以弟爲子，亦誤。」弼按：下文位宮爲宮之曾孫，則伯固爲宮之子，其世系不誤。然與范書及朝鮮史均不合。又按：惠棟曰：「蔡邕集云東夷高句驪嗣子伯固，逆謀並發。」亦可爲遂成被弑之證。

〔二〕郝經續後漢書「居」作「民」。

〔三〕范書：「順帝陽嘉元年，置玄菟郡，屯田六部。質、桓之間，復犯遼東西安平，殺帶方令，掠得樂浪太守妻子。」郡國志：帶方屬樂浪郡。一統志：「帶方故城，今平壤南境。」

〔四〕此敘靈帝時事，當作熹平。

〔五〕馮本「大」作「犬」。

伯固死，有二子，長子拔奇，小子伊夷模。拔奇不肖，國人便共立伊夷模爲王。自伯固時，數寇遼東，又受亡胡五百餘家。建安中，公孫康出軍擊之，破其國，焚燒邑落。拔奇怨爲兄而不得立，與涓奴加各將下户三萬餘口，詣康降，還住沸流水。降胡亦叛伊夷模，伊夷模更作新國，今日所在是也。〔一〕拔奇遂往遼東，有子留句麗國，今古雛加駮位居是也。其後復擊玄菟，玄菟與遼東合擊，大破之。

〔一〕丁謙曰：「伯固次子伊夷模，東藩紀要云：名男武，稱故國川王。伊夷模子位宮，紀要云：稱東川王。惟東川王未立以前，尚有山上王，名延優，爲伊夷模弟，立於建安二年，在位幾五十年，東川王始立。此又脱漏，且攷位宫乃太祖王宫孫，並非曾孫。又攷位宫爲毌丘儉所破，始移都平壤。朝鮮史與東藩紀要所載皆同。作新國者，指山上王築丸都山城之事。」吴其昌曰：「高麗國都在晉以前，位於今日鴨緑江北岸，奉天境内，輯安、懷仁附近。劉宋以後，始南移今日之平壤。」吴説已略見前，詳見北平圖書館月刊。姚範曰：「今日云云，疑循舊文。」

伊夷模無子，淫灌奴部，生子名位宫。伊夷模死，立以爲王，今句麗王宫是也。其曾祖宫，〔一〕生能開目視，其國人惡之，〔二〕及長大，果凶虐，數寇鈔，國見殘破。今王生墮地，〔三〕亦能開目視人，句麗呼相似爲位，似其祖，故名之爲位宫。位宫有力勇，〔四〕便鞍馬，善獵射。景初二年，太尉司馬宣王率衆討公孫淵，宫遣主簿大加將數千人助軍。〔五〕正始三年，宫寇西安平，其五年，爲幽州刺史毌丘儉所破，語在儉傳。〔六〕

〔一〕宋本「宫」上有「名」字。

〔二〕范書作「國人懷之」。黄山曰：「懷當爲怪之譌。古懷多混爲怌，故轉寫易譌。」

〔三〕毛本「墮」作「憧」。錢大昕曰：「承祚作志之時，位宫久已破亡，不應云今王，蓋承舊史之文。」

〔四〕趙一清曰：「力勇，當依寰宇記作勇力。」

〔五〕宫，應作位宫，下同。北宋本「大」作「犬」。

〔六〕儉傳：「正始中，儉督諸軍討高句驪。六年，復征之。」齊王紀：「七年，儉討高句驪，破之。」蓋用兵數年，此傳記其始，齊王紀記其終也。

東沃沮在高句麗蓋馬大山之東，〔一〕濱大海而居。其地形東北狹，西南長，〔二〕可千里，〔三〕北與挹婁、夫餘，南與濊貊接。户五千，無大君王，世世邑落，各有長帥。其言語與句麗大同，時時小異。漢初燕亡人衛滿王朝鮮，時沃沮皆屬焉。漢武元封二年，〔四〕伐朝鮮，殺滿孫右渠，分其地爲四郡，〔五〕以沃沮城爲玄菟郡。〔六〕後爲夷貊所侵，徙郡句麗西北，今所謂玄菟故府是也。〔七〕沃沮還屬樂浪。漢以土地廣遠，在單單大嶺之東，分置東部都尉，〔八〕治不耐城，〔九〕别主領東七縣，時沃沮亦皆爲縣。〔一〇〕漢光武六年，〔一一〕省邊郡，都尉由此罷。〔一二〕其後，皆以其縣中渠帥爲縣侯，〔一三〕不耐、華麗、沃沮諸縣皆爲侯國。〔一四〕夷狄更相攻伐，唯不耐濊侯至今猶置功曹、主簿諸曹，皆濊民作之。沃沮諸邑落渠帥，皆自稱三老，則故縣國之制也。國小，迫於大國之間，遂臣屬句麗。句麗復置其中大人爲主者，〔一五〕使相主領。又使大加〔一六〕統責其租賦，貊布、魚、鹽、〔一七〕海中食物，千里擔負致之。又送其美女，〔一八〕以爲婢妾，遇之如奴僕。

〔一〕漢書地理志：「玄菟郡西蓋馬。」王先謙曰：「續志誤作西蓋烏。」章懷注：「蓋馬，縣名，屬玄菟郡。其山在今平壤城西，平壤，今王險城也。」沈欽韓曰：「明志：海州衛本沃沮國地，今奉天海城縣。又奉天蓋平縣高麗國，蓋牟城亦其地。」李兆洛曰：「西蓋烏故城，今奉天府蓋平縣治。」丁謙曰：「蓋馬大山，即朝鮮平安道與咸鏡道分界之山，其山南北行千餘里，連接不斷。」弼按：丁説是。范書東沃沮傳東濱大海，其地望可證。寰宇記亦云東濱大海。若蓋平則西濱大海矣。沈、李二説均誤。

〔二〕范書作「東西夾，（夾音狹。）南北長」。丁謙曰：「當時國境，僅有今咸鏡道東面傍海一帶，自小白山以南，皆高句麗地也。故東北狹而西南長。」

〔三〕范書作「可折方千里」。

〔四〕趙一清曰：「一本武下有帝字。」

〔五〕漢書朝鮮傳：「遂定朝鮮，爲真番、臨屯、樂浪、玄菟四郡。」

〔六〕丁謙曰：「漢地理志無沃沮，夫租即沃沮之訛。本傳沃沮城，今咸興府治。」

〔七〕丁謙曰：「徙治古高句驪西北，在昭帝五年，正朱蒙開國後，攘斥邊境，沃沮與濊貊爲所役屬時。傳云爲夷貊所侵，實即高句驪也。」

〔八〕元本、吳本、毛本、官本「置」作「治」。

〔九〕漢書地理志：「（玄菟）（樂浪）郡不而，東部都尉治。」一統志：「不耐故城，在咸興府北。」隋書外國傳：「新羅兼有沃沮、不而、韓濊之地。」丁謙曰：「不耐城爲今江原道之江陵府，本濊王都。」

〔一〇〕滿洲源流考卷九云：「兩漢、魏、晉時，國於東方者爲夫餘、挹婁、三韓，其邑落散處山海間者，又有沃沮、濊等名。以史傳核之，沃沮之在東者，東濱大海，北接挹婁、夫餘，又有北沃沮、南沃沮，並皆散處山林，無大君長。所云單單大嶺，即長白山，單單與滿洲語珊延音固相近也。今自長白附近東至海邊，北接烏拉黑龍江，西至俄羅斯，叢林密樹，綿亙其間。魏毌丘儉討高麗，絶沃沮千餘里，到肅慎南界，則沃沮者、實即今之窩集也。濊地君長，亦皆分統邑落，無所專屬。夫餘、挹婁，皆有其地，考其故壤，自鳳凰城並海至朝鮮。三國以後，隋屬高麗，唐屬渤海矣。」丁謙曰：「武帝所置玄菟郡，惟太守所治沃沮縣爲沃沮國地，其餘七縣均在濊國界内，故范蔚宗删單單大嶺之東一段，移入濊國傳，位置較合。單單大領，後書作單大領，今江原道中間淮陽郡以東，所稱欲嶺、朱嘾嶺、大關嶺，皆古單單大領。不耐城，漢地理志作不而。領東七縣者，不而、吞列、東暆、蠶台、華麗、邪頭昧、前莫也。蓋前漢樂浪郡所屬共二十五縣，後書祇十八縣，則除東暆外，不而等六縣均東部都尉所舊治無疑。」沈家本云：「漢志無沃沮，或元始時已省并。疑蠶台、華麗、邪頭昧、前莫、夫租及不而、沃沮，即所謂領東七縣也。」

〔一一〕光武，應從范書作建武。

〔一二〕范書云：「建武六年，省都尉官，遂棄領東地。」

〔一三〕范書東夷傳云：「至光武罷都尉官，後皆以封其渠帥爲沃沮侯。」沈欽韓曰：「沃沮自魏後不復著，蓋百濟立國於其境，而沃沮亡矣。」

〔一四〕漢書地理志：「樂浪郡華麗。」王先謙曰：「續志：後漢省。東夷傳：元初五年，句麗王宫寇玄菟，攻華麗城，則縣故在也。」洪亮吉云：「此蓋其舊城。」

〔一五〕宋本「主」作「使」，范書作「使者」。

〔一六〕北宋本「大」作「犬」。

〔一七〕范書作「責其租税貂布」。

〔一八〕毛本「美」作「姜」，誤。

其土地肥美，背山向海，宜五穀，善田種。人性質直彊勇，少牛馬，便持矛步戰。食飲居處，衣服禮節，有似句麗。

魏略云：其嫁娶之法，女年十歲，已相設許。壻家迎之，長養以爲婦。至成人，更還女家。女家責錢，錢畢，乃復還壻。〔一〕

其葬作大木槨，長十餘丈，開一頭作户。新死者皆假埋之，〔二〕才使覆形，皮肉盡，乃取骨置槨中。舉家皆共一槨，刻木如生形，隨死者爲數。又有瓦鑩，置米其中，編縣之於槨户邊。

〔一〕梁玉繩曰：「此即今之養媳，本夷俗也。」

〔二〕范書「皆」作「先」。

毌丘儉討句麗，句麗王宮奔沃沮，遂進師擊之。沃沮邑落皆破之，斬獲首虜三千餘級，宮奔北沃沮。北沃沮一名置溝漊，〔一〕去南沃沮八百餘里，〔二〕其俗南北皆同，〔三〕與挹婁接。〔四〕挹婁喜乘船寇鈔，北沃沮畏之，夏月恒在山巖深穴中爲守備，冬月冰凍，船道不通，乃下居村落。王頎別遣追討宮，盡其東界。問其耆老：「海東復有人不？」耆老言：「國人嘗乘船捕魚，遭風見吹數十日，東得一島，上有人，言語不相曉。其俗常以七月取童女沈海。」又言「有一國，亦在海中，純女無男」。〔五〕又説「得一布衣，從海中浮出，其身如中國人衣，〔六〕其兩袖長三丈。又得一破船，隨波出在海岸邊，有一人項中復有面，〔七〕生得之，與語不相通，不食而死」。其域皆在沃沮東大海中。

〔一〕宋本「漊」作「婁」。丁謙曰：「溝漊，城也。猶言置城。」趙一清曰：「毌丘儉傳置作買。」

〔二〕丁謙曰：「以地望核之，當在圖門江南北。」

〔三〕范書作「其俗皆與南同」。

〔四〕范書作「南接挹婁」。

〔五〕范書云：「或傳其國有神井，闚之，輒生子。」

〔六〕范書作「其形如中人衣」，國字衍。

〔七〕范書「項」作「頂」。

挹婁在夫餘東北千餘里，濱大海，南與北沃沮接，未知其北所極。〔一〕其土地多山險，其人形似夫餘，言語不與夫餘、句麗同。有五穀、牛馬、麻布。人多勇力，無大君長，邑落各有大人。處山林之閒，常穴居，大家深九梯，以多爲好。〔二〕土氣寒，劇於夫餘。其俗好養豬，食其肉，衣其皮。冬以豬膏塗身，厚數分，以禦風寒。〔三〕夏則裸袒，以尺布隱其前後，以蔽形體。其人不潔，作溷在中央，人圍其表居。〔四〕其弓長四尺，力如弩，矢用楛，長尺八寸，青石爲鏃，古之肅慎氏之國也。〔五〕善射，射人皆入因，〔六〕矢施毒，人中皆死。出赤玉、好貂，今所謂挹婁貂是也。〔七〕自漢以來，臣屬夫餘，夫餘責其租賦重，以黃初中叛之。夫餘數伐之，其人衆雖少，所在山險，鄰國人畏其弓矢，卒不能服也。其國便乘船寇盜，鄰國患之。東夷飲食，類皆用俎豆，唯挹婁不法，俗最無綱紀也。〔八〕

〔一〕范書：「挹婁，古肅慎之國也。」沈欽韓曰：「元史地理志：瀋陽路本挹婁故地，又開元路古肅慎之地。通典：其國在不咸山北。（晉曰肅慎，魏曰勿吉，隋曰靺鞨。）一統志：長白山在吉林烏喇城東南，古名不咸山，今奉天府鐵嶺縣、承德縣及寧古塔、黑龍江，並挹婁國地。挹婁故城，在今鐵嶺南六十里。」滿洲源流考卷二云：「挹婁之名，始於後漢，考之史傳，即古肅慎氏，晉書所謂肅慎一名挹婁是也。至南北朝，始別有勿吉、靺鞨之稱，而舊名之見於簡冊者，猶有可考。如遼之瀋州雙州定理府，金之挹婁縣，皆僅指一隅，非其全部。元史稱瀋陽路爲挹婁故地，似矣。而於開元路則云古肅慎地，隋、唐曰靺鞨，又似歧而二之者。蓋魏、晉以前，部族未分，魏、晉以後，釐而爲七。族愈繁而地愈廣，容有非舊部之名所能該者矣。至金史地理志謂瀋州本遼定理府，爲挹婁故壤。考遼志，則瀋州之外，別有定理府，亦屬挹婁之地。遼之定理，實唐時渤海所建，至金已廢。又金志稱瀋州挹婁縣，本遼舊興州常安縣。

考遼志東丹城北至挹婁縣范河二百七十里，則遼時已有挹婁縣，蓋郡邑雖移，而幅員有定。今見於盛京通志者，若承德、若鐵嶺、若吉林、若寧古塔，自奉天府治極於東北，胥挹婁地也。又明一統志載洪武二十九年，設左右千户於懿路城；永樂八年，復設中千户於懿路城。其廢址在今鐵嶺縣城南六十里，又有站名懿路，亦作伊魯，當即遼、金挹婁縣之遺。」丁謙曰：「挹婁，古肅慎地。肅慎，周書王會篇作稷慎，山海經：大荒中不咸山有肅慎之國。竹書紀年：虞舜二十五年，息慎氏來朝，貢弓矢。蓋三代以前，東北徼外大國，盡有今吉林省東諸地。唐地理志附録賈耽所記渤海王城，臨忽汗海，其西南三十里有古肅慎城。攷此城在寧古塔西南八十五里上馬蓮河畔，遺址尚存。惟漢之挹婁，雖爲古肅慎國舊境，而本部實在其西。攷唐書渤海傳言高麗滅大氏，保挹婁之東牟山、奥婁河，其地在吉林東南敦化縣境。奥婁爲挹婁之轉音，挹婁國名，殆因此水。又言以故挹婁地爲定理、安邊二府，此則奉天東南新設寬甸、懷仁諸縣處。滿洲地誌謂挹婁爲肅慎之一部，極是。傳言挹婁在扶餘東北千餘里，按扶餘國都爲長春府之農安縣，核其方位，實居東南，而非東北。後金人置挹婁縣於遼河東，今懿路驛地。則因遼徙挹婁人居此而名。攷據家竟指爲挹婁國，大誤。」晉書四夷傳：「肅慎氏一名挹婁，在不咸山北，去扶餘可六十日行。東濱大海，西接寇漫汗，北極弱水，廣袤數千里。居深山窮谷，車馬不通。」丁謙曰：「魏志言挹婁在扶餘東北千里，南與北沃沮接，不咸山即長白山，惟既在山北，又與北沃沮接，則當云扶餘東南，非東北矣。寇漫汗即後寇莫汗，北史作豆莫婁。攷此部爲北扶餘舊壤，在今烏蘇里江一帶。至云肅慎一名挹婁，非是。按：肅慎爲虞、夏以來著名之國，挹婁稱號，始見於後漢書，言國無君長邑落，各有大人。是挹婁者不過肅慎境中一部族，並不足以名國。第因生齒繁衍，分布各方，而肅慎主權，日就衰替，不足以制馭之，其人遂據地自擅，互相雄長，於是肅慎一國，竟在若存若亡之間。以余攷之，其國至晉，實未嘗亡也。挹婁本水名，即唐書渤海傳奥婁河，今爲敦化縣境。渤海立國，以故挹婁地立定理、安邊等府，均在敦化以西至奉天之東南，肅慎王城在寧古塔南，以挹婁梗於中間，致肅慎與中國之交通遂阻。故當時史籍，但知有挹婁，不知有肅慎，因以爲挹婁古肅慎也。而晉書四夷傳更謂肅慎名挹婁，則誤尤甚矣。至晉時肅慎云未亡者，史雖不載，實有確證存焉。據鴨緑江北出土高麗好大王碑言，其踐阼之八年戊戌，偏師出肅慎，掠得某城地人民云云。戊戌爲東晉安帝隆安二年，是晉之末造，國尚安然無恙。迨後高麗益强，肅慎、挹婁始俱爲所併。觀隋煬帝征高麗，分二十四軍，其右翼有肅慎道，知其時地入高麗已久，但不悉亡於何年。」弼按：據一統志挹婁故城，在鐵嶺縣南六十里。又據一統志表以承德縣爲挹婁國地，此與傳文挹婁在扶餘東北千餘里之説不合。惟如盛京通志所載若承德、若鐵嶺、若吉林、若寧古塔，自奉天府治，極於東北，皆挹婁地，則其説可通矣。

〔二〕魏書：「勿吉築城穴居，開口於上，以梯出入。」

〔三〕滿洲源流考卷二十云：「陶復陶穴，古固有之。至豕膏得熱氣則融，安能塗厚數分？」

〔四〕范書云：「其人臭穢不潔，作廁於中，圜之而居。」太平寰宇記卷一百七十五云：「挹婁國土俗無文墨，以言語爲約。坐則箕踞，以足挾肉啖之。得凍肉，坐其上，令温煖。土無鹽、鐵，燒木作炭，灌之取汁而食。俗編髮，將嫁娶，男以毛羽插女頭，女和則將歸，然後致禮聘之。婦貞而女淫，貴壯而賤老。死者其日即葬之於野，交木作小槨，殺猪積其上，以爲死者之糧。性凶悍，以無憂哀相尚。父母死，男女不哭泣，有哭者、謂之不壯。相竊盜，無多少皆殺之，雖野處而不相犯。」

〔五〕肅慎貢楛矢，詳見明紀青龍四年、陳留王紀景元三年。孔子家語：「武王克商，肅慎氏貢楛矢。」史記孔子世家：「有隼集於陳庭，楛矢貫之，石砮矢長尺有咫。陳湣公使問仲尼，仲尼曰：隼來遠矣，此肅慎之矢也。」山海經海外西經：「肅慎之國，在白民北。」郭璞注：「今肅慎國，去襄平三千餘里。其人皆工射，弓長四尺勁彊，箭以楛爲之，長尺五寸，青石爲鏑。此春秋時隼集陳侯之庭所得矢也。晉大興三年，平州刺史崔毖遣别駕高會使來獻肅慎氏之弓矢，箭鏃有似銅骨。作者問云：「轉與海内國通得用此，今名之爲挹婁國。」吴任臣曰：「案：史記作息慎。」竹書：「舜二十五載，息慎氏來賓。」汲冢周書云：「成王之時，息慎來賀作賄息慎之命。」王會解謂之稷慎，或作肅眘。漢武帝詔海外肅眘，徐陵文肅眘茫茫，風牛南偃。劉會孟云：肅慎在漢曰挹婁，魏曰勿吉，唐曰靺鞨。鬼谷子云：肅慎氏饋白雉于文王。魏志云：自唐暨周，肅慎之物皆曠世而至。青龍四年，肅慎氏致楛矢。晉紀，景元三年、咸寧五年、太興二年，肅慎皆來饋楛矢石弩，即此國也。左傳、肅慎、燕亳，吾北土也。杜註云：肅慎在玄菟北三千餘里。江淹遂古篇：沃沮、肅慎，東北邊兮。陳逢衡曰：世說：德之休明，肅慎貢其楛矢。鄭樵都邑略云：古肅慎國，都不咸山，在夫餘東北千餘里。閻百詩曰：「肅慎氏地，即今寧古塔，東去一千里曰混同江，江邊有榆樹、松樹，枝既枯，墮入江，爲波浪所激盪，不知幾何年化爲石，可取以爲箭鏃。榆化者上，松次之。西南去六百里曰長白山，山巔之陰及黑松林，偏生楛木，可取以爲矢，質堅而直。又有鳥曰海東青，即隼也。」惠棟曰：「肅慎國記云：石山在國東北，取之必先祈神，石利入鐵。」冊府元龜：「魏景元三年，肅慎獻其國弓三十張，長五尺五寸，楛矢長一尺八寸，石弩三百枚，皮骨鐵雜鎧二十領，貂皮四百枚。」滿洲源流考按云：「元戚輔之遼東志略云：肅慎東北山出石，其利如鐵，取以爲鏃，即石弩。而楊賓柳邊紀略以爲楛木，今寧古塔居人或得之呼爾哈河，長三四寸，色黑，或黄，或微白，有文理，非鐵非石，相傳爲肅慎故矢云云。蓋楊賓誤以石弩爲楛木也。」

〔六〕范書作「又善射，發能入人目」。因字誤。

〔七〕滿洲源流考卷十九云：「混同江產松花玉，色浄緑，細膩温潤，可中硯材，發墨與端溪同。烏拉諸山林中多貂，索倫人以捕貂爲恆業。」

〔八〕滿洲源流考卷一肅慎條云：「范蔚宗謂冠弁衣錦，器用俎豆，誠非虚語。」弼按：范書此語見東夷傳序，乃泛論東夷，非指挹婁而言。其挹婁傳云：「東夷夫餘，飲食類皆用俎豆，唯挹婁獨無法，俗最無紀綱者也。」據此，則滿洲源流考誤。

濊南與辰韓，〔一〕北與高句麗、沃沮接，東窮大海，〔二〕今朝鮮之東皆其地也。〔三〕户二萬。昔箕子既適朝鮮，作八條之教以教之，〔四〕無門户之閉而民不爲盜。其後四十餘世，朝鮮侯淮僭號稱王。〔五〕陳勝等起，天下叛秦，燕、齊、趙民避地朝鮮數萬口。燕人衛滿，魋結夷服，復來王之。〔六〕漢武帝伐滅朝鮮，分其地爲四郡。〔七〕自是之後，胡、漢稍別，無大君長。自漢已來，其官有侯邑君、三老，統主下户。其耆老舊自謂與句麗同種。其人性愿慤，少嗜欲，有廉恥，不請句麗。言語法俗〔八〕大抵與句麗同，衣服有異。男女衣皆著曲領，男子繫銀花，廣數寸，以爲飾。自單單大山領以西〔九〕屬樂浪，自領以東七縣，都尉主之，〔一〇〕皆以濊爲民。後省都尉，封其渠帥爲侯，今不耐濊皆其種也。漢末更屬句麗。其俗重山川，山川各有部分，不得妄相涉入。〔一一〕同姓不婚。多忌諱，疾病死亡輒捐棄舊宅，更作新居。有麻布，蠶桑作緜。曉候星宿，〔一二〕預知年歲豐約。不以珠玉爲寶。常用十月節祭天，晝夜飲酒歌舞，名之爲「舞天」，又祭虎以爲神。其邑落相侵犯，輒相罰責生口牛馬，名之爲「責禍」。殺人者償死，少寇盜。作矛長三丈，或數人共持之，能步戰。樂浪檀弓出其地。其海出班魚皮，〔一三〕土地饒文豹，又出果下馬，漢桓時獻之。

臣松之案：果下馬高三尺，乘之可於果樹下行，故謂之果下。見博物志、魏都賦。〔一四〕

〔一〕陳志此卷分爲烏丸、鮮卑、東夷三傳，各小國均包括於此三傳中。宋、元本於各國之前，有某國傳一行。竊意陳志原書，必不如是，或爲淺學妄增。而元本於濊國之前，竟書濊南傳一行，不辨南爲南北之南，其誤尤甚。世之佞宋、元本者，宜鑒别之。又按：馮本濊國傳與挹婁國傳文接寫，因前傳末行無空格，適相銜接，而陳本乃亦接連前傳，竟不提行，合爲一傳矣。又宋、元本有兩弁辰傳，元本於諸國傳有書某國傳者，亦有不書者，可謂自亂其例，附識於此，後不復贅。

〔二〕丁謙曰：「濊亦古國。周書王會篇有穢人前兒之文，注：穢，東夷别種，穢即濊也。其舊都據文獻通考在朝鮮江原道江陵府東。」沈欽韓曰：「一統志：朝鮮江原道治江陵府，在國城東面，本濊貊地，漢爲臨屯境。」

〔三〕范書云：「西至樂浪、濊及沃沮、句驪，本皆朝鮮之地也。」丁謙曰：「濊國雖在朝鮮東，而朝鮮東不獨一濊，范氏改爲濊及沃沮、句麗本朝鮮地，較合。」

〔四〕漢書地理志云：「殷道衰，箕子去之朝鮮。教其民以禮義、田蠶、織作。樂浪朝鮮民犯禁八條，相殺以當時償殺，相傷以穀償，相盜者男没入爲其家奴，女子爲婢。欲自贖者，人五十萬。」師古曰：「八條不具見。」

〔五〕官本考證云：「後漢書淮作準。」趙一清曰：「淮字譌。後注引魏略作準。」

〔六〕衛滿事詳見後裴注引魏略。漢書陸賈傳：「尉佗魋結箕踞。」服虔曰：「魋音椎，今兵士魋頭髻也。」師古曰：「椎髻者，一撮之髻，其形如椎。」

〔七〕范書：「燕人衛滿擊破準而自王朝鮮，傳國至孫右渠。元朔元年，濊君南閭等畔，右渠率二十八萬詣遼東内屬，武帝以其地爲蒼海郡。數年乃罷。至元封三年，滅朝鮮，分置樂浪、臨屯、玄菟、真番四部。至昭帝始元五年，罷臨屯、真番，以并樂浪、玄菟，玄菟復徙置句驪。」

〔八〕官本考證云：「請疑當作諳。」趙一清曰：「後漢書句作勾，麗字衍。」朱邦衡曰：「此誤勾爲句，妄增一麗字。」弼按：趙、朱説均是。濊人無不諳句麗言語法俗之理，若爲諳字，則與下文相牴矣。當承上文有廉恥，作勾爲是。

〔九〕趙一清曰：「單單大領見前東沃沮傳。後漢書作單大領。」丁謙曰：「單大領即江陵西面一帶南北行大山。」弼按：此作大山領，或嶺字析爲二耳。

〔一〇〕范書：「自單大領已東，沃沮、濊貊悉屬樂浪。後以境土廣遠，復分領東七縣，置樂浪東部都尉。」弼按：上事見前東沃沮傳。丁謙曰：「領東七縣，考前書地理志樂浪郡縣二十五，至後漢祇縣十八，其所省之東濊、不而、蠶台、華麗、邪頭味、前莫、夫租七縣，必均在領東無疑。又武帝紀注臨屯郡治東暆，知濊地初立爲蒼海郡，後重立爲臨屯，而今之江陵府實漢東暆縣也。」弼按：丁氏所舉嶺東七縣，一有夫租而無吞列，一有吞列而無夫租，互見前東沃沮傳。

〔一一〕范書「分」作「界」，「涉入」作「干涉」。

〔一二〕毛本「候」作「侯」，誤。

〔一三〕黃山曰：「班當作魵。説文：魵，魚也。出薉邪頭國。爾雅釋魚：魵，鰕。郭注：出穢邪頭國。薉、穢皆即濊也。」

〔一四〕惠棟曰：「博物志云海出斑魚皮，陸出文豹。管子揆度篇云發朝鮮之文皮。又輕重甲篇云發、朝鮮不朝請，文皮氈服，而以爲幣乎？一豹之皮，容金而金也。然後八千里之發、朝鮮可得而朝也。爾雅（太）〔九〕府云東北之美者，有斥山之文皮焉。郭璞云虎豹之屬，皮有褥綵者。是文皮即文豹之皮也。劉逵魏都賦注云漢廐舊有樂浪所獻果下馬，高三尺，以駕輦車。」明黃洪憲朝鮮國紀云：「產果下馬、長尾雞、貂豽、海豹皮。」姜西溟曰：「定張車、果下馬，皆宮內所用。」

正始六年，樂浪太守劉茂、帶方太守弓遵以領東濊屬句麗，興師伐之，不耐侯等舉邑降。其八年，詣闕朝貢，詔更拜不耐濊王。居處雜在民間，四時詣郡朝謁。二郡有軍征賦調，供給役使，遇之如民。〔一〕

〔一〕丁謙曰：「上高句麗、東沃沮傳並言濊貊，今載濊而遺貊，亦疏漏。考東藩紀要貊都在江原道春川府北十三里。昭陽江北岸。」

韓在帶方之南，東西以海爲限，南與倭接，方可四千里。有三種，一曰馬韓，二曰辰韓，三曰弁韓。辰韓者，古之辰國也。〔一〕馬韓在西，其民土著，種植，知蠶桑，作緜布。各有長帥，大者自名爲「臣智」，其次爲「邑借」，散在山海閒，無城郭。有爰襄國、牟水國、桑外國、小石索國、大石索國、優休牟涿國、臣濆活國、〔二〕伯濟國、〔三〕速盧不斯國、日華國、古誕者國、古離國、怒藍國、月支國、咨離牟盧國、素謂乾國、古爰國、莫盧國、卑離國、占離卑國、〔四〕臣釁國、支侵國、狗盧國、卑彌國、監奚卑離國、古蒲國、致利鞠國、冉路國、兒林國、駟盧國、內卑離國、感奚國、萬盧國、辟卑離國、臼斯烏旦國、〔五〕一離國、不彌國、支半國、〔六〕狗素國、捷盧國、牟盧卑離國、臣蘇塗國、莫盧國、〔七〕古臘國、臨素半國、臣雲新國、如來卑離國、楚山塗卑離國、一難國、狗奚國、不雲國、不斯濆邪國、爰池國、乾馬國、楚離國，凡五十餘國。〔八〕大國萬餘家，小國數千家，〔九〕總十餘萬戶。辰王治月支國，臣智或加優呼臣雲遣支報安邪踧支濆臣離兒不例拘邪秦支廉之號。其官有魏率善、邑君、歸義侯、中郎將、都尉、伯長。

〔一〕趙一清曰：「弁韓，後漢書作弁辰。然弁辰別是一國，則此當作弁韓，以當三韓之數。竊疑范氏爲非。」王會汾曰：「晉、梁二書皆作弁韓。」丁謙曰：「三韓以馬韓爲最大，其地當有忠清、全羅二道，及慶尚道之半。辰韓及弁韓惟慶州一帶而已。朝鮮史謂三韓雖曰分立，實則辰、弁二國僅爲馬韓所支配，非勢均力敵也。」弼按：漢書朝鮮傳：「真番辰國欲上書見天子，朝鮮雍閼弗爲通。」師古曰：「辰謂辰韓之國也。」後漢書光武帝紀：「建武二十年秋，東夷韓國人率衆詣樂浪內附。」章懷注：「東夷有辰韓、弁韓、馬韓，謂之三韓國。」梁書：「辰韓始有六國，稍分爲十二，新羅其一也。馬韓有五十四國，百濟其一也。」舊唐書：「百濟國爲馬韓故地。」

〔二〕北宋本「活」作「沽」。

〔三〕伯濟國即百濟國。

〔四〕馮本「卑」作「甲」，誤。

〔五〕宋本「臼」作「𦥑」，即「匊」字。「臼」與「𦥑」異，未詳孰是。

〔六〕宋本「支」作「犮」。

〔七〕錢大昭曰：「莫盧國已見上文，此重出。」

〔八〕范書云：「馬韓在西，有五十四國。其北與樂浪、南與倭接。」滿洲源流考卷二云：「三韓統名辰國，自漢初已見，後爲新羅、百濟所併，其七十八國之名，備載於魏志，國名多繫以卑離二字，如監奚卑離、內卑離、辟卑離、如來卑離。以滿洲語考之，當爲貝勒之轉音，正猶汗之訛爲韓，而三汗之統諸貝勒，於體制恰相符合也。至馬韓亦作慕韓，辰韓亦作秦韓，弁韓亦作弁辰，又作卞韓，尚書傳扶餘、馯並稱，正義謂馯即韓也。當時祇以諧音，並非漢語。范尉宗始稱爲韓國，韓人，魏志遂有韓地、韓王之目，甚者至訛爲韓氏。又如弁韓在三韓中，記載獨少。考史記真番注謂番音普寒切，遼東有潘汗縣，或即弁韓之轉音，亦未可定。或有以三韓爲高麗者，蓋因宋史高麗傳有崇寧後鑄三韓通寶之文。又遼史外紀遼時常以三韓國公爲高麗封號，遂謂三韓之地，盡入高麗。不知高麗之境，亦屬三韓所統，當時假借用之，未經深考耳。至遼之三韓縣，乃取高麗俘戶所置，非其故壤也。」

〔九〕毛本「小」作「千」，誤。

侯淮既僭號稱王，〔一〕爲燕亡人衛滿所攻奪，〔二〕

魏略曰：昔箕子之後朝鮮侯見周衰，燕自尊爲王，欲東略地，朝鮮侯亦自稱爲王。欲興兵逆擊燕以尊周室。其大夫禮諫之，乃止。使禮西說燕，燕止之，〔三〕不攻。〔四〕後子孫稍驕虐，燕乃遣將秦開攻其西方，取地二千餘里，至滿潘汗爲界。〔五〕朝鮮遂弱。及秦并天下，使蒙恬築長城，到遼東。時朝鮮王否立，畏秦襲之，略服屬秦，不肯朝會。否死，其子準立。二十餘年而陳、項起，天下亂，燕、齊、趙民愁苦，稍稍亡往準，準乃置之於西方。及漢以盧綰爲燕王，朝鮮與燕界於溴水。〔六〕及綰反，入匈奴，燕人衛滿亡命，爲胡服，東度溴水，詣準降，説準求居西界，故中國亡命〔七〕爲朝鮮藩屏。準信寵之，拜爲博士，賜以圭，封之百里，令守西邊。滿誘亡〔八〕黨，衆稍多，乃詐遣人告準，言漢兵十道至，求入宿衛，遂還攻準。準與滿戰，不敵也。〔九〕

將其左右宮人走入海，居韓地，自號韓王。

魏略曰：其子及親留在國者，因冒姓韓氏。準王海中，不與朝鮮相往來。

其後絶滅，今韓人猶有奉其祭祀者。〔一〇〕漢時屬樂浪郡，四時朝謁。〔一一〕

魏略曰：初，右渠未破時，朝鮮相歷谿卿以諫右渠不用，東之辰國，〔一二〕時民隨出居者二千餘户，亦與朝鮮貢蕃不相往來。〔一三〕至王莽地皇時，廉斯鑡爲辰韓右渠帥，聞樂浪土地美，人民饒樂，亡欲來降。出其邑落，見田中驅雀男子一人，其語非韓人，問之。男子曰：「我等漢人，名户來，我等輩千五百人伐材木，爲韓所擊得，皆斷髮爲奴，積三年矣。」鑡曰：「我當降漢樂浪，汝欲去不？」户來曰：「可。」辰鑡因將户來來出詣含資縣，〔一四〕縣言郡，郡即以鑡爲譯，從芩中乘大船入辰韓，逆取户來降伴輩尚得千人，其五百人已死。鑡時曉謂辰韓：「汝還五百人，若不者，樂浪當遣萬兵乘船來擊汝。」辰韓曰：「五百人已死，我當出贖直耳。」乃出辰韓萬五千人，弁韓布萬五千匹，〔一五〕鑡收取直還。郡表鑡功義，賜冠幘田宅，子孫數世，至安帝延光四年時，故受復除。

〔一〕「淮」當作「準」，見前濊國傳注。

〔二〕丁謙曰：「箕淮之王馬韓也，據朝鮮史言避衛滿之逼，率衆奪金馬郡居之，自稱武康王。金馬即本傳王所治月支國，今爲全羅道益山郡。」

〔三〕毛本下「燕」字作「以」。

〔四〕「攻」疑作「改」。

〔五〕趙一清曰：「潘韓謁。兩漢志俱作番汗。」

〔六〕趙一清曰：「漢書地理志：樂浪郡浿水縣，水西至增地入海，今大同江也。溴字誤，下同。」弼按：漢書朝鮮傳云至浿水爲界。浿水，解見前高句麗傳。

〔七〕何焯曰：「故字當作收。」

〔八〕「亡」字下似少一字。

〔九〕弼按：魏略所云，與史記、漢書朝鮮傳略同而較詳，可補史、漢朝鮮傳之缺。丁謙曰：「朝鮮史相傳其國肇自檀君，傳一千四十八年，至周初箕子代興，傳四十世，爲燕人衛滿襲據其地。班書記漢事，故託始於滿。真番本朝鮮附屬番部，七國時爲燕所略。武帝破朝鮮，改爲郡，治霅縣，在今奉天興京廳邊外，東南至鴨緑江地。浿水有二，唐書高麗傳南涯浿水，指大同江；而此傳浿水，均指鴨緑江。今攷據家但知大同江爲浿水，不知鴨緑江亦有浿水之名。蓋大同江在平壤南，衛滿所都王險城，即平壤，滿渡浿水而後居此，則水在平壤之北可知。證一。涉何諭右渠還朝，必經浿水，證二。左將軍擊破浿水，西軍方得至王險，證三。右渠太子入謝天子，至浿水引歸，證四。觀此傳中浿水，皆指鴨緑江明矣。臨屯亦番部，後爲郡治；東暆今爲朝鮮道江原道江陵府城。」

〔一〇〕丁謙曰：「東藩紀要馬韓立國，始朝鮮王箕淮，在漢惠帝元年；後爲百濟王温祚所滅，在新莽二年。計傳國二百有三載。辰韓、弁韓不知始立何時，後俱爲新羅王赫居世所滅，在漢宣帝五鳳以後。是三韓有國，均在西漢之世，至東漢初，三韓已亡，何論曹魏！陳氏此傳，作於晉初，乃仍言三韓事，若不知有百濟、新羅者，何也？余細核傳文，參以朝鮮史，知所云其後絶滅者，即滅於百濟也；所云韓人猶有奉其祭祀者，即後漢書馬韓人復自立爲王也。」

〔一一〕范書東夷傳：「建武二十年，韓人廉斯人蘇馬諟等詣樂浪貢獻，光武封蘇馬諟爲漢廉斯邑君，使屬樂浪郡，四時朝謁。」章懷注：「廉斯，邑名也。」

〔一二〕漢書：「元封三年夏，尼谿相參乃使人殺朝鮮王右渠來降。」

〔一三〕「貢」疑作「真」。

〔一四〕兩漢志樂浪郡含資，三國魏改爲帶方郡，晉志屬帶方郡。一統志：「故城今朝鮮京畿道城之南境。」官本考證云：「辰鑡辰字，來出來字，疑皆衍。」

〔一五〕毛本「弁」作「牟」，誤。

桓、靈之末，韓濊彊盛，郡縣不能制，民多流入韓國。建安中，公孫康分屯有縣以南荒地爲帶方郡，〔一〕遣公孫模、張敞等收集遺民，興兵伐韓濊，舊民稍出，是後倭韓遂屬帶方。景初中，明帝密遣帶方太守劉昕、樂浪太守鮮于嗣越海定二郡，諸韓國臣智加賜邑君印綬，其次與邑長。其俗好衣幘，下户詣郡朝謁，皆假衣幘，自服印綬衣幘千有餘人。部從事吴林以樂浪本統韓國，分割辰韓八國以與樂浪，吏譯轉有異同，臣智激韓忿，攻帶方郡崎離營。時太守弓遵、樂浪太守劉茂興兵伐之，遵戰死，二郡遂滅韓。〔二〕

〔一〕兩漢志樂浪郡屯有縣。李兆洛云：「今朝鮮平壤城南。」丁謙曰：「帶方郡治所在，前人均未言及。漢地理志樂浪含資縣，有帶水，西至帶方入海。查京畿道北境有臨津江，發源江源道伊川郡北，至開城西南入海，正在樂浪之南，再南即百濟境。以形勢揆之，當即漢時帶水。然則伊川郡其漢之含資縣乎？辰韓渠帥先詣含資降，可知含資實辰韓至樂浪孔道，今伊川郡居平壤東南，情形尤協。以此觀之，臨津江於開城西南入海，非即帶方郡地之所在耶？今定以開城郡爲帶方，或相去不遠矣。」

〔三〕丁謙曰：「百濟雖滅馬韓，而馬韓中尚有一二小部，仍襲韓王之稱號。傳紀桓、靈末韓濊强盛，建安後倭韓屬帶方，及明帝時二郡滅韓，皆指馬韓人自立之小部，非三韓全境也。但三韓舊時皆土番散部，勢分力弱，故樂浪可羈屬之。迨百濟、新羅崛興，則地大兵强，足與高句麗鼎峙，斷非郡縣所能制馭，何當時中國竟不聞不問，漠然置之，絶不道及其事？豈以百濟本馬韓列國之一，新羅亦弁辰列國之一，雖兼併坐大，可仍以三韓視之，不必特爲之分析耶？噫！疏亦甚矣。何怪晉書、後漢書均承其誤而不覺乎！」

其俗少綱紀，國邑雖有主帥，邑落雜居，不能善相制御。無跪拜之禮，居處作草屋土室，形如冢；其戶在上，〔一〕舉家共在中，無長幼男女之別。其葬有棺無槨，不知乘牛馬，牛馬盡於送死。以瓔珠爲財寶，或以綴衣爲飾，或以縣頸垂耳，不以金銀錦繡爲珍。其人性彊勇，魁頭露紒，〔二〕如炅兵，衣布袍，足履革蹻蹋。其國中有所爲及官家使築城郭，諸年少勇健者，皆鑿脊皮，以大繩貫之，又以丈許木鍤之，通日嚾呼作力，不以爲痛。既以勸作，且以爲健。常以五月下種訖，祭鬼神，羣聚歌舞飲酒，晝夜無休。其舞，數十人俱起相隨，踏地低昂，手足相應，節奏有似鐸舞。十月農功畢，亦復如之。信鬼神，國邑各立一人主祭天神，名之「天君」。又諸國各有別邑，名之爲「蘇塗」。立大木，〔三〕縣鈴鼓，事鬼神。諸亡逃至其中，皆不還之。好作賊。其立「蘇塗」之義，有似「浮屠」，而所行善惡有異。其北方近郡諸國，差曉禮俗；其遠處直如囚徒、奴婢相聚。無他珍寶，禽獸、草木略與中國同。出大栗，大如梨。又出細尾雞，〔四〕其尾皆長五尺餘。其男子時時有文身。又有州胡在馬韓之西海中大島上，〔五〕其人差短小，言語不與韓同，皆髡頭如鮮卑。但衣韋，好養牛及豬。其衣有上無下，略如裸勢。乘船往來，市買中韓。〔六〕

〔一〕户在上者，或爲古者中窗之遺意。
〔二〕章懷云：「魁頭，猶科頭也，謂以髮縈繞成科結也。紒，音計。」
〔三〕毛本「木」作「本」，誤。
〔四〕范書作「長尾鷄」。
〔五〕丁謙曰：「州胡即今之濟州無疑。」
〔六〕范書作「乘船往來，貨市韓中」。

辰韓在馬韓之東，其耆老傳世，自言「古之亡人避秦役〔一〕來適韓國，馬韓割其東界地與之」。有城柵。其言語不與馬韓同，名國爲邦，弓爲弧，賊爲寇，行酒爲行觴。相呼皆爲徒，有似秦人，非但燕、齊之名物也。名樂浪人爲「阿殘」。東方人名「我」爲「阿」，〔二〕謂樂浪人本其殘餘人，今有名之爲秦韓者。〔三〕始有六國，稍分爲十二國。〔四〕

〔一〕范書作「自言秦之亡人避苦役」。
〔二〕錢大昭曰：「後人名我爲俺，俺即阿也，聲之轉耳。」

〔三〕局本無「爲」字，誤。

〔四〕范書：「辰韓在東十有二國，其北與濊貊接。」

弁辰亦十二國，〔一〕又有諸小別邑，各有渠帥，大者名臣智，其次有險側，〔二〕次有樊濊，〔三〕次有殺奚，次有借邑。〔四〕有已柢國、不斯國、弁辰彌離彌凍國、弁辰接塗國、勤耆國、難彌離彌凍國、弁辰古資彌凍國、弁辰古淳是國、冉奚國、弁辰半路國、弁樂奴國、〔五〕軍彌國、〔六〕弁軍彌國、弁辰彌烏邪馬國、如湛國、弁辰甘路國、户路國、〔七〕州鮮國、馬延國、弁辰狗邪國、弁辰走漕馬國、〔八〕弁辰安邪國、馬延國、〔九〕弁辰瀆盧國、斯盧國、〔一〇〕優中國。〔一一〕弁、辰韓合二十四國，〔一二〕大國四五千家，小國六七百家，總四五萬户。其十二國屬辰王。辰王常用馬韓人作之，世世相繼。辰王不得自立爲王。

魏略曰：明其爲流移之人，故爲馬韓所制。

土地肥美，宜移種五穀及稻，〔一三〕曉蠶桑，作縑布，乘駕牛馬。嫁娶禮俗，男女有別。以大鳥羽送死，其意欲使死者飛揚。

魏略曰：其國作屋，横累木爲之，有似牢獄也。

國出鐵，韓、濊、倭皆從取之。諸市買皆用鐵，如中國用錢，又以供給二郡。俗喜歌舞飲酒。有瑟，其形似筑，彈之亦有音曲。兒生，便以石壓其頭，欲其褊。今辰韓人皆褊頭。〔一四〕男女近倭，亦文身。便步戰，兵仗與馬韓同。其俗，行者相逢，皆住讓路。〔一五〕

〔一〕官本考證曰：「此弁辰疑作弁韓，下別有弁辰。范書弁辰在辰韓之南，亦十有二國，其南亦與倭接。」

〔二〕范書「險」作「儉」。

〔三〕范書作「樊秖」。

〔四〕宋本作「邑借」，范書同。章懷注：「皆其官名也。」

〔五〕沈家本曰：「弁下疑奪辰字。弁辰十二國，前後列其十，尚少其一，疑即此樂奴國及下弁軍彌國也。」

〔六〕沈家本曰：「與下弁軍彌國名同。案：弁、辰韓合二十四國，而傳文列二十六國，必衍其一。疑即軍彌國與下馬延國也。」

〔七〕馮本「户」作「尸」。

〔八〕馮本「走」作「定」。

〔九〕趙一清曰：「馬延國重。下云二十四國，合數之得二十六國也。」

〔一〇〕斯盧即新羅，乃譯音之轉。

〔一一〕馮本「中」作「由」。

〔一二〕丁謙曰：「辰韓、弁韓二國在今朝鮮東南慶州一帶，大概辰韓居北，弁韓居南，中間兩種雜居，不易分析，故合稱弁辰。查二十四國中以弁辰冠首者十有二，當爲弁韓所屬，其餘皆屬辰韓。」

〔一三〕宋本無「移」字。

〔一四〕范書云：「兒生欲令其頭扁，皆押之以石。」滿洲源流考卷二云：「以石押頭，壯夫且不能堪，而以施之初墮地之小兒，實非人情所宜有。滿洲舊俗，兒生數日，即置臥具，令兒仰寢，久而腦骨自平，頭形似扁，斯乃習而自然，無足爲異。辰韓或亦類是耳。漢人生兒，常令側臥，久而左右角平，頭形似狹。蒙古人生兒，以韋帶束之，木板植立於地，長則股形微箕。若如蔚宗所言，豈漢人、蒙古亦皆以石押之，令其頭狹而股箕乎？若夫三韓命名，史第列馬韓、辰韓、弁韓，（亦曰弁辰。）而不詳所以稱韓之義。陳壽魏志直云韓地韓王，魚豢魏略且以爲朝鮮王準冒姓韓氏，其爲附會尤甚。蓋滿洲語及蒙古語皆謂君長爲汗，韓與汗音相混。史載三韓各數十國，意當時必有三汗分統之，史家既不知汗之爲君，而庸鄙者至譌韓爲族姓，何異扣槃捫籥以喻日哉！且中外語言不通，不能强爲詮解者勢也。今夫天昭昭在上，人皆仰之，然漢語謂之天，滿洲語謂之阿卜喀，蒙古語謂之騰格哩，西番語謂之那木喀，回語謂之阿思滿。以彼語此，各不相曉，而人之所以敬與天之所以感，則無弗同。若必一一以漢字牽附臆度之，能乎不能？夫韓與汗，音似義殊，謬而失之誣，猶可也；至於以石押頭之謬，實悖於理，斯不可也。」

〔一五〕毛本「住」作「往」。

弁辰與辰韓雜居，亦有城郭。衣服居處，與辰韓同。言語法俗相似，祠祭鬼神有異，施竈皆在户西。其瀆盧國與倭接界，〔一〕十二國亦有王，其人形皆大。衣服潔清，長髮。亦作廣幅細布。法俗特嚴峻。

〔一〕丁謙曰：「瀆盧當即今慶尚道南巨濟島，此島與日本之對馬島東西相距不遠，故曰接界。」

倭人在帶方東南大海之中，依山島爲國邑。舊百餘國，〔一〕漢時有朝見者，今使譯所通三十國。〔二〕從郡至倭，循海岸水行，歷韓國，乍南乍東，到其北岸狗邪韓國，〔三〕七千餘里，始渡一海，千餘里至對馬國。〔四〕其大官曰卑狗，副曰卑奴母離。所居絶島，方可四百餘里，土地山險，多深林，道路如禽鹿徑。有千餘户，無良田，食海物自活，乘船南北市糴。又南渡一海千餘里，名曰瀚海，至一大國，官亦曰卑狗，副曰卑奴母離，方可三百里。多竹木叢林，有三千許家。差有田地，耕田猶不足食，亦南北市糴。又渡一海，千餘里至末盧國，有四千餘户，濱山海居，〔五〕草木茂盛，行不見前人。好捕魚鰒，〔六〕水無深淺，皆沈没取之。東南陸行五百里，到伊都國，〔七〕官曰爾支，副曰泄謨觚、柄渠觚。有千餘户，世有王，皆統屬女王國，郡使往來常所駐。東南至奴國百里，官曰兕馬觚，副曰卑奴母離，有二萬餘户。東行至不彌國百里，官曰多模，副曰卑奴母離，有千餘家。南至投馬國，水行二十日，官曰彌彌，副曰彌彌那利，可五萬餘户。南至邪馬壹國，〔八〕女王之所都，〔九〕水行十日，陸行一月。官有伊支馬，次曰彌馬升，次曰彌馬獲支，次曰奴佳鞮，可七萬餘户。自女王國以北，其户數道里可略載，〔一〇〕其餘旁國遠絶，不可得詳。次有斯馬國，次有已百支國，次有伊邪國，次有郡支國，〔一一〕次有彌奴國，次有好古都國，次有不呼國，次有姐奴國，次有對蘇國，次有蘇奴國，次有呼邑國，次有華奴蘇奴國，次有鬼國，次有爲吾國，次有鬼奴國，次有邪馬國，次有躬臣國，次有巴利國，次有支惟國，次有烏奴國，次有奴國，此女王境界所盡。其南有狗奴國，男子爲王，其官有狗古智卑狗，不屬女王。自郡至女王國，萬二千餘里。

〔一〕漢書地理志云：「樂浪海中有倭人，分爲百餘國，以歲時來獻見云。」魏略云：「倭在帶方東南大海中，依山島爲國。度海千里復有國，皆倭種。」

〔二〕范書東夷傳：「自武帝滅朝鮮，使驛通於漢者三十許國，國皆稱王，世世傳統，其大倭王居邪馬臺國。」劉攽曰：「使驛當作譯。」黄遵憲日本國志卷四云：「日本之遣使於我，蓋以崇神時爲始。云其時使驛通於漢者三十餘國。」又云：「山海經稱南倭、北倭屬於燕境。史記封禪書云齊威宣王、燕昭王皆嘗使人入海，至三神山，見所謂仙人不死之藥。渤海東渡，後遂不絕，似即今日本地。然彼國尚未通往來也。至論衡云周初天下太平，越裳獻白雉，倭人貢鬯草，未知何據。又雲笈七籤謂日本有騰黃神獸，壽二千歲，黃帝得而乘之，以周旋六合。日本神皇政紀謂孝靈時，就秦求三皇、五帝之書，始皇送之，尤爲神仙家誕言。惟徐福東渡之後，已及百年，崇神立國，始有規模，而其時武帝滅朝鮮，聲教遠暨，使驛遂通，事理可信，故今以正史爲斷。」又云：「梁書言日本自稱爲吳泰伯後，相傳亦稱爲徐福後。彼國紀載，本以此爲榮。其後學者，漸染宋學，喜言國體。寬文中作日本通鑑，源光國駁議曰：謂泰伯後，是以我爲附庸國也，遂削之。賴襄作政紀，并秦人徐福來亦屏而不書。余謂泰伯之後，本無所據，殆以日本斷髮文身，俗類句吳，故有此訛傳歟？至徐福之事，見於三國志後漢書倭國傳，意必建武通使時其使臣自言。史記稱燕、齊遣使求仙，所謂白銀宮闕，員嶠、方壺，蓋即爲今日本地。君房方士，習聞其說，故有男女渡海之請，其志固不在小。今紀伊國有徐福祠，熊野山有徐福墓，其明徵也。日本傳國重器三，曰劍、曰鏡、曰璽，皆秦制也。君曰尊，臣曰命，曰大夫，曰將軍，又周、秦語也。自稱神國，立教首重敬神，國之大事，莫先於祭。有罪則誦禊詞以自洗濯，又方士之術也。崇神立國，始有規模，計徐福東渡，已及百年矣。當時主政者，非其子孫殆其徒黨歟？」

〔三〕范書「狗」作「拘」。丁謙曰：「帶方郡居朝鮮東境，故往倭國須泛海循東岸行。乍南乍東者，先南行，後轉而東行。狗邪國見弁辰傳，蓋即今慶尚道極南金海郡地，明史所謂釜山是也。」

〔四〕日本有對馬島，至釜山要道。

〔五〕丁謙曰：「當即今佐世保海口地。」

〔六〕何焯校改作「鰒魚」。

〔七〕日本國志卷四云：「日本天明四年，筑前那珂郡人掘地得石室，中藏蛇紐方寸金印，文曰漢委奴國王。余嘗於博覽會中親見之。日本學者謂那珂郡古爲怡土縣，日本仲哀紀所謂伊都縣主，即魏志所謂伊都國也。」

〔八〕范書作「邪馬臺國」。邪馬臺即日本語「太和」二字之譯音，此作壹，誤。日本國志：「神武天皇即位於太和之橿原。」

〔九〕日本國志卷一：「仲哀天皇卒於軍，皇后氣長足姬攝位，是爲神功皇后。后爲男裝，率師渡海，征新羅，降之。高麗、百濟皆歸款，後遂遣使於魏。」

〔一〇〕宋本「可」下有「得」字。

〔一一〕宋本「郡」作「都」。

男子無大小皆黥面文身。〔一〕自古以來，其使詣中國，皆自稱大夫。〔二〕夏后少康之子，封於會稽，斷髮文身，以避蛟龍之害。今倭水人好沈没捕魚蛤，文身亦以厭大魚水禽，後稍以爲飾。諸國文身各異，或左或右，或大或小，尊卑有差。〔三〕計其道里，當在會稽、東治之東。〔四〕其風俗不淫，男子皆露紒，〔五〕以木緜招頭。其衣横幅，但結束相連，略無縫。婦人被髮屈紒，作衣如單被，穿其中央，貫頭衣之。種禾稻、紵麻，蠶桑、緝績，出細紵、縑緜。其地無牛馬虎豹羊鵲。兵用矛、楯、木弓。木弓短下長上，竹箭或鐵鏃或骨鏃，所有無與儋耳、朱崖同。倭地温暖，冬夏食生菜，皆徒跣。有屋室，父母兄弟臥息異處，以朱丹塗其身體，如中國用粉也。〔六〕食飲用籩豆，手食。其死，有棺無槨，〔七〕封土作冢。始死，停喪十餘日，當時不食肉，喪主哭泣，他人就歌舞飲酒。已葬，舉家詣水中澡浴，以如練沐。其行來渡海詣中國，恒使一人，不梳頭，不去蟣蝨。衣服垢污，不食肉，不近婦人。如喪人，名之爲「持哀」。〔八〕若行者吉善，共顧其生口財物；〔九〕若有疾病，遭暴害，便欲殺之，謂其持哀不謹。出真珠、青玉，其山有丹，其木有柟、杼、豫樟、楺櫪、投橿、烏號、楓香，其竹篠簳、桃支，有薑、橘、椒、蘘荷，不知以爲滋味。有獮猴、黑雉。其俗舉事行來，有所云爲，輒灼骨而卜，以占吉凶。〔一〇〕先告所卜，其辭如令龜法，視火坼占兆。其會同坐起，父子男女無別，人性嗜酒。

魏略曰：其俗不知正歲四節，〔一一〕但記春耕、秋收爲年紀。

見大人所敬，但搏手以當跪拜。其人壽考，或百年，或八、九十年。其俗，國大人皆四五婦，下戶或二三婦。婦人不淫，不妬忌。不盜竊，少諍訟。其犯法，輕者没其妻子，重者滅其門戶。及宗族尊卑，各有差序，足相臣服。收租賦。有邸閣國，國有市，交易有無，使大倭監之。自女王國以北，特置一大率，檢察諸國，諸國畏憚之。常治伊都國，於國中有如刺史。王遣使詣京都、帶方郡、諸韓國，及郡使倭國，皆臨津搜露，傳送文書賜遺之物詣女王，不得差錯。下戶與大人相逢道路，逡巡入草。傳辭說事，或蹲或跪，兩手據地，爲之恭敬。對應聲曰「噫」，比如「然諾」。

〔一〕沈家本曰：「御覽文身下有聞其舊語，自謂太伯之後十字。」

〔二〕范書云：「倭奴國奉貢朝賀，使人自稱大夫，光武賜以印綬。」

〔三〕日本國志卷三十五云：「文身舊俗，今猶有存。胸背手足，刺爲鳥獸鱗介、花草果木之形，亦或繪人物故事，涅之以藍，光怪陸離，不可逼視。其象蛟龍者，作鱗介而軒騰若生，云入水可辟水怪。圉人僕御，十人而九，士夫以上，罕爲之者。」

〔四〕「治」當作「冶」。范書云：「其地大較在會稽、東冶之東，與朱崖、儋耳相近。」丁謙曰：「會稽今江浙地，東冶今福建地，朱崖、儋耳今廣東瓊州地，諸處與日本方位均不相應，殊屬臆測。」

〔五〕「露紒」見前韓國傳。

〔六〕日本國志卷三十五云：「後漢書稱丹朱坋身，或古男子喜剃面傅粉，搔頭施朱，如梁朝貴游子弟耶？今女子多傅脂粉，襟廣微露胸肩，脊亦不盡掩。亦傅粉，如其面。然坋身之說，殆謂此歟？」

〔七〕日本國志卷三十四云：「垂仁帝時，始造石棺，佛教渡來之後，都用梵法，貴賤惟樹一碑，平民全用火葬，故有棺無槨。」

〔八〕宋本「哀」作「衰」，下同。

〔九〕范書作「則雇以財物」。

〔一〇〕日本國志卷三十四云：「中古特設神祇省一官，知龜卜之令。凡灼怪占吉凶，是卜部執業，而統於神祇省。」

〔一一〕官本「節」作「時」。

其國本亦以男子爲王，住七八十年，〔一〕倭國亂，相攻伐歷年，乃共立一女子爲王，名曰卑彌呼，事鬼道，能惑衆。年已長大，無夫壻，有男弟佐治國。自爲王以來，少有見者。以婢千人自侍，唯有男子一人給飲食，傳辭出入。居處宮室、樓觀，城柵嚴設，常有人持兵守衛。

〔一〕沈家本曰：「御覽作漢靈帝光和中六字，范書作桓、靈間。」

女王國東渡海千餘里，復有國，皆倭種。〔一〕又有侏儒國在其南，人長三四尺，〔二〕去女王四千餘里，又有裸國、黑齒國，〔三〕復在其東南，船行一年可至。參問倭地，絶在海中洲島之上，或絶或連，周旋可五千餘里。

〔一〕范書：「自女王國東度海千餘里，至拘奴國，雖皆倭種，而不屬女王。」

〔二〕丁謙曰：「據西書，印度東南有安達曼島，其土番身度，恆不滿四尺，爲世界人類中最短小者。」

〔三〕丁謙曰：「裸與黑齒，今南洋島夷形狀皆然。以地在熱帶，故裸；以日食檳榔，故齒黑。」黃遵憲曰：「日本婦人，已嫁則涅齒，使黑如漆。明治初年，下令革舊俗，今則齒如貝編矣。」沈家本曰：「御覽裸下有墨字，無國、黑、齒三字，疑是譌奪。范書同。」

景初二年六月，倭女王遣大夫難升米等詣郡，求詣天子朝獻，〔一〕太守劉夏遣吏將送詣京都。其年十二月，詔書報倭女王曰：「制詔親魏倭王卑彌呼：帶方太守劉夏遣使送汝大夫難升米、次使都市牛利，奉汝所獻男生口四人，女生口六人，班布二匹二丈，以到。汝所在踰遠，乃遣使貢獻，是汝之忠孝，我甚哀汝。〔二〕今以汝爲親魏倭王，假金印紫綬，〔三〕裝封付帶方太守假授汝。其綏撫種人，勉爲孝順。汝來使難升米、牛利涉遠，道路勤勞，今以難升米爲率善中郎將，牛利爲率善校尉，假銀印青綬，引見勞賜遣還。今以絳地交龍錦五匹、

臣松之以爲「地」應爲「綈」。漢文帝著皁衣，謂之弋綈是也。此字不體，非魏朝之失，則傳寫者誤也。〔四〕

絳地縐粟罽十張、蒨絳五十匹、紺青五十匹，答汝所獻貢直。又特賜汝紺地句文錦三匹、細斑華罽五張、白絹五十匹、金八兩、五尺刀二口、銅鏡百枚、真珠、鉛丹各五十斤，皆裝封付難升米、牛利還到録受。悉可以示汝國中人，使知國家哀汝，故鄭重賜汝好物也。」

〔一〕沈家本云：「御覽作景初三年，公孫淵死，倭女王遣大夫難升米等言帶方郡。案：公孫淵死於景初二年八月，淵死而倭使始得通，自當在三年。若在二年六月，其時遼東方與魏相拒，魏尚無帶方太守，倭使亦不得通也。此文恐當以御覽爲長。惟淵死於二年，而敘於三年，蓋欲明倭使得通之故，而追敘之耳。又案：下文云，其年十二月，詔書報倭女王云云，正始元年，太守弓遵遣建中校尉梯儁等奉詔書印綬詣倭國云云，是於景初三年十二月下詔書，正始元年到帶方，年月甚明。若是二年事，不應詔書既下，事隔一年，始到帶方也。此尤二年當作三年之明證也。」

〔二〕毛本「哀」作「衰」。

〔三〕毛本「印」作「銀」，誤。傳雲龍日本金石志載此印尚存。

〔四〕潘眉曰：「裴説是也。攷説文，綈，厚繒。管子輕重訓魯、梁之民善爲綈，注：繒之厚者謂之綈。急就章：綈絡縑練素帛蟬。注：綈，厚繒之滑澤者也。鄴中記：錦或青綈，或白綈，或黄綈，或緑綈，或蜀綈，蓋即錦之地字，皆作綈不作地也。」周壽昌曰：「絳地、紺地凡三見，不應傳寫屢誤。按續漢書輿服志：乘輿黄赤綬四采。注引漢舊儀曰：皇帝帶綬黄地六采。又百石青紺綸一采。注引丁孚漢儀載太僕太中大夫襄言：乘輿綬黄地冒白羽，諸王綬四采絳地冒白羽，公主綬絳地紺縹三采，二千石綬羽青地桃華縹三采，黑綬羽青地絳二采，俱作地，無作綈者。蓋地猶質也，絳地，紺地，其本質之色；交龍皺粟句文，則錦罽所織之文。裴注自誤，非本文誤也。」姚範曰：「綈爲厚繒，非錦也，地字不誤。弋黑色地，即白質黑章之質，以絳爲質，晉人亦有白地光明錦，裁爲負販兒袴之語。」俞正燮癸巳存稿卷十云：「綈爲厚繒，錦爲織采絲。罽爲氈字，今作毯，亦織采毛也。既爲綈，則不得爲錦、爲罽矣。凡繪畫之事，皆有地，錦罽皆織畫，當有地，地字，正體也。」

正始元年，〔一〕太守弓遵遣建中校尉梯儁等奉詔書印綬詣倭國，拜假倭王，〔二〕並齎詔賜金帛、錦罽、刀鏡、采物，倭王因使上表答謝恩詔。〔三〕其四年，〔四〕倭王復遣使大夫伊聲耆、掖邪狗等八人上獻生口、倭錦、絳青縑、緜衣、帛布、丹木𤝔、短弓矢。掖邪狗等壹拜率善中郎將印綬。其六年，詔賜倭難升米黄幢，付郡假授。其八年，太守王頎到官。倭女王卑彌呼與狗奴國男王卑彌弓呼素不和，遣倭載斯、烏越等詣郡説相攻擊狀。遣塞曹掾史張政等〔五〕因齎詔書、黄幢，拜假難升米爲檄告諭之。卑彌呼以死，大作冢，徑百餘步，徇葬者奴婢百餘人。更立男王，國中不服，更相誅殺，當時殺千餘人。復立卑彌呼宗女壹與，〔六〕年十三爲王，國中遂定。政等以檄告喻壹與，壹與遣倭大夫率善中郎將掖邪狗等二十人送政等還，因詣臺，獻上男女生口三十人，貢白珠五千，孔青大句珠二枚，異文雜錦二十匹。〔七〕

〔一〕正始元年春正月，東倭重譯納貢，見晉書宣帝紀。

〔二〕元本「假」作「爲」。

〔三〕各本均作「詔恩」，誤；馮本不誤。

〔四〕正始四年冬十二月，倭國女王遣使奉獻，見齊王紀。

〔五〕陳景雲曰：「塞疑作奏。」

〔六〕寰宇記「與」作「臾」。

〔七〕黄遵憲日本國志卷四云：「源光國作大日本史，青山延光作紀事本末，皆謂通使實始於隋。而於魏志、漢書所敘，朝貢封拜，概置而弗道。余揣其意，蓋因推古以降，稍習文學，略識國體，觀於世子草書，自稱天皇，表仁爭禮，不宣帝詔，其不肯屈膝稱臣，始於是時。斷自隋、唐，所以著其不臣也。彼謂推古以前國家，並未遣使，漢史所述，殆出於九州國、造任那守帥之所爲。余考委奴國印出於國造，是則然矣。魏志、漢書所謂女王卑彌呼以神道惑衆，非神功皇后而誰？武帝滅朝鮮，而此通倭使；神功攻新羅，而彼受魏詔，其因高麗爲鄉導，情事確鑿，無可疑者。神功既已上表貢物，豈容遽停使節？且自應神以還，求縫織於吴，求論語、千文、佛像、經典於百濟，豈有上國朝廷，反吝一介往來之理？宋順帝時，倭王上表稱東征毛人五十五國，西服衆夷六十六國，渡平海北九十五國，謂有國造守帥，能爲此語者乎？惟宋、齊、梁諸書所云，倭王讚珍濟興武，考之倭史，名字年代皆不相符。然日本於推古時，始用甲子，始有紀載，東西遼遠，年代舛異，譯音展轉，名字乖午，此之不同，亦無足怪。要之，列史紀述，溢於簡册，苟非僞造，不容妄删。」

評曰：史、漢著朝鮮、兩越，東京撰録西羌。魏世匈奴遂衰，更有烏丸、鮮卑，爰及東夷，使譯時通，記述隨事，豈常也哉！

魏略曰：西戎傳曰：〔一〕氐人有王，所從來久矣。〔二〕自漢開益州，置武都郡，〔三〕排其種人，分竄山谷間，或在福禄，〔四〕或在汧、隴左右。〔五〕其種非一，稱槃瓠之後，或號青氐，或號白氐，或號蚺氐，此蓋蟲之類而處中國，人即其服色而名之也。其自相號曰盍稚，各有王侯，多受中國封拜。〔六〕近去建安中，〔七〕興國氐王阿貴、〔八〕白項氐王千萬〔九〕各有部落萬餘，至十六年，從馬超爲亂。〔一〇〕超破之後，阿貴爲夏侯淵所攻滅，千萬西南入蜀，〔一一〕其部落不能去，皆降。〔一二〕國家分徙其前後兩端者，置扶風、美陽，〔一三〕今之安夷、撫夷二部護軍所典是也。〔一四〕其太守善，〔一五〕分留天水、南安界，〔一六〕今之廣平、魏郡所守是也。〔一七〕其俗語不與中國同，及羌雜胡同，〔一八〕各自有姓，姓如中國之姓矣。其衣服尚青絳，俗能織布，善田種，畜養豕、牛、馬、驢、騾。其婦人嫁時，著袵露，其緣飾之制有似羌，袵露有似中國袍，皆編髮。多知中國語，由與中國錯居故也。其自還種落閒，則自氐語。其嫁娶有似於羌，此蓋乃昔所謂西戎在於街、冀、獂道者也。〔一九〕今雖都統於郡國，然故自有王侯在其虛落閒。又故武都地陰平街左右，〔二〇〕亦有萬餘落。貲虜，本匈奴也，匈奴名奴婢爲貲。〔二一〕始建武時，匈奴衰，分去其奴婢，亡匿在金城、武威、酒泉北黑水、西河東西，〔二二〕畜牧逐水草，抄盜涼州，部落稍多，〔二三〕有數萬，不與東部鮮卑同也。其種非一，有大胡，有丁令，〔二四〕或頗有羌雜處，由本亡匈奴故也。〔二五〕當漢、魏之際，其大人有檀柘，死後，其枝大人南近在廣魏、〔二六〕今居界，〔二七〕有禿瑰來數反，爲涼州所殺。今有劭提，或降來，或遁去，常爲西州道路患也。

燉煌〔二八〕西域之南山中，從婼羌〔二九〕西至蔥嶺數千里，〔三〇〕有月氏餘種蔥茈羌、白馬、黃牛羌，各有酋豪，〔三一〕北與諸國接，不知其道里廣狹，傳聞黃牛羌各有種類，孕身六月生，南與白馬羌鄰。〔三二〕西域諸國，漢初開其道，時有三十六，後分爲五十餘。從建武以來，更相吞滅，於今有二十〔三三〕道。從敦煌玉門關入西域，前有二道，〔三四〕今有三道。從玉門關西出，經婼羌轉西，越蔥嶺，經縣度，〔三五〕入大月氏爲南道。從玉門關西出，發都護井，回三隴沙北頭，經居盧倉，從沙西井轉西北，過龍堆，〔三六〕到故樓蘭，〔三七〕轉西詣龜茲，〔三八〕至蔥嶺，爲中道。〔三九〕從玉門關西北出，經橫坑，〔四〇〕辟三隴沙及龍堆，出五船北，〔四一〕到車師界〔四二〕戊己校尉所治高昌，〔四三〕轉西與中道合龜茲，爲西道。〔四四〕凡西域所出，有前史已具詳，今故略說。南道西行，且志國、〔四五〕小宛國、〔四六〕精絕國、〔四七〕樓蘭國皆并屬鄯善也。〔四八〕戎盧國、〔四九〕扜彌國、〔五〇〕渠勒國、〔五一〕皮宂國〔五二〕皆并屬于寘。〔五三〕罽賓國、〔五四〕大夏國、〔五五〕高附國、〔五六〕天竺國〔五七〕皆并屬大月氏。〔五八〕

臨兒國，浮屠經云：〔五九〕其國王生浮屠，浮屠，太子也。父曰屑頭邪，母曰莫邪。浮屠身服色黃，髮青如青絲。乳青〔六〇〕毛，蛉赤如銅。〔六一〕始莫邪夢白象而孕，及生，從母左脅出。〔六二〕生而有結，〔六三〕墮地能行七步。此國在天竺城中。〔六四〕天竺又有神人，名沙律。昔漢哀帝元壽元年，博士弟子景盧〔六五〕受大月氏王使伊存口受浮屠經曰復立者其人也。〔六六〕浮屠所載臨蒲塞、桑門、伯聞、疏問、白疏間、比丘、晨門，皆弟子號也。浮屠所載，與中國老子經相出入。蓋以爲老子西出關，過西域之天竺，教胡。〔六七〕浮屠屬弟子別號，合有二十九，不能詳載，故略之如此。

車離國，一名禮惟特，一名沛隸王，在天竺東南三千餘里，其地卑溼暑熱。其王治沙奇城，有別城數十，人民怯弱，月氏、天竺擊服之。其地東西南北數千里，人民男女皆長一丈八尺，乘象、橐駝以戰，今月氏役稅之。〔六八〕盤越國，一名漢越正，在天竺東南數千里，〔六九〕與益部相近。其人小與中國人等，蜀人賈似至焉。〔七〇〕南道而西極轉東南盡矣。〔七一〕

中道西行尉梨國、〔七二〕危須國、〔七三〕山王國〔七四〕皆并屬焉耆，〔七五〕姑墨國、〔七六〕温宿國、〔七七〕尉頭國〔七八〕皆屬龜茲也。〔七九〕楨中國、〔八〇〕莎車國、〔八一〕竭石國、〔八二〕渠沙國、〔八三〕西夜國、〔八四〕依耐國、〔八五〕滿犁國、〔八六〕億若國、〔八七〕榆令國、〔八八〕捐毒國、〔八九〕休脩國、〔九〇〕琴國〔九一〕皆并屬疏勒。〔九二〕自是以西，大宛、〔九三〕安息、〔九四〕條支、烏弋。烏弋一名排持，〔九五〕此四國次在西，本國也，無增損。前世謬以爲條支在大秦西，今其實在東。前世又謬以爲彊於安息，今更役屬之，號爲安息西界。前世又謬以爲弱水在條支西，今弱水在大秦西。前世又謬以爲從條支西行二百餘日，近日所入，今從大秦西近日所入。〔九六〕

大秦國一號犂靬，〔九七〕在安息、條支西大海之西，從安息界安谷城乘船，直截海西，遇風利，二月到；風遲，或一歲；無風，或三歲。〔九八〕其國在海西，故俗謂之海西。〔九九〕有河出其國，西又有大海。海西有遲散城，從國下直北至烏丹城西南，又渡一河，乘船一日乃過。西南又渡一河，一日乃過。凡有大都三，〔一〇〇〕卻從安谷城陸道直北行之海北，復直西行之海西，復直南行經之烏遲散城，渡一河，乘船一日乃過。周迴繞海，凡當渡大海六日乃到其國。國有小城邑，合四百餘，東西南北數千里。其王治濱側河海，〔一〇一〕以石爲城郭。〔一〇二〕其土地有松、柏、槐、梓、竹、葦、楊柳、梧桐、〔一〇三〕百草。民俗，田種五穀，畜有馬、驢、騾、駱駝。〔一〇四〕桑蠶。〔一〇五〕俗多奇幻，口中出火，自縛自解，跳二十丸，〔一〇六〕巧妙。〔一〇七〕

其國無常主，國中有災異，輒更立賢人以爲王，而放其故王，〔一〇八〕王亦不敢怨。〔一〇九〕其俗人長大平正，似中國人而胡服。自云本中國一別也，〔一一〇〕常欲通使於中國，而安息圖其利，不能得過。〔一一一〕其俗能胡書。其制度，公私宮室爲重屋，旌旗擊鼓，白蓋小車，郵驛亭置如中國。〔一一二〕從安息繞海北到其國，人民相屬，十里一亭，三十里一置，終無盜賊。但有猛虎、獅子爲害，行道不羣則不得過。〔一一三〕其國置小王數十，其王所治城周回百餘里，有官曹文書。王有五宮，一宮間相去十里，其王平旦之一宮聽事，至日暮一宿，明日復至一宮，五日一周。置三十六將，每議事，一將不至則不議也。王出行，常使從人持一韋囊自隨，有白言者，受其辭，投囊中，還宮乃省爲決理。以水晶作宮柱及器物，〔一一四〕作弓矢。〔一一五〕其別枝封小國，曰澤散王，曰驢分王，曰且蘭王，曰賢督王，曰汜復王，曰于羅王。其餘小王國甚多，不能一一詳之也。〔一一六〕國出細絺。作金銀錢，金錢一當十。〔一一七〕有織成細布，言用水羊毳，名曰海西布。〔一一八〕此國六畜皆出水，〔一一九〕或云非獨用羊毛也，亦用木皮或〔一二〇〕野繭絲作，織成氍毹、毾㲪、罽帳之屬，〔一二一〕皆好；其色又鮮於海東諸國所作也。〔一二二〕又常利得中國絲，解以爲胡綾，故數與安息諸國交市於海中。海水苦不可食，故往來者希到其國中。山出九色次玉石，一曰青，二曰赤，三曰黄，四曰白，五曰黑，六曰緑，七曰紫，八曰紅，九曰紺。今伊吾山中有九色石，即其類。陽嘉三年時，疏勒王臣槃獻海西青石、金帶各一，〔一二三〕又今西域舊圖云〔一二四〕罽賓、條支諸國出琦石，即次玉石也。大秦多金、銀、銅、鐵、鉛、錫、神龜、白馬、朱髦、〔一二五〕駭雞犀、〔一二六〕瑇瑁、〔一二七〕玄熊、赤螭、辟毒鼠、大貝、車渠、〔一二八〕瑪瑙、〔一二九〕南金、翠爵、羽翮、象牙、〔一三〇〕符采玉、明月珠、夜光珠、〔一三一〕真白珠、〔一三二〕虎珀、〔一三三〕珊瑚、〔一三四〕赤白黑緑黄青紺縹紅紫十種流離、〔一三五〕璆琳、琅玕、〔一三六〕水精、〔一三七〕玫瑰、〔一三八〕雄黄、雌黄、〔一三九〕碧、五色玉、黄白黑緑紫紅絳紺金黄縹留黄十種氍毹、五色毾㲪、五色九色首下毾㲪、金縷繡、雜色綾、金塗布、緋持布、發陸布、緋持渠布、火浣布、〔一四〇〕阿羅得布、巴則布、度代布、温色布、五色桃布、〔一四一〕絳地金織帳、五色斗帳、一微木、二蘇合、〔一四二〕狄提、迷迷、〔一四三〕兜納、〔一四四〕白附子、〔一四五〕薰陸、〔一四六〕鬱金、〔一四七〕芸膠、〔一四八〕薰草木十二種香。大秦道既從海北陸通，又循海而南，與交阯七郡外夷北，〔一四九〕又有水道通益州、永昌，故永昌出異物。前世但論有水道，不知有陸道，今其略如此，其人民户數不能備詳也。自葱領西，此國最大，置諸小王甚多。故録其屬大者矣。〔一五〇〕

澤散王屬大秦，其治在海中央，北至驢分，水行半歲，風疾時一月到。最與安息安谷城相近，西南詣大秦都不知里數。〔一五一〕驢分王屬大秦，其治去大秦都二千里。從驢分城西之大秦渡海，飛橋長二百三十里，〔一五二〕渡海道西南行，繞海直西行。且蘭王屬大秦，從思陶國直南渡河，乃直西行之且蘭三千里。道出河南，乃西行，從且蘭復直西行〔一五三〕之汜復國六百里。南道會汜復，乃西南之賢督國。〔一五四〕且蘭、汜復直南，乃有積石，積石南乃有大海，出珊瑚、真珠。〔一五五〕且蘭、汜復、斯賓阿蠻北有一山，東西行；大秦海東東〔一五六〕各有一山，皆南北行。〔一五七〕賢督王屬大秦，其治東北去汜復六百里。汜復王屬大秦，其治東北〔一五八〕去于羅三百四十里渡海也。于羅屬大秦，其治在汜復東北，渡河，〔一五九〕從于羅東北又渡河，斯羅東北又渡河。斯羅國屬安息，與大秦接也。〔一六〇〕大秦西有海水，海水西有河水，河水西南北行有大山，西有赤水，赤水西有白玉山，白玉山有西王母，西王母西有修流沙，流沙西有大夏國、〔一六一〕堅沙國、屬繇國、月氏國。四國西有黑水，所傳聞西之極矣。〔一六二〕北新道西行，〔一六三〕東至且彌國、〔一六四〕西且彌國、〔一六五〕單桓國、〔一六六〕畢陸國、〔一六七〕蒲陸國、〔一六八〕烏貪國，〔一六九〕皆并屬車師後部王。王治于賴城，〔一七〇〕魏賜其王壹多雜守魏侍中，號大都尉，受魏王印。轉西北則烏孫、康居，本國無增損也。〔一七一〕北烏伊別國，〔一七二〕在康居北，〔一七三〕又有柳國，〔一七四〕又有巖國，又有奄蔡國，一名阿蘭，皆與康居同俗，西與大秦〔一七五〕東南與康居接。其國多名貂，畜牧逐水草，臨大澤，故時羈屬康居，今不屬見。〔一七六〕

呼得國在蔥嶺北，烏孫西北，〔一七七〕康居東北。勝兵萬餘人，隨畜牧，出好馬，有貂。〔一七八〕堅昆國在康居西北，〔一七九〕勝兵三萬人，隨畜牧，亦多貂，有好馬。丁令國在康居北，勝兵六萬人，隨畜牧，出名鼠皮，白昆子、青昆子皮。〔一八〇〕此上三國，堅昆中央，俱去匈奴單于庭安習水七千里，南去車師六國五千里，西南去康居界三千里，西去康居王治八千里。或以爲此丁令即匈奴北丁令也，而北丁令在烏孫西，〔一八一〕似其種別也。又匈奴北有渾窳國，有屈射國，有丁令國，有隔昆國，有新梨國，〔一八二〕明北海之南自復有丁令，非此烏孫之西丁令也。〔一八三〕烏孫長老言，北丁令有馬脛國，其人音聲似鴈鶩，從膝以上身頭，人也；〔一八四〕膝以下生毛，馬脛馬蹄，不騎馬而走疾馬；〔一八五〕其爲人勇健敢戰也。短人國在康居西北，男女皆長三尺，人衆甚多，去奄蔡諸國甚遠。〔一八六〕康居長老傳聞，常有商度此國，去康居可萬餘里。〔一八七〕

魚豢議曰：〔一八八〕俗以爲營廷之魚不知江海之大，浮游之物〔一八九〕不知四時之氣。是何也？以其所在者小與其生之短也。余今汎覽外夷大秦諸國，猶尚曠若發蒙矣，況夫鄒衍之所推出，大易、太玄之所測度乎！徒限處牛蹄之涔，〔一九〇〕又無彭祖之年，無緣託景風以迅游，載騕褭以遐觀，但勞眺乎三辰，而飛思乎八荒耳。〔一九一〕

〔一〕官本攷證云：「上曰字衍。」張鵬一魏略輯本云：「御覽、寰宇記引莎車國事，作魏略西域傳，今從裴注。」

〔二〕史記西南夷傳：「在蜀之西，自冄駹以東北，君長以什數，白馬最大，皆氐類也。」括地志曰：「隴右、成州、武州皆白馬氏，其豪族楊氏，居成州仇池山上。」

〔三〕後漢書西南夷傳：「白馬氐者，武帝元鼎六年開，分廣漢西部合以爲武都。氐人勇戇抵冒，貪貨死利，居於河池，一名仇池，方百頃，四面斗絶。」王先謙曰：「今甘肅階州成縣，漢白馬氐地。」弼按：郡國志武都郡屬涼州。

〔四〕宋本作「福禄」。丁謙曰：「福禄，酒泉屬縣，漢地理志作禄福縣，地當在今甘肅肅州西南、洮賴河濱。」弼按：漢地理志武都郡有上禄縣，郡國志同。章懷注：「仇池山在今成州上禄縣南。」一統志：「上禄故城，今成縣西南。」福禄或爲上禄之誤。合以下文汧、隴左右皆在今陜、甘交界地，若酒泉郡之禄福縣，則遠在今甘肅之西北邊界。然據范書西南夷傳有分徙酒泉郡之語，則又當作福禄也。

〔五〕兩漢志：「右扶風汧。」一統志：「汧縣故城，今隴州南。」趙一清曰：「後漢書西羌傳注云：汧山，隴山之閒也。在今隴州汧源縣。」丁謙曰：「汧，今汧陽縣；隴，今隴州。均陜西鳳翔府屬。」

〔六〕范書西南夷傳：「元封三年，氐人反叛，遣兵破之，分徙酒泉郡。昭帝元鳳元年，氐人復叛，遣執金吾馬適建等討破之。王莽篡亂，氐人亦叛附隴、蜀。及隗囂滅，其酋豪降漢，隴西太守馬援，上復其王侯君長，賜以印綬。」晉書姚弋仲載記：「其先禹封舜少子於西戎，世爲羌酋。其後燒當雄於洮、罕之閒，七世孫填虞，漢中元末寇擾西州，爲楊虛侯馬武所敗，徙出塞。九世孫遷那率種人內附，漢朝嘉之，假冠軍將軍、西羌校尉、歸順王，處之於南安之赤亭。那玄孫柯廻，爲魏鎮西將軍、綏戎校尉、西羌都督。廻生弋仲。」又李特載記：「其先廩君之苗裔，漢末張魯居漢中，以鬼道教百姓，賨人敬信巫覡，多往奉之。值天下大亂，自巴西之宕渠遷於漢中楊車坂，抄掠行旅，百姓患之，號爲楊車巴。魏武帝尅漢中，特祖將五百餘家歸之，拜爲將軍，遷於略陽北土，復號之爲巴氐。」

〔七〕「去」疑作「至」，或「近去」作「而去」，屬上句讀。胡玉縉曰：「近疑迺之誤。」姚範曰：「去字疑訛。」

〔八〕胡三省曰：「興國在略陽界。」一統志：「今甘肅秦州秦安縣東北。」

〔九〕「白項」當作「百頃」。胡三省注引此，亦作「百頃」。宋書氐胡傳：「略陽清水氐楊氏，秦、漢以來，世居隴右爲豪族。漢獻帝建安中，有楊騰者，爲部落大帥。騰子駒，勇健多計略，始徙仇池。仇池地方百頃，因以百頃爲號。四面斗絕高平，地方二十餘里，羊腸蟠道三十六回。山上豐水泉，煮土成鹽。駒後有名千萬者，魏拜爲百頃氐王。千萬子孫名飛龍，漸彊盛。」李賢曰：「三秦記云：仇池縣界本名仇維山，上有池，故曰仇池。山在滄、洛二谷之閒，常爲水所衝激，故下石而上土，形似覆壺。仇池記曰：仇池百頃，周回九千四十步，天形四方，壁立千仞，自然樓櫓卻敵，分置調均。竦起數丈，有踰人功。仇池凡二十一道，可攀緣而上。東西二門，盤道下至上凡有七里，上則崗阜低昂，泉流交灌。酈元注水經云：羊腸盤道，三十六回，開山圖謂之仇夷，所謂積石峨嵯，嵚岑隱阿者也。上有平田百頃，煮土成鹽，因以百頃爲號也。」胡三省曰：「氐王千萬，略陽清水氐種也。其後是爲仇池之楊。」

〔一〇〕本志武紀：「建安十八年十一月，馬超在漢陽，復因羌胡爲害。氐王千萬叛應超，屯興國。十九年春正月，超奔漢中，韓遂徙金城，入氐王千萬部。」

〔一一〕本志夏侯淵傳：「淵還略陽，進軍圍興國，氐王千萬逃奔馬超，餘衆降。」

〔一二〕氐王千萬事，見武紀建安十八年、十九年；氐王竇茂事，見武紀建安二十年。又案晉書宣帝紀，青龍三年，武都氐王苻雙、强端率衆降。

〔一三〕郡國志：「右扶風美陽。」洪亮吉曰：「魏黃初中，徙武都於美陽。」謝鍾英曰：「揚阜傳：建安中，徙武都於槐里。蓋至文帝，復徙美陽也。」一統志：「故城今乾州武功縣西南。」錢坫云：「漢縣在今扶風縣北二十五里崇正鎮，今武功縣西北七里美陽城，乃後魏徙置也。」

〔一四〕洪飴孫曰：「安夷護軍一人，第五品，治美陽，典降氐。撫夷護軍一人，第五品，治雲陽，典降氐。見元和郡縣志引魏略。」弼按：元和志雲陽縣有魏司馬宣、文王撫慰關中，罷縣置撫夷護軍之文。

〔一五〕「太」疑作「本」。

〔一六〕胡三省曰：「魏復漢陽爲天水郡。秦川記：漢中平五年，分漢陽置南安郡。」

〔一七〕梁章鉅曰：「平字衍。下云近在廣魏，即此。晉志略陽郡本名廣魏。」弼按：廣平、魏郡當爲廣魏郡之誤。魏分漢陽郡爲廣魏郡，其西南界即天水、南安也。若廣平郡，魏郡均在冀州，與此無涉。

〔一八〕或曰：「上同字疑衍。」弼按：上「同」字爲句，或不誤，「及」字或爲「與」字之誤。胡玉縉曰：「爾雅釋詁：及，與也。經傳中及訓與者，不一而足，及字似不誤。」

〔一九〕漢書地理志：「天水郡街泉、冀、獂道。」一統志：「街泉故城，今甘肅秦州秦安縣東北；冀縣故城，今甘肅鞏昌府伏羌縣南；獂道故城，今甘肅鞏昌府隴西縣東北，渭水北。」丁謙曰：「街即街泉縣，後漢省縣爲亭。諸葛亮傳作街亭，今秦州南街于鎮也。」弼按：獂道，兩漢志均作獂道，本志龐悳傳作狟道，即魏南安郡治也。毛本作「源道」，誤。

〔二〇〕毛本「又」作「有」，誤。前漢志：「廣漢郡陰平道。」郡國志：「廣漢屬國陰平道。」一統志：「陰平故城，今甘肅階州文縣西北。」丁謙曰：「陰平街，漢志作陰平道，在文縣南。」

〔二一〕丁謙曰：「貲，貨財也。匈奴以奴婢爲貨財，可隨時市易，故名。然其人多由他部虜掠而來，故種類不一。」

〔二二〕金城、武威、酒泉皆漢涼州郡。丁謙曰：「金城今蘭州，武威今涼州，酒泉今肅州，黑水在甘州西北，西河謂黃河西，今蘭州西北地。」

〔二三〕官本「部」作「郡」，誤。

〔二四〕丁謙曰：「大胡即東胡，丁令見後。」

〔二五〕宋本作「由本亡奴婢故也」。官本作「由本匈奴婢故也」。御覽七百九十七作「由本匈奴亡奴婢故也」。

〔二六〕廣魏郡見前。丁謙曰：「廣魏在秦州東北，即晉時略陽縣，今秦安縣也。」

〔二七〕何焯校改「今」作「令」，成都局本亦改作「令」。丁謙曰：「令居，漢縣，屬金城郡，今莊浪廳境。」弼按：丁氏以令居界三字屬上句讀，是。一統志：「令居故城，今甘肅涼州府平番縣西北。」漢書西域傳：「始築令居以西。」師古曰：「令，音鈴。」宋祁曰：「集韻：令音連。」徐松曰：「令，連雙聲字。匈奴傳：漢渡河自朔方以西至令居。」

〔二八〕郡國志：「涼州敦煌郡，治敦煌。」一統志：「敦煌故城，今甘肅安西州敦煌縣治。」應劭曰：「敦，大；煌，盛也。敦音屯。」錢坫曰：「説文作焞煌。段玉裁曰：左氏音義，敦，徒門反。集韻：敦煌，郡名。敦，徒渾切。此皆本應劭。集韻又云：燉煌，郡名。燉，他昆切。此亦必出漢書音義，當是本作敦，淺人改燉。」

〔二九〕漢書西域傳：「出陽關，自近者始，曰婼羌，去陽關千八百里，去長安六千三百里，辟在西南，不當孔道，西與且末接，西北至鄯善，乃當道云。」孟康曰：「婼，音兒。」師古曰：「音而遮反。」風俗通云：「羌本西戎卑賤者，主牧羊，故羌字从羊，人因以爲號。」西域圖考云：「婼羌當在陽關之西，小宛之東，今淪爲戈壁。」丁謙曰：「婼羌，西域雜羌之總名，部落散處今川、滇邊外，直至西藏。所稱草地、黑帳房、番子皆是其地望，當在柴達木、郭斯特等處。」弼按：西域當作西南，方與上文敦煌二字相接。否則西字之上，疑有脱簡。且氐、羌相屬，此述婼羌事在氐之後，下文方言西域諸國，亦猶漢書西域傳之先言婼羌也。

〔三〇〕范書西域傳：「西域內屬諸國東西六千餘里，南北千餘里。東極玉門、陽關，西至蔥嶺。」徐松曰：「今回、疆輿地，以烏道法計之，南北兩山閒千二百餘里，西自和什庫珠克嶺，東至黨河，五千餘里。」

〔三一〕風俗通云：「無君臣上下，健者爲豪。」文穎云：「羌，胡名，大帥爲酋。」鄭玄云：「西戎無君名，强大有政者爲酋豪。」丁謙曰：「蔥茈、白馬、黃牛等羌，並當在西寧府西，與漢書白馬羌不同地。」（弼按：應作後漢書。前書無西羌傳。）

〔三二〕劉奉世曰：「婼羌小國，最近陽關，去長安六千里耳，在都護之東。而渠勒、于闐、難兜之類，去長安且萬里，東北行數千里，乃至都護，安得與婼羌相接？必誤。」徐松曰：「通典云敦煌西域之南山中，從婼羌西至蔥領數千里，有月氏餘種，曰蔥茈羌、白馬羌、黃牛羌，各有酋豪，北與諸國接，皆不知其道里廣狹。蓋同爲羌種，故傳以婼羌目之。劉氏以爲誤，非也。」王先謙曰：「西域圖考云：婼羌西與且末接，而小宛、戎盧、渠勒、于闐、難兜皆南接婼羌，此不可解。十三州志云婼羌國帶南山西有蔥嶺，餘種或虜或羌，戶口甚多。强則分種，爲豪酋，更相鈔暴。是知沿山布谷，種類實繁，其附近陽關止去胡來王一種，國無治所，又不列傳，諸傳亦未指明。後書西羌傳亦云濱于賜支，至于河首，綿地千里，南接蜀、漢。但似未至難兜耳。」丁謙曰：「前書西域傳：陽關西南有婼羌，而戎盧國南、渠勒國西、難兜國南，均與婼羌相接。知婼羌部落自敦煌西南直蔓延至西藏阿里諸境。」

〔三三〕漢書西域傳：「西域以孝武時通，本三十六國。其後稍分，至五十餘。」後漢書西域傳：「武帝時，西域內屬，有三十六國。哀、平閒自相分割，爲五十五國。今撰建武以後其事異於先者，以爲西域傳。」弼按：西域諸國，見於後書者二十二國，其事與前書同者不錄，是不僅二十國也。此云二十，恐誤。

〔三四〕漢書云：「自玉門陽關出西域有兩道，從鄯善傍南山北波河西行至莎車爲南道；南道西踰蔥領則出大月氏、安息，自車師前王廷隨北山波河西行至疏勒，爲北道。北道西踰蔥領，則出大宛、康居、奄蔡焉。」

〔三五〕漢書：「烏秅國，其西則有縣度縣。度者，石山也。」師古曰：「縣繩而度也。縣，古懸字。」河水注引郭義恭曰：「山谿不通，引繩而度，故國得其名。」魏書：「阿鉤羌國在莎車西南，西有縣度山，其間四百里中，往往有棧道，人行以繩索相持而度，因以名之。」宋本、馮本、毛本「蔥嶺」作「蔥領」，下同。兩漢書均作「嶺」，今從之。

〔三六〕王先謙曰：「後魏書：樓蘭北即白龍堆。」丁謙曰：「白龍堆，新疆人稱庫穆塔格戈壁。」

〔三七〕漢書：「鄯善國本名樓蘭。」

〔三八〕龜茲，唐書作丘茲，一曰屈茲，唐西域記作「屈支」，皆語音變轉也。爲今庫車地。

〔三九〕丁謙曰：「都護井、三隴沙、居盧倉均在玉門關西、白龍堆東，今無可考。」

〔四〇〕丁謙曰：「橫坑當在安西州北。」

〔四一〕前書車師傳：「元始中，車師後王國有新道，出五船北，通玉門關，往來差近。戊己校尉徐普欲開以省道里半，避白龍堆之阸。」丁謙曰：「五船即今由安西州北出之小南路也。」徐松曰：「今小南路有小山五，長各半里許，頂上平而首尾截立，或謂是五船也。」又云：「今哈密至吐魯番，經十三間房風戈壁，即龍堆北邊也。」

〔四二〕西域圖考云：「廣安城東七十里喀喇和卓，即車師都尉國治也。後漢戊己校尉居此，亦名高昌壁。」

〔四三〕徐松曰：「百官表：戊己校尉，元帝初元元年置，有丞、司馬各一人，候五人，秩比六百石。後書西域傳序：元帝置戊、己二校尉。據傳序言校尉有二人；據表言校尉似祇一人。徧檢前書如徐普、刁護、郭欽皆稱戊己，無言戊校尉、己校尉者。獨烏孫傳有己校，吳仁傑謂特兵有戊校、己校之分，尉則兼戊、己爲稱。吳氏又言，兩都設官之制不同，先漢有戊校、己校兵，而尉之官稱則兼戊、己。後漢有戊己校尉、戊校尉、己校尉，各以校兵爲名。顏於表下注云有戊校尉、己校尉，亦誤。至戊己之名，顏說有二義：一說戊己校尉鎮安西域，無常治處，猶甲乙等各有方位，而戊與己四季寄王，故以名官。一說戊己位在中央，今所置校尉，處三十六國之中。胡三省以爲車師不當三十六國之中，顏前説爲是。吳又引馬融傳注謂戊己居中，爲中堅；二校之說，取其居屯田之中。又引王彥賓說，戊己，土也。屯田以耕土爲事，故取爲名。案：諸説皆非。校尉屯田車師，亦非無常治者。顏前説亦不爲得。唯漢官儀厭勝之説爲近。蓋屯田校尉所以攘匈奴而安西域，西域在西，爲金；匈奴在北，爲水。戊己生金，而制水耳。」周壽昌曰：「匈奴傳云日上戊己，元帝置戊己校尉，以制匈奴，而護西域。其特名曰戊己者，用匈奴所上者以制之，亦即厭勝之義也。」弼按：劉攽曰：戊己本兩校，范書西域傳有戊部候，車師傳注中云戊校尉所統。又傳云戊校尉閻詳。後人不知，妄加己字。章懷以前失之，此又一説也。又按范書西域傳自伊吾北通車師前部高昌壁千二百里，自高昌壁北通後部金滿城五百里，此其西域之門户也。故戊己校尉更互屯焉。惠棟曰：「十三州志云：高昌壁故屬敦煌，有長谷在東，都尉居之。李吉甫云：隴右道西州本漢車師國之高昌壁也，以其地勢高敞，人物昌盛，因名高昌。歐陽忞云：西州前庭縣本漢高昌壘，壘有八城，本中國人也。」一統志：「晉張駿置高昌郡，蠕蠕以闞伯周爲高昌王，至麴伯雅滅於唐，以爲西州，元爲和卓，明曰土爾番。」徐松曰：「隋書西域傳：高昌國者，漢車師前王庭。漢武帝遣兵西討，師旅頓弊，其中尤困者因住焉。其地有漢時高昌壘。案：元歐陽圭齋高昌偰氏家傳云：高昌者，今哈剌和綽也。和綽本言漢高昌，高之音近和，昌之音近綽，遂爲和綽也。哈剌，黑也。其地有黑山也。所言高昌最詳。今名哈喇和卓，漢交河城東二十里，爲今吐魯番廣安城，廣安城又東六十里爲哈喇和卓，即後漢之柳中。由此北入山爲後部，東出即匈奴境。」丁謙曰：「高昌壁在今土魯番東南、喀喇和卓地。」

〔四四〕宋本「西」作「新」。

〔四五〕漢書西域傳：「且末國，王治且末城，北接尉犂，南至小宛，可三日行，西通精絶二千里。」李慈銘曰：「且志，兩漢及後魏書皆作且末。」王先謙曰：「後書云出玉門經鄯善至且末。又云且末爲鄯善所併，後國復立。梁書稱末國，魏書仍稱且末。西域圖考云且末在尉犂之南，今淪爲戈壁。唐辨機西域記云于寘東行入流沙，沙礫流漫，行人迷路，莫知所指。行四百餘里至覩貨羅故國，從此東行六百餘里至折摩馱那故國，即沮末城也。城郭巋然，人烟斷絶。從此東行千餘里至納縛波國，即樓蘭也。是知沙磧二千里，國久空蕪。晉法顯經行已繞道偽彝國，（即喀喇沙。）魏宋雲所見有左末、（即且末。）末捍、麼三城，至唐康豔典築城樓蘭，開鎮且末，今亦不知何在矣。河水注：南河自精絶國來，東逕且末國北，又東右會阿耨達大水。西域記曰阿耨達大山西北有大水，北流注牢蘭海者也。南河下入鄯善國，阿耨達大水北流逕且末南山，又北逕且末城西，又東北流逕且末北，又流而左會南河。董祐誠水經圖説云：隋志且末郡在古且末城，有且末水。唐志渡且末河至且末城，蓋皆指阿耨達大水。以此注推之，當在蒲昌海西南大戈壁中。今自和闐以東塔里木河之南，西藏北山之北，東至青海西北境數千里，水皆流入沙中，別無大川左會塔里木河者。以理推之，流沙之地，古今互易，漢代城郭，元奘西域記唐時已爲無人之境，今則唐代諸鎮城並淪沙磧，水泉之匯爲淖爾者以十數，皆潛行入沙矣。」丁謙曰：「且末國，伽藍記作左末，大唐西域記作沮末，又作折馱那，地在羅布泊西南。水經注載南河又東逕且末國北，又東右會阿耨達大水，其水北流逕且末南山，又北逕沮末城西，是且末城在塔里木河南、車爾成河東岸無疑。惟其地今已淪入喀喇布郎湖中。蓋此地古時爲河水東流所經，而阿耨達水由南入之，本無湖也。後以戈壁風沙壅於河身，河流不暢，遂於上游積水成泊，且末城址漸沒入焉。然攷水經注，且末城東去鄯善七百二十里。按以今圖，當在湖之近西岸處。」

〔四六〕漢書：「小宛國，王治扜零城，東與婼羌接，辟南不當道。」師古曰：「辟，讀曰僻。」丁謙曰：「小宛距且末祇三日行，約不及三百里，診其地望，當在阿勒騰塔格山南，故北與且末接。以隔阿勒騰塔格山，故辟南不當道。」

〔四七〕毛本作「絶精」，誤。漢書：「精絶國，王治精絶城，南至戎盧國，四日行地阸陿，西通扜彌四百六十里。」王先謙曰：「後書云：出玉門經鄯善、且末至精絶。又云：精絶爲鄯善所并，後復立。魏志注：三國時屬鄯善。水經圖説云：當在今和闐極東大戈壁中。河水注：南河自扜彌國來，東逕精絶國北，下入且末國。」丁謙曰：「精絶地在今車爾成西一帶，唐地理志：寧彌城東七百里有精絶國可攷，故東北距且末近二千里，西南與戎盧、正西與扜彌皆相通。此國北近戈壁，南阻託古茲大山，地形狹長，故曰阸陿。」

〔四八〕漢書：「鄯善國，本名樓蘭，王治扜泥城，國最在東垂，近漢，當白龍堆，乏水草。傅介子刺其王，更名其國爲鄯善。

國中有伊循城，地肥美，漢置都尉。」王先謙曰：「後書云鄯善先併小宛、精絶、戎盧、且末四國，三國、晉、魏仍爲鄯善。唐書地理志：鄯善在蒲昌海南三百里。後書云自敦煌西出玉門、陽關，涉鄯善，北通伊吾千餘里，此西域之門户。則蒲昌海以東皆其地，今噶順之千里戈壁皆其地。」丁謙曰：「鄯善國在今敦煌縣西羅布泊南，所都扜泥城，據水經注俗謂之東故城，蓋以伊循爲新城也。新唐書：石城鎮即漢樓蘭國，在蒲昌海（即羅布泊。）南三百里。攷中俄交界圖，其國都當在今阿斯騰塔格山麓，占布拉克地。布拉克譯言泉，因沙磧中非有水處，人不能居，故揆度情形，當在此處。（隋地志：鄯善郡治樓蘭城，有蒲昌海、鄯善水。鄯善水殆即此泉。）此與婼羌俗皆游牧，隨畜逐水草，惟婼羌全爲行國，故無城；鄯善則行國而兼城居者也。伊循城（唐書作伊脩。）當在國之東北羅布泊南。（唐書言：伊脩城又西八十里故樓蘭國。）水經注：敦煌索勱將兵千人至樓蘭，召鄯善、焉耆、龜茲兵各千，横斷注賓河，屯田三年，積粟百萬，即伊循城地也。今羅布泊東南有庫爾干河，從南來入之。庫爾干，譯言城；必古時水旁有城，因以爲名。伊循城當在此河下游。」

〔四九〕漢書：「戎盧國，王治卑品城，東與小宛、南與婼羌、西與渠勒接，辟南不當道。」王先謙曰：「後書云戎盧爲鄯善所併，後復立。魏志注：三國屬于闐。西域圖考云：在渠勒之東，今淪爲戈壁。」丁謙曰：「戎盧當在今車爾成東南，烏魯克河源處。故東北與小宛、正西與渠勒皆相接。此婼羌蓋即今後藏北路番帳，故南與之接也。以國在山閒，故辟不當道。」

〔五〇〕漢書：「扜彌國，王治扜彌城，南與渠勒、東北與龜茲、西北與姑墨接。西通于闐三百九十里，今名寧彌。」徐松曰：「史記作扜罙。索隱曰：扜罙，國名也。案：扜即打字之訛，彌、罙音同。」王先謙曰：「後書有傳。改號拘彌。」丁謙曰：「扜彌國即史記大宛傳之扜罙，今克里雅地，一作克勒底雅，近置于闐縣於北。唐地理志作寧彌城。寧彌有建德力河，即克里雅河，其地南面爲山，渠勒在南山中，故相接；北面爲大戈壁，雖與龜茲、姑墨接界，然道不能通也。西至和闐，今四百二十里。」又云：「後書拘彌即前書扜彌，拘即扜字轉音。史記作扜彌，似誤。」弼按：此作扞，亦誤。范書：「靈帝熹平四年，于闐王安國攻拘彌，殺其王。」

〔五一〕漢書：「渠勒國，王治鞬都城，東與戎盧、西與婼羌、北與扜彌接。」王先謙曰：「後書云：渠勒爲于闐所統，後復立。西域圖考云：今淪爲戈壁。」丁謙曰：「渠勒當在今和闐東南之波魯地，與戎盧同在南山中，故東與相接。此婼羌蓋即今伊瑪木拉河南地阿里北境所屬番帳也，故渠勒、于闐南均與相接。」

〔五二〕皮宂，漢書、水經注均作皮山。漢書云：「皮山國，王治皮山城，西南至烏秅國千三百四十里，南與天篤接，北至姑墨千四百五十里，西南當罽賓烏弋山離道，西北通莎車三百八十里。」王先謙曰：「後書云：皮山爲于闐所統，後復立。後魏書作蒲山，屬于闐。水經圖說云：唐書地理志于闐西南三百八十里有皮山城，當在今葉爾羌之東南，和闐之西。」丁謙曰：「皮山國在莎車南，于闐西。今嗰馬臺西北，有皮什南，當即其處。現已增設皮山縣治，於其近境，由其國西南薩納珠地入蔥嶺，度喀喇闊隆山口至烏秅，爲往印度諸國之通道。天篤即天竺轉音，罽賓、烏弋北西二天竺地也。」

〔五三〕柳從辰曰：「寘，音致，與置同韻目也。于窴之窴，其字从穴，其讀爲填，有平、去二音。本一作闐。前書西域傳序：其河有兩源，一出蔥嶺山，一出于闐。師古注云：闐字與窴同，音徒賢反，又音徒見反。是其音義，與寘迥別矣。今各本輒誤窴爲寘，即官本亦未正，所當極辨也。通鑑于窴其字皆从穴。」漢書：「于闐國王治西城，南與婼羌接，北與姑墨接。于闐之西，水皆西流，注西海；其東，水東流，注鹽澤，河原出焉。多玉石，西通皮山三百八十里。」丁謙曰：「于闐國即今和闐直隸州地。西域，新唐書作西山城，當在今伊里齊城之南近山處，故有此名。于闐之西句下應有踰葱領三字，方與水皆西流注西海相貫串。否則于闐西尚多東北流之水，不得云水皆西流也。西海指裏海言，蓋古時阿母河直入裏海，至明時始改入鹹海耳。其東水東流，即指車爾成河，河原出焉，謂車爾成河入羅布泊潛行地中，至巴顏哈喇山復出，爲中國之黄河也。攷西域水道記和闐産玉處凡五：曰哈喇哈什、曰桑谷、曰樹雅、曰哈朗歸山，而以玉隴哈什産者良（桑谷、樹雅均在和闐西南。）又西域聞見録：和闐出玉石，多於葉爾羌，故曰多玉石。」弼按：范書于闐國傳于闐滅莎車，從精絶西北至疏勒，十三國皆服從。而鄯善王亦强盛，自是南道自葱嶺以東。唯此二國爲大云云。故魏略序南道諸國，云皆并屬鄯善、于寘也。

〔五四〕漢書：「罽賓國，王治循鮮城，東至烏秅國二千二百五十里，東北至難兜國，九日行，西北與大月氏、西南與烏弋山離接。」王先謙曰：「後書德若傳下云：自皮山西南經烏秅，涉懸度，歷罽賓。魏志注：『三國時屬大月氏，後魏、唐仍爲罽賓，隋爲漕國，明爲撒馬兒罕。』又唐書箇失密傳：箇失密，或曰迦溼彌邏。西域記：迦濕彌邏國，舊曰罽賓，或當時分爲二國。西域圖考云今爲阿富汗地。朱一新云明史以賽馬爾堪爲罽賓，非也。賽馬爾堪在敖罕，今爲布哈爾所并，漢時屬大宛，非罽賓。徐松云：舊唐書作在葱嶺南，當以南爲是。」

〔五五〕史記大宛列傳：「大月氏王已爲胡所殺，立其太子爲王，既臣大夏而居。」又云：「大夏在大宛西南二千餘里，嬀水南。其俗土著，有城屋，與大宛同俗。無大王長，往往城邑置小長，其兵弱，畏戰，善賈市。及大月氏西徙，攻敗之，皆臣畜大夏。大夏民可百餘萬，其都曰藍市城。」郭嵩燾曰：「漢書西域傳言月氏西擊大夏而臣之，都嬀水北爲王庭。而大夏傳云都嬀水南。嬀水爲今阿母河，其地屬布哈爾，近多爲俄羅斯侵踞。當時皆大夏地，月氏襲居之，盡嬀水以北爲界。以兵力臣屬大夏，而大夏仍自爲國也。」弼按：漢書西域傳：「大月氏國，王治監氏城。」（監氏當爲藍市之誤。）後漢書西域傳：「大月氏國，居藍氏城，分大夏國爲五部翖侯。」漢書張騫傳：「月氏既臣大夏而君之」，是月氏已據大夏之國都矣。郭氏大夏仍自爲國之説，蓋保守嬀水以南也。丁謙大夏國考云：「周赧王五十九年，後大夏國據土蘭以自立，（土蘭者，鹹海南地總名。以古有土蘭王立國於此也。）越六年，遂與巴提耳（即安息。）相繼建國，都阿母河南波爾克城。未幾，徙河北之藍市城。（後爲大月氏都。）其時國境，西接安息，東抵葱嶺，南鄰烏弋山離，北濱雜拉敷散河，實有今布哈爾、阿富汗兩國全地。迨漢武帝元光五年，大月氏自東北來，五、六年閒，阿母河北境盡失，未幾遂爲安息所滅。惟一王族，尚保土蘭南界波達細亞地，自立爲國。西漢末，哀帝初年，值大月氏別部之貴霜王兵力驟强，南侵安息，取高附，進滅濮達，復乘勝東渡印度河，席捲巴格德利亞所立之罽賓屬部，於是後大夏國亦亡。」

〔五六〕後漢書西域傳：「高附國在大月氏西南，天竺、罽賓、安息三國强則得之，弱則失之，而未嘗屬月氏。漢書以爲五翖侯數，非其實也。後屬安息。及月氏破安息，始得高附。」西域圖考云：「高附在月氏西南、安息東、罽賓西北，當在今阿母河南、布哈爾南境，阿富汗西北境。」丁謙曰：「高附今爲阿富汗國，都喀布爾地。」

〔五七〕後漢書西域傳：「天竺國，一名身毒，在月氏之東南數千里，俗與月氏同，而卑溼暑熱。其國臨大水，乘象而戰。其人弱於月氏，修浮圖道，不殺伐，遂以成俗。從月氏、高附國以西，南至西海，東至磐起國，皆身毒之地。身毒有別城數百，城置長；別國數十，國置王。雖各小異，而俱以身毒爲名，其時皆屬月氏。月氏殺其王而置將，令統其人。」丁謙曰：「天竺即今印度，天竺、身毒，皆印度轉音。」胡玉縉曰：「印度即天竺、身毒一聲之轉，丁説倒。」

〔五八〕漢書西域傳：「大月氏國，王治監氏城。西至安息四十九日行，南與罽賓接。大月氏本行國，至冒特單于攻破月氏，乃遠去，過大宛，西擊大夏而臣之，都媯水北爲王庭。」後漢書西域傳云：「初，月氏爲匈奴所滅，遂遷於大夏，分其國爲休密、雙靡、貴霜、肹頓、都密，凡五部翖侯。後貴霜王侵安息，取高附地，又滅濮達、罽賓，悉有其國。復滅天竺、月氏，自此之後，最爲富盛，諸國稱之，皆曰貴霜王。漢本其故號，言大月氏云。」本志明紀：「太和三年，大月氏王波調遣使奉獻，以調爲親魏大月氏王。」王先謙曰：「月氏在媯水北，媯水即今阿母河，則月氏乃今之布哈爾。」丁謙曰：「大月氏自中國邊界徙居西域，一時强盛無敵。其國東起後阿賴山，西至阿母河，又跨河而南，兼有今布哈爾及阿富汗北境，並蔥嶺山中諸小部地，以媯水北爲王庭，所謂監氏城，今布哈爾城也。」

〔五九〕魏收魏書釋老志云：「漢開西域，遣張騫使大夏還，傳其旁有身毒國，一名天竺，始聞有浮屠之教。哀帝元壽元年，博士弟子秦景憲受大月氏王使伊存口授浮屠經，中土聞之，未之信了也。後孝明帝夜夢金人，頂有白光，飛行殿庭。乃訪羣臣，傅毅始以佛對。帝遣郎中蔡愔、博士弟子秦景等使於天竺，寫浮屠遺範。愔仍與沙門攝摩騰、竺法蘭東還洛陽。中國有沙門及跪拜之法，自此始也。愔又得佛經四十二章，及釋迦立像，明帝令畫工圖佛像，置清涼臺及顯節陵上，經緘於蘭臺石室。愔之還也，以白馬負經而至，漢因立白馬寺於洛城雍關西，摩騰、法蘭咸卒於此寺。浮屠正號曰佛陁，佛陁與浮圖聲相近，皆西方言，其來轉爲二音，華言譯之則謂淨覺。」隋書經籍志云：「佛經者，西域天竺之迦維衛國淨飯王太子釋迦牟尼所説。釋迦當周莊王之九年四月八日，自母右脅而生。姿貌奇異，有三十二相，八十二好。捨太子位，出家學道，勤行精進，覺悟一切種智，而謂之佛。亦曰佛陀，亦曰浮屠，皆胡言也。華言譯之爲淨覺。」又云：「漢桓帝時，有安息國沙門安靜齎經至洛，翻譯最爲通解。靈帝時，有月支沙門支讖、天竺沙門竺佛朔等，並翻佛經，而支讖所譯泥洹經二卷，學者以爲大得本旨。漢末，太守竺融，亦崇佛法。三國時有西域沙門康僧會齎佛經至吴譯之，吴主孫權甚大敬信。魏黄初中，中國人始依佛戒，剃髮爲僧。甘露中，有朱仕行者，往西域至于闐國，得經九十章。晉元康中，至鄴譯之，題曰放光般若經。太始中，有月氏沙門竺法護西游諸國，大得佛經，至洛翻譯，部數甚多，佛教東流，自此而盛。」

〔六〇〕宋本無「青」字。

〔六一〕官本攷證引世説注云：「髮如青絲，爪如銅。」御覽七百九十七「蚙」作「冬」。或曰：「蚙，疑作晴。」

〔六二〕御覽「左」作「右」。

〔六三〕「結」與「髻」通。世説注作「髻」。

〔六四〕史記大宛列傳正義引浮圖經云：「臨毘國王生隱屠太子，父曰屠頭邪，母曰莫邪，屠身色黄，髮如青絲，乳有青色，爪赤如銅。始莫邪夢白象而孕，及生，從母右脇出。生有髮，墮地能行七步。」又云：「太子生時，有二龍王夾左右吐水，一龍水暖，一龍水冷，遂成二池。今猶一冷一暖。初行七步處，琉璃上有太子腳跡。見在生處名祇洹精舍，在舍衛國南四里，是長者須達所起。又有阿輸迦樹，是夫人所攀生太子樹也。」丁謙曰：「浮屠即釋迦文佛。佛國記言：迦維羅衛城有白淨王故宮，佛生處也。攷其地在故烏德國境內，今爲英屬西北部哥拉普爾城。」

〔六五〕李慈銘曰：「魏書釋老志作秦景憲。然明帝時，又有博士秦景。」弼按：惠棟引牟子云：「（遺）〔遣〕羽林將軍秦景、博士弟子王遵等十二人之大月氏國，寫取佛經四十二部，在蘭臺石室。」與李氏云博士秦景不合。

〔六六〕官本攷證云：「世説注：復立作復豆。」丁謙曰：「復豆即浮屠之轉音。」

〔六七〕御覽「教胡」下有「爲」字。

〔六八〕後漢書西域傳：「東離國居沙奇城，在天竺東南三千餘里，大國也。其土氣物類，與天竺同。列城數十，皆稱王。大月氏伐之，遂臣服焉。男女皆長八尺，而怯弱，乘象、駱駝往來鄰國，有寇乘象以戰。」丁謙曰：「東離國在今孟加拉部，加爾各搭城西南。然所都沙奇城，似在恆河北，即佛國之沙祇國。蓋國境跨有恆河南北，人民長一丈八尺，殊近荒誕。范史删去一丈字，甚是。今北印度人多長八尺餘，即其餘種。」

〔六九〕宋本「正」作「王」。

〔七〇〕丁謙曰：「盤越，後漢書作磐起，言從月氏高附以西、南至西海、東至此國，皆身毒地。則其國當在東印度境，今孟加拉部地。與益部相近，蓋當時臆度之語，實則中隔藏、衛諸地，道里甚遠。其人小與中國等，謂略與華人相類。蜀賈似至，亦因張騫所言大夏人曾布蜀物於天竺，故疑有蜀賈至此耳。」

〔七一〕丁謙曰：「南道西極，謂由鄯善、于闐以至大月氏，西行已極，乃轉東南入天竺之臨兒、車離、盤越等國，則其道盡矣。以下更言中道所經之國。」

〔七二〕尉梨，漢書作尉犂，後漢書莎車傳作尉黎。漢書云：「尉犂國，王治尉犂城。南與鄯善、且末接。」後漢書焉耆傳：「永元六年，都護班超討焉耆、危須、尉黎山國，斬焉耆、尉黎二王首，立焉耆元孟爲王，尉黎、危須山國皆更立其王。」水經圖説云：「尉犂蓋在博斯騰淖爾之西，庫車之東。後漢班超討焉耆，自西而東，先至尉犂，焉耆絶葦橋以拒漢，今喀喇沙爾所屬布古爾城，有葦湖，惟一土橋可渡。則尉犂正當今布古爾地。」丁謙曰：「尉犂國，新疆識略謂即庫爾勒，非是。庫爾勒乃漢渠犂，尉犂尚在東北。繹水經注知尉犂城當在博斯騰泊西南下開都河東岸，惟古城遺址，今已無存耳。」

〔七三〕漢書：「危須國，王治危須城。西至都護治所五百里，至焉耆百里。」徐松曰：「危須城當在今博斯騰淖爾東南。水經圖説云：海都河匯於喀喇沙爾之南，爲博斯騰淖爾，東西廣三百餘里，南北半之，即敦薨之藪也。西域水道記云：博斯騰淖爾之側，産硝及鹽，水復自西南隅溢出，故水經注曰溢流爲海也。」丁謙曰：「危須地當在博斯騰泊北，今烏沙克塔爾台地。攷水經注，薨敦之水二源，俱導西源東流，東源東南流，俱逕焉耆之東，導於危須國西，又東南流，注於敦薨之藪。觀此可知，危須國地在焉耆之東，中隔裕勒都斯河也。薨敦藪即博斯騰泊。焉耆西至都護四百里，此云五百里，則危須在焉耆東百里也。」

〔七四〕山王國，漢書作山國。王念孫云：「當作墨山國。」王先謙曰：「據酈注山上當有墨字。然後漢和帝紀及焉耆傳下兩見，並作山國，則非寫脱，蓋所據本異也。」漢書云：「山國西至尉犂二百四十里，西北至焉耆百六十里，西至危須二百六十里，東南與鄯善、且末接。」西域圖考云：「在今羅布淖爾之北，廣安城之西南山中國。」徐松曰：「墨山國在博斯騰淖爾南岸，東南濱蒲昌海，海南即鄯善、且末境。」丁謙曰：「山國一名墨山國。水經注河水又東逕墨山國南，是也。此國當在博斯騰泊南呼爾圖克達山間，故尉犂在其西，焉耆在其西北，而危須則當在其正北。云西者，誤也。國界博斯騰、羅布兩泊之中，故南接且末，東南接鄯善。」

〔七五〕漢書：「焉耆國，王治員渠城。南至尉犂百里，北與烏孫接。」後漢書：「焉耆國，王居南河城，其國四面有大山，與龜茲相連，道險阸易守。有海水曲入四山之内，周匝其城三十餘里。」班超傳：「其國有葦橋之險。」晉書焉耆傳：「地方四百里，四面有大山，道險隘，百人守之，千人不過。」唐書：「横六百里，縱四百里，東高昌，西龜茲，南尉犂，北烏孫。」錢大昕曰：「員渠即焉耆之轉，與尉犂國王治尉犂，危須國王治危須城，初不異也。」丁謙曰：「焉耆即喀喇沙爾地。水經注：城居四山之中。是其城當在今喀喇沙爾東南開都河入博斯騰泊處。古時開都河分兩支入泊，故員渠城在水中間。後書班超傳言其國有葦橋之險，必即開都河之橋。唐郭孝恪傳言焉耆城四面皆水，恃險不設備，亦足證也。國濱大泊，故多魚。尉犁在其西南，烏孫在其西北，蓋泝開都河踰嶺而西，可通伊犁南境，即烏孫國矣。徐松氏言泊之西岸有故城，雉堞猶存，周九里許，殆即員渠城乎？」

〔七六〕漢書：「姑墨國，王治南城。南至于闐，馬行十五日，北與烏孫接，東通龜茲六百七十里。」後魏書作姑默，今爲拜城縣。丁謙曰：「南至于闐，馬行十五日，蓋溯和闐河西岸行，所經多沙漠，不能詳其里數。北接烏孫者，溯和色爾河，由阿勒坦蘇山，有間道可通也。」

〔七七〕漢書：「温宿國，王治温宿城。西至尉頭三百里，北至烏孫赤谷六百一十里，東通姑墨二百七十里。」西域圖考云：「今阿克蘇境。」王先謙曰：「今温宿直隸州。」丁謙曰：「温宿今阿克蘇地，西至烏什，今二百四十里；北踰木素爾嶺至沙滿台地，今六百七十里；東至哈喇裕勒袞台，今一百六十里。」

〔七八〕漢書：「尉頭國，王治尉頭谷。南與疏勒接，山道不通。西至捐毒千三百一十四里，徑道馬行二日。」王先謙曰：「今爲烏什直隸廳。」

〔七九〕漢書：「龜茲國，王治延城。南與精絶、東南與且末、西南與扜彌、北與烏孫、西與姑墨接。」王先謙曰：「至宋仍爲龜茲，元號別失八里，今爲庫車直隸廳。」丁謙曰：「龜茲，唐書作丘茲，一作屈茲。西域記作屈支，即今庫車地。所治延城，後漢班超傳注作居延城，故址在今庫車東南。其地水源輻輳，土田膏腴，村莊櫛比，故漢時户口之衆，迥非屬都護諸國所能並衡。南與精絶、西南與扜彌，中隔大漠，雖相接而道不能通。東南與且末，本隔渠犂，因時渠犂已滅，故可直接。北接烏孫者，由庫克納克嶺有間道可達也。」

〔八〇〕後漢書西域傳：「靈帝建寧三年，涼州刺史孟佗遣兵討疏勒，攻楨中城。」惠棟曰：「班超傳云疏勒王還據損中城。通鑑胡注即楨中城也。」丁謙曰：「楨中本疏勒屬城，當在喀什噶爾之西。」

〔八一〕漢書：「莎車國，王治莎車城。西至疏勒五百六十里，西南至蒲犂七百四十里。」後漢書：「莎車國西經蒲犂、無雷至大月氏，東北至疏勒。（弼按：疏勒傳南至莎車，此云東北，誤，應作西北。）章帝元和三年，班超發諸國兵擊莎車，大破之，由是遂降漢。」又疏勒傳：「安帝時，莎車連畔于闐屬疏勒。」丁謙曰：「莎車即今葉爾羌。」王先謙曰：

「今新疆省莎車府。」

〔八二〕丁謙曰：「無考。」

〔八三〕丁謙曰：「即漢莎車國，今葉爾羌城南地。」

〔八四〕漢書西域傳：「西夜國王號子合王，治呼犍谷，東與皮山、西南與烏秅、北與莎車、西與蒲犂接。蒲犂及依耐、無雷國，皆西夜類也。西夜與胡異，其種類羌、氐行國，而子合土地出玉石。」後漢書西域傳：「西夜國，一名漂沙。地生白草，有毒，國人煎以爲藥，傅箭鏃，所中即死。漢書中誤云西夜子合是一國，今各自有王。子合國居呼鞬谷，去疏勒千里。」王先謙曰：「西夜、子合，前書亦别白言之，未溷爲一。或當時合爲一國，後仍分爲二，如今荷蘭、比利時，瑞典、挪威之例，亦未可知。」一統志：「庫克雅爾在葉爾羌西南三百里，後漢子合縣地，今葉城縣地。」丁謙曰：「西夜王號子合王者，蓋其時西夜王兼轄子合地也。至後漢時，始各自立王。西夜，當即今綽洛克台地，子合，當即今裕勒里克地。西夜、子合、蒲犂、依耐、無雷等國，皆處葱領山谷閒，無田可耕，故其族以游牧爲生，有類羌、氐。西域水道記，瑪爾瑚魯克所産玉，青質黑暈，若血沁然。回民自裕勒里克卜倫來葉城鬻之，因名裕勒里克玉。則子合出玉石，確有可徵。」

〔八五〕漢書：「依耐國東北至莎車五百四十里，至無雷五百四十里，北至疏勒六百五十里，南與子合接。」徐松曰：「無雷在依耐西南，傳文奪之。無雷距蒲犂五百四十里，依耐在二國適中，里數疑有誤。」王先謙曰：「今爲英吉莎爾直隸廳。」丁謙曰：「當在今英吉莎爾城西南金闊勒河源地。會典以英吉莎爾爲依耐，則距疏勒太近，形勢未確。」

〔八六〕滿犂當即蒲犂，字形相近，地望與西夜、依耐亦相連也。漢書：「蒲犂國，王治蒲犂谷。東至莎車五百四十里，北至疏勒五百五十里，南與西夜、子合接。西至無雷五百五十里。」水經圖説云：「在今英吉莎爾、葉爾羌之閒。」丁謙曰：「新疆近設蒲犂廳於莎車府西南塔什庫爾干城。」

〔八七〕後漢書：「德若國與子合相接。」一統志：「塞爾勒克，前漢蒲犂，後漢德若也。在蔥嶺中，有小城。葉爾羌河北源經流其地。」李慈銘曰：「億若，後漢書作德若。」丁謙曰：「德若國，前書所無，亦游牧小部，當在今果什帖咧克地。西夜、子合、德若三國，乃莎車西南踰葱嶺之路，如從于闐西行，踰嶺則由皮山、烏秅，不必經此也。」

〔八八〕丁謙曰：「無考。」

〔八九〕漢書：「捐毒國，王治衍敦谷。東至疏勒、南與葱嶺屬，無人民。西上葱嶺，則休循也。西北至大宛千三十里，北與烏孫接。衣服類烏孫，隨水草，依葱嶺，本塞種也。」王先謙曰：「後書無捐毒，有天竺，云一名身毒。或遂以爲即捐毒，誤也。天竺自是今之五印度，在葱嶺東南，捐毒與休循接壤，在北道之西，迥不相涉。西域圖考云：今巴爾琿之南地屬薩爾巴噶什布魯特部。水經圖説云：西（部）〔布〕魯特部落西南至喀什噶爾之西、葉爾羌之西南；博洛爾拔達克山鄂爾善諸部落，皆在葱嶺間，捐毒當今西布魯特地。」

〔九〇〕漢書：「休循國，王治烏飛谷，在葱嶺西。東至捐毒衍敦谷二百六十里，西北至大宛國九百二十里，西至大月氏千六百一十里。民俗衣服類烏孫，因畜隨水草，本故塞種也。」李慈銘曰：「休脩當作休循。」徐松曰：「休循，後漢紀作休修。」丁謙曰：「休循、捐毒二國，相距祇二百餘里，蓋一在葱嶺山巔，一在葱嶺平原。以西圖覈之，當在喀什噶爾至霍罕道間。休循爲蘇約克山口地，捐毒爲察提爾湖邊地，今額德格訥布魯特駐牧處也。故西北至大宛、東南至疏勒、南與葱嶺相連屬。山高氣寒，故無人民。北與烏孫相去雖遠，而有徑道可通，故云相接。攷松筠公綏服紀略，伊犂西南經布魯特游牧至喀什噶爾，約二千里。中有特穆爾圖泊、巴爾渾山、帖哩葉克達巴罕，捐毒即在巴爾渾西、帖里葉克北。惟烏孫在其東北，不在正北。因古無實測圖，方位不盡可憑也。」

〔九一〕丁謙曰：「琴國無考。」

〔九二〕漢書：「疏勒國，王治疏勒城。南至莎車五百六十里，有市列，西當大月氏、大宛、康居道也。」後漢書：「疏勒國東北經尉頭、温宿、姑墨、龜茲至焉耆。」王先謙曰：「疏勒即新疆之喀什噶爾，今爲疏勒府。」丁謙曰：「前言莎車西至疏勒，此言南至莎車，蓋互文見義，知疏勒實在莎車西北也。諸國方向，似此者多，當善會之。有市列者，山外諸國，皆至此互市，至今猶然。」

〔九三〕漢書：「大宛國，王治貴山城。北至康居卑闐城千五百一十里，西南至大月氏六百九十里，北與康居、南與大月氏接。宛别邑七十餘城，多善馬，馬汗血，言其先天馬子也。」西域圖考云：「由疏勒而西出葱嶺爲大宛、月氏。大宛在北，今浩罕八城皆其地，今敖罕地，元時所謂賽馬爾罕城也。其西北境兼有今布哈爾之地，見四裔考及海國圖志。敖罕近爲布哈爾所并。」丁謙曰：「大宛國，北魏號破洛那，唐號東曹。唐書言東曹，或曰率都沙那、蘇對沙那、卻布呾那、蘇都識匿，凡四名。居波悉山之陰，（波悉山即阿賴山。）漢貳師城也。（前書李廣利傳：「期至貳師城取善馬，故號貳師將軍。」）今攷其地，在伊犂西南、喀什噶爾西北。故浩罕國南境，近爲俄人所併，改設費爾干省。（地理新志作費爾加拉，俄屬游記作費爾干那。）其地東、南、北三面環山，惟西有平路可通他部，納林河横貫其中。西人地理志謂河北高坡地，皆名費爾加拉，河南高坡地皆名蘇的亞納。（四裔年表作沙西阿那，俄屬遊記作唆西安那。）唐書率都沙那等四名，皆蘇的亞納之異譯，希臘史所謂索克地阿那國也。貴山城、貳師城均當在浩罕南境，然其地今難確指。」

〔九四〕漢書：「安息國，王治番兜城。北與康居、東與烏弋山離、西與條支接。其屬大小數百城，地方數千里，最大國也。臨嬀水，商賈車船行旁國，書革旁行爲書記。東則大月氏。」後漢書：「安息國居和櫝城，北與康居接，南與烏弋山離接。地方數千里，小城數百。其東界木鹿城，號爲小安息。和帝永元九年，都護班超遣甘英使大秦，抵條支，臨大海，欲渡，而安息西界船人謂英曰：海水廣大，往來者遇善風，三月乃得度；若遇遲風，亦有二歲者。英聞之乃止。」王先謙曰：「志略云：此波斯不欲大秦通漢，設辭難英。英憚於浮海，故中止耳。」西域圖考云：「今波斯國北八部之境。後書云自安息西行三千四百里至阿蠻國，此今東土耳其地；從阿蠻西行三千六百里至斯賓國，此今中土耳其地；從斯賓國南行渡河，又西南至于羅國九百六十里，此今西土耳其地。安息西道極矣。由羅美里亞西南至日薩壹爾而渡海通大秦，此地通羅馬，本有陸路，惟爲亞得亞海所隔，須繞北經奧大里亞南境，至意大里亞北境，又折東南，始至羅馬，不如至此南乘海越亞得亞海而即至也。甘英得之安息人之言，而按之千年後之輿圖，毫髮不爽如此。」

〔九五〕漢書：「烏弋山離國，大國也。東與罽賓，北與撲挑，西與犂靬、條支接。行可百餘日，乃至條支。國臨西海，自玉門、陽關出南道歷鄯善而南行，至烏弋山離，南道極矣。轉北而東，得安息。」後漢書：「烏弋山離國，地方數千里，時改名排持。復西南馬行百餘日至條支，條支國城在山上，周回四十餘里，臨西海。海水曲環其南，及東北三面路絶，唯西北隅通陸道。轉北而東，復馬行六十餘日至安息，後役屬條支。」王先謙曰：「徐繼畬瀛寰志略以條支爲今阿剌伯，西域圖考駁之，謂條支在今俄羅斯國南之擣里達，黑海環其三面，黑海即西海也。洪鈞元史譯文證補以圖考爲非，謂黑海北境古屬希臘，後爲羅馬所併，固無條支之名，亦非安息、波斯所轄。先謙案：條支之爲阿剌伯，以今圖證之，所謂臨西海者，謂國西之海，即紅海也。紅海在條支西，故稱西海，非即地中海也。阿剌伯地形向東突出，故阿勒富海轉在其北，其東南則阿剌伯海環之，故曰海水曲環其南及東北也。蘇伊士未通以前，紅海、地中海之閒尚有陸路可往非洲埃及，故曰三面路絶，唯西北隅通陸道也。」又引證補云：「排持，即今之俾路芝，地望固合，字音亦符。西人言俾路芝之名甚古也。」

〔九六〕丁謙曰：「弱水本荒誕語，今歐洲西境不聞有是水，惟西史嘗言古人航海，皆在地中海四隅，從不敢出大西洋，以地中海西口北有直布羅陀，南有阿比拉兩石山，故目此峽爲天柱，謂出峽即天盡處，舟往不能反。弱水之説，想由此起。此峽正在大秦西，近日所入，意亦猶是以古時不知地球爲圓體也。」弼按：此傳之弱水，與夫餘傳之弱水，同名異地。

〔九七〕師古曰：「犂，讀與驪同。靬，音鉅連反，又鉅言反。」又曰：「犛靬，即大秦國也。張掖驪靬縣，蓋取此國爲名耳。驪、犛聲相近，靬讀與軒同。」史記作黎軒，張騫傳作犛軒，後書作犂鞬。後書桓帝紀：「延熹九年，大秦國王遣使奉獻。」章懷注：「時國王安敦獻象牙、犀角、玳瑁。」後書西域傳：「大秦王安敦遣使自日南徼外獻象牙、犀角、瑇理。」王先謙曰：「此泰西通中國之始。大秦在漢爲羅馬，在今爲義大利國。」西域圖考云：「犂靬即後書之大秦，兼有今歐羅巴一洲之地，國都羅馬，拓地直至土耳其東境，與安息鄰。後書云：從安息陸路繞海北行，出海西至大秦，十里一亭，三十里一置。又云：有飛橋數百里，可渡海北諸國。其繞黑海之南，出海及渡海，即渡他大尼里峽，由黑海通地中海處，闊僅數里者也。過峽爲土耳其，西土則入歐羅巴洲境矣。犂靬爲葱嶺極西之國。」丁謙曰：「犁鞬之名，前書僅附見於烏弋山離傳。至桓帝延熹九年，其王安敦始通中國，因得悉其國俗，而爲之傳。攷西人史書，羅馬並無大秦、犂鞬之稱，以歐洲一統，獨有羅馬，故中國人取大秦以爲比，非彼邦所自號也。惟攷西曆，延熹九年爲一百六十六年，而羅馬王安敦卒於六十一年，知其使在道，閱五六年，方至中國，海道交通之難如是。蓋是時安息方强，與羅馬爲勍敵，陸道被阻不通故耳。」

〔九八〕史記大宛傳注引魏略作「三月到。風遲，或一二歲」。無下「無風」句。

〔九九〕范書云：「以在海西，亦云海西國。」

〔一〇〇〕丁謙曰：「此大海在安息、條支西，則爲地中海無疑。安谷即安提阿城。攷新約書保羅三次傳道，皆從安氏沃起程，安氏沃合讀即安谷，安提阿其轉音也。他書或作安特克，或作安提古。其城在地中海，東濱安息。自漢元帝永光五年，攻取西里亞地，故西界至此。從安提阿乘船至大秦，直截海西，知中閒並無陸地。前人謂甘英臨海欲渡，爲波斯海灣及紅海，其誤顯然。有河出國西，即法蘭西南之羅尼河；又有大海，意大利西面海也。遲散城當即漢時羅馬所攻努曼提城，努曼與遲散音合，故址在西班牙北境。自羅馬視之，卻在海西，此下特敘往遲散城陸道，蓋從羅馬直北，當先至米蘭城，米蘭即烏丹轉音，再西越阿耳魄斯山，渡羅尼河，再西南越比利尼斯山，渡伊伯耳河，再西即遲散城。三大部者，一米蘭、一馬撒利亞、一達拉根，皆羅馬盛時著名大城也。（見歐洲史略。）」

〔一〇一〕丁謙曰：「安谷陸行至海北，海北，地中海北也。復直西行至海西，海西即孔士但丁城地，不言過海者，當時有橋，故復直南行，謂沿馬海西岸而南，過一河，過黑布斯河也。烏遲散城當在此河東，周迴繞海，蓋由馬海南經羣島海北，而出其西，又踰陸地至阿得拉海東濱，東西南北皆傍海行，故曰周迴渡大海六日，蓋由伊呂利國都亞波羅尼城西渡至意大利境，須六日也。大秦國都即羅馬城，其城築於泰庇斯河入海處，濱側河海，形勢脗合。」

〔一〇二〕范書云：「地方數千里，有四百餘城，小國役屬者數十，以石爲城郭，列置郵亭，皆堊塈之。」章懷注：「塈，飾也，音火既反。郭璞爾雅注曰：堊，白土也，音惡。」

〔一〇三〕宋本「梧」作「胡」。

〔一〇四〕毛本「駝」作「馳」。

〔一〇五〕范書：「有松、柏諸木，百草。人俗力田作，多種樹蠶桑。」王先謙曰：「據西書言，梁、陳之閒，羅馬人有航海至中國者，攜蠶桑之種以歸，試植之，與土性宜，由是蠶桑之利興焉。如漢書言是蠶桑爲歐土所固有，西人豈肯讓美不居，反謂得自中國之理？漢人所述，或彼國夸飾之詞，紀西土固當以西書爲確也。」

〔一〇六〕宋本「二十」作「十二」。

〔一〇七〕章懷注引此作「巧妙非常」。師古云：「即今吞刀吐火、植瓜種樹、屠人截馬之術皆是也。」

〔一〇八〕宋本「放」上有「生」字。

〔一〇九〕范書云：「其王無有常人，皆簡立賢者。國中災異及風雨不時，輒廢而更立，受放者甘黜不怨。」丁謙曰：「此來使誇飾之詞，核之彼史，均非事實。」

〔一一〇〕范書云：「其人民皆長大平正，有類中國，故謂之大秦。」王先謙曰：「外國以中國爲秦人，然因此而自名大秦，則無是理。」

〔一一一〕范書云：「其王常欲通使於漢，而安息欲以漢繒綵與之交飾，故遮閡不得自達。」

〔一一二〕范書云：「皆髡頭而衣文繡，乘輜軿白蓋小車，出入擊鼓，建旌旗幡幟。」

〔一一三〕丁謙曰：「從安息西界來所經，均羅馬屬部，故人民亭置相連接。惟行處大半山嶺，盜賊雖無，而虎獅之害不免。」又云：「從安谷城周迴繞海，乃到大秦。何秋濤謂海即黑海，海北即俄國南境，此由未見西史，但按地圖而爲此臆度之詞也。不知高加索山自古爲野番所居，不通人行，安能越山至黑海北？且黑海北漢時皆細地游牧人種所居，性喜鈔掠，世與羅馬爲仇敵，更不能通行旅。又羅馬北界，僅及多腦河東，漢時德拉旃帝雖得河北達爾西亞一省，不久即失，終羅馬之世，其聲教卒未訖於俄南。觀此情形，境外之地，斷不能人民相屬，十里一亭，三十里一置，終無盜賊，概可知矣。」

〔一一四〕册府九百五十八此句上有「居宇皆以珊瑚爲棁栭，琉璃爲牆壁」。

〔一一五〕范書云：「所居城邑周圜百餘里，城中有五宫，相去各十里。宫室皆以水精爲柱，食器亦然。其王日游一宫聽事，五日而後徧。常使一人持囊隨王車，人有言事者，即以書投囊中。王至宫發省，理其枉直。各有官曹文書，置三十六將，皆會議國事。」王先謙曰：「西人以玻璃飾宫室及爲食器，中國人見之，以爲水精。」

〔一一六〕丁謙曰：「羅馬盛時，各省但有方伯，並無分封王國之事。及其(未)〔末〕造，丢革利典即帝位，鑒前此禁軍屢擅廢立之弊，始變舊制，分其國爲四，立奥古斯都二，立該撒二，其下則有王國，王國下則有屬郡，屬郡下則有街邑。但此事諸書不載，祇西洋通史有之。」又云：「羅馬封建列國，爲西歷二百九十六年，即中國晉惠帝元康六年也。事在晉初，故魚氏得采入本書，時代恰合。其國名不符者，以輾轉傳譯，失其本音故耳。」

〔一一七〕宋本作「當銀十」，官本作「當銀錢十」。

〔一一八〕范書云：「又有細布，或言水羊毳，野蠶繭所作也。」

〔一一九〕或云，此理之不可知者。弼按：疑有誤字。胡玉縉曰：「水下疑奪中字。上言水羊，此云六畜，皆出水中者。豈指海馬、海牛、海豚、海狗之類歟？姑附肊見於此。」

〔一二〇〕趙一清曰：「一本或下有曰字。」

〔一二一〕章懷注：「毾，音它闔反；㲪，音登。」埤蒼曰：「毛席也。」釋名曰：「施之承大牀前小榻上，登以上牀也。」王先謙曰：「服虔通俗文云：白氍毹細者謂之毾㲪。說文，氍毹、毾㲪，皆氈毯之屬，蓋方言也。毾，从毛，㬱聲；㲪从毛，登聲。」

〔一二二〕書鈔百三十四引魏略，其色下有「織具以五色毛六七寸，中屈采相次爲鳥獸、人物、草木、雲氣，千奇萬變，唯意所作。上有鸎鵡，遠望軒軒若飛」云云，此本無之。

〔一二三〕書鈔百二十九引魏略作「獻大秦赤石帶」。范書西域傳：「順帝永建二年，疏勒王臣槃遣使奉獻。五年，臣磐遣侍子與大宛、莎車使俱詣闕貢獻。陽嘉二年，臣磐復獻獅子、封牛。」（「封牛」即爾雅之「犦牛」。）

〔一二四〕隋書經籍志已無此書，蓋佚已久矣。

〔一二五〕御覽作「䰉」。

〔一二六〕御覽七百六六引魏略，「犀」下有「角」字。范書西域傳作「駭雞犀」。章懷注引抱朴子曰：「通天犀有白理如綖者，以盛米置羣雞中，雞欲往啄米，至輒驚卻，故南人名爲駭雞。」傅咸犀鉤銘曰：「世稱駭雞之犀。」

〔一二七〕師古曰：「瑇，音代；瑁，音妹。」如淳曰：「文甲，即瑇瑁也。」東方朔傳：「宫人簪瑇瑁。」

〔一二八〕廣雅曰：「車渠，石次玉也。」

〔一二九〕廣雅曰：「瑪瑙，石次玉也。」

〔一三〇〕馮本「牙」作「可」，誤。

〔一三一〕三秦記曰：「始皇冢中以夜光珠爲日月，殿懸明月珠，晝夜光明。」

〔一三二〕御覽引魏略云：「真白珠，大如酸棗。」

〔一三三〕廣雅：「虎魄生地中，其上及旁不生草，深者八九尺。大如斛，削去皮，成虎魄如斗。初時如桃膠，凝堅乃成。」

〔一三四〕說文曰：「珊瑚色赤，生於海中，或生於山也。」海中經曰：「珊瑚生海中，欲取之先，作鐵網沈水底，珊瑚貫網而生，歲高二三尺，有枝無葉，形如小樹，因絞網出之。珊瑚皆摧折在網中。」元中記曰：「珊瑚出大秦西海中，生水中石上。初生白，一年黄，三年赤，四年蟲食，敗。」

〔一三五〕孟康曰：「流離，青色如玉。」師古曰：「魏略云：大秦國出赤白黑黄青緑縹紺紅紫十種流離，孟言青色，不博通也。此蓋自然之物，采澤光潤，踰於衆玉，其色不恆。今俗所用，皆銷洽石汁，加以衆藥，灌而爲之，尤虛脆不貞，實非真物。」沈欽韓曰：「後魏書：大月氏國人商販京師，自云能鑄石爲五色瑠璃，於是採礦山中，（弼按：御覽作「採礦山石」。）於京師鑄之。既成，光澤乃美於西方來者。乃詔爲行殿，容百餘人，光色映徹，觀者見之，莫不驚駭，以爲神明所作。然大月氏既曉鑄作之法，則知本非自然之物。」

〔一三六〕爾雅曰：「西北之美者，有崑崙之璆琳琅玕焉。」說文曰：「琅玕，石之似玉者。」

〔一三七〕廣雅曰：「水精謂之石英。」

〔一三八〕廣雅曰：「神靈滋液，百寶用則玫瑰出。」司馬相如子虛賦曰：「其石則赤玉玫瑰。」

〔一三九〕御覽九百八十八引土物志曰：「丹山草木，赫然盡彤，雄黄、雌黄産煒煌。內含奇寶，外發英光，昔隸交部，今則南康。」

〔一四〇〕火浣布詳見齊王紀景初三年注。南史曰：「南海諸簿國東千餘里，至自然太洲，其上有樹生火中。洲左近剝取其皮，紡績作布，以爲手巾，與焦麻無異，而色微青黑。若小垢污，則投火中，復見精潔。或作燈柱，用之不知盡。」列子：「火浣之布，浣之必投於火，布則火色，垢則布色；出火而振之，皓然疑乎雪。」東方朔十洲記：「炎洲在南海中，有火林山，山中有火光獸，大如鼠。取其毛以緝爲布，時人號爲火浣布，此是也。國人衣服垢污，以灰汁浣之，終無潔淨，唯火燒此衣服，兩盤飯間，振擺其垢自落，潔白如雪。」

〔一四一〕御覽八百二十引魏略作「鹿代布、温宿布、五色枕布」。官本作「度代布、温宿布」。

〔一四二〕范書云：「合會諸香，煎其汁以爲蘇合。」郭義恭廣志云：「蘇合香出大秦國，或云蘇合國人采之，笮其汁以爲香膏，乃賣其滓與賈客。或云合併香草煎爲蘇合，非自然一種。」傅子曰：「西國胡人言蘇合香，獸便也。中國皆以爲怪。」班固與弟超書曰：「竇侍中令載雜綵七百疋，市月氏蘇合香。」從征記：「劉表棺中，蘇合消疫之香畢備。」

〔一四三〕官本作「迷迭」。御覽九百八二引魏略云：「大秦出迷送。」廣志曰：「迷送出西海中。」魏文帝、應瑒、陳琳均有迷香賦。

〔一四四〕漢武故事曰：「西王母當降，上燒兜末香。」未知即兜納否？

〔一四五〕范子「計然曰：附子出蜀武都中，白色者善」。楚國先賢傳曰：「孔休傷頰有瘢，王莽曰：玉屑白附子香消瘢，乃以創璏（音滯）并香與之。」

〔一四六〕吳本「薰」作「黄」，毛本「薰」作「熏」。御覽九百八二引魏略云：「大秦出薰陸。」抱扑子曰：「俘焚洲在海中，薰陸香之所出。薰陸香，木膠也。」南方草木狀曰：「薰六香出大秦，云在海邊。」

〔一四七〕說文曰：「鬱，香草也。」鄭司農云：「鬱香，草名，若蘭。」唐書曰：「伽毗國獻鬱金香，似麥門冬，九月花開，狀似芙蓉，其色紫碧，香聞數十步。」南州異物志曰：「鬱金出罽賓國。」

〔一四八〕御覽引魏略曰：「大秦出芸膠。」廣志曰：「芸香膠有安息膠。」

〔一四九〕北，一作比，或作接。丁謙曰：「北當作市。」

〔一五〇〕丁謙曰：「與交阯市，謂由埃及（時屬羅馬）入紅海，越印度洋而至中國南洋。又有水道通益州、永昌，即緬甸之伊拉瓦諦江也。萬國通鑑載亞古斯都時，羅馬人民約有萬萬，居都城者約二百五十萬，此人民户數之可考者。第中國遥遠，當時未及詳知耳。」

〔一五一〕丁謙曰：「澤散王治在海中央，與安谷城最近，則即居伯魯島無疑。驢分在其西北，由海道往當繞小亞細亞西南二面，故須行半歲。」

〔一五二〕御覽七十三引魏略作「長三百四十里」。范書西域傳：「大秦國有飛橋數百里，可度海北。」王先謙曰：「此即他大尼里海峽，波斯王伐希臘渡此。西人云昔有石橋。」丁謙曰：「驢分在小亞細亞地，飛橋在孔士但丁城東，他大尼海峽閒。」

〔二五三〕局本「行」作「河」，誤。

〔二五四〕丁謙曰：「上文言經烏遲散城渡一河，烏遲散城當即思陶國都，蓋順黑布斯河東岸行，至近海處，始渡而西，所謂直南渡河及道出河南，乃西行也。且蘭國以地望核之，當即馬基頓。惟驢分至大秦僅二千里，思陶至且蘭不應反遠。古書道里，不盡可據，皆此類。汜復當即伊呂利，此處爲渡海至大秦要津，故東道及由希臘來之南道，皆會於此。賢督在汜復西南，當即伊貝羅。」

〔二五五〕丁謙曰：「且蘭、汜復直南，乃古希臘諸國地。希臘境内，大半石山，曰積石，象形也。其南皆海，故產珊瑚、真珠。」

〔二五六〕「東」應作「西」。

〔二五七〕丁謙曰：「且蘭、汜復在今土耳其西部，斯賓、阿蠻在今土耳其東部，斯賓即哈里比，阿蠻即阿米尼亞，其山之東西行者，在西爲巴爾肯士山，在東爲道羅斯山。大秦海即意大利西面之海，其南北行山在東爲意大利中閒阿比奈士山，在西爲西班牙中閒瓜達拉麻山。」

〔二五八〕丁謙曰：「北當作南。」

〔二五九〕丁謙曰：「北當作南，河當作海。」

〔二六〇〕丁謙曰：「此節字句多訛誤，難於直解。蓋上文所敍，皆由東而西之陸道，此下由西而東，若仍原路，何必複衍？況于羅去汜復僅三百餘里，何能與安息屬地接？細心尋繹，知此爲陸海兼行之道。汜復東南云去于羅三百四十里，渡海去往也，謂由汜復陸行三百四十里渡海，以至于羅也。海中里數難確知，故不詳記。以此論之，其渡海處當在倭林都西北海澳，于羅即推羅，爲古非尼基首城，地中海東大埠也。斯羅，舊約創世記作示拏，撒母耳記作示羅。示拏者，兩河閒南境地總名，即古加勒底所轄之平原，今幼法拉的河西岸，尚有示拏城遺址。蓋由推羅東行渡約但河，可至其地，故曰從于羅東北又渡河斯羅也。是時斯羅逌西之猶太西北之小亞細亞，皆屬大秦，故相接。」

〔一六一〕「流」上應有「修」字，宋本作「有」，誤。

〔一六二〕丁謙曰：「此段本係山海經之文，而加以附會者。海内東經云：國在流沙中者埻端、璽㬇，在昆侖虚東南。國在流沙外者大夏、豎沙、居繇、月氏之國。按：此以流沙分中外。流沙中既在昆侖東南，則流沙外必指葱嶺西地無疑。大夏見史記及漢書，其國在今阿富汗北境。豎沙，周書王會篇作數些，此作豎沙，乃傳寫之誤。梁沈約竹書附注載炎帝時，諸侯夙沙氏叛不用命，炎帝乃益脩其德，夙沙之民自攻其君而來歸，即此。此爲波斯古都，西書作蘇薩，一作塑沙，一作書山，故城在體格利河東。居繇亦屬繇之誤。穆天子傳：滔水，濁繇氏之所食，濁繇即屬繇，滔水爲阿母河古名。國在河濱，故食其利。今波爾克城境。月氏事詳漢書。以上四國均東距葱嶺不遠，乃妄指大秦以西。其餘如白玉山、西王母、修流沙及黑水，皆任意牽扯。蓋魚氏僅據傳聞書之，不足辨也。」李慈銘曰：「魏收書作大秦西海水之西有河，河西南流；河西有南北山，山西有赤水，西有白玉山，玉山西有西王母山，此有脱誤，當據以校正。又西王母西下蓋衍文，大夏即月氏，其國尚在安息之東，四十九日行安得反在大秦外極西之境？且流沙即瀚海，後漢書雖有大秦國西有弱水流沙，近西王母所居之語，蓋以弱水爲流沙，故連言之，與禹貢之弱水、禮記之流沙，皆迥殊。然亦謂弱水、流沙之外有西王母，非弱水轉在西王母之西也。史記索隱引魏略云：弱水在大秦西，知此文有誤。後書云：傳聞條支有弱水、西王母，亦未嘗見也。無流沙字。」

〔一六三〕丁謙曰：「新北道，五船道也。」

〔一六四〕或云當作至東且彌國。漢書西域傳：「東且彌國，王治天山東兑虚谷。」師古曰：「且，音子余反。」王先謙曰：「西域圖考云：兩且彌在今呼圖壁河至馬納斯河以南一帶。」

〔一六五〕漢書：「西且彌國，王治天山東于大谷。」徐松曰：「後書不言，疑爲東且彌所併。」王先謙曰：「范書不言，蓋已併爲一。」弼按：魏略西戎傳尚有此國，知未爲東且彌所併。然范書載東且彌户口，視前漢時增十倍，中間或有兼併之事。

〔一六六〕漢書：「單桓國，王治單桓城。」後書云：「單桓爲車師所滅，後復立。」西域圖考云：「在烏魯木齊地。」

〔一六七〕漢書：「卑陸國，王治天山東乾當國。」師古曰：「乾，音干。」劉奉世曰：「下國字當作谷。」王先謙曰：「後書云卑陸爲車師六國之二，三國時屬車師後部，卑作畢，字形之誤。西域圖考云今之阜康縣地。」

〔一六八〕漢書：「蒲類國，王治天山西疏榆谷。」西域圖考云：「在伊吾北，今爲巴里坤地，巴爾庫勒淖爾，即蒲類海也。今屬鎮西廳。」

〔一六九〕漢書：「烏貪訾離國，王治于婁谷，東與單桓、南與且彌、西與烏孫接。」西域圖考云：「在今綏來縣地。」

〔一七〇〕漢書：「車師後國，王治務圖谷。」後漢書云：「後王居務(圖)〔塗〕谷，前後部及東且彌、卑陸、蒲類、移支，是爲車師六國。北與匈奴接，前部西通焉耆北道，後部西通烏孫。」丁謙曰：「車師後國，在今烏魯木齊東。後漢書言自高昌壁北通金滿城五百里。高昌壁即前部，金滿城即後部。惟前漢時，後王所治尚在山谷間，未築城也。至唐，始有浮屠城，蓋即以務塗谷得名。新唐書貞觀十四年即浮屠城置庭州，知唐庭州即漢車師後王務塗谷地，其地在今阜康縣東二百里，烏爾圖河濱。烏圖者，浮屠、務塗之轉音也。從前攷據家因濟木薩北護堡子地，土人掘地得唐時殘碑二小片，中有攝金滿縣令字，遽謂漢金滿城、唐金滿縣在此，殊誤。」又云：「後王本治務塗谷，此云治于賴城，未詳。」趙一清曰：「水經河水注：龍城故姜賴之虛，胡之大國也。蒲昌海溢，盪覆其國，城基尚存而至大。晨發西門，暮達東門，澮其崖岸，餘溜風吹，稍成龍形，西面向海，因名龍城，地廣千里。一清案：姜賴之虛，疑即賴城也。」

〔一七一〕漢書：「烏孫國大昆彌治赤谷城，東與匈奴、西北與康居、西與大宛、南與城郭諸國接。」西域圖考云：「在今阿克蘇北境、木素爾嶺之北，伊犂南境特克斯河之南。」丁謙曰：「烏孫地在今伊犂河南特克斯河濱，前人謂即伊犂，未確也。唐地理志：温肅州西北度拔達嶺，又五十里至頓多城，烏孫所治赤山城也。拔達嶺，唐西域傳又作凌山，即今木素爾達巴罕。木素爾譯言冰，達巴罕譯言嶺，冰嶺，猶凌山也。過此嶺又五十里，當即今沙圖阿滿台地。水經注温宿城北至烏孫赤谷六百一十里，今自阿克蘇至沙圖阿滿台六百七十里，道里亦相仿。赤山與赤谷同義，此烏孫都城之確有可徵者也。漢書：康居國，王冬治樂越匿地，到卑闐城。」西域圖考云：「今爲哈薩克右部地。」丁謙曰：「康居爲西域游牧行國，凡游牧者皆夏居北而冬居南。俄屬游記言：喀支司人春閒出覓水草，自南而北；夏日所駐地，距冬幾二千里。喀支司即哈薩克，實康居突厥之後。是其俗至今未改。卑闐城爲其國都，築於都賴水上。都賴水，今名盧列阿塔河，一名塔拉斯河。卑闐城築於此河上，當在今盧列阿塔城南。」徐松曰：「康居都卑闐城，其王冬夏皆不居之，猶今哈薩克部以塔什干城爲都會，其汗王冬夏各有游牧之所，惟死則反葬於塔什干城也。哈薩克部，即古之康居。」

〔一七二〕晉書西戎傳作伊列。

〔一七三〕丁謙曰：「今俄烏拉爾省南有烏伊里斯科礮城，當即其地。」

〔一七四〕丁謙曰：「柳國未詳。」

〔一七五〕史記大宛傳注引此有「通」字。

〔一七六〕漢書：「康居國西北可二千里有奄蔡國，控弦者十餘萬(大)〔人〕，與康居同俗，臨大澤，無崖，蓋北海云。」後漢書云：「嚴國在奄蔡北，屬康居。奄蔡國改名阿蘭聊國，居地城，屬康居。」後魏西戎傳：「粟特國在葱嶺之西，古之奄蔡，一名温那沙。」西域圖考云：「奄蔡屬今俄羅斯東境西伯利部。」徐松曰：「史記正義引漢書解詁云：奄蔡，即闔蘇也。」丁謙曰：「嚴國當在烏拉山南境，奄蔡即元之阿速地，在黑海東北。」

〔一七七〕丁謙曰：「西北二字，衍文。」

〔一七八〕寰宇記一百八十五「貂」上有「名」字。

〔一七九〕丁謙曰：「當作東北。」

〔一八〇〕御覽九百十二「昆子」作「渾子」，今之鼪鼠也。

〔一八一〕「北」應作「此」。丁謙曰：「應作在烏孫北。」

〔一八二〕史記大宛傳作薪犂。

〔一八三〕丁謙曰：「西當作北。」又云：「上三國既以昆堅爲中央，則呼得當居東，丁令當居西，不應堅昆在康居西北，而丁令反居康居北。知堅昆下西北字乃東北之誤。堅昆居烏孫東北，呼得必更在其東北，則烏孫下西北二字亦衍。觀下文合言三國西南去康居界三千里，西去康居王治八千里，是三國均在康居東北明甚，安得一節中自相牴牾至此？故亟正之。唐書黠戛斯傳言堅昆後訛曰結骨，結骨轉爲黠戛斯。黠戛斯居白山之旁，山東有劍河。攷白山即唐努山北之汗騰格爾山，黠戛斯居其東麓。劍河一作謙河，今稱大克穆河，元於水旁置謙州。元史地理志、謙州在唐麓嶺北是也。是堅昆國地在今唐努烏梁海境無疑。呼得，漢書匈奴傳作烏揭，今恰克圖城北有烏的河，西北流會色楞格河入拜噶爾湖，呼得國地必在此河濱，故匈奴既降烏揭，北收丁令，(此北丁令。)西擊堅昆，地勢瞭然。傳云在蔥嶺北，蓋北徼中、俄交界處大山，古人通稱爲蔥嶺也。丁令(此西丁令。)居堅昆西，乃由北丁令分出之一部，晉以後所稱高車國者，即此。魏書高車傳自丁令徙居鹿渾海西北百餘里，鹿渾海在阿爾泰山南，即今科布多城西南博洛爾託海西，丁令國居此，其在烏孫之北，不在烏孫之西，可知。渾窳、屈射不知所在，新梨，逸周書王會篇附載伊尹所作獻令，有纖犂、其龍二國名，新犂即纖犂，龍即其龍。今按：纖犂、新犂、新梨皆鮮卑轉音，地居匈奴極北，即元魏始祖大鮮卑國，在今俄屬伊爾古次克北境，隔昆亦即堅昆轉音，非別有一國也。」

〔一八四〕文獻通攷四裔門引魏略「身」下有「至」字。

〔一八五〕寰宇記一百八十五「疾」下有「於」字。

〔一八六〕寰宇記一百八十五引突厥本末記曰：「突厥窟北馬行一月有短人國，長者不逾三尺，亦有二尺者。頭少毛髮，若羊胞之狀，突厥呼爲羊胞頭國。其旁無別種類相侵，俗無盜寇，但有大鳥高七八尺，恆將短人而食之，皆持弓矢以爲之備。」案：此亦在西北，即魏略曰短人國也。

〔一八七〕寰宇記云：「常有商旅行北方，迷惑失道，而到斯國中，甚多真珠、夜光、明月珠。見者不知此國名號，以意商度，此國去康居可萬餘里。」

〔一八八〕章宗源隋經籍志考證曰：「豢之論贊實稱曰議，裴注多引其詞，而西戎傳議尤可考見。」

〔一八九〕詩「蜉蝣之羽，衣裳楚楚」。毛傳云：「蜉蝣，渠略也。朝生夕死，猶有羽翼，以自脩飾。」

〔一九〇〕淮南子俶真訓：「夫牛蹏之涔，無尺之鯉。」高誘注：「涔，潦水也。」

〔一九一〕張鵬一魏略輯本序云：「若夫聲教覃敷，鞮象逖聞，倭王入貢，名傳卑彌呼，（魏略有佚文，詳魏志所略。）大秦遠聞，兼記諸屬國，徐市所親歷，甘英所未至，魏氏職方，實詳裨海，此四裔紀載，不同者也。」又云：「西戎各傳，賴裴注詳録，藉知當時習尚，殊方傳聞。」